| 多维人文学术研究丛书 |

穿越希腊罗马神话的
文化之旅

舒伟 | 著

中国书籍出版社
China Book Press

图书在版编目（CIP）数据

穿越希腊罗马神话的文化之旅/舒伟著. —北京：中国书籍出版社，2020.1

ISBN 978-7-5068-7707-7

Ⅰ.①穿… Ⅱ.①舒… Ⅲ.①神话—研究—古希腊②神话—研究—古罗马 Ⅳ.①B932.54

中国版本图书馆CIP数据核字（2019）第291179号

穿越希腊罗马神话的文化之旅

舒　伟　著

责任编辑	兰兆媛　李雯璐
责任印制	孙马飞　马　芝
封面设计	中联华文
出版发行	中国书籍出版社
地　　址	北京市丰台区三路居路97号（邮编：100073）
电　　话	（010）52257143（总编室）　（010）52257140（发行部）
电子邮箱	eo@chinabp.com.cn
经　　销	全国新华书店
印　　刷	三河市华东印刷有限公司
开　　本	710毫米×1000毫米　1/16
字　　数	323千字
印　　张	18
版　　次	2020年1月第1版　2020年1月第1次印刷
书　　号	ISBN 978-7-5068-7707-7
定　　价	95.00元

版权所有　翻印必究

导　言

　　一般认为,"神话"(myth)一词源自古希腊雅典人首先使用的"秘索思"(mythos)这一词语,它与另一个词语"逻各斯"(logos)是相互对应,或者二元对立的。"秘索思"强调和贯穿直觉、神秘和主观意义的思维模式,成为一种诉诸想象的神话思维和叙事方式。"逻各斯"追求对于变幻无常的世界的可理解的规律,具有语言、比例、尺度或"理性"的意义,是通向实证主义、逻辑精神和科学理性的桥梁之一。具体看,"逻各斯"力求按照理性和逻辑的规则对于一个事件或一个现象进行客观、真实的描述;当然,"秘索思"也是一种描述,它对于同样的现象和存在的话题进行编织,给出具象的信息,或者追求一种特别的效果。就表达方式而言,"秘索思"往往与口述词语联系在一起;按照古希腊诗人的想象,这种"口耳相传"的描述就像一只鸟儿从某人的嘴里飞到另一人的耳朵里。由此可见,"秘索思"的起始和延伸注定要走向诗意的表达和描述。与此同时,"逻各斯"历史上一般与法则律规和计算统计等方面的务实活动相关联,尤其用于证据,如资产负债状况官员每年都要向有关方面提供审计数据。公元前4世纪,人们在拷问作为个体和群体的人生命运的同时,也把疑惑的目光投向头顶的苍茫星空,问宇宙的秩序也是给定的必然吗?他们把目光从身边事务转向更宏大、更神秘、更遥远的问题,例如仰望星空,浩瀚宇宙有自己的起源吗?有自己的终结吗?世界是如何创造出来的,又是通过什么顺序完成的?大千世界中的超自然力量来自何处,本质是什么?如何理解那些令人难以置信的现象,例如那些怪异反常的天象或者天象奇观。推动事物变化发展的前因后果(本源)是什么?特定时空中特定族群所形成的社会习俗和共同信仰信念的原因是什么?……

　　这就像极了古代诗人屈原发出的天问:"遂古之初,谁传道之?上下未形,何由考之?……冯翼惟象,何以识之?……阴阳三合,何本何化?"屈原的《天问》既体现了充满神话思维和神话想象的文学"秘索思",又体现了自然思辨的科学精神的认知"逻各斯",涉及天文地理、自然社会、史实人物的诸多领域。屈原的追问涉及宇宙起源、日月星辰、自然万物、神话历史和社会现实等，近两百个问题，逻辑缜密，所体现的高度、深度和广度闪烁着永恒的探索光芒。《天问》中有关宇宙起源、日夜交替、天地四方结构的拷问涉及历法编年、时空、物质和运动等自然科学知识。而天地初分后的各种物质盈虚浮动，指向物质之间的化合分解。海水不断蒸发和补充之间的质量数量是否平衡，"沃之则焦竭，百川归注以相补"思考的是自然界物质之间的相互制约关系，这在特定意义上是从数理逻辑观察自然现象。作者提出的"何由考之？""何以识之？""谁能极之？""惟时何为？""何本何化？""孰营度之？""孰初作之？""何以兴之？""何以迁之？"等问题体现了《天问》的实证理性精神，是作者对客观事物内在规律的执着探索。这振聋发聩的天问，道出了人类亘古以来渴求认知大自然及人类世界的强烈愿望。自古以来，人类无不怀有拓展自己经验视野的深切愿望。这种愿望在特定意义上成为人类驰骋想象、感知和认知世界的原动力，同时也催生了各民族的神话叙事。

而在遥远的巴尔干半岛南端，在濒临爱琴海、爱奥尼亚海及地中海的古希腊，诗人和历史学家运用"秘索思"去思考，试图在闪烁的思绪中，在词语的碰撞中发现真相。在那个时期，民众普遍接受神话思维方式，并且贯穿于他们的生活之中。大多数神话的出现就在于通过寻常的宗教信仰去想象人们置身其中的自然世界是如何形成的，为什么会发生这样的现象。有些神话与人们的某些特殊仪式活动有关，是解释这些活动的目的和意义的。还有些神话严格讲是所谓的"传说"，是追述部族首领和部族英雄做出的丰功伟绩的。在古希腊，所有这些故事都不需要得到现代意义上的证实或确认，它们产生的目的就是为人们提供一个令其满意的故事，而不是一种确切无误的分析判断。这些故事还会随着持续的讲述而变得更具神奇性。世界上每个民族、每个地区都有自己的神话，同时随着时代的变迁和各民族的往来与交流所产生的影响，古希腊神话自然汲取了许多外来文化的因素，具有杂糅性和多样性。希腊神话中的众神也在长期的流传之中成为变化多端的、具有人类形体相貌的神祇，在天界神山奥林匹亚山巅安营扎寨。

公元前8世纪，奥林波斯系的神话素材最终为荷马和赫希俄德这样的杰出诗人整理和记述下来。荷马的两部史诗《伊利亚德》和《奥德赛》讲述的中心内容是铜器时代的希腊英雄的事迹；赫希俄德的《神谱》及《工作与时日》是哲理层面的诸神和神怪异类的谱系状况。两位诗人的讲述影响深远，给代代相传的口头讲述传统中变动不居的、片段化的神话故事赋予稳定的结构和主体内容，同时也为这些趋于稳定的神话提供了进行阐释和批评的可能性。由于荷马首先是一个博闻强记的诗人，不是历史学家，也不是伦理道德批评家，他根据自己的意愿和理解改动古神话材料，而且为了追求诗意的目的而增加新的细节，他对于主神宙斯就颇有指责，认为宙斯经常干坏事。而后来的哲学家柏拉图则批评荷马缺乏他心目中的道德观念。正如古语所言，"生年不过百，常怀千岁忧"，生命从何而来，又终归何处？诗人荷马目睹人生的无尽忧虑，心中却燃起了与命运抗争的激情。或许正是对命运的终极拷问推动了荷马史诗叙事基座的隐秘节奏。荷马不是伦理道德批评家，但他找到了作为命运的人文形态的伦理之光。从词源看，"伦理"（ethics）源自"品格"（ethos）一词，指向一种带有特殊精神倾向的特质。在荷马的世界里，世间伦理的经纬纲维与宇宙的秩序是遥相呼应的，"秘索思"的神圣逸远和"逻各斯"的庄严缜密在荷马史诗中得到绝妙的体现，使之具有卓越的诗学品质和丰富生动的故事性，一方面是求实求真的叙事，另一方面是大胆离奇的神话想象。在赫希俄德的作品中，"秘索思"成为一种神圣而真实的叙述话语，而非纯幻想性、虚构性的言语，基本趋同于柏拉图心目中的"逻各斯"，具有真实性含义。从总体看，希腊神话的稳定性和开放性，多样性以及传世的影响力无疑离不开荷马和赫希俄德的卓越贡献。

古罗马人最初的神祇比较简单，在这些神祇身上没有发生什么戏剧性故事，他们之间也没有什么历史渊源，更没有什么联系。随着罗马人与希腊人之间的贸易往来和冲突纷争，以及随后罗马人的强力征服和进驻，罗马人从最初的接触和认识，发展到全盘接受了希腊神话的神祇，不过罗马人对这些神祇采用了他们自己的拉丁名字。罗马的诗人和作家为了自己的文学表达和政治诉求等目的，为希腊神话增添了细节内容，如维吉尔的史诗《埃涅阿斯纪》和奥维德的神话叙事长诗《变形记》就是突出的例子，对后世的文学创作也产生了很大影响。在文艺复兴时期，当欧洲人重新发现了古典文学和神话之际，《变形记》成为人们关注的作品之一，而且成为文学创作的典故之源和进行改编创作的重要资源，例如莎士比亚的诗作《维纳斯和阿多尼斯》就与之有着密切的关联。

希腊罗马神话对于英国人无疑具有特殊的吸引力。在随后的四百多年里，随着神话叙事和神话幻想奇迹的世俗化进程，大量的神祇，包括男神和女神，还有做出非凡业绩的众多英雄，以及各种怪物异类，乃至神话的人物、地点、事物、典故、成语等通过泛化等各种形式，尤其通过文学作品进入英国文化和社会生活的各个领域，成为英语民族语言文化的组成部分，对于英国文化和文学产生了深刻的影响。具体而言，这一进程不但极大地扩充了英语的词汇量，增强了英语语言的表现力，而且对于从乔叟到莎士比亚以来的英国文学产生了深远的影响。莎士比亚（William Shakesbeare）的戏剧深受古希腊神话的影响，不仅在创作中大量采用希腊神话的因素，而且运用希腊神话作为题材。他的剧作《暴风雨》（the Tempest）就汲取了多层面的未移位和移位的神话因素，例如将神谕与魔怪演变成正面角色和反面角色。莎士比亚的悲剧《特洛伊罗斯与克瑞西达》（Troilus and Cresida）和长诗《维纳斯与阿多尼斯》（Venus and Adonis）直接采用了希腊神话题材。诗人弥尔顿（John Milton）的诗作《科玛斯》（Comus）涉及三十多个希腊神话人物与故事。希腊神话对于英国浪漫主义文学更是产生了至关重要的影响，浪漫主义诗人大多深受希腊神话的影响，往往运用神话材料进行诗歌创作。例如雪莱（Percy Bysshe Shelley）创作的《阿波罗颂》（Hymn of Apollo）和《潘神颂歌》（Hymn of Pan）等诗作，约翰·济慈（John Keats）创作的《致普赛克》（Ode to Psyche）和《恩底弥翁》（Endymion）等诗作，都是典型的例子。其中，济慈以凡间牧羊少年恩底弥翁和月亮女神塞勒涅的爱情故事为题材创作的《恩底弥翁》表达他对至善至美的爱情与幸福的追求。雪莱的《阿多尼斯》（Adonais）借美少年阿多尼斯不幸被野猪残杀的故事抒发他对济慈的深切悼念。希腊神话激励了浪漫主义诗人的想象，浪漫主义诗人的杰出诗歌又赋予古老神话因素和题材以新的生命。希腊神话中为人类偷取火种的普罗米修斯在雪莱、拜伦（George Gordon Byron）等诗人的作品中获得新的时代意义。拜伦诗作《普罗米修斯》（Prometheus）中的普罗米修斯成为反抗压迫，百折不挠的意志和力量的化身。雪莱的诗剧《解放了的普罗米修斯》（Prometheus Unbound）通过普罗米修斯的形象和卓绝无畏的反抗表现了诗人在风云变幻时代对革命的向往。

　　19世纪后期以来随着人类学和心理学研究的发展，西方学术界对于神话的研究取得重要进展，多种社会科学视野的神话理论应运而生，成为人们更深入、全面地研究神话的认知范式。按照Robert A. Segal的概括，各种社会科学学科的神话研究所共同提出的三个最重要的问题是神话的起源、神话的功能和神话的主题。Segal还分别从神话与科学、哲学、宗教、仪式、文学、心理学等学科的关联意义，以及神话与结构和社会等诸方面的相互关系出发，阐述了现代社会科学意义上的各种神话研究理论①。从文化视野看，无论是作为日常用语的神话，还是作为历史语境中的神话，无论有多少理论去阐释

---

① 见Robert A. Segal，《神话理论》，刘象愚译，北京：外语教学与研究出版社，2008。

神话所蕴含的难以穷尽的主题、结构、意义，神话对于普通人的重要特征是神话思维下的故事讲述，因为神话的内容需要由故事来承载，即使从象征意义而不是字面意义去解读神话，人们仍然可以把神话的主题或者意义看作故事的展开。例如，通过神话现象和神话人物去解读自然现象，就是以故事的形式实现的。以阿多尼斯神话为例，作为希腊神话中的美少年，阿多尼斯（Adonis）充满青春活力，爱神阿佛洛狄忒（Aphrodite）爱上了他，与他朝夕相处。后来又把他藏在一个箱子里，交给不知真相的冥后珀耳塞福涅（Persephone），请她代管。谁知冥后看到阿多尼斯后也爱上了他，于是拒不将少年交还阿佛洛狄忒。为了解决两位女神的这一争端，主神宙斯提出的解决方案是，阿多尼斯每年有四个月的时间与阿佛洛狄忒待在一起，另四个月时间与珀耳塞福涅待在一起，而余下的四个月则由他自己安排。于是阿多尼斯每年一度前往冥府与珀耳塞福涅住在一起，然后返回阿佛洛狄忒身边——这一神话旅程就与大自然物换星移，春夏秋冬植被一年一度的荣盛枯萎联系起来。

另一个典型的例子是谷物女神德墨忒尔（Demeter）寻找女儿的故事。作为奥林匹斯十二主神之一，德墨忒尔是希腊神话中司掌农业的谷物女神，亦被称为丰饶女神，也是农事及社会习惯和家庭生活的庇护者。她的形象一般表现为头戴谷穗花冠，手持火炬和果篮，气度高雅，掌管世间植物的生长，孕育大地的生命，给予大地生机，教会世人耕种，收获庄稼。德墨忒尔与宙斯生下了女儿珀耳塞福涅，视为掌上明珠。有一天，少女珀耳塞福涅在一片原野花丛中嬉笑玩耍时，被路过的冥王哈得斯看见，便将她抢到冥府作为自己的冥后。女儿失踪后，德墨忒尔发疯般地满世界到处寻找，无心农事，以致大地荒芜，饿殍遍野。德墨忒尔找遍了整个西西里岛，但仍然一无所获。暴怒抓狂的谷物女神将怒火发泄到无辜的岛上居民身上，使岛上的庄稼全部枯萎，整个岛屿变得死气沉沉、寸草不生。太阳神赫立俄斯（Helius）目睹岛上居民遭受如此痛苦，于心不忍，便把珀尔塞福涅的下落告诉德墨忒尔。德墨忒尔找到冥王哈德斯，要求他归还自己的女儿，但珀尔塞福涅已经吃下了冥界生长的石榴果中的石榴子，按照冥界规则绝无可能返回人间。德墨忒尔恳求宙斯允许她下到冥界去陪伴自己的女儿，但这对于大地苍生而言却是灭顶之灾。为了大地万物的生长繁衍，宙斯拒绝了这一请求。此后德墨忒尔悲痛欲绝，拒绝接受失去爱女的结果，她不理农事，植物不再生长，土地变得贫瘠，大地上的农作物颗粒无收，世间开始发生大饥馑，人们给诸神的献祭也不得不宣告中断。面对如此严峻的局面，为了天下苍生，也为了恢复对神界的献祭，宙斯不得不采取干预行动。他同意让珀耳塞福涅每年用三分之一的时间住在冥府，三分之二的时间则可以返回大地世间去陪伴她的母亲。从此以后，每当珀耳塞福涅和母亲团聚，谷物女神便笑逐颜开，欢天喜地，于是大地春回，万物复苏，草木繁茂，植被转青，群芳争艳，土地肥沃，五谷丰登，结满果实，呈现一片勃勃生机。这就是一年中的春、夏、秋三季。而当珀耳塞福涅不得不返回冥土，女神德墨忒尔便心绪低沉，愁容满面，于是大地一片凋零、荒芜，万物肃杀、寒冷刺骨的冬天随之来临。这样的神话思维所编织的故事讲述具有独特的开放性，在流传的过程中可以生成新的故事，例如谷物女神德墨忒尔寻找女儿的历程就衍生了不少新的有关联的故事，如世间国王迈达亚曾经在女神寻找女儿的过程中为她出过力，作为报答，女神答应满足迈达亚的一个愿望。迈达亚看上了女神手中的点金杖。结果德墨忒尔施法让迈达亚拥有了点石成金的能力，由此衍生出一个令迈达亚本人意想不到的，既令人啼笑皆非，也发人深思的故事。从总体看，希腊罗马神话的素材蕴含着丰富的文化母题、文化意义、叙事主题、叙事题材、叙事结构和叙事艺术，可以通过神话结构的稳定性和开放性，以及故事的生成性等特点进行提炼和探讨，以揭示希腊罗马神话的基本面貌、讲述范式和艺术特色，这成为我们通过当代文化视野在希腊罗马神话的文化探寻中所关注的重点。

目 录
CONTENTS

第一章 概 论 ··· 1
 一、希腊罗马神话大观 ··· 1
 二、希腊罗马神话的重要特点 ·· 6

第二章 世界的起源和神界秩序的确立 ································ 15
 一、第一代提坦神 ·· 16
 二、第二代提坦神 ·· 19
 三、以宙斯为首的奥林波斯神系的确立 ··························· 20

第三章 希腊神话中的人类时代和人类社会的两次重要战争 ··· 27
 一、人类的四个时代 ··· 27
 二、人类世界的战争：七雄攻忒拜 ································· 32
 三、特洛伊战争 ··· 38

第四章 神话基本母题：傲慢自大 ····································· 49
 一、阿喀琉斯的愤怒和克瑞翁的暴戾 ······························ 50
 二、巧女变蜘蛛 ··· 51
 三、普赛克与丘比特 ··· 51
 四、安德洛墨达 ··· 52

五、伊卡洛斯飞得太高 …… 52
　　六、太阳神之子法埃同 …… 53
　　七、啃食自己的王子埃里斯克托 …… 54
　　八、骄傲的尼俄柏 …… 56
　　九、狂妄的萨尔摩钮斯 …… 57
　　十、孤芳自赏的纳西索斯 …… 57
　　十一、奥托斯和埃菲阿尔忒斯 …… 59
　　十二、骄横的卡帕钮斯 …… 59
　　十三、科幻小说的重要母题 …… 60

第五章　神话基本母题：竞艺与竞技 …… 61
　　一、音乐之声 …… 61
　　二、少女与雅典娜的纺织竞赛 …… 63
　　三、敢与阿波罗比拼的青年伊达斯 …… 65
　　四、迅捷如风的阿忒兰塔 …… 65
　　五、奥林匹克运动会 …… 67

第六章　神话基本母题：罪与罚 …… 75
　　一、人类罪恶的代表：吕卡翁 …… 75
　　二、阿多尼斯的母亲：乱伦之罪 …… 76
　　三、遭受复仇女神追逐的罪人 …… 77
　　四、地府的赎罪者 …… 79
　　五、燕子、夜莺和戴胜鸟 …… 83
　　六、代达罗斯的罪与罚 …… 87

第七章　神话基本母题：神谕的秘密 …… 89
　　一、神谕简述 …… 89

二、泰瑞西阿斯 …………………………………………… 91

三、库迈的西比尔 ………………………………………… 92

四、凶事预言家卡桑德拉 ………………………………… 92

五、随军占卜师卡尔克斯 ………………………………… 93

六、不幸言中的特洛伊战争的预言家：赫勒诺斯 ……… 94

七、黑脚预言家默浪姆珀斯 ……………………………… 94

八、菲尼士与美人鸟 ……………………………………… 95

九、神谕的捉弄：赫拉克勒斯的子孙们 ………………… 96

十、西比尔的神谕书 ……………………………………… 97

第八章　神话基本题材：家族与命运 …………………… 99

一、命运的抉择与超越 …………………………………… 99

二、坦塔罗斯家族的命运 ………………………………… 101

三、卡德摩斯家族的命运 ………………………………… 108

第九章　神话基本题材：人间自有深情在 ……………… 119

一、问世间情为何物 ……………………………………… 119

二、逾越生死的夫妻情：舍命救夫的阿尔刻斯提斯 …… 120

三、贫贱夫妻百事乐：相濡以沫的菲利蒙和巴乌希斯 … 121

四、夫妻双双变翠鸟：以命殉夫的海耳塞倪 …………… 122

五、留取美名传千古：忠贞不渝的珀涅罗珀 …………… 123

六、生死恋人情：希罗和利安德的故事 ………………… 124

七、爱的生命力：皮格马利翁与少女雕塑的故事 ……… 125

第十章　神话基本题材：地下之旅 ……………………… 127

一、希腊神话中的地下世界 ……………………………… 127

二、掌管冥界的重要人物 ………………………………… 129

三、奥德修斯地下之旅的认知意义 ………………………… 131
四、几位英雄的地府之行 ……………………………………… 135
五、地下之旅：后世的反响与回应 …………………………… 141

第十一章　神话基本题材：飞天之旅 ……………………… 146
一、英雄柏修斯凭借飞行鞋等斩获女妖美杜萨 ……………… 146
二、伯罗洛丰与飞马佩伽索斯 ………………………………… 148
三、代达罗斯制作双翼飞上蓝天 ……………………………… 148
四、飞天大狂欢：从阿里斯托芬到17世纪以来的科幻飞行故事 …… 150
五、科幻叙事和童话叙事中的飞天之旅 ……………………… 153

第十二章　发现之旅：说不尽的奥德修斯 ………………… 157
一、奥德修斯的身世、重要事迹和他回归家园的历程 ……… 157
二、发现之旅：从荷马的奥德修斯到当代的尤利西斯 ……… 166

第十三章　希腊罗马神话中的星座故事 …………………… 173

第十四章　希腊罗马神话鉴赏之：词汇篇 ………………… 192
一、与神话人物相关的普通词汇 ……………………………… 192
二、神话中某些花草树木等名称的由来 ……………………… 198
三、常用词语和短语举偶 ……………………………………… 200
四、由希腊神话诸神命名的九大行星 ………………………… 202

第十五章　希腊罗马神话对童话文学的影响 ……………… 205
一、希腊神话的童话版故事 …………………………………… 206
二、从神话母题到童话母题 …………………………………… 208
三、为童话故事提供重要情节因素 …………………………… 212

四、使用计谋战胜强大对手 ·· 214

五、从"Fairy tale"看童话的神话胎记 ································ 216

六、奥德修斯的漂流和奇境历险 ·· 218

七、自古英雄出少年 ·· 220

八、奇异的变形组合形象：怪魔、怪兽、怪物 ···················· 231

附录一　神话中的男性神祇 ·· 235

附录二　神话中的女性形象 ·· 247

附录三　神话中的怪物异类 ·· 258

主要参考书目 ··· 268

后记 ··· 271

第一章

概 论

一、希腊罗马神话大观

希腊古典神话和传说产生在史家所称的荷马时代或英雄时代,即公元前11世纪到公元前8世纪。较之一些其他民族的原始神话或远古神话,古希腊的诸神及神界故事应属于晚出之列,已不是古希腊的原始神话,而是那些受到马克思赞扬的具有永久魅力的希腊古典神话。当然,这些神话并非全然出自希腊人的原创,其中既有希腊半岛原居住民族皮拉斯齐人的遗产因素,也有来自埃及、两河流域、小亚细亚等文明更先进区域的文化要素。被称作希腊"历史之父"的希罗多德就承认,希腊人膜拜的许多神都是外来的,"完全起源于异邦人"。他还认为希腊人的字母源于腓尼基人的字母。为此,他曾受到许多希腊名人的批评,被称为"亲蛮派"。[1] 希腊神话体系的形成受到了包括古老的东方文明在内的外来因素的影响,这是毫无疑问的。但人们也认识到,最终决定希腊神话特质的因素还是古希腊人的思维模式及善于进行解释和抽象思维的习惯。而古希腊人怀有的孩童般的好奇心可能是促使他们对种种原初神话素材(包括外来的神话素材)进行解释的原因之一。

希腊古典神话包括众神的故事和英雄传说两大部分,最初以口诵流传的方式在希腊各部落中传承,随后逐渐形成了趋于一致的多种多样的,被赋予人类形态的奥林波斯众神家族,他们居住在奥林波斯山上,但经常在人类生活的地面世界活动(许多神不时地溜下山来,追逐人间的俊男和美女)。一般认为,奥林波斯神话最终由传说中的诗人荷马和另一位诗人赫西俄德记述下来并整理编定,从而形成了相对稳定的神话材料。学界的许多专家认为荷马在创编两部史诗《伊利亚特》(*Iliad*)和《奥德赛*》(*Odyssey*)的过程中广泛

---

[1] 顾銮斋,徐善伟《如歌岁月:古希腊文明探秘》,昆明:云南人民出版社,1999,187页。

地选用了当时流传的各种神话传说和史诗的素材。由此而论，"天才的诗人"荷马对这些素材进行融汇和讲述，造就了两部煌煌史诗，成为古希腊神话的集大成者和最重要保存者之一。两部史诗中《伊利亚特》讲述特洛伊战争的历程，《奥德赛》讲述来自伊塔卡的英雄奥德修斯在特洛伊战后如何历经十年艰险的海上漂流返回故乡，重振家园。当然，长期以来，西方学术界对荷马史诗的作者及其创作一直存有争议，并由此形成了所谓的"荷马问题"或者"荷马诸问题"的探讨①，议题包括荷马的真实身份，历史上是否真有其人；荷马背后的文化演述传统、史诗文本的形成及其演进过程等。无论如何，古希腊人相信，他们的祖先中有一个名叫荷马的歌手创编了两部流传久远，宏伟壮丽的史诗，堪称希腊民族文化精神的塑造者——所以荷马成为一个崇高的名字，在希腊至少有七座城市宣称是荷马的出生地。如果历史上真有这样一位诗人的话，那么据推测他是生活在公元前 835 年前后的一位盲诗人，是一名最杰出的歌手。不少批评家把《奥德赛》第八卷中那位受缪斯宠爱的盲歌手德摩道科斯看作荷马的自画像，或者说这个形象包含了荷马本人从艺的经历和体验。他虽然被夺走了看见光明的视力，但却拥有缪斯赋予的甜美歌唱的天赋。比较而言，两部荷马史诗所保存的神话故事材料占了现存希腊古典神话的大部分。此外还有同样相传为荷马所作（或托言荷马所作）的《荷马颂歌》（*The Homeric Hymns*），它汇聚了不少关于众神的神话故事。生活在公元前 8 世纪末至公元前 7 世纪初的古希腊诗人赫西俄德（Hesiod）相传著有叙述神族谱系和诸神故事的《神谱》（*Theogony*，意为"诸神的起源"）。作为一部创世神话，《神谱》叙述了世界如何从混沌状态中形成，宇宙诸神和奥林波斯神系如何出现，以及诸神之间的亲缘世系和他们的形貌性情等，还涉及人类的几个连续的时代以及半人半神的英雄们，凡此种种为人们了解希腊神话的原初风貌、诸神起源及相互关系等提供了有益的资源。此外赫西俄德的教喻诗《农作与时日》（*Works and Days*）广泛涉及神话背景，从缪斯女神到两类不和女神，命运三女神，从宙斯到奥林波斯诸神等，不一而足；它同时也讲述了若干神话故事，如克罗洛斯时代由诸神创造的人类的黄金时代，由奥林波斯诸神创造的人类的白银时代和青铜时代等，普罗米修斯盗取天火，少女潘多拉的来历和那个装满邪恶的罐子，以及诸神原本与凡间之人同出一源的故事，等等。总之，赫西俄德表明，人间的劳作与时日都与神话背景有

---

① 朝戈金《从"荷马问题"到"荷马诸问题"》，《中华读书报·书评周刊》，2009 年 3 月 11 日。

关联。一般认为，正是公元前 8 世纪出现的荷马史诗和赫西俄德的记述使口述传统中那些变动的、散乱的神话故事获得了稳定的结构。赫西俄德的《神谱》继承了荷马史诗的神话传统，整合并确立了以宙斯为首的奥林波斯神系，其记述内容简约，脉络简明，而其中对于诸神起源的追溯尤为重要，被认为影响了古希腊自然哲学探寻世界之本原的取向。两部荷马史诗的作者在创编《伊利亚特》和《奥德赛》的过程中广泛地采用了当时已有的神话传说材料，不仅具有广博的资料性，而且由于作者强化了情节的故事性，因而具有强烈的文学性，难怪有学者做了这样的论述："希腊神话只有两种主要类型：由荷马提到的神话和荷马以外的神话。后来的一切领域的艺术家们，从伟大的雅典悲剧作家到瓶画艺术家、作曲家和建筑家，无不尽力从荷马的诗作中挖掘主题和观念。"[1] 关于希腊英雄奥德修斯的身世就存在着荷马传统的叙述和荷马之外的其他叙述。古希腊悲剧作家的创作多以神话故事中的人物，尤其是悲剧英雄为题材，许多素材间接引用史诗或神谱中的内容，但故事通过戏剧艺术叙述得更完整、更具体、更生动。著名的三大悲剧作家的剧作取材于希腊神话的包括埃斯库罗斯（Aeschylus）的《被缚的普罗米修斯》（*Promethus Bouund*）、《俄瑞斯忒斯三部曲》（公元前 458 年，由《阿伽门农》《奠酒人》和《复仇女神》三部组成）、《七将攻忒拜》（*The Seven Against Thebes*）等；索福克勒斯（Sophokles）的《俄狄浦斯王》（*Oedipus the Rex*）、《安提戈涅》（*Antigone*）、《伊勒克特拉》（*Electra*）等；欧里庇德斯（Euripkdes）的《美狄亚》（*Medea*）、《特洛亚妇女》（*Trojan Women*）、《安德洛玛刻》（*Andromache*）、《海伦》（*Helen*），等等。

古罗马的原始神话由于受到希腊神话的影响而与希腊神话融为一体。罗马人在征服希腊之后，接受了整个奥林波斯宗教体系，同时对希腊神话的众神进行本土化改造，不仅将神祇的名字改为拉丁名字，并且赋予他们新的属性和功能。此外，罗马人还根据自己的信念为他们接受的故事增加了许多细节，客观上丰富了希腊神话，形成了希腊罗马神话的综合体。此外，希腊神话传说中的各类仙女、魂灵、英雄、怪物等都通过归化被纳入罗马人的故事体系之中。古罗马诗人维吉尔（Publius Virgil Maro，公元前 70—前 19）的史诗《埃涅阿斯纪》（*Aeneid*）取材于希腊神话传说中的特洛伊故事，以荷马史诗为蓝本，成为欧洲文学史上第一部文人史诗，共 12 卷，1 万余行，用节奏

---

[1] McLeish, Kenneth. *Myths and Legends of the World Explored*. London: Bloomsbury Publishing plc, 1996, p. 229.

明快的六音步英雄体写成。该史诗讲述特洛伊被攻陷后,英雄埃涅阿斯(Aeneas,特洛伊人安基塞斯与女神维纳斯所生之子)躲过浩劫,带领一些幸存的特洛伊人漂洋渡海,在异邦重建国家的经历。埃涅阿斯在混乱中与妻子失散,只得携带老父安基塞斯(Anchises)、幼儿及随从等在神明的护佑下从海上逃亡,并且漂泊了七年,来到位于非洲北岸的迦太基。在维纳斯之子小爱神丘比特的激励下,迦太基女王狄多爱上了埃涅阿斯,希望让他留在迦太基为王,但埃涅阿斯像荷马的奥德修斯一样,执意要走——他要矢志不移地完成在神明指定的地方建立新邦国的使命。在此期间,埃涅阿斯向狄多女王讲述了特洛伊陷落的经过和他们这些幸存者到达迦太基之前的海上漂泊经历。《埃涅阿斯纪》的前六卷描写海上漂流历程,明显仿效荷马的《奥德赛》。后六卷描写埃涅阿斯辗转到达神明指示的目的地,西土意大利半岛后同当地异族发生冲突,继而交战的经历,与荷马的《伊利亚特》十分相似。埃涅阿斯离开西西里前往拉丁姆国土,国王拉提努斯得到神谕昭示(他的女儿将嫁给一个异族人为妻,此人还将统治其他部落),愿意把唯一的女儿拉维尼亚许配给他,使两族部落建立联盟。但此事激怒了拉维尼亚的求婚者鲁图利亚国王图尔努斯,在极度仇恨特洛伊人的天后朱诺的煽动下,以图尔努斯为首的拉丁人与特洛伊人之间发生了战争,历经三年,相持不下。史诗最后讲述图尔努斯与埃涅阿斯决斗,结果被埃涅阿斯杀死,战争终于结束了。该史诗借用神话传说歌颂罗马祖先建立邦国的功绩,并且通过神意和预言等形式歌颂了尤利乌斯氏族和奥古斯都的统治。从总体上看,《埃涅阿斯纪》在题材、结构、情节、表现手法等诸多方面都借鉴和效仿了荷马史诗,同时又具有自己独特的罗马特色,体现了作者的思想倾向和艺术风格方面的差异,以及当时的亚历山大里亚诗风的影响。[①]另一位重要的古罗马诗人是出生于古城苏尔摩的奥维德(Publius Ovidius Naso,公元前43—公元18),他青年时代开始诗歌创作,后成为与维吉尔和贺拉斯齐名的大诗人。奥维德的代表作是神话叙事长诗《变形记》(*Metamorphosis*),它采用史诗体格律(六音步扬抑抑格律)创作,共十五卷,讲述了二百五十多个故事,文笔生动流畅,堪称集希腊罗马神话之大成的"神话词典",为后世的文学家和艺术家提供了大量的神话素材和无尽的创作灵感。《变形记》叙述了许多希腊罗马神话中最著名最有趣的故事,为这些故事增加了许多生动细节,因此不少后人的重述往往以此为蓝

---

① 有关《埃涅阿斯纪》对荷马史诗的模仿和它的罗马文学特征,参见王焕生《古罗马文学史》,北京:中央编译出版社,2008,244–249页。

本。此外，奥维德还讲述了一些人们不太熟悉的故事。从总体上看，《变形记》突出了一种"变"的观念，无论天界众神还是凡间英雄都可能由于某种缘由而经历神秘的变化，变成动物、植物、石头、河流、星辰等，体现了卢克莱修的"一切都在变"（世间万事万物都在变，没有什么东西会死亡）的朴素的唯物论哲学思想，以及毕达哥拉斯的"灵魂转移"观念（"任何生物体都有灵魂，灵魂能从一种生物体进入另一种生物体，永不消失"）。作者通过"变形"情节将诸多故事串联起来，构成一个连贯的整体，表现了丰富的叙事才能。而且，《变形记》对于奥林波斯神祇的描写以作者生活时代的罗马人的社会生活为蓝本，艺术地体现了希腊罗马神话人性化的特点。在中世纪的欧洲，《变形记》成为最具影响力的古典著作之一，影响了乔叟、薄伽丘，以及基督教圣经创世记述的作者，而且随着十字军远征者而传播到东方，影响了诸如《一千零一夜》这样的阿拉伯故事集的叙述风格。奥维德讲述的"伊阿宋与美狄亚"（Jason and Medea），"俄耳甫斯与欧律狄克"（Orpheus and Eurydice），"独眼巨人波吕斐摩斯"（Polyphemus），"冥后珀尔塞福涅"（Persephone），"普罗克涅和蒂留斯"（Procne and Tereus，即"夜莺的故事"），"维纳斯与阿多尼斯"（Venus and Adonis）等故事影响深远，为后世许多作家所重述；而"巴乌希斯和菲利蒙"（Baucis and Philemon），"埃科和纳西索斯"（Echo and Narcissus），"弥达斯"（Midas）等故事则通过奥维德的讲述而为后人所传诵。

对于现代社会的读者，尤其是中国读者，影响较大的希腊神话著述应是德国作家施瓦布（Gustav Schwab，1792—1850）在前人基础上挖掘和整理而创作的《希腊古典神话》（*Sagen des Klassischen Altertums*），这一德文著述由奥·马克思（Olga Marx）和恩·莫维兹（Ernst Morwith）翻译为英文版本《众神与英雄》（*Gods and Heroes*，1946），楚图南的中文译本《希腊的神话和传说》（北京：人民文学出版社，1958年第1版）就据此译出；施瓦布的这一著述在中国还有曹乃云的译本《希腊古典神话》（南京：译林出版社，1996）。美国人托马斯·布尔芬奇（Thomas Bulfinch，1796—1867）著述的《寓言的时代：希腊罗马神话》（*The Age of Fable：Bulfinch's Mythology*，1955；New York：Airmont Publishing Company，Inc.1965）采用了与奥维德的《变形记》相似的叙述结构，重新讲述了那些著名的希腊罗马神话故事。苏联学者库恩教授根据荷马史诗、赫西俄德的《神谱》、古希腊悲剧作家的作品、奥维德的《变形记》和《古代名媛》、维吉尔的史诗《埃涅阿斯纪》、普鲁塔克的《希腊罗马名人传》、罗德岛诗人阿波罗尼奥斯的长诗《阿耳戈英雄记》

等材料著述了《古希腊的传说和神话》（库恩《古希腊的传说和神话》秋枫，佩芳译，北京：生活·读书·新知三联书店 2002）。美国学者查尔斯·米·盖雷（Charles Mills Gayley，1858—1932）的《英美文学和艺术中的古典神话》(*Classic Myths In English Literature And In Art*，北塔译，上海人民出版社，2005）除了梳理希腊罗马神话的内容，还描述了英美文学和艺术作品中对希腊罗马神话及北欧神话的运用。

二、希腊罗马神话的重要特点

19 世纪以来西方学术界对于神话的研究取得很大发展，各种理论范式的神话研究不断深化，使人们对于神话的认识进一步加深。神话研究涉及神话与科学、哲学、宗教、仪式、文学、心理学、结构、社会等因素的相互关系①，其研究成果也从侧面揭示了希腊罗马神话的深邃意义及丰富多样的文化和文学意义。从文化和文学视野进行考察，希腊罗马古典神话作为一个整体具有体系化、文学化、人性化、开放性及提供原发性思想资源等突出特点。

1. 体系化特点

希腊罗马古典神话具有完整的体系，——涉及从"混沌"中开天辟地，宇宙万物的形成；创世记；诸神的诞生；三个神系时代（乌拉诺斯系，克罗诺斯系，宙斯系）；奥林波斯神系（众神居住在奥林波斯山上，却喜爱在人类世界活动）；人类的几个时代；众神与英雄的神话故事；神的家族（居住在奥林波斯山上的众神，陆地众神，冥界诸神，水域众神，十二主神，次要的神，等等）；怪物异类；神界的战争；人类的纷争；前辈英雄们；后辈英雄们；史诗系列（包括阿耳戈英雄系列，特洛伊战争系列，奥德修斯系列，阿伽门农与奥瑞斯忒斯系列，夺取金羊毛系列，忒拜系列，埃涅阿斯系列），等等，体系完备，丰富多彩。当然，希腊罗马神话的丰富完整和系统性还有赖于后人的不断挖掘和整理、仿写、续写、改写和再创作等各种形式的重新叙述。

2. 文学化特点

希腊神话的文学性首先体现在荷马史诗卓越的诗学品质和丰富生动的故事性方面。正如研究者指出的："荷马是一位诗人，不是历史学家，也不是道德家。为了达到其诗歌表达的目的，他自由地改编古老的神话故事，创造新的细节，而且直言不讳地指出宙斯经常做出荒唐恶劣的事情"。②当然，荷马

---

① 参见 Robert. A. Segal《神话理论》，刘象愚译，北京：外语教学与研究出版社，2008。
② Macrone, Michael. *Brush Up Your Mythology*! New York: Gramercy Books. 1999, p. xiii.

还在史诗中嘲笑神的邪恶与不公正:"神给可怜的人带来恐惧和痛苦,神自己则过着无忧无虑的快活生活。"荷马史诗文学性的一个重要特点在于,它用现实主义的严密细节与反现实主义的浪漫奇幻相结合的手段精彩地描述了古希腊社会流传的故事,一方面是求实求真的叙事,一方面是大胆离奇的神话想象及其文学叙事。学者陈中梅指出,荷马史诗中包含着史料,不同于纯粹的神话,但同时又大量地采用神话和虚构,并对史料进行了全面的文学化处理。它的真实性既反映在历史和哲学的层面,也显现在文学和形而上的神话层面①。荷马史诗对于西方文化和文学的影响是深远的,用爱尔兰作家詹姆士·乔伊斯(James Joyce)的话来说,在表现对生活和人生的探索方面,《奥德赛》堪称整个西方文学的源头和基石。从雅典时代以来,人们不断对荷马史诗进行仿写、续写和改写,或者从中提取题材与主题,等等,使之成为延绵不绝的经典文学传统。品达、埃塞库罗斯、索福克勒斯、欧里庇得斯、贺拉斯、奥维德、维吉尔、塞内加、但丁、查普曼、卡尔德隆、莎士比亚、歌德、丁尼生、济慈、雪莱、拜伦、兰姆等,直到20世纪的尼科斯·卡赞扎基斯、乔伊斯、庞德、艾略特、纪德、斯蒂文斯、科克托、阿努伊、德里克·沃尔科特、尤金·奥尼尔等,都在不同的时代通过自己独特的创作对荷马史诗做出了同样富有意义的回应。例如人们所说的"尤利西斯传统"或"尤利西斯主题"已是蔚为大观,直接表现这一主题的作家就有很多很多,包括维吉尔、奥维德、埃塞库罗斯、但丁、彼特拉奇、薄伽丘、乔叟、斯宾塞、莎士比亚、雪莱、拜伦和乔伊斯等。在不同的时代,荷马的尤利西斯都通过这些作家获得了新的表现和发展,成为欧洲文学传统的一个重要组成部分。②

希腊罗马神话的文学性当然与它们的丰富多彩的故事性息息相关。这种故事性又与古希腊人出于天然的孩童般的好奇心,试图用神话来解释他们希望理解的现象的行为有关。为了满足这一孩童般的好奇心,解释和编造是必要的。如果说神话在某种意义上是对人类古老传说的解释,那么希腊神话的独特之处就在于古希腊人以讲述故事的方式或曰"秘索思"(mythos)对各种神话元素进行解释、加工和发挥。例如他们有关黄道十二宫的概念源自巴比伦神话,希腊人大约在公元前6世纪借用了这些概念,然后进行解释,逐一说明那些人和动物是如何升上天空成为星座的,结果使原来散乱的材料由于

---

① 荷马《奥德赛》,陈中梅译,南京:译林出版社,2003译,序32页。
② 有关西方文学语境中的"尤利西斯主题",详见 W. B. Stanford. *The Ulysses Theme: A Study in the Adaptability of a Traditional Hero*, Oxford: Basil Blackwell, 1954.

解释性的叙述而产生了故事性。希腊神话具有原初的认知因素和探索求证因素，古希腊人正是怀着求索世界导因与"根源"的强烈好奇心来解释自然界和人类社会的种种现象，大大强化了神话的故事性因素。他们的好奇心及其对神话事物的解释虽然是非逻辑的，非理性的，荒诞的，然而却包含着丰富的创造性和犀利的直觉洞察力；他们渴望解释，而任何解释都能启动想象；希腊人的这种好奇使他们对于细节特别关注，他们要说明不同神祇之间的关系，澄清许多复杂的身份，客观上推动了情节和人物性格的发展，也使他们叙述的神祇和英雄显得个性鲜明，丰富多样。希腊神话的故事性和生动性是它有别于其他民族神话的一个显著特点，这种独特的故事性也使它具有丰富的创造性，并且留下了多种多样的阐释和再创作的空间。

3. 人性化特点

希腊罗马神话的人性化特点主要体现在三个方面：（1）众神皆以人的形态出现，既体现或夸张了人类的体魄与神情（男性的阳刚之美，女性的娇柔妩媚，体态丰韵），又具有超越普通人类的气质与力量；（2）他们/她们都具有人类的各种典型心理特征及心理倾向（当然是夸张、放大的心理特性），如虚荣、嫉妒、猜疑、权力欲望、贪好美色、强烈的报复心乃至扭曲或偏执的心态，如乱伦之恋、娇狂之心、偷情纵欲等；（3）希腊罗马神话故事蕴含着深邃的心理意义，如"俄狄浦斯情结"（恋母情结）、"伊拉克特拉情结"（恋父情结）、"纳西索斯情结"（自恋情结）、"血亲复仇""同胞相争"等现象，都能够使现代心理学家从中发现并提炼出心理分析话语去探讨复杂的人生和人格（包括正常的人格和偏差的人格现象）发展。与其他民族的神话相比，希腊神话中的神祇更具有顽童之心、凡人之性。高高在上的女神如赫拉、雅典娜、阿佛洛狄忒等时常为些许小事而吵闹不休，相互争执甚至叫骂，当然，她们为了争当第一美人（得到金苹果）而埋下特洛伊战争之根源的故事更是广为流传。这些居住在神圣的奥林波斯山上的神祇们或助人打仗，或与人偷欢，或宴饮、游玩、作乐、相互嘲笑，活脱脱一群游手好闲、无事生非的家伙。此外众神的个性特征也非常突出，且大多有独具特色的称谓，如众神之父宙斯爱动怒，但也尽量抚慰大家，表现出族长之风度，人称"沉雷远播，汇集云层的宙斯"（Zeus of the wide brows），或"神盾的持有者"宙斯（Zeus with aegis）；天后赫拉（Hera）是个好妒嫉的妻子，迫害宙斯情人的后代犹如童话故事中凶狠歹毒的后母，但她又是婚姻和生育的保护神，人称"威严的赫拉""白臂赫拉"或"亚哥斯的穿金鞋的女神"；智慧女神雅典娜被称为"好战的女儿""灰眼睛的雅典娜"（grey-eyed Athene）；爱神阿佛洛狄忒是贪玩的宝贝，被称为"爱笑的阿佛洛狄忒"（lover of laughter），"金色的阿佛洛狄忒"或"眼波撩人的阿佛洛狄忒"；其他诸神也各有名号，如"戴金冠的"青春女神赫柏（Hebe），"强臂神匠赫斐斯托斯"（Hephaestus, smith of the strong arms），"震撼大地的波塞冬"（Poseidon, the shaker of the earth）或"裂地之神"波塞冬，"腿脚最快的阿瑞斯"（swiftest Ares），"眼睛雪亮的赫耳墨斯"（sharp eyed Hermes），等等。无论天上人间，大多数人物都可根据其特征叫出名号，如顽童般的盲目射箭的小爱神丘比特（Cupid, love is blind），先知先觉的殉道者普罗米修斯（Prometheus），无知的庸者厄庇米修斯（Epimetheus），以及"足智多谋的奥德修斯"（resourceful Odysseus of many ways），"鲁莽的顽童"法厄同，"破坏森林的王子"埃里西克通（Erysichthon），不知好歹的暴君彭透斯，骄傲的母亲尼俄柏，等等。

4. 开放性特点

希腊罗马神话的开放性也是非常突出的。尽管荷马史诗和赫西俄德的《神谱》作为相对权威的参照材料，使希腊神话中的主要人物和事件逐渐趋于稳定，但这并没有形成希腊神话叙述的一统天下，相反却出现了两种格局，即荷马传统的叙述和荷马传统以外的叙述，由此便催生了杂色多彩的叙述版本，使许多神话传说以多种异文版本流传于世。例如，著名的关于阿特柔斯家族的众多故事就存在着多种声音的叙述版本，所以不断出现新的故事，新的校订和修改——这就形成了基本框架下的包容性与开放性特点。荷马史诗《奥德赛》的主人公奥德修斯是伊塔卡岛的国王，珀涅罗珀的丈夫。至于他本人，常见的说法认定他是拉耳忒斯的儿子，而另一种说法讲他是西绪福斯的儿子，于是就有关于奥德修斯的不同故事。荷马传统中的奥德修斯是好丈夫，珀涅罗珀是好妻子，他俩无疑是模范夫妻的典范。而他们的三口之家无疑是诗人荷马极力推崇的模范家庭。但在荷马之外的叙述中，奥德修斯和珀涅罗珀的形象则是非常复杂的。例如有说法是，奥德修斯返回伊塔卡后又再度出海远航达16年之久。他在途中引诱了埃皮罗斯的埃瑞珀公主，使她怀孕后生下儿子欧瑞阿洛斯。这个儿子长大后到伊塔卡寻父，结果被珀涅罗珀陷害，死于亲父之手。还有关于珀涅罗珀的不同叙述，说她远非贤淑忠贞之女，她在答应奥德修斯的求婚之前已经同海伦的众多求婚者们调情做爱；还有她与神使赫耳墨斯结合生下牧神潘的说法。至于奥德修斯的结局，荷马之外的叙述也是多种多样的（荷马史诗只是留下一个开放性的结局）。一说他返回家园后，再度出海远航，不知所终。一说德尔斐的神谕昭示，奥德修斯将被他的亲生儿子所杀死。后来他果真被他与女巫瑟西（当年曾把他留在岛上共同生活达一年）所生的儿子忒勒戈诺斯（Telegonus）所误杀，不过瑟西使他死而复生，并且长生不老。还有版本说瑟西为他生了阿格里奥斯和拉丁诺斯，他们曾统治意大利的伊特鲁里亚。此外，由于神祇的干预，奥德修斯与瑟西的儿子忒勒戈诺斯又与珀涅罗珀结婚，共同统治伊塔卡，还生了儿子意达洛斯（Italus）。他们向南航行发现了一个新的国度，就根据儿子的名字将它命名为"意大利"（Italy）。当然，希腊罗马神话本身丰富多彩，寓意丰富的原生故事也给后人留下了发挥和再创作的空间。例如关于最骁勇的希腊英雄阿喀琉斯（Achilles）的唯一致命弱点"阿喀琉斯的脚踵"（an Achilles's heel）就经过了多种创作资源的补充与发展。在最初的故事里，骁勇无敌的阿喀琉斯有一个致命弱点，这是确切无疑的，但这个弱点具体是什么并不明确。在荷马史诗《伊利亚特》中，阿喀琉斯的致命弱点是他的骄狂和傲慢；而在后来的叙述中，他的致命弱点是他对于特洛伊公主波吕西娜（Polyxena）的爱恋。奥维德在《变形记》中提到阿喀琉斯的身体上有一个易受伤害的部位。而首先明确指出阿喀琉斯的致命弱点就是其脚踵的，是古罗马诗人斯塔提乌斯（Statius，大约公元前40—96）。斯塔提乌斯根据希腊神话传说著述了《底比斯战记》和《阿喀琉斯记》。在斯塔提乌斯的叙述中，阿喀琉斯的母亲，海洋女仙忒提斯为了使儿子摆脱其英年早夭的命运，将还是婴儿的阿喀琉斯浸泡在冥河水中，这样就可以使他的身体获得神力，免受任何人间武器的致命伤害。然而忒提斯没有料到的是，她用手捏住阿喀琉斯脚踵的地方没有浸泡到冥河之水，所以那里成为阿喀琉斯的唯一致命弱点。

关于著名盲先知泰瑞西阿斯（Tiresias）的故事也揭示了希腊神话的开放性这一突出特点。泰瑞西阿斯出生在底比斯，是埃威瑞斯（Everus）和仙女查瑞克洛（Chariclo）的儿子，关于他成为盲先知的缘由，最流行的说法是，作为普通人的泰瑞西阿斯在赫利孔山上无意中撞见了正在喷泉下沐浴的雅典娜，雅典娜大怒之下用水向他脸上泼去，使他变为盲人（有说法是，对于所有看见女神裸体的凡人的惩罚就是让他的双眼变瞎）。事后，泰瑞西阿斯的母亲（她是女神的侍女之一）向雅典娜求情，女神得知泰瑞西阿斯并非有意冒犯自己，感到有些懊悔，但已无法使他双眼复明。于是，雅典娜赋予他知晓过去和预测未来的本领（在荷马史诗《奥德赛》第11卷中，奥德修斯恳求瑟西让他和自己的水手返回家园，但瑟西告诉他在继续返回家园的旅程之前他必须下到幽冥世界去拜访先知泰瑞西阿斯的魂灵，聆听有关自己的命运和归程的预言），并赋予他神奇敏锐的听觉能力，使他通晓各种鸟语。此外，雅典娜还送给他一件东西，使他能够灵活自如地在地上行走，就好像没有失明一样。在希腊神话中,泰瑞西阿斯不仅是个盲先知,而且还是一个双性人。我们知道,希腊神话中最典型的双性人是赫耳玛佛洛狄忒斯(Hermaphroditus),他是爱神阿佛洛狄忒与神使赫耳墨斯结合所生之子,由于为水仙萨尔玛西丝(nymph Salmacis)所恋,在不情愿和不知觉的情形下与其结为一体而成为亦男亦女的双性人。这就是希腊神话中的"雌雄同体"或"双性同体"(Androgyny)现象[①]。不同的是,泰瑞西阿斯的雌雄双性身份是交替出现的,在很长时间里是男人,在另一段时间里又成为女人,而赫耳玛佛洛狄忒斯在同一时间既是男人又是女人。关于泰瑞西阿斯由男变女,继而由女变男的故事是这样的:有一次泰瑞西阿斯在阿卡迪亚基勒涅山上打猎时看见林中一处空地上有两只蛇正在交配,受到惊扰的蛇向他扑来,泰瑞西阿斯用棍子击杀了其中的雌蛇,结果大地女神盖亚当即把他变成女人。于是泰瑞西阿斯做了七年的女人,这期间作为女人的泰瑞西阿斯有过好几个情人。后来在同样的地点,他又遇见了一对正在交配的蛇,这次他打死了其中的雄蛇,结果他又变成了男人。当然,泰瑞西阿斯的"双性人"经历还引发了别的故事。由于主神宙斯风流成性,经常到人间追逐美貌女子,天后赫拉非常不满,于是两人发生了激烈的争吵。宙斯提出的观点是,男女交欢,女方得到了更多的快乐,所以作为女人实在不应该抱怨;而赫拉的观点正好相反。两人相持不下,于是决定让既做过男人,又做过女人的泰瑞西阿斯为他们的争论进行评判。泰瑞西阿斯根据自己的亲身体验回答说:在男女情爱中,男人得到了一份快乐,而女人得到了九份快乐。赫拉一怒之下使他瞎了双眼。为了补偿泰瑞西阿斯遭受的痛苦,宙斯赋予他预知未来的能力和七代人生的寿命。还有的版本讲述说泰瑞西阿斯变成双性人是阿佛洛狄忒造成的。爱神阿佛洛狄忒与美惠三女神为了比谁是最美丽的女神而争执不下,于是她们让泰瑞西阿斯来做评判,结果他选中了美惠女神卡勒(Kale),气恼的阿佛洛狄忒随即将他变成了一个老妇人。后来在发生了宙斯和赫拉的争执事件之后,宙斯将泰瑞西阿斯变回了男人,但他仍然保持着一对老女人的萎缩干瘪的乳房。除了故事叙述方面的包容性和开放性,以荷马史诗为代表的希腊神话还具有知识哲理和智性思维层面的开放性。此外,希腊罗马神话本身具有很大的包容性,部分内容可用于宗教仪式,而大部分内容都可以满足世俗情趣的需求。这也表明它们具有极大的开放性和普遍适用性。

[①] 见 Ovid. *The Metamorphoses*. Trans. Mary M. Innes, Penguin Books, 1955, 1981, p. 103

5. 提供原发性思想资源

马克思在《政治经济学批判》导言中论及希腊神话时说，希腊神话不只是希腊艺术的武库，而且是它的土壤。作为"希腊人由野蛮时代进入文明时代的主要遗产"，希腊神话的想象和叙事同时也为人类的思想文化提供了肥沃的土壤。无论在人类社会文明活动的方方面面，无论在政治哲学还是文学艺术方面，希腊神话都能提供原发性的借鉴和思考，正如学者陈中梅指出的："荷马史诗之所以能够成为传世的文学名著，之所以受到国内外众多学科领域的专家学者们的高度重视，一个重要的原因就在于它能启发人们的思考。希腊神权的血腥继替，老辈神祇的监察作用，宙斯的强大和由此而造成的霸道和武断，他所面临的挑战以及构成挑战的方方面面，荷马史诗所精彩展示的文明与野蛮的冲突乃至抗争，这些论题的内涵既是古老的，又是与时俱进的，具备接受现代思想的改造并转而为之服务的潜质。"[1] 例如，在文化特征的意义上，太阳神阿波罗、酒神狄俄尼索斯、神使赫耳墨斯这三者就构成了一种互补性的文化价值取向的组合。阿波罗最初是牧神，后逐渐被赋予更多的能力和功能，成为掌管音乐、诗歌、射箭、预言、医术、青春之美、法律、哲学等代表人类文明成就的神祇，他还经常代表主神宙斯宣谕神旨。从特定意义上，代表理性之光明的阿波罗同样具有双重性。一方面，阿波罗给大地，给万物带来光明和温暖，驱散了邪恶的黑暗势力；另一方面，他又表现出可怕和冷酷无情的一面。就像夏天的酷热炙烤大地，流金铄石，摧残生命一样，他可以让可怕的瘟疫降临世间，用利箭射杀人类和动物的生命。人们认为，就人类的艺术创造而言，狄俄尼索斯与阿波罗相似，都致力于唤起人们对艺术的热情。作为唯一具有凡人血统的正式神祇，狄俄尼索斯既是酒神，又是蔬菜和植物之神、狂欢之神和生命活力之神；相传他创造了葡萄酒，并推广了葡萄的种植。与阿波罗代表的理性精神相比，狄俄尼索斯代表着狂欢精神，具体到艺术创造方面，他象征着艺术创造中的狂欢性、神秘性和非理性倾向。和阿波罗一样，酒神本身也具有双重性，他一方面能够给人带来陶醉和狂欢的本真乐趣（正如中国诗人所言"物情唯有醉中真"），另一方面又是残忍和易怒的（正如酒精的破坏性作用和使人癫狂的作用）。至于赫耳墨斯，他在某些方面很像中国神话叙事中的猴王孙悟空。当年一块灵石迎风化猴，把四方天地一拜即开始探索周围的世界，不久就在花果山建立了一个可以尽情游戏与狂欢的自由乐园。同样，赫耳墨斯出生四小时后即开始了他的探索行动。

---

[1] 陈中梅《神圣的荷马：荷马史诗研究》，北京：北京大学出版社，2008，3页。

他先用一个乌龟壳发明了里拉琴，后又巧妙地偷走了阿波罗的神牛。阿波罗将他带到奥林波斯山向天父宙斯告状。赫耳墨斯就像孙悟空来到玉皇大帝的天庭上，机敏活泼，说话间溜到阿波罗的身后，偷取了他的弓和箭，惹得宙斯和众神乐不可支。阿波罗与赫耳墨斯和解后，赫耳墨斯将里拉琴送给阿波罗，并教给他弹奏的方法；而阿波罗则赋予赫耳墨斯雄辩、善辩的能力以及放牧的本领，还传授他预测未来的方法。相传阿波罗对里拉琴非常喜爱，从此满腔热情地致力于探究音乐艺术。在特定意义上，阿波罗和赫耳墨斯也分别代表了两种文化取向：作为光明之神的阿波罗代表着更高的文明与艺术的智慧，赫耳墨斯则代表着经世致用的世俗智慧，难怪有后世诗人把他看作语言、字母和阐释语言艺术的发明者。行动神速的赫耳墨斯后来成为主神宙斯的使者，负责传达他的旨意，执行特定的任务。由于在上传下达的过程中赫耳墨斯需要进行必要的阐释，所以当代文学理论里就有"阐释学"（hermeneutics）一词。

而且，战神阿瑞斯与智慧女神雅典娜也构成了一种文化互补的关系。在希腊神话中，阿瑞斯虽是战神及复仇之神，但他实际上徒有虚名，并非真正意义上的战争之神。人们发现，阿瑞斯愤怒时缺乏节制，动武时缺少控制，崇尚暴力而缺少智力，虽粗暴而嗜血，但远不是善于克敌制胜的战争之神。他只知道全副盔甲，手舞长矛，疯狂地在沙场上搏杀，以血腥嗜杀为乐事，仅此而已。如果说，阿瑞斯代表了战争的残酷和血腥的一面，那么雅典娜则代表了谋战制胜的战争之道。而且与阿瑞斯相比，雅典娜战力更骁勇，意志更顽强，头脑更聪明。但凡阿瑞斯与雅典娜之间发生交战，雅典娜总是以智谋和意志打败阿瑞斯。雅典娜的高明主要体现在文武之道的统一。她不仅英勇善战，而且还是精于纺织等文明创造活动的女神，也是希腊人的城市保护神，以及在这些城市中兴起的各种技艺如纺纱、织布、造船、冶金和炼铁等的保护神。雅典娜在希腊神话中就代表智慧、理性和纯洁，甚至她的猫头鹰也代表着智慧之鸟。当然，雅典娜也具有自己的双重性，她的另一面也具有虚荣（如争抢金苹果，要获最美女神的头衔）、任性、自负、自私和残忍等性格特征。凡此种种，都为人们思考文明发展及普遍人格发展的理想形态提供了借鉴与参考。

此外，在西方史学、民俗学和社会学等研究领域，荷马史诗也提供了极其重要的原初材料。例如，荷马的两部史诗为相关研究者了解荷马英雄时代希腊社会的女性观、女性生活状况、家庭和婚姻等问题提供了颇有价值的记述。甚至人们在挖掘有关古希腊妇女的史料时，也必须回到荷马史诗去寻找最初的记述——因为在荷马史诗以外的记述是空白的。文学研究更是如此，研究者也从荷马史诗中发现并探讨了史诗作者的女性观和女性主义立场。①荷马史诗中的人物奥德修斯（尤利西斯）被称为"说不尽的奥德修斯（尤利西斯）"，人们完全可以将"说不尽的荷马传统"沿用于深邃广博、历久弥新的以荷马史诗为重要载体和代表的希腊古典神话。当然，这"说不尽"是古今中外所有传世经典名篇的共同特征，无论它们是集体创作的、个人创作的，还是个人集前人集体创作之大成的杰作，都莫不如此。一部《西游记》就由于其卓越的浪漫主义艺术特色及其所包含的丰富思想和文化内容，被人们称作神话小说（神魔小说）、仙话小说、神怪小说、游戏之作、哲理小说、政治小说、讽刺小说、科幻小说、寓言小说、宗教小说、文化心理小说、童话小说等。长期以来人们对《西游记》的思想主题、艺术手法、情节内容等看法各异，众说纷纭，堪称八音俱汇，莫衷一是。就思想内容和文化内容而言，就可以归结出《西游记》的文化百科全书特征："实包罗天地万象，四海九洲，士农工商，三教九流，诸子百家。"②甚至刘易斯·卡罗尔的两部"爱丽丝"童话小说自问世以来，至今仍然没有被说尽——无论从文学、心理学、哲学、数学、语言学、符号学、历史、医学、影视、戏剧、动画、科幻小说、现代主义和后现代主义文化等视野去审视和探讨，各种理论与发现层出不穷，令人叹为观止。这正是马丁·加德纳（Martin Gardner）对"爱丽丝"故事——也是对荷马史诗的评价："与荷马史诗、圣经以及所有其他伟大的幻想作品一样，两部'爱丽丝'小说能够让人们进行任何类型的象征性阐释——政治的、形而上的，或者弗洛伊德式的。"③

"说不尽"是希腊罗马古典神话的特征，然而从当代文化和文学视野对它们进行述说仍然是必要的，每一个时代都会对那些影响深远的古典文化遗产进行新的阐述和述说。下面我们就试从当代文化视野对希腊罗马神话的重要文化母题、重要题材及重要叙事范式等进行提炼性的述说，以揭示希腊罗马神话的基本面貌、思想内涵和艺术特色等内容。

---

① 参见陈戎女《荷马是女性主义者吗?》，《中华读书报》，2009年11月4日；陈戎女《佩涅洛佩的纺织和梦：论〈奥德赛〉的女性主义》，《外国文学评论》，2008年2期。
② 张书绅《西游记总论》，载朱一玄，刘毓忱编《西游记资料汇编》，天津：南开大学出版社，2002，322页。
③ Martin Gardner *The Annotated Alice: Alice's Adventures in Wonderland and Through the Looking-Glass by Lewis Carroll*. Penguin Books, 1965, introduction, p. 8.

第二章

世界的起源和神界秩序的确立[*]

世界的起源及神界的战争

遂古之初，上下未形，宇宙处于无边无涯漆黑一团的"混沌"（Chaos）之中。在希腊神话的想象中，这"混沌"虽然黑暗而混乱，没有边界，没有底端，却是孕育生命和力量的"母体"和源头。宇宙的物质本源就是从这一片"混沌"的深渊中产生的。从"混沌"中首先出现了三个原始实体：富饶的大地女神盖亚（Gaia），能使万物复苏的爱神埃罗斯（Eros）和隐藏至深的黑暗深渊塔尔塔罗斯（Tartarus）。希腊人把大地称为"盖亚"，罗马人将其称为"Terra Mater"。在希腊神话意识中，大地是孕育天下众神的有生命的祖先，所以也叫"大地母亲"。如果说"混沌"是朦朦胧胧的中性的原始物质，那么"大地母亲"就代表了富有活力的阴性的原始物质。大地在虚无的混沌中沉淀而成，成为坚实而稳固的物质，它的胸怀无比厚实，往上伸展则成为高耸入云的山脉，往下沉降则成为深不可测的地下世界。盖亚不仅生育了蔚蓝色的天空之神乌拉诺斯（Uronus），而且生育了代表江湖河海以及所有的水系的庞托斯（Pontos）。这乌拉诺斯和庞托斯都是阳性的，皆为大地女神的对立

---

[*] 本章主要参考图书文献：陈中梅《神圣的荷马：荷马史诗研究》，北京：北京大学出版社，2008。
赫西俄德《工作与时日·神谱》，张竹明，蒋平译，北京：商务印书馆，2006。
Ovid. *The Metamorphoses*. Trans. Mary M. Innes, Penguin Books，1955，1981.
Macrone, Michael. *Brush Up Your Mythology*! New York：Gramercy Books. 1999.
库恩《古希腊的传说和神话》，秋枫，佩芳译，北京：生活·读书·新知三联书店，2002。
施瓦布《希腊古典神话》，曹乃云译，南京：译林出版社，1996。

面，若相互作用，将推动天地万物阴阳结合。盖亚与庞托斯的结合（大地和水的结合）产生了许多怪物（Beasties）。盖亚与乌拉诺斯的结合（大地和天空的结合）生育了提坦巨人。这三者象征着大地、天空和水源的结合，可以用"三生万物"来形容。在混沌和大地之后出现的是原始的爱神"埃罗斯"，它代表着混沌宇宙中的一种冲动，一种原始的推动力。这种原始冲动可以通过"无性"的方式（即无须两性结合就可以使原始混沌的实体实现自体生殖），将自身内部孕育的东西释放出来，催生新的更高层次的实体。至于黑暗的塔尔塔罗斯，它将成为有别于后来的由哈得斯掌管的地府冥界的，分别由克罗诺斯和宙斯用来关押无比强大、无法无天的异己者和反叛者的地底深渊。从"混沌"中产生的大地女神盖亚，爱神埃罗斯和黑暗深渊塔尔塔罗斯构成了滋生天地万物的原初三大要素，也形成了三层次结构。这使人们联想到弗洛伊德于1923年在其无意识理论的基础上提出的人格心理三层次结构说，他把人格心理划分为伊底（id）、自我（ego）和超我（super-ego）三部分，为精神分析学家阐释童话文学与人生的关系，阐发童话世界和童心世界的奥秘提供了解析和表述的话语。我们可以把神话中鸿蒙初辟时呈现的原初三结构看作弗氏无意识心理结构的原型和启示。

与此同时，混沌中还产生了黑夜女神尼克斯（Nyx）和她的兄弟黑暗之神厄瑞玻斯（Erebus）。这两者结合生出明亮的"以太"（Aether，意为atmosphere）和欢乐的"白昼之神"赫墨拉（Hemera，意为day、light，为光明之神），于是光明降临世界，昼夜开始交替，宇宙万物开始萌动运行。

一、第一代提坦神

据赫西俄德的《神谱》所述，盖亚和乌拉诺斯的结合生育了众多后代，首先是十二位提坦巨神，他们是俄克阿诺斯（Oceanus，海洋）、科厄斯（Coeus）、克利俄斯（Crius）、许佩里翁（Hyperion）、伊阿珀托斯（Iapetus）和克罗诺斯（Cronus）六兄弟；还有六位姐妹忒伊亚（Thea）、瑞亚（Rhea）、忒弥斯（Themis）、摩涅莫绪涅（Mnemosyne）、福柏（Phoebe，光明）和忒西斯（Tethys），正好是六男六女。

俄克阿诺斯是提坦神中最年长、最宽厚的，他象征着环绕世界的水源，圆盘状的大地就在水上漂浮着。古时候，人们认为有人居住的大地是一个巨大的岛屿，位于一条包围着它的大河的中央。俄克阿诺斯娶了最年轻的忒西斯女神，忒堤斯是大海的女性力量的化身，他们生育了地球上所有的河流及三千海洋女神，这些海洋女神们个个如花似玉，充满青春活力，统称俄克阿尼得斯（Oceanids），分管不同的海域。

科厄斯与福柏结合，他是提坦女神勒托（Leto）的父亲。

许佩里翁与忒伊亚女神结合，生了三个孩子，分别是儿子赫利俄斯（Helios，太阳），女儿塞勒涅（Selene，月亮）和厄俄斯（Eos，曙光）。

伊阿珀托斯娶了俄克阿诺斯和忒西斯的女儿克吕墨涅（Clymene），他们生育了四个孩子：日后肩扛天空的阿特拉斯（Atlas）、莫诺提俄斯（Menoetius，意为"ruined strength"）、普罗米修斯和厄庇米修斯。普罗米修斯和厄庇米修斯充当了神与人之间的中介，所以，根据伊阿珀托斯之子普罗米修斯用黏土造人的传说，芸芸众生的产生可以间接地上溯到伊阿珀托斯。

在提坦女神中，忒弥斯代表着法律、秩序、正义；摩涅莫绪涅代表着记忆。她们是精神和智力的力量，她们没有与提坦神结合，因为提坦巨人代表着简单、粗暴的力量，在他们那里，精神只是处于原始、愚昧的状态。两人后来都与宙斯结合，生育了不平凡的后代。摩涅莫绪涅生下了九个缪斯女神（Muses），掌管文艺和科学，忒弥斯则生下了三个季节女神和三个命运女神。

克罗诺斯在提坦神中虽然年龄最小，却是最有潜力的。他的妻子是提坦女神瑞亚，他俩生育的子女日后将成为奥林波斯山上的主神，包括奥林波斯主神宙斯，海神波塞冬（Poseidon），冥王哈得斯（Hades），宙斯的妻子，天后赫拉，女灶神赫斯提（Hestia）和谷物女神德墨忒尔（Demeter），等等。

除了这些提坦巨人，盖亚和乌拉诺斯还生育了三个百手巨怪赫卡同刻伊瑞斯（Hekatonchires），和三个独眼巨人塞克罗普斯（Cyclopes）。百手巨怪三兄弟又被称为"百臂巨人"（Hundred-handers），因为每人都长有五十个脑袋和一百条胳膊，他们分别是科托斯（Cottos）、布里阿柔斯（Briareus）和古阿斯（Gyes），他们身躯庞大，性格粗暴，每条胳膊都力大无穷。独眼巨人也是三兄弟，他们的名字"塞克罗普斯"（Cyclops）意思是"车轮之眼"（Wheel-eyed），因为他们都只有一只圆眼，位于前额中间。这独眼三兄弟分别是：阿耳盖斯（Arges），意思是"发出光亮者"（brightener），是霹雳的主人；斯特洛佩斯（Steropes），意思是"闪电"（flasher），因为他手握闪电；布隆蒂斯（Brontes）意思是"雷鸣"（thunderer），代表着雷声。独眼巨人在人们的印象中是自私而傲慢的。这些独眼巨人和百手怪物们后来为宙斯效力，帮助宙斯推翻了克罗诺斯的统治。据传，这些独眼巨人赋予宙斯制造雷电的本领，而他们送给波塞冬的礼物则是一把可以倒海翻江的三叉戟，至于冥王哈得斯，他得到了一副头盔，戴上便可隐形，这就是隐形帽的来历。独眼巨人们还帮助锻冶之神赫斐斯托斯锻造各种神器。随着时间的流逝，神话中的独眼巨人们发展成为一个重要的独眼巨人族,其特点是性格粗野,喜好食人。在荷马史诗《奥德赛》中,奥德修斯和他的水手们误入库克罗普斯(Cyclops)巨人族的领地,在独眼巨人波吕斐摩斯(Polyphemus)的洞穴里陷入了被一一吞食的绝境,幸得奥德修斯施展计谋,绝地反击,刺瞎了巨人的独眼,逃得性命。

乌拉诺斯厌恶自己的后代独眼巨人和百手怪物,将他们囚禁于地底下的深渊塔尔塔罗斯,不让他们见到阳光;他也压迫其他的子女,不让他们自由活动(一种说法是乌拉诺斯将他们强行送回盖亚腹中,使盖亚疼痛难忍)。大地之母盖亚受到挤压而倍感痛苦,她非常痛恨乌拉诺斯的行为,希望解救她的后代,也希望摆脱自己的困境。根据赫西俄德的《神谱》,盖亚想出了一个计谋,她创造了一种灰色燧石,用它做成一把巨大的镰刀,准备寻机将乌拉诺斯阉割掉。她求助于自己的提坦神子女们,号召他们起来反抗他们暴戾的父亲,但这些子女们由于惧怕而保持沉默,只有最小的儿子克罗诺斯愿意帮助母亲推翻暴虐的父亲。于是盖亚交给克罗诺斯一把缺口如同锯齿的镰刀,让他按计划埋伏起来。当夜幕降临时,天神乌拉诺斯向大地之母盖亚扑来,展开四肢将盖亚完全覆盖,并紧紧抱住,埋伏在暗处的克罗诺斯乘机用弯刀将乌拉诺斯阉割了。[1]随着一声惨痛的号叫,乌拉诺斯终于与盖亚分离,飘荡到世界的最高之处。乌拉诺斯伤口流出的鲜血洒落到地上,再一次使大地受精,产生了一些新的怪物,如厄里尼厄斯复仇三女神(Erinyes)、巨灵神(Giants)、莫利亚神女(Meliae,梣树林里的仙女)。这复仇三女神的外貌很可怕,头发是扭动的蛇群,眼睛里布满了恐怖的血丝,她们负责对有血缘关系的人所犯的谋杀及其他可怕罪行进行报复。她们代表着仇恨、对错误的忌恨和对罪行的惩罚。此外,乌拉诺斯的精血滴入大海之后,从海里的泡沫中诞生了爱神阿佛洛狄忒,即罗马神话中的维纳斯(Venus)。总而言之,天空与大地分离了,天清地阔,充满生机,时空的进程又得以继续推进。提坦之神纷纷走出母亲的身体,并交配生子,这样就开始了世代相承,生生不息和世代相争以获取支配权的进程,开启了历代诸神之间的战争,直到由宙斯统领的奥林波斯神系确立起新的稳定的世界秩序。乌拉诺斯在惨遭阉割,被迫离开盖亚之际,对他的儿子克罗诺斯发出了可怕的诅咒,诅咒他为自己大逆不道的犯上之罪而付出代价。

---

[1] 赫西俄德《工作与时日·神谱》,张竹明,蒋平译,北京:商务印书馆,2006,31页。

二、第二代提坦神

克罗诺斯（罗马人称之为"萨图恩"，Saturn）帮助母亲盖亚推翻了乌拉诺斯，使天空与大地分离，宇宙的轮廓也显现出来。克罗诺斯因此功劳而成为提坦诸神的首领和世界的主人。他把那些提坦兄妹们从乌拉诺斯的压迫下解放出来，成为他们的保护者。但随着他达到地位和权势的顶峰，克罗诺斯多疑、猜忌、妒忌和凶恶无情的本性也暴露出来。他总担心他人要搞阴谋推翻自己，于是也同乌拉诺斯一样，将拥有强大力量的塞克罗普斯独眼三兄弟和赫卡同刻伊瑞斯百臂三兄弟用锁链紧锁起来，将他们打入塔尔塔罗斯地狱深处的黑暗之中。克罗诺斯还对自己的亲生后代戒心重重，时刻提防着他们，生怕他们对自己的权力有所威胁。克罗诺斯的行为激起了盖亚的强烈不满。作为大地和一切神灵的母亲，盖亚洞悉世间所有的秘密，她知道乌拉诺斯的诅咒，于是发出了一个预言：克罗诺斯有朝一日将被一个比他更为强大的亲生孩子所推翻。克罗诺斯赶紧采取行动，把他与妻子瑞亚所生的所有孩子都一一吞进肚里，以绝后患。他相继吞掉了三个女儿（赫斯提、德墨忒尔和赫拉）和两个儿子（哈得斯和波塞冬）。当小儿子宙斯快要出生时，瑞亚在大地之母盖亚的帮助下逃到克里特岛避难，在那里生下了婴儿宙斯。为了蒙蔽克罗诺斯，瑞亚将一块石头裹上襁褓，作为新生婴儿交给克罗诺斯，被蒙在鼓里的克罗诺斯信以为真，一口将石头"婴儿"吞掉，然后认为自己可高枕无忧了。宙斯被藏在克里特岛森林茂密的埃该昂山中一处隐秘的山洞里，母亲瑞亚将他托付给宁芙仙女们（Nymphs）和她们的随从侍者库瑞忒斯（Kourites 或 Kuretes）养护。这些库瑞忒斯都是一些非常好动的精灵，他们发明了青铜武器，平日就在一起舞弄这些兵器，而兵器发出的喧闹声正好掩盖了婴儿宙斯的啼哭声。仙女们用母山羊阿玛尔忒亚（Amalthea）的乳汁喂养小宙斯，伊达山（Ida）上的甜美蜂蜜也成为宙斯的食物。宙斯长大了，他要反抗克罗诺斯的统治。他想出了一个被希腊人称为"墨提斯"（Metis）的计谋，让克罗诺斯吃下了一种瑞亚交给他的催吐魔药"法耳马孔"（Pharmakon），使克罗诺斯的胃里翻江倒海，好不难受，终于迫使他把肚子里的东西全都吐了出来。首先吐出的是那块代替宙斯的石头，接着那些被吞掉的孩子们一个接一个地被吐了出来。于是宙斯联合自己的兄长姊妹向父亲克罗诺斯宣战，神界的又一场大战开始了。俄克阿诺斯带着自己的3000个女儿加入了宙斯的阵营，提坦女神摩涅莫绪涅和忒弥斯也投入了战斗。而站在克罗诺斯一边的则是那些与他同辈分的提坦巨神们。战争进行得异常激烈，持续了10年而胜负未分。

19

得到盖亚透露的信息后，宙斯把克罗诺斯关在塔尔塔罗斯地狱深处的独眼巨人和百臂巨人释放出来，为他战斗。塞克罗普斯三兄弟为宙斯提供的武器是雷电和霹雳，百臂三巨人赫卡同刻伊瑞斯则将成千上万的巨石向克罗诺斯的提坦巨人们砸去，他们力大无比的众多臂膀投掷了无数的巨石。只见山崩地裂，大地成为一片火海，连塔尔塔罗斯地狱也强烈地震动起来。在闪电霹雳和巨石弹雨的凌厉打击下，克罗诺斯和他的提坦巨神终于抵挡不住，被彻底打垮了。宙斯将战败的提坦巨神们戴上镣铐，关进了塔尔塔罗斯深渊，让他们永远煎熬在暗无天日的地底深处。为了防止这些提坦巨神逃出地面，波塞冬在那里修筑了铜墙铁壁，并且由"百臂巨人"三兄弟负责看守。另据罗马人的一个传说，克罗诺斯在乱军中潜逃而去，他来到意大利地界，在那里成为农业之神萨图恩，后来的罗马人将庆祝他的节日称为农神节（Saturnalia），该节从12月17日起持续7天，节日期间所有人包括奴隶等都可以尽情狂欢。无论如何，这场争夺统治权的大战以宙斯为首的奥林波斯诸神的崛起而告结束。

三、以宙斯为首的奥林波斯神系的确立

战后，以宙斯为首的诸神将奥林波斯山（Mount Olympus）作为自己的大本营或统帅部，所以他们被称作奥林波斯神系。人们认为，这奥林波斯山的原型应当是位于希腊东北部的，将希腊与它北部的邻国马其顿隔开的那座同名高山。这座山是希腊半岛最高的山峰，海拔为9500英尺，其顶峰白雪皑皑（难怪赫西俄德在《神谱》中说"白雪皑皑的奥林波斯山峰、永生神灵的厅堂……"），而且时常掩盖在云雾当中，神秘莫测，被认为高接天穹。在古希腊人的想象中，由于它是众神居住的天堂仙境，所以理所当然地成为普通人类望而却步，难以企及的神山。宙斯在奥林波斯神山上建立了自己的大本营，同时也致力于建立一个相对稳定和公正的世界秩序。但此时大地女神盖亚对宙斯严厉惩罚她的孩子们（那些被击败的提坦巨神）的行为非常不满，为此，她决定采取报复行动。她与一个名叫塔尔塔罗斯的男神结合生下了一个强大而可怕的怪物提丰（Typhon），他居住在德尔斐（Delphi）的洞穴里，由大蛇皮通（Python）养大，长成一个力大无穷，具有惊人破坏力的怪物。据赫西俄德的《神谱》所述，这提丰乃是一条可怕的巨蟒，它长有一百个蛇头，个个口吐黝黑的蛇信，还可以从每个蛇头的双眉间喷出烈火。[1]他的身体上部为

---

[1] 赫西俄德《工作与时日·神谱》，张竹明，蒋平译，北京：商务印书馆，2006，50页。

人躯，下部则为蛇体。此外，他浑身长满浓密坚硬的长须，无论什么样的利箭都无法射进去，还可发出牛、狮、狗等各种动物的吼叫声。提丰与半人半蛇的女怪厄咯德娜（Echidna）还生有许多人兽混形、古怪而可怕的后代，如看守地狱的三头恶狗刻耳柏洛斯、九头蛇怪许德拉、喷火女妖喀迈拉，以及著名的带翼的狮身人面怪兽斯芬克斯等。怪物提丰向宙斯发起凶猛的进攻，并一度占据了上风。初战失利的奥林波斯众神纷纷逃往埃及，变成动物隐藏在沙漠中，以躲过提丰的追击。其中，阿波罗变成一只鸢，赫耳墨斯变成一只白鹮，阿瑞斯变成一条鱼，狄俄尼索斯变成一头公山羊，赫斐斯托斯变成一头牛，等等。后来，人们以此来解释埃及人对以某些动物为象征的众神的崇拜。阿佛洛狄忒与厄洛斯母子（即罗马人所说的维纳斯与丘比特）变成两条鱼儿遁入水中逃走，据说，这就是双鱼星座的由来。奥林波斯众神中，只剩宙斯和雅典娜还坚持与提丰抗衡。双方一直搏杀到埃及和阿拉伯半岛中部的岩石地带的边界，宙斯抵挡不住，节节败退，提丰越战越勇，猛然夺下宙斯作为武器的镰刀，割下了他胳膊和小腿的筋腱，把不能动弹的宙斯的躯体扛到肩上，藏到西里西亚的一个洞穴里。他把宙斯的筋腱包裹在一张熊皮里交给母龙德尔费涅（Delphyne）看守，这个德尔费涅据传是提丰的妹妹，一个"半兽性的少女"。随后神使赫耳墨斯和潘神（Pan）成功地窃走了那些筋腱并使它们在宙斯身上复原。宙斯恢复了精力，战斗重新打响。最后，几经波折，宙斯终于用他的闪电霹雳压倒了提丰那一百个蛇头喷出的火焰，在西西里岛的埃特纳火山下战胜了提丰，并将意大利沿海的一座岛屿压在提丰身上。被压在山下的提丰愤愤不平，从岛上喷出常年不息的火焰。当然，关于宙斯战胜提丰的过程还有其他的讲述版本。

战胜提丰之后，宙斯还要经历一场与巨人们的斗争才能最终确立他的霸权和众神之王的地位。大地女神还不甘心，又唆使她与乌拉诺斯所生的巨人起来对抗宙斯。这些提坦巨人是乌拉诺斯被阉割时滴出的精血，落在大地上，再由大地女神盖亚所催生。他们是人身蛇尾的巨人，面目狰狞可怕，但拥有惊人的力量，而且凶狠无比。他们不顾一切地向宙斯及其众神发起了进攻。盖亚还送给他们一种仙草，这样众神的武器就无法杀死他们，但凡人的武器却可以将他们击杀。为了使他们免受凡人武器的伤害，盖亚赶紧去寻找可以使这些巨人免受凡人武器伤害的仙草。而在这之前，在以宙斯为首的奥林波斯天神与提坦巨人之间进行殊死搏斗之前，众神得到一个神谕，除非有一个凡人出来帮助天神作战，否则就无法打败那些企图推翻奥林波斯天神的提坦巨人们。就在盖亚去寻找仙草之际，宙斯抢先行动，他不让朝霞女神、月神和太阳神发出光亮，使盖亚只能在黑暗中到处搜寻，而他自己乘机把仙草全割走了。他让雅典娜把仙草交给人间英雄赫拉克勒斯，并请他前来参战。赫拉克勒斯带着他的涂抹了蛇怪许德拉的剧毒蛇汁的利箭投入战斗，每当众神将巨人击倒，赫拉克勒斯便用蛇毒利箭将其射杀。经过激烈的厮杀，巨人们纷纷倒下，死于非命，战斗以众神的胜利而告结束①。

从此之后，宙斯取代克罗诺斯取得了世界的统治权，并确立了其无可争议的王者权威。混沌混乱的时代终于宣告结束。宙斯通过三分天下确立了新的秩序分明的神界格局。宙斯掌管天空，用雷电维持着天地的秩序，也叫雷电之神。他不仅拥有强大的无坚不摧的进攻性武器如闪电、霹雳，而且拥有强大无比的防卫性武器："伊吉斯"（aegis）神盾。这正是陈中梅先生在探讨荷马的神学观时提及的宙斯兵器的现代性意义：宙斯在三兄弟之中掌控天空，实际上拥有最重要的制空权，他的闪电和炸雷就犹如远程打击的导弹，尤其给凡人造成巨大的心理压力，能够有效地瓦解他们的斗志；他的"伊吉斯"盾牌就是所谓的"宙斯盾"，也是一种攻防兼备的利器②。宙斯的兄长波塞冬成为统治海洋的海神，另一个兄长哈得斯成为统治亡灵之地府的冥王。与宙斯并肩作战的诸神（如海洋之神奥克阿诺斯）也保留或扩大了他们/她们各自的特权与掌控的领域。对于某些没有加入战斗的神祇如月亮女神赫卡忒（Hecate），宙斯也保留甚至扩大了其拥有的特权，表现出宽容与自信的态度。与克罗诺斯的统治相比，以宙斯为首的奥林波斯神界代表着一种更平衡、更公正的统治格局。

宙斯严格有序地控制着天空和大地，但人们发现他却无法控制自己的情欲，而以贪花好色闻名天下。宙斯有多任妻子，他与奥克阿诺斯之女智慧的墨提斯（Metis）结合，后将她吞进肚里，结果从他的头部蹦出了智慧女神雅典娜；宙斯又娶了提坦女神忒弥斯为妻，与她结合生育了三位时序女神和三位命运女神。宙斯与多多纳地区的狄奥涅结合，生育了阿佛洛狄忒；与阿卡迪亚地区的迈亚（Maia）结合，生育了赫耳墨斯；与谷物女神德墨忒尔结合生育了珀尔塞福涅；与奥克阿诺斯的女儿欧律诺墨结合生育了美惠三女神；与谟涅摩辛涅结合生下了缪斯女神；与勒托（Leto）结合生下了阿波罗与阿

---

① 参见《赫拉克勒斯与巨人之战》，载施瓦布《希腊古典神话》，曹乃云译，南京：译林出版社，150－151页；库恩《古希腊的传说和神话》秋枫，佩芳译，北京：生活·读书·新知三联书店，2002，162－164页。

② 陈中梅《神圣的荷马：荷马史诗研究》，北京：北京大学出版社，2008，201－202页。

耳忒弥斯（Artemis）……直到与赫拉结为夫妻，生育了阿瑞斯、赫斐斯托斯（Hephaestus）与赫柏等后代。此外，宙斯总是致力于追逐美貌女性，包括女神、海仙和人间女子，与她们生育了不计其数的后代（其中宙斯与忒拜王卡德摩斯的女儿塞勒涅生育了著名的狄俄尼索斯）。学者陈中梅通过阐释赫西俄德的神谱传统，指出赫西俄德赋予神祇人类的七情六欲，但是，"他对古代神学的理解显然超出了简单地帮助宙斯（出于性的需要）扩充家族成员的范畴。他让宙斯生儿育女，主要是为了从根本上改变世界的无序和缺少法治的荒莽状态，建立起一个在总体上趋于美好，能够更多地体现理性精神的新的世界秩序"①。的确，宙斯的儿女们担负着重要的职守，而且分工明确，如太阳神阿波罗；智慧和纺织女神雅典娜；月神和狩猎女神阿耳忒弥斯；火与锻冶之神赫斐斯托斯；战神阿瑞斯；众神的使者，掌管商业、交通业、通信业的赫耳墨斯；爱神阿佛洛狄忒；主管文学艺术、音乐舞蹈、天文、历史等领域的缪斯女神；酒神狄俄尼索斯；等等。根据陈中梅的归纳，宙斯作为天空和奥林波斯的主宰，只需坐镇奥林波斯山上就足以掌控天体和人间的事态。之所以如此，是因为宙斯乃天空之神，是地位最高的神明；宙斯是战力最强大、身体最强健的神主，他的进攻和防守的武器（雷电与神盾）也是威力最大和最先进的；宙斯是拥有绝高智慧、多谋善断的谋略之神。另一方面，宙斯也不可避免地具有自身的局限，也面临着诸多挑战，如充满七情六欲的宙斯映射出人的局限，决策中可能误用智慧，在对待日常生活中的一些枝节问题上无法做到料事如神，时而表现出来的"无知"，无法使自己免受欺骗，所以荷马传统中的宙斯不是完美的神明，而且他面临着颠覆其统治的内外的挑战与威胁。②宙斯的谋略从他开始推翻其父克罗诺斯的行动中就表现出来，他担当克罗诺斯的斟酒侍者，在奉上玉液仙浆时往杯子里放入催吐的药草，使克罗诺斯不得不吐出被吞下的宙斯的哥哥姐姐们，他们成为宙斯推翻克罗诺斯统治的重要力量。在取得胜利之后，宙斯又在与波塞冬和哈得斯三分天下时，负责掌管天空与奥林波斯圣山，从而成为理所当然的众神主宰。宙斯的姐姐赫拉对此极为不满，她愤而隐居不出。有一次天降大雨，她忽然看见不远处有一只湿漉漉的布谷鸟，赫拉把这只可怜的鸟儿拾起来，放入自己怀中使它恢复体温——谁知这布谷鸟是宙斯变的，他乘机现出原身与赫拉温存一番，然后趁热打铁，劝说赫拉做他的王后，由两人共同统治神界王国。赫拉对此

---

① 陈中梅《神圣的荷马：荷马史诗研究》，北京：北京大学出版社，2008，165页。
② 同上，187－233页。

表示同意，于是两人举行了盛大的婚礼，大地之母还给他们送来金苹果树作为贺礼。宙斯就这样平息了赫拉的怒气，使赫拉与他携手合作，共同君临天下。大局已定，宙斯着手制定了宇宙万物运行的法则；固定了群星在天空中的轨道；稳定了四季进行转换的次序，从而确立了大地的播种、收获与停息休整；通过神谕以及风云、雷电、鸟的飞行、梦境和其他迹象等昭示未来，或者昭示他的旨意；在希腊最古老的圣地多多纳，宙斯的标志就是著名的神圣橡树，树叶的沙沙声就可以昭示其旨意。然而这并非预示着万事大吉，江山永固。威胁和挑战首先来自他的身旁，来自奥林波斯神系内部。贵为天后的赫拉对宙斯的诡计还是耿耿于怀的，再加上宙斯的婚外之情接连不断，让赫拉嫉妒生恨，恨极生变，遂与波塞冬和阿波罗等密谋推翻宙斯。由于忌惮宙斯的雷霆闪电之威（只有宙斯本人才知道如何抛掷这威力无比的利器），他们精心策划，乘宙斯熟睡之时悄无声息地爬到他身旁，用太阳神牛群的牛皮制成的，任谁也无法挣脱的皮带将他紧紧缚住，还打了上百个绳结。宙斯惊醒了，咆哮震怒，但也无可奈何。计谋得手的赫拉等人兴奋不已，随即准备平分宙斯的权力。眼看又一场浩大惨烈的神界内战迫在眉睫。海中女仙忒提斯（Thetis）潜入地府深渊，将百手巨人布里阿柔斯放出，让他及时赶到奥林波斯山上，解开了束缚宙斯的上百绳结。获得自由的宙斯用纯金链条将赫拉绑缚起来，倒挂在天际，以儆效尤。他同时将波塞冬和阿波罗踢下奥林波斯圣山，罚他俩为世间的一位国王（即特洛伊的拉俄墨冬）服一年苦役。宙斯手握雷电霹雳，咆哮天庭，众神无不心惊战栗，匍匐在地，宣誓效忠，永无二心。在众神的祈求下，宙斯放下赫拉，让她匍匐在自己面前，承诺接受自己不容置疑的至高无上的威权。至此，女性神祇的地位屈居于男性神祇之下。

以下是奥林波斯神系的十二主神的名称简介：

宙斯，罗马人称作"朱庇特"（Jupiter）：克罗诺斯和瑞亚之子；奥林波斯神界之主，掌管天界。宙斯不仅有智有勇，力大无穷，而且拥有霹雳闪电和神盾等至尊利器。

赫拉，罗马人称作"朱诺"（Juno）：宙斯的姐姐和妻子，神后；婚姻的保护神，尤其是已婚女人及家庭的保护者；生性嫉妒。

波塞冬，罗马人称作"尼普东"（Neptune）：宙斯的兄长；海王；脾气暴躁，秉性贪婪。

哈得斯，罗马人称作"普鲁托"（Pluto）或"奥尔库斯"（Orcus）：宙斯的兄长；掌管冥府，同时也是财富之神；冥王哈得斯有一顶可以隐身的帽子；他形象阴森恐怖，令人不寒而栗，但很守信用。

德墨忒尔，罗马人称作"瑟蕾丝"（Ceres）：克罗诺斯和瑞亚之女，宙斯的姐姐；农业女神。

阿瑞斯，罗马人称作"马尔斯"（Mars）：宙斯与赫拉之子；战争之神；粗暴而嗜血，但并非真正意义上的战争勇士。

雅典娜，罗马人称作"密涅瓦"（Ninerva）：宙斯与美狄丝之女；智慧女神和女战神；她是智慧、理智和纯洁的化身。

阿波罗，罗马人称作"福玻斯·阿波罗"（Phoebus Apollo）：宙斯和勒托之子，与阿耳忒弥斯是孪生兄妹；太阳神。

阿佛洛狄忒，罗马人称作"维纳斯"：爱，美和欲望之神；她是当年乌拉诺斯被阉割时喷出的精血滴入大海之后，从海中的泡沫里诞生的。在另一说中，她是宙斯与多多纳的狄俄涅结合所生之女。

赫耳墨斯，罗马人称作"墨丘利"（Mercury）：宙斯和迈亚之子；众神中速度最快者；宙斯及众神的使者；盗窃者的守护神，商业之神，黄泉的引导者。

阿耳忒弥斯，罗马人称作"狄安娜"（Diana）：宙斯和勒托之女，与阿波罗是孪生兄妹；美丽的狩猎神和月神，青年人的保护神。

赫斐斯托斯，罗马人称作"伏尔甘"（Vulcanus）：宙斯与赫拉之子，相传相貌丑陋，是个瘸子，但娶了爱与美之女神阿佛洛狄忒为妻；作为火和锻造之神，他为众神制造武器和铠甲，也是铁匠和纺织工匠的保护神。

经过种种波折与权力斗争，宙斯的王位得以确立，他也更加明智地处理天下大事。他不再费力地卷入各种事务当中，而是放手让诸神各司其职，自行活动。他只居高临下，监察他们处理问题的情况，同时议决他们之间发生的纠纷与争执。他也非常慎重地动用雷霆闪电进行警告和惩罚。这样一来，天下太平，动静有序，诸神们也可以享受宁静的神界生活秩序。以宙斯为首的诸神居住在祥云缭绕的奥林波斯神山之中，那里没有乌云，也没有任何天气变化，永远是光明灿烂的天空。三个端庄的时序女神守卫着奥林波斯山的入口处。山上有宙斯之子神匠赫斐斯托斯修建的黄金大殿。众神之王宙斯坐在高高的黄金宝座上，他的两边站立着和平女神埃瑞涅和带有双翅的胜利女神尼克。宙斯的妻子赫拉作为尊贵的天后可以和宙斯一起坐在黄金宝座上。她的座旁站立着她的使者——彩虹女神伊里斯。众神在这里尽情欢宴，享受神餐和琼浆玉液，同时也在这里议论和决定天上人间的一切事务，包括人类的命运。同时为了解决诸神内部的矛盾和争执，宙斯还建立了一种处理此类问题的裁判与司法体系，就在奥林波斯山黄金大厅里举办盛宴时加以议决。

犯有过失者将受到处罚，被逐出奥林波斯山，直到在相当长的时期服完自己的刑罚才有可能恢复重上神山享受琼浆玉液的待遇。当然，诸神中要是有谁触怒了神主宙斯，也有可能被他踢下山去。

而在天庭之下，在大地的深处，存在着永远黑暗的塔尔塔罗斯深渊，还有阴森恐怖的冥界——那里是被打败的提坦巨人，被镣铐紧锁的天界反叛者的关押地；是亡灵、鬼魂等按照各自的罪孽或过去的经历，包括功过等，分别对待的寄居处。

最后，位于天庭和地府深渊之间的是人类生活居住的世界，也是各种动植物生长的大地。这个世界既有黑暗的夜晚也有明亮的白昼，既有善也有恶，既有健康也有疾病，既有生也有死，而人类生命和动植物生命一样，由弱而强，由盛而衰，代代相传，周而复始。

由宙斯建立的这样一个三极对立的世界确立了新的宇宙秩序，神的天庭世界是永远光明的，塔尔塔罗斯深渊和冥界是永远暗无天日的，而人类的世界则是光明与黑暗交替变化的。值得思考和回味的是，当如此这般的宇宙秩序确立以后，战争从此远离了神界，转而成为人类世界的重大事件。

从社会政治学的视野看，几代希腊神族之间的惨烈大战是神界内部鼎力革新，推陈出新，以获取勃勃生机和发展动力的暴力运动。正如学者陈中梅所阐述的，希腊神权的血腥继替展示了文明与野蛮的冲突乃至抗争，在世界的进化发展过程中，老辈神祇起了特定意义上的监察作用，宙斯的强大是他博取生存和发展空间所必须的，而他的强大又造成了他的霸道和武断，他又由此而面临来自新格局的多种挑战……[①]神话中那些撼天动地，引发山崩海啸的争夺神主之地位的斗争反映了各种各样的权力斗争——争取属于自己的生存权和发展权，继而争夺最高统治权的斗争；以及在夺取和平定天下后进行控制那些包括天空、海洋和地下深处等空间地域的权力斗争。人们可以从这些故事探寻出丰富的象征意义：那些暴烈的冲突如何催生新的更高层次的强权，新的格局形成后如何对其实行监察，以保证一个理想的社会形态的形成和运转，等等。几代神族之间的血腥大战对于新旧矛盾冲突的最终解决为人们提供了思考的议题，并进而从中体察某种改造和建设这个世界的各种可能性，如何按照人类的最佳需求和意愿去改进这个世界的不合理的存在，去创造理想的未来。

---

① 陈中梅《神圣的荷马：荷马史诗研究》，北京：北京大学出版社，2008，第3页。

第三章

希腊神话中的人类时代和人类社会的两次重要战争*

一、人类的四个时代

1. 黄金时代

在希腊神话中，人类的第一个时代出现在乌拉诺斯统治的时期（以克罗诺斯为首的提坦巨人与以宙斯为首的奥林波斯诸神之间的搏杀开始之前的时代），那是人类的黄金时代（the Mythological Golden Ages）。在荷马史诗《奥德赛》第4卷中，海上老人普罗托斯用"长了翅膀的语言"对墨涅拉俄斯描述了一个凡人理想的乐土：

> 至于你，宙斯养育的墨涅拉俄斯，神明却无意
> 让你死去，在马草丰肥的阿耳戈斯终结——
> 长生者将把你送往厄鲁西亚平原，
> 位于大地的极限，金发的拉达门苏斯居住那边，
> 凡人的生活啊，在那里最为安闲，
> 既无飞雪，也没有寒冬和雨水，
> 只有不断的徐风，拂自俄开阿诺斯的浪卷，
> 轻捷的西风吹送，悦爽人的情怀，
> ……①

---

* 本章主要参考图书文献：荷马《奥德赛》，陈中梅译，南京：译林出版社，2003。
Lattimore, R. (trans.) *The Odyssey of Homer: A Modern Translation*. New York: Harper & Row Publishers Inc. 1961.
Lattimore, R. (trans.) *The Iliad of Homer*. Chicago: The University of Chicago Press. 1965.
赫西俄德《工作与时日·神谱》，张竹明，蒋平译，北京：商务印书馆，2006。
Ovid. *The Metamorphoses*. Trans. Mary M. Innes, Penguin Books, 1955, 1981.

① 荷马《奥德赛》，陈中梅译，南京：译林出版社，2003，121页。

荷马时代的另一位诗人赫西俄德在其代表作《农作与时日》中描述了已经逝去的幸福的黄金时代，它出现在克罗诺斯统治天国的时代。那时人们像神一样无忧无虑地生活着，没有苦恼和贫穷。人们不会衰老，他们的四肢永远像年轻时那样充满力量。他们身体健康，不生病痛。在衣食方面，他们丰衣足食，终生享受着美酒佳肴和欢乐。死亡只不过是安详的长眠。富饶的大地慷慨地赐予他们享用不尽的水果和食物。①荷马世界里的乐园和赫西俄德描述的人类的幸福黄金时代成为了古希腊时期的人类理想国度，也成为西方文学中表现凡尘中的人们所苦苦寻求的乌托邦原型模式。罗马人将宙斯之父克罗诺斯等同于他们的农神萨图恩，黄金时代也就成为农神的时代，成为维吉尔所预言的农神管辖的万物和谐相处的时代，大地为一切生物提供充足的食物，所有的动物都生活在和谐当中，人类远离了劳累的重压，而对新生儿的祝福表明新的人类循环即将开始。后来的基督徒们就把维吉尔的诗看作基督即将降临人间的预言。奥维德在《变形记》第一卷中描绘了一个远古时代自给自足的理想社会，这个世界没有战争，也无需法律，人们和谐生活，同时与自然保持着和谐关系。那里春天永驻，山野四季常青，和煦的西风吹拂着自然生长的百花；大地不耕而谷物丰登，为人们提供充足的食物，河中流淌的是牛奶和琼浆，橡树中流出金黄的蜜汁……②一般认为，人类黄金时代的乐园存在于这个世界的边缘角落，一个遥远而神秘的地方，是大自然恩赐于凡人的一块美丽富饶的宁静乐土或净土，生活在那里的人们具有高尚的灵魂，过着简朴而幸福的生活。那里也是人们肉体和灵魂的安息之所。

还有一种说法认为人类的黄金时代是从宙斯建立奥林波斯神系，确立新的世界秩序之后开始的。诸神虽然居住在神圣的奥林波斯山上，但那时人神还没有分离，诸神可以在科林斯附近一个叫墨科涅（Mekone）的地方与人类密切来往。在那里，人类与神祇友好相处，往来无间。人类可以参加神祇举行的宴会，尽可觥筹交错，坐起而喧哗，堪称人神同饮同乐。不过人类的地位毕竟与诸神是不可同日而语的，两者的分离不可避免。在神界的秩序和格局明确以后，人神之间的分离也就开始了。这相似的一幕也出现在中国神话体系中，天帝居住的昆仑山应当是与奥林波斯山相媲美的天界仙乡，那里有

---

① 赫西俄德《工作与时日·神谱》，张竹明，蒋平译，北京：商务印书馆，2006，4－5页。
② Ovid, *Metamorphoses*, trans. Mary M. Innes, New York：Penguin Classics. 1981, Book 1, pp. 31－32.

丰沃的原野，居民吃的是凤凰蛋、喝的是甘露汁，天下的珍稀美味，应有尽有。放眼望去，漫山遍野皆珍稀树木花草。有鸾凰歌唱于四野，凤凰翱翔于天际，百兽驯服，决不扰人，一派祥和动人的景象。一开始，人类与天神是相互往来，互通有无的，后来才出现天地隔绝，人神分离，人类与神祇之间有了天壤之别。在希腊神话中，关于人类与神祇的分离有如下故事。

作为天界和人间的主宰，宙斯要求人类敬重天神，并以此作为保护人类的条件。于是，神祇们决定在墨科涅召开会议，商议并确定人类的权利和义务。根据《神谱》的叙述，当初神灵与凡人在墨科涅发生了争执，普罗米修斯作为人类的维护者宰杀了一头大牛，将其分成几份摆放在神祇们的目前。这位提坦神的儿子决意用他的智慧来蒙骗一下高贵的大神宙斯。他把鲜美的牛肉和肥壮的内脏堆在牛皮上面，再遮盖上牛的瘤胃；同时在宙斯面前摆放了一堆巧妙排列的牛骨头，上面用光滑发亮的脂肪盖住。面对这样的摆放，无论人间的凡人还是众神之宙斯都认为普罗米修斯分配得非常公平。于是普罗米修斯请宙斯随便挑取其中的一份。宙斯正在心中盘算如何实现其惩罚人类的计划，因此没有识破普罗米修斯的诡计，他挑选了由白花花的脂肪所盖住的这一堆牛骨头，结果发现自己上当受骗，不由勃然大怒。也正是由于此次事件，后来大地上的人类就在芳香的圣坛上焚烧白骨以献祭神灵。[1]另一说是，宙斯早已看穿普罗米修斯玩弄的计谋，但决定将计就计，故意伸出双手去拿雪白的板油。当他剥掉板油，看清里面全是剔光肉的骨头时，才假装自己上当了，做出非常气愤的样子——他终于找到了惩罚人类的借口了。这一说法自然维护了大神宙斯的至上威信和至高智慧。从神话叙事的意义上，宙斯挑选了牛骨头，而将牛肉留给了人类，这一举止具有象征的意义。这是因为这样一来就把人类与神祇区分开来：恒久不变的骨头与很快就会腐烂的鲜肉本身就象征着天神与凡人的区分——神的永恒不朽与人类生命的短暂脆弱。于是，大发雷霆的宙斯对普罗米修斯的欺骗行为向人类展开了报复，他收回了天火，藏起了小麦等食物。然而，普罗米修斯马上想出了对策。他拿着一根茴香秆，偷偷地走近太阳车，将茴香秆点燃，带着火种回到地上。普罗米修斯盗回的火种使人类能够食用熟食，能够取暖照明，但地上的火终究是凡间之火，是会熄灭的，无法与天火相比。无论如何，人类还是解决了自己的生存问题。宙斯对此感到非常愤怒，他又想出了一个手段来惩罚人类。据赫

---

[1] 赫西俄德《工作与时日·神谱》，张竹明，蒋平译，北京：商务印书馆，2006，42－43页。

西俄德在《工作与时日》的记述，宙斯令工匠神赫斐斯托斯用土与水揉在一起，在里面加入人类的语言和力气，打造了一位可爱的少女，模样犹如永生的女神，然后赋予它生命。神衹送给她各种礼物：雅典娜教她做针线活和纺纱织布，并亲自给她披上了漂亮的衣裳，佩好腰带；爱神阿佛洛狄忒赋予她优雅的风韵，诱人的魅力；赫耳墨斯赋予她语言技能，包括能说会道，谎言以及一颗不知羞耻的心和欺诈的天性；还赋予了这美丽的女人各种恶劣的品性如自私、嫉妒等，以及恶毒的心思等。由于众神都馈赠给她一件危害人类的礼物，都是以五谷为生的人类所难以抵御的祸害，所以宙斯把她叫作潘多拉（Pandora，意为"拥有一切天赋礼物的女人"）。①众神把这个美丽的女人连同一个紧闭的盒子送给普罗米修斯的弟弟厄庇米修斯。虽然普罗米修斯曾经警告过弟弟不要接受来自奥林波斯山的任何赠礼，但神魂颠倒的厄庇米修斯完全忘记了哥哥的警告，欣然接纳了这个美若天仙的女人。后来，好奇的潘多拉打开了那个盒子的盒盖，里面的各种祸害立刻蜂拥而出，迅速扩散。不过，盒子里唯一美好的东西——希望——还被保留在盒子里。从此，各种各样的灾难充斥了大地、天空和海洋。疾病也悄无声息地在人间蔓延、肆虐，死神步履如飞地在人间狂奔。人世间充满了灾难和苦痛。然而人类还保留着那美好的希望。自从宙斯开始惩罚人类，人类失去了人神共处时代的充足食物（那时一年四季都是春天，土地不需耕种就长出丰饶的五谷，溪中流的是乳汁和甘美的仙露，青翠欲滴的树上淌出金黄色的蜜汁），为了生存就只能自己进行艰辛的劳作和耕种。而人类自从有了女人，就开始了失去自由的婚姻生活。而且，为了对人类获得火种进行报复，宙斯还给人类制造了第二个灾难，就是迫使人们相互结成婚姻，要是有人想要独身，想逃避由女人引起的悲苦而不愿结婚，那么他到了晚年就会晚景凄惨，不仅不会有人来供养他，而且在他去世时，亲戚们就会来瓜分他的遗产。②从现代意义上看，用火制作的熟食、春播秋获的劳作和男女之间对立统一的婚姻家庭演变为人类文明进化的标志，正是这些因素将人类与野兽区分开来。总之，人类与永生不朽的神分离之后别无所长，只留有终将结束的寿命而已。此时的人类具有半神半兽的特性——既有神性的一面，又有兽性的一面——成为自身充满矛盾的两面性混合体。

---

① 赫西俄德《工作与时日·神谱》张竹明，蒋平译，北京：商务印书馆，2006，3-4页。
② 赫西俄德《工作与时日·神谱》张竹明，蒋平译，北京：商务印书馆，2006，44页。

2. 白银时代

按照奥维德的描述，当萨图恩（克罗诺斯）被囚禁于塔尔塔罗斯深渊，当朱庇特（宙斯）成为世界的统治者之际，人类的白银时代就取代了黄金时代。朱庇特缩短了大地上春天的期限，代之以一年四季的循环：冬天，夏天，变化多端的秋天和短暂的春天。天气变得恶劣起来，要么酷暑，要么严寒。人们开始寻求遮风避雨的栖身居所，他们在洞穴或者灌木丛中修建住所。为了养活自己，人们开始用牛轭套住公牛犁地耕种，将谷物女神瑟蕾丝（德墨忒尔）送给他们的谷种播种在地里。①

3. 青铜时代

当人类的本性变得更加衰败不堪，当人类更频繁地发动残酷的战争时，青铜时代降临了。这一时代的人们身穿青铜盔甲，使用青铜武器。根据赫西俄德的叙述，"他们喜爱阿瑞斯制造哀伤的工作和暴力行为，不食五谷，心如铁石，令人望而生畏"。他们虽然体魄健壮，高大威武，还是无法抗拒死亡，"他们用自己的手毁灭了自己，去了冷酷的哈得斯的潮湿的王国，没有留下姓名。尽管他们强大可怕，但为黑死病所征服，离开了阳光普照的大地"②。在青铜种族消失以后，宙斯又创造了半人半神的英雄种族，众多英雄都卷入了不幸的战争和可怕的厮杀，不少人因此而丧生。希腊神话传说中的几次重大战争（如七将攻忒拜和特洛伊战争等）就发生在这一时期。

4. 黑铁时代

人类的青铜时代之后就是最后的黑铁时代。根据奥维德的记述，此时世风败坏，每况愈下。谦和宽容、坚持真理和忠诚不二的品性已经消失殆尽，代之而起的是肆虐的阴谋、欺诈、背叛、暴力、掠夺、杀戮。各种罪恶四处蔓延，强权乃是公理，亲情友情荡然无存，父子反目、骨肉相残，战火蔓延，举目尽是焦土，滔天的罪恶之戾气涌上天庭，天神完全摒弃了人类。相对于前面的时代，有些变化值得一提。水手们扬起风帆出海远航，覆盖着高山峻岭的郁郁青青的树木被砍伐后变成了航船，颠簸在茫茫大海的波涛之上。过去像阳光与和风一样为所有人公有的土地也被仔细测量，划界而分；谷物不再是人们向肥沃的土地所索取的唯一产物，人们向大地深处搜寻、挖掘，要找出深藏在下面的好东西，而这些东西又反过来激发出更多的邪恶贪欲。在

---

① Ovid, *Metamorphoses*, trans. Mary M. Innes, New York: Penguin Classics. 1981, Book 1, p. 32.

② 赫西俄德《工作与时日·神谱》，张竹明，蒋平译，北京：商务印书馆，2006，6页。

这个时代，人们所发现的铁矿被用于制造杀害人类的武器，而黄金对人类的伤害比铁器更加严重。①

二、人类世界的战争：七雄攻忒拜

在希腊神话中，人类社会的战争，从起源到结局，都每每与神的意志（以各种神谕的形式出现）和神的干预（直接和间接的形式）息息相关。这使得神话叙事中对人类世界发生之战争的描述成为纪实性与幻想性相结合的产物。一方面，神话中对人类战争的展现往往是以历史史料为基础的（如对特洛伊战争的叙述），有现实主义的严密细节，有别于纯粹的神话，这也是为什么希腊罗马神话对人类战争的描写要比对神界战争的描写更具体、更逼真、更生动和更震撼的原因之一。另一方面，神谕和神的介入为神话故事增添了反现实主义的浪漫奇幻色彩。现实主义的真实性与大胆离奇的幻想性结合起来，体现了文学叙事的神话性和神话传说的文学性，是一种体现在历史、哲学、文学及形而上等层面的真实性，令人深思、回味。

七雄攻忒拜的故事包括前辈七雄与后辈七雄先后两次攻打忒拜城的经过②。阿耳戈斯（Argos）国王阿德拉斯托斯（Adrastus）生有五个孩子，其中有两个女儿，她们名叫阿琪尔（Argia）和德伊皮勒（Deipyle）。有一则奇怪的神谕昭示：国王将把一个女儿嫁给狮子，另一个女儿嫁给野猪。对于这则神谕，国王百思不得其解。一天，有两个逃难的青年人从不同的方向同时来到阿耳戈斯王宫门前。一个是来自忒拜（即底比斯）的波吕尼刻斯（Polynices），他与弟弟为争夺王位而反目成仇，结果被逐出故国。另一个是来自卡吕冬的堤丢斯（Tydeus），他是俄纽斯（Oeneus）和珀里玻亚（Periboia）的儿子，在故乡打死了自己的叔父和堂兄弟，不得不逃往异国他乡。两个年轻人在王宫门外相遇，一时言语不合，都把对方当作敌人，抄起武器拼杀起来。国王阿德拉斯托斯听到宫门外传来的厮杀声，赶紧手持火把跑出来，将两位英雄分开。等他定睛一看，不禁大吃一惊，只见波吕尼刻斯的盾牌上装饰着

---

① Ovid, *Metamorphoses*, trans. Mary M. Innes, New York: Penguin Classics. 1981, Book 1, pp. 32 – 33.
② 本节根据施瓦布的《希腊古典神话》和库恩，的《古希腊的传说和神话》叙述，详见施瓦布《希腊古典神话》，曹乃云译，南京：译林出版社，1996，228 – 238 页；库恩《古希腊的传说和神话》，秋枫，佩芳译，北京：生活·读书·新知三联书店 2002，457 – 466 页。

狮子头，堤丢斯的盾牌上装饰着一头野猪。阿德拉斯托斯顿时明白了那个神谕的意思，于是把两位流亡的青年英雄招为女婿。波吕尼刻斯娶了大女儿阿琪尔，堤丢斯则娶了小女儿德伊皮勒。国王阿德拉斯托斯答应帮助他俩回去复国，重登王位。他们商议决定首先远征忒拜。于是，以阿德拉斯托斯为首的七位英雄将率领七支军队去攻打有七座城门的忒拜，这就是赫赫有名的前辈七雄攻打忒拜的由来。这七雄分别是阿德拉斯托斯、波吕尼刻斯、堤丢斯、国王的姻兄安菲阿拉俄斯（Amphiaraus）、侄儿卡帕纽斯（Capaneus），以及国王的两个兄弟希波迈冬（Hippomedon）和帕耳忒诺派俄斯（Parthenopaeus）。七雄中安菲阿拉俄斯有未卜先知的本领，他知道此次征战必定失败。他反复劝说国王放弃这场战争。然而，他的劝阻没有产生任何作用，他只得找了一个隐秘的地方躲起来，那个地方只有他的妻子，即国王的姐姐厄里费勒（Eriphyle）知道。但国王阿德拉斯托斯一定要找到安菲阿拉俄斯才会兴师远征。

波吕尼刻斯从忒拜出逃时，随身携带了一条项链和一方面巾，它们是女神阿佛洛狄忒送给忒拜城的创建者卡德摩斯（Cadmus）和他妻子哈摩尼亚（Harmonia）的结婚礼物。事实证明，凡拥有这两件东西的人都会遭遇灾祸：它们已经使哈摩尼亚、酒神狄俄尼索斯的母亲塞墨勒以及俄狄浦斯的母亲伊俄卡斯忒（Iocasta）等遭遇了灾难。最后，这两件诡异的宝物辗转落到波吕尼刻斯的妻子阿琪尔手里。于是，波吕尼刻斯试图用那条项链去贿赂厄里费勒，要她说出丈夫藏匿在什么地方。厄里费勒早就渴望得到这根用金链穿起、缀满闪闪发光宝石的项链，所以她把波吕尼刻斯带到安菲阿拉俄斯的秘密藏身处。无奈之下，安菲阿拉俄斯只得随军远征。出发前，他把儿子阿尔克迈翁（Alcmaeon）叫来，神情悲戚地叮嘱他，如果他听到了父亲的死讯，一定要向贪财忘义的母亲复仇。从这里，人们可以发现一些相似的程式化特征所揭示的神话叙事的信息。在特洛伊战争开战前，奥德修斯不愿离开妻儿去远方打仗，于是想通过装疯卖傻来蒙混过关。一方面有预言昭示，奥德修斯一旦离家参战将在外滞留 20 年；另一方面，奥德修斯的随军出征对于希腊联军又是不可或缺的。当帕拉墨德斯（Palamedes）找到奥德修斯并揭穿了他的蒙混伎俩后，奥德修斯不得不服从命运的安排。但他恨透了帕拉墨德斯，后来设计将他害死。至于阿喀琉斯，神谕昭示了有关他本人参战与不参战将导致的两种不同命运；而有关希腊联军参战结果的神谕则昭示，此次远征没有阿喀琉斯的参战是不可想象的。于是个人的命运与集体的前途发生了猛烈的碰撞。阿喀琉斯被母亲隐藏起来，而奥德修斯通过计谋发现了他，结果阿喀琉斯当即做出了自己的抉择，他脱掉身上掩人耳目的女装，披上战袍，拿起武器赶赴战场。

很快，阿德拉斯托斯组建了一支强大的军队，分成七路，分别由七位英雄统领，离开了阿耳戈斯，向忒拜城挺进。在尼密阿森林，士兵们饱受炎热之苦，干渴难耐，因为那里的河流、小溪和湖泊都已干涸，找不到水源。国王阿德拉斯托斯带了几个武士在森林里四处寻找水源，可惜枉费心机，一无所获。这时，他们遇到一位衣衫褴褛，头发飘散，但气质高雅的女人，怀中还抱着一个小男孩。这女人名叫许珀茜柏勒，曾是亚马逊人的女王，后来被海盗劫持拐卖为奴，成为尼密阿国王的奴隶。许珀茜柏勒给他们带路，把他们领到这片干旱荒凉之地的唯一水源处。然而，当士兵和马匹都从干渴中解脱出来后，人们却发现小男孩被一条大蛇吞吃了。愤怒的士兵们杀死了大蛇。许珀茜柏勒险些被小男孩的母亲残酷地处死，所幸她的儿子们出来寻找她，把她救了回去。这件事使预言家安菲阿拉俄斯忧心忡忡，他认为这是对于远征结局的一种不详预兆，但是，其他人却认为打死毒蛇是胜利的前兆，大家精神抖擞地重新踏上征程。

在忒拜，克瑞翁（Creon）和厄忒俄克勒斯（Eteocles）也在进行抗击敌军的准备。他们请来著名的预言家泰瑞西阿斯，要他说出忒拜城的命运，预言家的回答却使克瑞翁惊恐万状，因为，泰瑞西阿斯说出的预言是："俄狄浦斯的儿子们啊，你们对父亲犯下的大罪滔天，忒拜苦恼和哀愁必然平添。阿耳戈斯和卡德摩斯的后代相互残杀，兄弟将死于兄弟身边。全城仍可得救，但卡德摩斯最小的儿郎必先死于利剑。"他的意思是，若要挽救这座城市，龙牙种子中最小的一颗必须死亡，也就是说，克瑞翁必须牺牲自己的小儿子墨诺扣斯。克瑞翁急忙让儿子到多多那神庙中躲藏起来。但是，墨诺扣斯以大局为重，甘愿为国牺牲，他站在城墙上，从最高处跳了下去。神谕实现了。克瑞翁强压悲伤，准备迎接鏖战。厄忒俄克勒斯指挥七位首领把守忒拜的七座城门。阿耳戈斯人开始攻城了。双方短兵相接，杀声震天。战斗激烈地进行着，阿耳戈斯人发起了一轮又一轮的进攻，但都被忒拜人顽强地击退了。无数的士兵战死城下，一时间尸横遍野，血流成河。

气急败坏的卡帕纽斯扛来一架云梯，狂妄地叫喊，即使是宙斯的闪电也不能阻止他攻陷城池。他把云梯架靠在墙上，以盾牌作保护，冒着城上如急雨般落下的石块，凶猛地向上攀登。这时，宙斯亲自来惩罚这个狂妄之徒。就在卡帕纽斯从云梯跳上城头之际，宙斯一个闪电霹雳向他劈去，雷声响处，大地动摇，只见卡帕纽斯四肢飞散，头发燃烧，鲜血迸溅，一命归阴。国王

34

阿德拉斯托斯认为这是大神宙斯反对他们攻打忒拜城的预兆，于是下令撤退。第一次交战，忒拜人大获全胜。但是，阿耳戈斯远征军的士兵又重新集合起来，准备再次攻城。由于兵力伤损严重，面对强敌，厄忒俄克勒斯作出一个重大决定，他派使者前往阿耳戈斯人的兵营，提出两军罢兵息战，由他与哥哥波吕丢刻斯单独对阵，一决胜负，决斗中的胜者将获得忒拜的王位。于是一场发生在亲兄弟之间的生死决斗开始了。他们的长矛在空中飞舞，向着对方猛力刺去，两人的枪在空中飞过，又各自从对方的盾牌上反弹回来。双方又以矛击向对方的脸部，均被盾牌挡住。双方士兵看着这场凶猛的决斗，都屏住了呼吸。这时厄忒俄刻勒斯用右脚踢开阻在他路上的一块石头，顿时将右脚暴露在盾牌外面，只见波吕尼刻斯抢上一步，用长矛刺中了弟弟的脚。厄忒俄刻勒斯忍住疼痛往后退缩，顺势从地上拾起一块石头将哥哥波吕丢刻斯的长矛打成两段。在双方暂时僵持的当口，厄忒俄刻勒斯冷不防地用剑刺穿了哥哥的腹部。波吕尼刻斯当即倒在血泊之中。厄忒俄刻勒斯以为哥哥必死无疑，便俯身去摘他的武器，不料波吕尼刻斯气息尚存，他猛然一剑刺中了弟弟的胸脯，厄忒俄刻勒斯随即倒地，死在哥哥身边。城门大开，忒拜人从城内涌出，悲悼他们死去的国王厄忒俄刻勒斯。波吕尼刻斯在咽气之前告诉妹妹安提戈涅，他为兄弟相残感到懊悔，希望自己的尸骨能安葬在家乡忒拜城。

　　忒拜人认为他们的主帅厄忒俄克勒斯取得了胜利，而对方却认为波吕尼刻斯获胜。双方争执激烈，结果再次动武。这一次，忒拜人占了上风，因为刚才两兄弟阵前厮杀，忒拜人虽然在一旁观看，但仍然手持武器，队列整齐，严阵以待。而阿耳戈斯人以为己方必胜无疑，全都放下了武器，在一旁呐喊助威。现在，忒拜人猛然间像潮水般向阿耳戈斯人冲杀过来。阿耳戈斯人根本来不及拿起武器进行抵抗，只好四散逃命，无数的士兵死在忒拜人的长矛之下。忒拜英雄珀里刻律迈诺斯乘胜追击，向阿耳戈斯预言家安菲阿拉俄斯掩杀过去，一直追到伊斯墨诺斯河岸。此时正值河水高涨，马车无法过河。眼见身后尘土飞扬，追兵已到，绝望之中的安菲阿拉俄斯只得孤注一掷，打马下河。然而，还没等马车下水，追兵已赶到河边，珀里刻律迈诺斯手中的长矛几乎刺到了他的脖子。宙斯把一切都看在眼里，他不愿让自己的预言家以如此屈辱的方式死去。于是，万神之父当即降下一道雷电，把大地劈开，一道幽黑的裂口当场把安菲阿拉俄斯和他的战车全都吞没了。不久，忒拜四周的阿耳戈斯人也被消灭。攻打忒拜的七路英雄中，只有国王阿德拉斯托斯幸免于难，其他将领全部阵亡。前辈七雄攻打忒拜的战争以悲壮的失败而告终。

在希腊神话中，七雄攻忒拜之战十年之后，忒拜之战中阵亡英雄的儿子们决定再次兴兵征讨忒拜，为他们死去的父辈报仇雪恨。这些后辈英雄被称为"厄庇戈诺伊"（Epigonoi），包括安菲阿拉俄斯的儿子阿尔克迈翁和安菲罗科斯（Amphilochus），阿德拉斯托斯的儿子埃癸阿勒俄斯（Aegialeus），堤丢斯的儿子狄俄墨得斯（Diomedes），帕耳忒诺派俄斯的儿子普洛玛科斯（Promachus），卡帕纽斯的儿子斯忒涅罗斯（Sthenelus），波吕尼刻斯的儿子忒耳珊特罗斯（Thersander）。年事已高的国王阿德拉斯托斯也参加了这次远征，但不担任统帅。后辈英雄们在阿波罗神庙前祈求神谕为他们选一个统帅。神谕告诉他们，这合适的人选就是阿尔克迈翁。阿尔克迈翁不知道在完成为父亲报仇的使命之前，自己能不能担此重任。于是他也祈求于神谕，神谕回答说，这两件事情可以同时进行。在这之前他的母亲厄里菲勒不仅得到了那条给佩带者带来厄运的项链，而且还获得了阿佛洛狄忒的第二件令人倒霉的宝物，即面纱。那是波吕尼刻斯的儿子忒耳珊特罗斯从父辈继承的遗产，他又用面纱贿赂厄里菲勒，要她说服自己的儿子参加讨伐忒拜的战争。既然有神谕的昭示，阿尔克迈翁接受了统帅之重任。他在阿耳戈斯组建了一支强大的军队。邻近城市的许多勇敢的武士也参加进来。这支军队浩浩荡荡地向忒拜开进。像十年前的父辈们一样，这些后辈七雄围困了忒拜城，双方展开激烈的搏斗厮杀。与他们父辈不同的是，这一次他们幸运得多，阿尔克迈翁在一次决定性的战斗中获得胜利。后辈七雄中，只有国王阿德拉斯托斯的儿子埃癸阿勒俄斯阵前被杀，他死在厄忒俄克勒斯的儿子拉俄达马斯手里，拉俄达马斯后来又被阿尔克迈翁所击杀。忒拜人丧失了首领和很多士兵，便放弃阵地，退守城内。他们派使者向阿耳戈斯人求和，同时弃城而逃。战争结束了。

从整体上看，两次攻打忒拜的战争，其前因后果、战争进程及悲壮结局，都与发生在中国东周时期的秦国与晋国之间的崤山之战非常相似，既令人荡气回肠，又让人唏嘘叹息。历史上秦晋之间的崤山战役发生在公元前628年[①]。当时，秦穆公得知郑国和晋国发生国丧，准备乘机发兵攻打郑国，以图称霸中原。大臣蹇叔和百里奚极力劝阻，认为劳师远征，旷日费时，既没有战果，又失去了军事行动的隐秘性，此去必败无疑。但自恃兵强马壮的秦穆公

[①] 参见冯梦龙，蔡元放编《东周列国志·上》，北京：人民文学出版社，1979，405–407页；林汉达编写《东周列国故事新编·上》，北京：中华书局，1979，170–184页。

主意已定，决定派孟明视为主将，西乞术和白乙丙为副将（孟明视是百里奚的儿子，西乞术和白乙丙是蹇叔的儿子）率秦国大军越过晋国之境袭取郑国。大军出发之日，蹇叔和百里奚大哭一场，言此去一别，必不见回乡。蹇叔还对军中的儿子预言，大军此去，晋国之军一定会在崤山险地设伏，秦军必在此全军覆没。大军开拔之后，蹇叔又请公孙枝在黄河河东预备船只，准备接应败逃之人。在孟明视等三位大将的率领下，秦军于次年春天顺利通过崤山隧道，越过晋国之境，进入滑国境内，遭遇郑国商人弦高。这弦高一面派人赶回去向郑国报信，一方面热情犒赏秦军，声称是郑国国君派他前来迎候大军的。孟明视心中大惊，以为郑国有备，已失先机，遂下令灭了滑国便撤军回国。在这一年的四月初，当回国的秦军再次经过晋国境内的崤山时，果然陷入万劫不复的境地。晋军大将先轸已经率伏军布下天罗地网，待秦军全部进入伏击地域后，立即封锁峡谷两头，居高临下发起突然攻击，结果秦军全军覆没，孟明视、西乞术和白乙丙三位将军成了晋军的俘虏。此番结局正应了蹇叔的预言。晋军押着俘虏得胜回朝。晋襄公的母亲文嬴原是秦国人，便劝说襄公放了三位被俘的秦将，以免两国结仇太深。她说秦晋两国原是亲戚，一直相互帮助，只是孟明视这帮武夫争功争势，害得两国伤了和气。她说要是把他们放了，秦君定会亲自惩办他们。于是晋襄公便把这三人释放了。大将先轸闻讯赶来，急得怒骂："将士们流血流汗，拼死厮杀，好容易把他们捉住，怎能放虎归山呢？"他越说越急，竟然朝晋襄公吐了一口唾沫。晋襄公听了当即醒悟过来，意识到此举后患无穷，立即派将军阳处父带一队人马飞快追去，务必将三人带回。孟明视三人气喘吁吁地奔逃到黄河岸边，却见身后尘土飞扬，追兵已近。万分危急之时，只见一叶小舟正停在河边——正是按蹇叔之意等候在此救急的公孙枝。等追兵赶到，船已离岸。孟明视在船头对阳处父说，承蒙晋君宽恕，要是回去还能保全性命，那么三年以后再来报答。三年以后，即公元前624年，孟明视果然率精兵猛将，乘五百辆兵车渡过黄河，直捣晋国境内，攻城拔地，大败晋军。秦穆公又亲率大军到达崤山，将当年阵亡将士的遗骸收拾起来，掩埋在山坡里。在祭拜了亡灵之后，大军班师回国。西部诸国和西戎部落得知秦国大败中原霸主晋国，纷纷前来向秦国进贡。秦国从此就做了西戎的霸主。

  神话叙事中的战争历程往往与历史中的战争史实交织在一起，它们之间的相似性表明了以神话想象为发端的幻想文学的重要特点，正如新马克思主义批评家杰克齐普斯指出："幻想文学所包含的现实性并不亚于现实主义小说。当然，幻想文学作家所采用的规范和叙事策略不同于历史小说或社会现实主义小说作家，但童话故事和幻想文学所表达的意义中总是具有隐含的社会意义，而且它们隐喻式的叙事是有关作者及读者所直接面对的现实的充满想象力的投射和评论。由于象征性的叙述话语通常充满矛盾并且具有多层面的含义，要阐释它们的社会意义往往比较困难。"[1]神话叙事中对于战争结局的预言实际上折射了来自人们长期积累的战争经验的预见。对于神话中发生的事件人们也需要从现代政治和文化研究的视野去理解和鉴赏。

三、特洛伊战争

与"七雄攻忒拜"的战争故事相比，希腊神话中的特洛伊战争故事具有更多、更深刻的神的因素。就神祇与人类的关系而言，自从宙斯率领诸神确立了奥林波斯神系统治的神界格局，以及人类与神祇分开以后，战争的舞台就转移到了人类世界。这一方面可以看作是神祇"以邻为壑"，转嫁战争危机以确保神界秩序稳定的计谋，另一方面也体现了不以人的意志为转移的人类社会的战争史。特洛伊战争的故事就集中地体现了希腊神话的史实性与幻想性相结合的特点。历史上的特洛伊战争已经被人们考古挖掘的发现所证实（如19世纪德国考古学家谢里曼在迈锡尼进行的发掘和考证，发现了特洛伊古城的废墟，证实了特洛伊战争的真实性。一般认为传说中的特洛伊战争大约发生在公元前1250年），而神话中的特洛伊战争的幻想性及其生动的故事性就在于这场战争的起源、进程和结局等都与神祇的意志（神谕）和神的介入有关。

1. 神的因素：忒提斯的婚事与婚礼上的金苹果

忒提斯是海洋仙女，是"海洋老人"涅柔斯（Nereus）的女儿。这个海神涅柔斯乃是大地女神盖亚与海浪蓬托斯结合所生。涅柔斯的妻子是"灰眼睛的"多丽丝（Doris），他们夫妻一共生了50个可爱的女儿，都生活在海洋里，其中最著名的就是忒提斯和安菲特律忒（Amphitrite）。忒提斯美丽动人，充满魅力，而且具有非凡的才能和像水一样流动变化的本领，能够随意变化为各种形状。主神宙斯和海神波塞冬都爱上了忒提斯，都希望得到她。然而一个可怕的由忒弥斯女神所预言的神谕打消了他们的念头：如果宙斯与忒提斯结合的话，就会生出一个比宙斯更强大的后代，神界中那世代搏杀以争夺统治权的战争将重新发生，并延续下去，以宙斯为首的奥林波斯神系的统治

---

[1] Zipes, Jack, *Breaking the Magic Spell: Radical Theories of Folk and Fairy Tales.* Revised and expanded edition. Lexington: University Press of Kentucky. 2002. p. 211

秩序将被彻底颠覆。另一说是普罗米修斯披露了这一来自命运之神的秘密。总之，在得知这个秘密之后，诸神都拒绝与忒提斯结合。于是，神祇一致同意让忒提斯与凡人结合，这样就把可能会在神界产生的严重后果转移到人类世界。当然，忒提斯与凡人结合生下的孩子将成为人类世界最伟大英雄的典范，将获得最卓越的战功。众神选中的这个凡人就是参加过阿耳戈远征的人间英雄佩琉斯（Peleus），条件是佩琉斯必须战胜这个非常善变、极难对付的忒提斯。忒提斯虽然生活在海里，但总要到海岸边的洞穴里睡觉。在神明的指点下，佩琉斯经过一番激烈的较量，抓住了先后变成母狮、水蛇和海水等物的忒提斯，使她同意嫁给自己。日后忒提斯与佩琉斯结合所生的儿子阿喀琉斯将成为特洛伊战争中希腊联军的最重要的勇冠天下的骁勇战将。

于是众神决定在珀利翁山顶为佩琉斯和忒提斯举行一次盛大的婚礼宴会。这珀利翁山峰是神祇与人类保持交往的一个地点，也是马人族居住的地方。参加此次婚宴的有奥林波斯山上所有的神，但不知是有心还是无意，婚宴的主办者唯独没有邀请"不和"女神厄里斯（Eris）。深感愤懑的厄里斯自然怀恨在心，决定在婚礼宴会上制造事端。她从遥远的赫斯珀里得斯果园中采了一只金苹果，并在上面写下一句话："属于最美丽的女神"（"Property of the Fairest"）——这就是有名的引发特洛伊战争的"不和的金苹果"（apple of discord）。婚礼正在进行，缪斯女神唱出了动人的祝福歌，所有参加婚礼的神祇都给新人带来了吉祥的礼物。这时一位不速之客溜了进来，把那个写了字的金苹果偷偷地扔在婚礼宴席上。众神们看见了这个珍贵的金苹果。天后赫拉、智慧女神雅典娜和爱神阿佛洛狄忒都当仁不让地认为自己是最美丽的，理应得到这个苹果，从而获得"最美女神"的称号。她们争执不下，只好找宙斯来做裁决，但宙斯知道此事难断，便灵机一动（或是早有心理准备），让她们去找人间的特洛伊王子帕里斯来了断此事。三位女神在特洛伊的伊达山林里找到了还是牧羊少年的帕里斯。为了获得金苹果，她们都各自向帕里斯许诺某种好处：赫拉许诺给他广袤的国土和巨大财富，雅典娜许以文武全才和胜利的荣誉，阿佛洛狄忒则许诺让他得到人间最美丽的女子。面对富贵、荣誉和美女的选择，年轻的帕里斯将金苹果判给了爱神阿佛洛狄忒。深感失望的赫拉和雅典娜对帕里斯怀恨在心，这种仇恨也牵连到了特洛伊人。她们发誓永远不会忘记这一耻辱，要报复所有的特洛伊人。神的因素成为特洛伊战争的伏笔与铺垫。

2. 人的因素：背信弃义的拉俄墨冬和失而复得的帕里斯

特洛伊王室家族的始祖达耳达诺斯（Dardanus）是宙斯与阿特拉斯（Atlas）的女儿伊莱克特拉（Electra）所生的儿子。达耳达诺斯娶了透克耳国王（Teucer）的公主为妻，透克耳还把阿比多斯（Abydos）附近的一片土地赠送给他，于是他在那里建起了达尔达尼亚城。后来人们就把小亚细亚半岛与欧洲巴尔干半岛之间的海峡叫作达达尼尔海峡。他从萨摩色雷斯移居特洛伊地区，在伊达山的山坡上建起达尔达尼亚城，成为后世特洛伊诸王的始祖。后来，他的儿子特洛斯（Tros）继承了王位，从此以后，特洛斯的都城就称作特洛伊（Troy）。国王特洛斯死后，长子伊罗斯（Ilus）继承了王位。有一次，伊罗斯参加了邻国进行的比武竞赛并获得胜利。作为获胜的奖励，他得到了五十名男孩和五十名女孩，还有一头花斑母牛。此外他还得知了一个神谕：在母牛躺下歇息的地方，他必须建立一座城堡。伊罗斯跟着母牛一路走去，结果母牛卧下歇息的地方正是特洛斯时代以来作为国都的特洛伊城所在之地。于是，他就在此地的山上修建了一座坚固的城堡。在筑城之前，伊罗斯向先祖达耳达诺斯之父宙斯祈求兆示，看神祇是否同意他的建城计划。第二天，伊罗斯在自己的帐篷门前拾到一个从天上而降的女神雅典娜的肖像，这神像被称作帕拉斯神像，高六尺，女神两脚站立，左手拿着纺线杆和纺锤，右手执着一根长矛。原来宙斯征得女儿雅典娜的同意，把帕拉斯神像从空中降落下来，暗示城堡处在他和他女儿的保护之下。当地人把这座城池称作"伊利昂"（Ilium），神话传说和小说诗歌的描述使它以特洛伊之名而传于后世。特洛伊城市繁华，景色优美，居民生活富足，城外还有坚固的城墙。心满意足的特洛伊人变得有些傲慢了，他们声称"伊利昂永远都是坚不可摧的"。事实证明，傲慢与短视往往是最大的危险。

为特洛伊城完成修建城墙任务的是国王伊罗斯的儿子拉俄墨冬（Laomedon），他是个专横残暴、不讲信用的人。当时，他见特洛伊城没有牢固的城防设施，便计划在特洛伊城的周围建造一座厚实的城墙，以拱卫城池。那时，阿波罗和波塞冬因参与赫拉推翻宙斯的图谋而受到惩罚，被逐出奥林波斯神界，在人间漂泊。宙斯还判罚他们在人间服一年苦役——为国王拉俄墨冬服役，建造特洛伊城墙，使这座由他和女儿雅典娜所保护的城市成为牢不可破的荣耀之城。于是命运女神把阿波罗和波塞冬送到了特洛伊城。他们向拉俄墨冬自荐，愿意为国王干一年重活，只收取低廉的报酬。国王同意了。波塞冬帮助建造城墙。城墙建得又高又宽，十分坚固。而阿波罗不但参与修筑城

40

墙，还在爱达山的山谷和河岸间为国王放牧牲畜。一年过去了，雄伟坚固的城墙拔地而起，工程宣告完工。然而，此时的国王拉俄墨冬却翻脸赖账了，他拒绝付给波塞冬和阿波罗应得的报酬。两者为此和国王争论起来。阿波罗愤怒地谴责国王拉俄墨冬不守信用，拉俄墨冬便下令将他俩驱逐出境，并威胁要把阿波罗捆绑起来，甚至威胁要把他俩的耳朵割下来以示惩罚。两位神祇被彻底惹怒了，他们发誓与拉俄墨冬不共戴天，从此成为特洛伊的仇人。①由于拉俄墨冬的背信弃义，这座城池百姓的子孙后代也注定遭受天谴和灾难。②拉俄墨冬不仅欺骗了神祇，还欺骗了希腊英雄赫拉克勒斯，结果首先给自己招来了杀身之祸。在讨伐了亚马逊人后，赫拉克勒斯返回家园。他在归途中勇斗海怪，救出了特洛伊国王拉俄墨冬的女儿赫西俄涅（Hesione）。事前，拉俄墨冬曾答应送他骏马作为报答，但事后他再次背信弃义，拒不承认此事。赫拉克勒斯被激怒了，他决定对拉俄墨冬采取报复行动。他召集了希腊著名的英雄佩琉斯、忒拉蒙和俄琉斯等一同去征讨特洛伊。在他们乘船抵达特洛伊海岸后，赫拉克勒斯把看守船只的任务交给俄琉斯，自己则率领着英雄们向特洛伊进发。拉俄墨冬急忙率军袭击英雄们乘坐的船只，并在激战中杀害了俄琉斯。然而等拉俄墨冬返回城池时，却发现自己陷入了赫拉克勒斯和他率领的勇士们的包围之中。英雄们攻破了特洛伊城池，赫拉克勒斯弯弓搭箭，射杀了拉俄墨冬和他的几个儿子，只给他留下一个儿子波达尔克斯（Podarces）。占领特洛伊城后，赫拉克勒斯把自己从海怪口中救出的拉俄墨冬的女儿赫西俄涅作为战利品送给了佩琉斯的弟弟忒拉蒙。同时，他又允许姑娘在俘房中任意挑选一人，许诺让其获得自由。姑娘选了她的兄弟波达尔克斯。"好吧，他就归你了，可是，他必须先忍受耻辱，当一名奴仆。然后你用一笔赎金将他赎回，这样他才能得到自由！"波达尔克斯被当作奴隶卖掉了，赫西俄涅从自己头上取下贵重的首饰作为兄弟的赎身钱物。于是，他的这位兄弟后来就叫作普里阿摩斯（Priamus），意即被买来的人。他后来成为特洛

---

① 由波塞冬和阿波罗修筑的城墙是无法被凡人攻破的，只有拉俄墨冬自己修筑的一块地段是可以被攻陷的。在特洛伊战争后期，拉俄墨冬修建的这段城墙被特洛伊人拆除，以便把希腊人丢弃在野外的高大的木马拖进特洛伊城，从而使希腊人乘虚而入，破城屠城。在特洛伊战争期间，波塞冬属于支持特洛伊人的神祇阵营，而阿波罗属于支持希腊人的神祇阵营，包括仇恨特洛伊人的赫拉和雅典娜。
② 两位神祇采取的最直接的报复就是在每年收获季节派出一头凶恶的海妖来当地摧毁庄稼，祸害百姓；为平息灾难，拉俄墨冬必须通过抽签的方式献出一名少女让海妖吞食。到第六个年头，他自己的女儿赫西俄涅抽到了此签，不得不献祭给海妖。但拉俄墨冬找到赫拉克勒斯，让他杀死海妖，并许诺将自己不朽的神马送给他作为回报。

伊战争期间的特洛伊国王。

拉俄墨冬两次背信弃义，结果不仅使自己命丧黄泉，也为最终毁灭特洛伊的战争埋下了伏笔。后来，普里阿摩斯思念被掳走的姐姐赫西俄涅，决定让自己失而复得的小儿子帕里斯率领一支舰队到希腊将姑姑解救回来；但帕里斯此行没有救回姑姑，却诱拐了斯巴达王后海伦，为日后将在特洛伊发生的毁灭性灾难埋下了最直接的导火索。那么这个帕里斯又是何许人呢？

为三位女神裁决金苹果归属的帕里斯（Paris）是特洛伊国王普里阿摩斯和王后赫库柏（Hecube）的小儿子，他虽然贵为王子，但尚未出生就注定有一个坎坷而影响重大的身世。原来他的命运与一个神秘的怪梦有关。王后赫库柏在分娩之前做了一个奇怪的梦，梦见自己生下的婴儿变成了一团火炬，使特洛伊城燃起了熊熊烈火。通过先知的解析，这个梦昭示的是即将出生的婴儿将给这个位于小亚细亚西北地区的特洛伊城带来毁灭的厄运。听了这个可怕的梦和这些可怕的预言，普里阿摩斯断然决定了结这个新生婴儿的性命。他把刚出生的婴儿交给仆人阿戈拉俄斯，让他将其带到城外的伊达山上抛弃掉。谁想这个弃婴居然顽强地活了下来，而山里的母熊则用奶汁喂养了他。一年后，仆人阿戈拉俄斯找到了存活下来的小王子，给他起名为帕里斯，像对待自己的儿子一样抚养了他。帕里斯在山林中与牧羊人一起生活，长成一个英俊勇武的小伙子。由于他力气很大，非常勇敢，而且来历不明，人们把他叫作"亚力克山德罗斯"（Alexandros，意思是"惊人的男子汉"）。帕里斯在山林里过着平静的日子，直到三位女神按宙斯的旨意找到他，要他做金苹果归属的裁决人。不久，国王普里阿摩斯为纪念他心目中已经死去的小儿子而举行了一场盛大的竞技会。帕里斯也参加了此次竞技会，并战胜了所有的对手，包括神勇无敌的王子赫克托耳。一个默默无闻的牧羊人居然成了竞技大会的胜利者，普里阿摩斯的儿子们非常气恼，得伊福玻斯更是怒火中烧，拔出剑来就要刺杀帕里斯。帕里斯赶紧逃到宙斯的神庙中去寻求庇护。在神庙的祭坛上，普里阿摩斯的女儿，具有先知能力的卡桑德拉认出了这个逃避追杀的小伙子就是被父亲遗弃的小弟。幼子失而复得，国王和王后为此感到欣喜万分，当即把他隆重地接回宫中。卡桑德拉提醒父王和母后，这个弟弟的归来将注定整个特洛伊城毁灭的命运，但没有人理睬她的预言——这正是阿波罗给她的惩罚：她能够预见将要发生的事情，但谁也不会相信她说出的预言。当年阿波罗追求卡桑德拉遭到拒绝，于是设计报复，赋予她预知未来的本领，但又使她说出的话不被任何人所采信。

一家人欢喜团聚之后没过多久，普里阿摩斯决定派帕里斯去完成一项任务，以了结他多年来压在心底的一个心愿：救回被赫拉克勒斯掳走，送给忒拉蒙为妻的普里阿摩斯的亲姐姐赫西俄涅。这当然也与帕里斯主动请缨有关——当普里阿摩斯提到自己的心事时，帕里斯自告奋勇，提出由自己率人前往希腊把姑姑带回来。普里阿摩斯的决定遭到了众人的反对，其中包括王子赫勒诺斯（Helenus）。赫勒诺斯是个预言家，他知道如果他的兄弟帕里斯从希腊带回一个女子的话，希腊人就会攻打特洛伊，给国王和他所有的儿子，也给整个特洛伊民众带来灭顶之灾。但是，这一切都没有使普里阿摩斯改变自己的决定。

爱神阿佛洛狄忒曾许诺让帕里斯得到人间最美丽的女子。神的许诺自然不会是空言，这也许就是冥冥之中帕里斯主动请缨，以及普里阿摩斯决意要让帕里斯率船队到希腊去索要赫西俄涅的原因之一。帕里斯的船队抵达了锡西拉岛，他准备从这里登陆前往斯巴达，与斯巴达王子波吕涅克斯（Pollux）[①]和卡斯托尔（Castor）交涉，要求归还他的姑母赫西俄涅。如果希腊人拒绝让赫西俄涅回归故土，那么，帕里斯将率船队驶往萨拉密斯湾，用武力夺回姑姑。然而在斯巴达见到世界上最美丽的女子海伦之后，帕里斯此行的使命彻底改变了。

海伦（Helen）的父亲是著名英雄、斯巴达国王廷达柔斯（Tyndareus），但她的亲生父亲却是宙斯。当年由于政治斗争失败，廷达柔斯被自己的兄弟希波科翁驱逐出他的王国，长期漂泊在外。后来，埃托利亚国王忒斯提奥斯（Thestios）收留了廷达柔斯，并且将自己美丽的女儿勒达（Leda）许配给他为妻。再后来，大英雄赫拉克勒斯消灭了希波科翁，廷达柔斯便带着妻子返回故国，重新成为斯巴达的国王。廷达柔斯与勒达有四个子女，但只有两个是廷达柔斯亲生的。这事与宙斯有关。原来美丽的勒达吸引了奥林波斯山上的宙斯，他化身为天鹅去接近她，亲近她，乘其不备而与她结合。这样勒达就同时怀上了廷达柔斯和宙斯的孩子，其中女儿克吕泰涅斯特拉（Clytemnestra）和儿子卡斯托耳是廷达柔斯亲生的，而海伦和另一个儿子波吕涅克斯的亲生父亲却是宙斯。海伦长大了，出落成超凡绝伦的美人，她的名声传遍了整个希腊，大批求婚者纷至沓来，云集到斯巴达王宫，每个英雄都希望海伦成为自己的妻子。面对如此众多的求婚者，做父亲的廷达

[①] 波吕涅克斯也叫波吕杜克斯（Polydeukes），他与孪生兄弟卡斯托尔一起被称为"宙斯之子"（Dioscuri）。

柔斯感到非常为难，弄不好就会群雄相争，天下大乱。最后，廷达柔斯采纳了伊塔卡国王奥德修斯提出的建议：在海伦选定自己的意中人之前，所有的求婚者都郑重起誓，尊重海伦的选择，无论海伦选中何人，其他人都不得与他为敌；而且当这个被选中的人今后无论遇到什么灾难需要援助时，其他人都必须全力以赴地出手相助。于是所有的求婚者都进行了起誓。结果海伦选中的幸运者是阿耳戈斯的英俊王子墨涅拉俄斯（Menelaus），他是阿特柔斯（Atreus）的儿子，阿伽门农（Agamemnon）的兄弟。与海伦成亲以后，墨涅拉俄斯便居住在廷达柔斯的王宫之中。在岳父廷达柔斯去世后，墨涅拉俄斯继承了斯巴达的王位。

再说帕里斯的行动，在抵达希腊之后，他在埃涅阿斯的陪同下找到海伦的两个兄弟，受到友好接待。接着他又在阿佛洛狄忒的照拂下安全抵达斯巴达，受到国王墨涅拉俄斯的盛情款待，还获得丰厚礼物。由于墨涅拉俄斯必须赶往克里特去参加他祖父的葬礼，他让女主人海伦替他照顾贵客。自从见到海伦，帕里斯就不可救药地爱上了她，心想这就是爱神阿佛洛狄忒向他许诺的绝色美女。此时此刻，父亲的重托和此次远征的计划都被抛到九霄云外。阿佛洛狄忒还特意使海伦显得比往常更容光焕发，更美丽动人，她儿子小爱神也将一支催爱的金箭射进海伦心中。自然而然地，海伦也被出现在自己面前的这位体魄健壮、英俊潇洒的特洛伊王子吸引住了。一来二去，两人更是有情有意，最后，帕里斯将海伦带上了自己的海船，一走了之。临行前，两人不但把斯巴达王宫里的一半财富都席卷上船，而且还把阿波罗神殿的黄金也带走了（这使阿波罗成为他们的敌人）。他们乘船向特洛伊驶去，仇恨帕里斯的赫拉看见后掀起了一场风暴，但阿佛洛狄忒护住船只，将它带往她的神圣之岛塞浦路斯。然后他们从这里转往埃及，从埃及返回特洛伊。另一说法是，帕里斯和海伦乘坐的船只驶过爱琴海，海面上突然间风平浪静，航船前面的波浪向两边自动分开，只见海神涅柔斯从海水中冒出来，说出一个可怕的预言：因为他们两人之间的罪恶结合，特洛伊人将遭受灭顶之灾，特洛伊城将变成废墟。说完，涅柔斯转瞬便消失在海水之中。帕里斯感到非常恐惧，但一看到美丽的海伦，什么也顾不上了，此次出征的使命更是忘得一干二净。他们来到克拉纳岛，在这里，抛弃丈夫而与人私奔的海伦自愿与帕拉斯结为夫妻。他们沉浸在新婚的快乐之中，用随船带走的财富过着豪华奢侈的生活。几年后，他们才返回特洛伊，而那时，战火已经燃起，出现在他们眼中的是"城外尽征戍，烽火被岗峦"的残酷战争情形。

海伦的背叛和帕里斯的背信弃义使墨涅拉俄斯怒火攻心。他和哥哥阿伽门农商议，决定号召当年起过誓的希腊众英雄们，组织希腊联军去攻打特洛伊，用武力夺回海伦。当然，希腊人一开始也希望以和平手段解决问题，所以墨涅拉俄斯和奥德修斯一同赶赴特洛伊，想通过双方谈判协商的方式要回海伦，但最终无功而返。战争成为不可避免的解决方式。众多希腊英雄响应阿伽门农的号召，踊跃参加远征特洛伊的希腊联军，但"智多星"奥德修斯却没有参战的热情，他不愿意离开自己的贤妻和襁褓中的爱子。他装疯卖傻，在海滩犁地时故意把盐当作种子播撒在地上，但被人识破，不得已只好随军出行。当然，希腊联军还少不了一员最勇猛的战将，那就是佩琉斯和忒提斯所生的儿子阿喀琉斯。一开始，人们都不知道阿喀琉斯跑到什么地方去了，因为他的母亲海洋女神忒提斯把他藏起来了。当阿喀琉斯还是婴儿的时候，忒提斯曾将他倒提着放进冥河之水（斯提克斯河水）浸泡，使他全身刀枪不入，能够避免伤害，但由于他的脚后跟被忒提斯用手捏着，所以没沾到冥河之水，那里便成为他唯一不能防护的致命弱点。忒提斯知道儿子命中有两个选择：假如他留在家中过平静的生活，那么他将无忧无虑地度过漫长而平凡的一生，没有光芒，也没有荣耀；如果他选择踏上战场去搏杀的话，他将建立最卓越的战功，赢得不朽的荣誉和千古流传的英名，但却会英年早逝，战死沙场。为了保全儿子的性命，母亲忒提斯把阿喀琉斯送到一个名叫斯库罗斯（Skyros）的岛上，藏进国王吕科墨得斯的王宫之中，让他男扮女装，与公主们生活在一块，以避人眼目。预言家卡尔卡斯向墨涅拉俄斯透露了阿喀琉斯藏身的地方，于是奥德修斯等人赶紧前往斯库罗斯岛。他们假扮成商人，带了各种各样的货物，包括华丽的服饰，精美的纺织品，黄金饰品等女人用品，同时也带有刀剑，头盔，盾牌等兵器，一并展示出来供人挑选。公主们兴高采烈地观赏和挑选着女人感兴趣的用品，而身着少女服饰的阿喀琉斯却只对兵器流露出浓厚的兴趣。此时不远处突然传来了兵器撞击所发出的铿锵声，还有嘹亮的号角声，以及震耳欲聋的呐喊声和厮杀声，这当然都是奥德修斯一手安排的；公主们吓得四散而逃，但见阿喀琉斯一跃而起，敏捷而有力地拿起盾牌和利剑去迎战敌人。阿喀琉斯终于现身了。不用多说，他非常高兴地加入了希腊远征军的队列，奔赴战场，奔赴命运为他安排的、由他自己选择的人生道路。古罗马诗人梅塔斯塔希欧有感于阿喀琉斯的这段富于戏剧性且不乏悲剧意识的经历，写下了悲剧《隐藏在斯库罗斯岛上的阿喀琉斯》。阿喀琉斯之所以成为阿喀琉斯就是因为他必然要放弃居安度日、乐享天年的选择，要义无反顾地走上沙场，壮怀激烈，英名永存。

3. 荷马史诗中的特洛伊战争

"将军百战死，壮士十年归。"这两句中国古诗可用以概括两部荷马史诗的中心内容。在特洛伊战场上，希腊联军主将阿喀琉斯勇不可当，威震四方，但最终战死沙场。而以木马计攻下特洛伊城的壮士奥德修斯经过十年海上漂泊，历尽艰险回归故乡。由希腊女子海伦被特洛伊王子帕里斯拐走而引发的特洛伊大战历经十年，战事不可谓不漫长，发生的大事、要事不可谓不多。而在《伊利亚特》里，诗人荷马只集中讲述了战争后期发生在几个星期里的事件，而且以阿喀琉斯的两次怒火爆发所引发的重大后果为叙述主线。诗人一开篇就表明"阿喀琉斯的愤怒是我的主题"。这阿喀琉斯勇猛卓绝，武功盖世，但又性烈如火，骄狂任性，是具有鲜明的复杂性格的英雄。他的第一次愤怒是与希腊联军统帅阿伽门农之间的内部冲突引发的。战争已经进入第十年，交战双方仍然胜负难决，这时，希腊联军中出现了瘟疫。原来，联军统帅阿伽门农俘获了特洛伊城附近的一个阿波罗神庙祭司的女儿作为自己的侍妾，该祭司请求阿伽门农将女儿归还给他，但遭到拒绝，于是祭司祈求太阳神阿波罗降下瘟疫惩罚希腊人。在阿喀琉斯的要求下，希腊联军首领们召开了会议，阿伽门农不情愿地将女俘归还了她的父亲，但却仗势夺走了阿喀琉斯所宠爱的一名女俘，而且还当众进行辱骂。阿喀琉斯怒火中烧，愤而退出联军的战斗行动。战场的优势立刻转向特洛伊人，希腊联军节节败退，溃不成军。眼见战况危在旦夕，阿伽门农不得不向阿喀琉斯赔礼道歉，请他重新出战，但怒火未消的阿喀琉斯不为所动，仍然拒绝参战。为挽救危局，阿喀琉斯的好友帕特罗克勒斯（Patroclus）恳请借用一下阿喀琉斯的盔甲和战马，随即杀入敌阵，特洛伊人以为阿喀琉斯复出，惊恐而退，但特洛伊主帅赫克托耳奋力迎战帕特罗克勒斯，将其杀死，还缴获了他披挂的阿喀琉斯的盔甲以及武器、战车等物。阿喀琉斯闻讯悲痛万分，再一次怒火冲天。在阿喀琉斯母亲忒提斯的请求下，神匠赫斐斯托斯赶制出一件神样的盔甲，阿喀琉斯拿起武器，披挂上阵，重新投入战斗。他不仅力挽狂澜，杀退了特洛伊人，而且杀死了他们最骁勇善战的主将赫克托耳。史诗在特洛伊人为赫克托耳举行隆重的葬礼中结束。《伊里亚特》共有15,693行，分为24卷，整部史诗的叙述有详有略，引起这场战争的金苹果神话只是在描写海伦和帕里斯时才有所提及，而木马计的得手和特洛伊的毁灭则见于《奥德赛》中奥德修斯对往事的回忆。

　　古希腊时期的特洛伊是著名的弗里吉亚城邦，古称"伊里昂"，据传建于公元前四千年。古城伊里昂位于小亚细亚西北角的赫勒斯蓬特海峡，也就是现在的达达尼尔海峡①，地势险要，又是黑海通往地中海的要冲，自然成为兵家必争之地；而且这里商业繁荣，经济富庶，必然会引起希腊人的垂涎和忌惮，最终引发两地区之间的冲突。特洛伊在历史上发生过多次战争，最后毁于一旦。尽管历史长河中发生过的事件浩如烟海，古特洛伊城的毁灭却为后人所铭记，衍生出的种种有关特洛伊战争的传说成为后世艺术家创作的源泉和灵感。荷马的史诗就是描写特洛伊战争的一个经典之作。经过十年的对峙和鏖战，本应固若金汤的历史名城特洛伊最终落得城毁人亡，化作灰烬。对于特洛伊人而言，为什么会落得如此下场呢？这座历史悠久的古城始建于特洛伊王室先祖达耳达诺斯时期。继承王位的特洛斯为古城获得响亮的名称特洛伊。特洛斯的长子伊罗斯根据神谕在该地建立特洛伊城。从建城之初，这里就直接处于主神宙斯和智慧女神雅典娜的保护之下。由此而论，说它历史悠久、固若金汤是毫不为过的。它的最终毁灭姑且不论神的因素，更多是由于人的因素造成的。最直接的因素就是背信弃义的拉俄墨冬和贪色忘义的帕里斯一前一后的罪孽及前因后果。拉俄墨冬两次背信弃义为特洛伊战争的结局埋下了伏笔。帕里斯诱拐斯巴达王后海伦成为特洛伊战争的最直接导火索。这前因后果也体现了神话叙事中的罪与罚的文化母题。②同样，希腊联军本来师出有名，在出兵之前也试图以和平方式解决问题，可以说做到了仁至

---

① 相传特洛伊王室先祖达耳达诺斯修建了达尔达尼亚城，达达尼尔海峡由此得名。
② 在传说中，帕里斯身中毒箭，凄惨而亡。希腊神箭手菲罗克忒忒斯在两军阵前单挑帕里斯，要与他进行弓箭对射。帕里斯自恃有阿佛洛狄忒的护佑，自己又有毒箭在手，所以当即应战。他先射出一箭，没有射中。菲罗克忒忒斯立马开弓怒射一箭——用的是赫拉克勒斯的渗有剧毒的利箭——正中帕里斯的脚跟。特洛伊人将受伤的帕里斯拖进城里，但医生们全都束手无策。眼见帕里斯体内毒性发作，惨不忍睹，众人把他抬到伊达山上，向帕里斯的前妻俄诺涅求救。当年作为放牧少年的帕里斯曾与少女俄诺涅结为夫妻，两人在伊达山度过了一段美满甜蜜的生活。俄诺涅深得草药奥妙，精通草药毒理，而且还是她为帕里斯使用的箭镞配制了剧毒。尽管众人苦苦哀求，帕里斯也悔过认错，但遭到遗弃之痛的俄诺涅坚决地拒绝了他们的请求，她冷笑着，让帕里斯去寻求海伦的救助。帕里斯在痛苦中悲惨地死去，而伤透了心的俄诺涅随后也跳进了焚烧帕里斯的烈火之中，随他而去。她那愤怒的亡灵在地下的冥府里仍然不停地谴责着帕里斯的背叛和绝情。这也是帕里斯受到的双重惩罚。

义尽，但破城之后大肆屠城，烧杀抢掠，使百姓遭殃，生灵涂炭，一座历史名城玉石俱焚，烟消云散，因此希腊人也犯下了大罪，理应受到惩罚。在神话叙事中，希腊人在撤军前后及返归途中，乃至返家之后都受到惩罚。例如，首先是希腊联军内部各将领之间产生严重矛盾；然后神祇掀起猛烈的风暴击沉希腊人的船只；联军统帅阿伽门农虽然回到故乡，但刚一到家就死于非命。这是发生在阿伽门农家族的血亲之间的罪与罚的循环。同样体现了罪与罚的文化母题。

第四章

神话基本母题：傲慢自大[*]

罗伯特·西格尔（Robert A. Segal）在《神话理论》一书中指出，"任何理论上的概括都是基于情节的共同性的"[②]；下面我们将从希腊罗马神话故事概括出一些最基本的人类性格行为，以及这些行为所蕴含的母题。这对于理解和鉴赏希腊罗马神话中各种具有心理认识意义和哲学认知意义的文化和文学母题，是富有意义的。

从希腊神话形形色色的故事中，我们可以体会到这样的理念：不要傲慢自大，为人不要太张狂；行动做事不要走极端，要弛放有度。凡是违背了这一理念的人基本上都要受到形式不同的惩罚。在太阳神阿波罗神庙前刻着这样一句话："认识你自己"（know yourself）。据传这是古希腊哲学家、数学家、天文学家、米利都学派的创始人色勒斯（Thales，约前624—前546）提出来的。色勒斯是公元前6世纪的古希腊七贤之一，亚里士多德认为他是自然科学的创始人。色勒斯提出水是万物的本原，相传他曾准确预测过公元前585年的一次日蚀。然而古往今来，"认识自己"绝非易事；否则人们就不会如此傲慢自大，更不会如此张狂暴戾了。

"傲慢自大"（Hubris）是希腊神话中的一个关键词，其形容词是"hubristic"，希腊罗马神话故事揭示了各种傲慢自大和张狂行动的表现，包括过度的骄傲、张狂、自满，等等，无论是有意的还是无意的，是本人的秉性或

---

[*] 本章主要根据以下图书文献叙述：库恩《古希腊的传说和神话》，秋枫，佩芳译，北京：生活·读书·新知三联书店 2002。

王焕生《古罗马文学史》，北京：中央编译出版社，2008。

施瓦布《希腊古典神话》，曹乃云译，北京：译林出版社，1996。

Macrone, Michael. *Brush Up Your Mythology*! New York: Gramercy Books. 1999.

McLeish, Kenneth. *Myths and Legends of the World Explored*. London: Bloomsbury Publishing plc, 1996.

② Robert. A. Segal《神话理论》，刘象愚译，北京：外语教学与研究出版社，2008，256页。

本人的所为，还是由父母等血缘亲人造成的，这种傲慢自大在古希腊被认为是最大的罪过，无不招致诸神的报复和惩罚。正如陈中梅先生在论及希腊神族的起源时指出的，黑夜所生养的愤怒或（由愤怒导致的）报复（Nemesis）对于人们分析和讨论希腊悲剧是一个不可忽略的核心概念，"身居高位或有权有势的王公贵族们会在愚狂的驱使下不恰当地膨胀自己的荣誉感，无视自己作为凡人的本分，放纵骄横（hubris），侵害或伤损他者的利益，由此铸下大错（hamartia），激怒神明，导致自己的毁灭（nemesis）"。①

一、阿喀琉斯的愤怒和克瑞翁的暴戾

根据荷马史诗《伊利亚特》的叙述，阿喀琉斯的致命弱点是他的骄狂；阿喀琉斯在与特洛伊主将赫克托耳的决斗中杀死了对方，不顾对方咽气之前恳求他善待自己遗体的至哀之言，怒骂道要让野狗来啃食其尸体；而后又做出毫无人性的可怕行为，将赫克托耳的尸体拖在战车后面，驱车奔驰，使尸体在地面上扬起阵阵尘土。阿喀琉斯不应该忘记赫克托耳临死前的话："我的乞求没有打动你的心，你是铁石心肠的人。但你要当心神的愤怒！他会轮到你的！"的确，神的愤怒才是超越凡间任何愤怒之情的，阿喀琉斯如果还有时间反思一下，赫克托耳的死亡就预示着他自己的宿命，也许就会克制一下自己的愤怒。

在《七将攻忒拜》故事系列中，克瑞翁拒绝掩埋波吕尼刻斯的尸体，做出傲慢轻狂的行为，所以受到惩罚。索福克勒斯在《安提戈涅》一剧中讲述了这一过程。俄狄浦斯的儿子波吕尼刻斯和厄忒俄克勒斯争夺忒拜的王权，成为不共戴天的死敌，结果波吕尼刻斯被驱逐出国。后来，他在亚各斯国王阿德拉斯托斯的帮助下，组织大军前来攻打忒拜。在战场上两军几经拼杀之后，波吕尼刻斯与厄忒俄克勒斯进行单独决斗，在殊死搏杀中双双丧命。波吕尼刻斯在临死前向妹妹安提戈涅提出自己的遗愿，希望妹妹把他埋葬在家乡的土地上。他们的舅父克瑞翁为厄忒俄克勒斯举行隆重的葬礼，同时宣布波吕尼刻斯为叛国者，将其暴尸荒野，严禁掩埋，任凭乌鸦和野兽糟蹋。他向全城市民宣布，如果有人胆敢违抗此令，一律用乱石打死。安提戈涅偷偷地用泥土掩埋哥哥波吕尼刻斯的尸体，被人发现，克瑞翁令人把她关在地洞里，不给吃喝。克瑞翁的儿子海蒙（Haemen）与安提戈涅是恋人关系，他向父亲求情未果。后安提戈涅在地洞中自尽，海蒙在愤怒中刺杀克瑞翁未遂，

---

① 陈中梅《神圣的荷马：荷马史诗研究》，北京：北京大学出版社，2008，134 – 135 页。

后也自尽殉情。海蒙的母亲闻讯后也结束了自己的生命，这就是克瑞翁的暴戾行为所造成的全家的悲剧。

二、巧女变蜘蛛

吕狄亚王国有个商人的女儿，名叫阿拉喀涅（Arachne），虽然出生低微，但擅长织布，手艺堪称一绝，远近闻名。人们赞美她的技艺，都说她纺纱织布的动作就像纺织大师帕拉斯·雅典娜一样，精湛绝伦。然而阿拉喀涅为人傲慢自负，居然声称要与雅典娜一试高下，说如果输给雅典娜的话，甘愿接受任何惩罚。女神雅典娜听闻此事很不高兴，她化身为一个老太婆来到阿拉喀涅住的草房子，奉劝她收回大话，请求女神的宽恕。但阿拉喀涅固执己见，坚持向雅典娜发出挑战。女神怒而现出本相——于是一场神、人之间的纺线织布的比赛开始了。结果不言而喻，雅典娜用梭子在阿拉喀涅的额头上敲了三下，可怜的纺织能手当即失去理智，变得疯狂起来，她拿起一根细绳套在自己的脖子上，使自己悬挂在空中。女神还不罢休，一把抓住绳子，又对阿拉喀涅施展了魔法，只见姑娘开始发生变化，不一会就变成了一只丑陋的蜘蛛。不过变成蜘蛛的阿拉喀涅并没有忘记这娴熟的古老艺术，不停地在空中把纺线搭织起来，织成一张漂亮的蜘蛛网。这倒是一种富有特殊审美趣味的量罪受罚。

三、普赛克与丘比特

《美女和野兽》是世界上最有影响的童话名篇之一。它的源头可以追溯到古希腊罗马神话中有关小爱神丘比特与公主普赛克的传说。古希腊人认为"普赛克"（Psyche）的意思是"灵魂"，它像鸟儿一样轻扬飘荡，当人的肉体消失后，灵魂也随风飘散了。普赛克后来演变成富有诗意的美丽少女形象，随之出现了她与小爱神丘比特的爱情故事。公元2世纪，古罗马作家阿普列尤斯用拉丁语讲述的"丘比特与普赛克"故事对后人产生了很大影响，它出现在《变形记》（又称《金驴记》）一书中，是故事中的故事，是由一个老妇人在强盗的洞穴里为一个被抓来的少女讲述的故事。有一个国王，他有三个非常漂亮的女儿，而最小的公主普赛克是那么光彩照人，以至于所有人都把她当作一个新的维纳斯女神来崇拜，她的名声甚至超过了维纳斯，远近的人们为了表露对小公主美貌的崇拜，不惜冷落和贬低女神。而公主本人也变得骄傲起来，甚至瞧不起维纳斯女神了。于是异常嫉恨的维纳斯让她的儿子丘比特去惩罚少女，使她爱上世界上最凶狠恶毒的男人。不料丘比特自己爱上了姑娘，他通过神谕让国王把普赛克送到山崖顶上祭献给一个蛇形怪物。一阵西风把普赛克卷到一座神秘的宫殿。姑娘被舒适地安置在宫殿里生活，每到夜深之际丘比特便乘黑来与她相会。不过丘比特警告姑娘千万不能看他。普赛克的两个姐姐对于与神住在漂亮宫殿里的普赛克非常嫉妒，她们编造谎话，说与普赛克生活在一起的是一条大蟒蛇，劝她在夜里点一盏灯，用刀把它杀死。普赛克听信了谗言，因为这毕竟与神谕相符。当丘比特入睡之后，少女普赛克点起一盏灯，然后一手拿灯，一手拿刀，向他走去——灯光亮处，却是一个英俊无比的男子——她知道自己被姐姐欺骗了。一滴灯油落在丘比特肩上，把他烫醒了，愤怒的丘比特把普赛克赶出了宫殿。在满怀嫉恨的女神的威逼迫害之下，普赛克不得不经受一系列最可怕的磨难，但最终还是与丘比特团聚了。

四、安德洛墨达

安德洛墨达（Andromeda）是埃塞俄比亚的刻甫斯国王和卡西俄珀亚王后之女。国王和王后因为晚年得女，对公主自然百般宠爱。在一次宴会上，王后借着几分酒意，向众人夸耀公主的美貌，说自己的女儿比所有的海洋女神，包括绝色无匹的涅柔伊德仙女①都要漂亮，海中众女神闻之大怒，要求海神波塞冬加以惩罚。波塞冬除了掀起滔滔洪水去淹没埃塞俄比亚的土地外，还派出一只凶残的海怪进行骚扰。而神谕昭示，只有把安德洛墨达献给海怪吞噬，灾难才能平息。为了解除这场席卷全国的灾难，人们要求国王和王后牺牲安德洛墨达，用铁链将她捆绑在石崖上让海怪吞食。幸运的是，就在最后时刻，年轻的勇士柏修斯（Perseus）在猎杀美杜萨后的归途中路过此处，他飞身而下，与海怪展开了激烈的搏杀。一番惊心动魄的厮杀之后，海怪被杀死了，年轻的姑娘得救了。一种说法是，柏修斯想娶安德洛墨达为妻。但遭到国王与王后的拒绝。于是柏修斯拿出蛇发美杜萨的头颅，把他们变成了石头。这也是对傲慢自大的另一种惩罚。

五、伊卡洛斯飞得太高

雅典的代达罗斯（Daedalus）是墨提翁的儿子，雅典王厄瑞克透斯

---

① 涅柔伊德仙女（Nereids）："海上老人"涅柔斯与"灰眼睛的"多丽丝所生的五十个美丽可爱的女儿，她们是生活在海洋里的仙女，其中最著名的是嫁给人间英雄佩琉斯的忒提斯和嫁给海神波塞冬的安菲特律忒。

(Erichthonius)的曾孙,也是一位杰出的艺术家、建筑师和雕刻家。克里特国王弥诺斯(Minos)命他建造了一座迷宫,用来囚禁牛头人身的怪物弥诺陶洛斯(Minotaur)。后来,雅典王子提修斯进入迷宫杀死了弥诺陶洛斯。弥诺斯非常愤怒,把代达罗斯和他儿子伊卡洛斯(Icarus)关入迷宫囚禁起来。代达罗斯用蜜蜡和羽毛制成了两副翅膀,可以使他们像鸟儿一样飞起来,从空中逃离囚禁他们的迷宫。在飞上天空之前,父亲警告儿子伊卡洛斯,不要飞得太高,离太阳越近,温度越高,粘连羽毛的蜡就会溶化,羽毛一旦散落,那借力飞行的翅膀就会脱落;但也不能飞得太低,因为海水的潮气会把翅膀的羽毛弄湿,沉重的翅膀将难以扇动,飞行也无法进行下去。一开始他们的飞行非常顺利,然而当他们飞越爱琴海时,由于一切顺利,阳光灿烂,年轻气盛的伊卡洛斯变得兴高采烈前来,骄傲的少年完全忘掉了父亲的警告,操纵着双翼朝高空飞去,越飞越高,强烈的阳光融化了封蜡,翅膀上的羽毛开始脱落。伊卡洛斯还没有察觉变化,羽翼已经完全散开,整个翅膀也从他的双肩上滚落下去。不幸的孩子只得用两手在空中拼命乱划,但毫无作用。失去了翅膀的伊卡洛斯一头栽落下去,掉进汪洋大海,顷刻间被滚滚波涛淹没了。这也许是对于骄傲自大,得意忘形的最迅疾的惩罚。

六、太阳神之子法埃同 [①]

希腊神话中光明的太阳神赫利俄斯每天清晨在黎明女神打开天门时,驾着他的四马金车从奥克阿诺斯大洋升入天空。太阳神戴着灿烂的头冠,穿着发光的长袍,一路上把光明、温暖和生命之光撒向大地。当太阳神走完一天的路程后,他便降落到神圣的奥克阿诺斯大洋的水中。有一个黄金小舟在那里等候他驶往东方的神奇宫殿。太阳神晚上就在他的宫殿里休息,准备第二天带着同样的光辉升起在东方。然而有一次这规律却被太阳神的儿子法埃同给打乱了,同时还给大地上的人类带来巨大的灾难。原来太阳神赫利俄斯与女海神忒提斯的女儿克吕墨涅生有一个儿子名叫法埃同。这太阳之子跟母亲住在一起,也时常到父亲的宫殿里去,由于从小受到父母亲的宠爱和纵容,变得非常任性。在他年满十八岁的时候,母亲克吕墨涅又一次把他送到父亲的家里。太阳神见到自己的儿子非常高兴,于是对他说:"今天是你的生日,你有什么愿望就说出来,我都会想方设法让你如愿以偿。"(另一种说法是,

---

[①] 本节主要根据库恩《古希腊的传说和神话》(秋枫,佩芳译,北京:生活·读书·新知三联书店,2002)叙述。

凡间有人怀疑法埃同的高贵出身,所以他希望父亲给他一个凭证,使他向全世界表明他真是太阳神的儿子。)像所有被溺爱的孩子一样,法埃同乘机提出了一个狂妄而异乎寻常的要求:他要单独一人驾驶父亲的太阳金车在天空巡游一天。听了儿子的这个要求,太阳神被吓得面如土色,他多么希望能够收回刚才的诺言啊。但事已至此,也就不得不满足儿子的愿望了。太阳神赫利俄斯给金车套上飞马,又给法埃同的脸上抹上防止太阳光火焰烧伤的神药膏,并给他戴上光芒四射的太阳神头盔。他告诉儿子尽量拉紧缰绳,千万别用鞭子抽打神马。升空后不要走得太高,否则会把天空烧焦;也不要走得过低,否则地面会烈焰腾腾,甚至火光万丈。法埃同根本听不进父亲的忠告,他迅速地跳上金车,兴奋不已地拉住缰绳便急匆匆上路了。太阳金车一升上天空,他就鞭打马儿,紧拉缰绳,四匹带翼的神马感到今天驾驶金车的可不是自己的主人,而是另外一个人,而且车上的负载也比平常轻了许多。神马离开了平时的路线,毫无目的地任意奔驰起来。金车时而上升,时而下降,法埃同再也无法控制这疯狂飞驰的金车。它离地面越来越近,金车发出的火焰笼罩了大地,城镇被烧毁,森林在燃烧,四处黑烟滚滚,烈火熊熊,河流沸腾了,大地开裂了,旱情发生了。陷入绝境的人类走投无路,只好呼号求救于雷电之神宙斯,听到哀声呼叫的宙斯当即从奥林波斯山上投出一道霹雳闪电,击碎了太阳神的金车。神马四散而去,法埃同从车里跌落下来,像陨落的流星一样掉进埃里达诺斯河的波涛之中。太阳神赫利俄斯目睹了这一悲惨的情景,陷于深深的哀痛之中。水泉女神那伊阿得斯同情遭难的少年,将其安葬。法埃同的姐妹们抱头痛哭,一连哭了四个月,最后,她们全变成了白杨树,流出的眼泪成了晶莹的琥珀。

七、啃食自己的王子埃里斯克托

在希腊神话中,埃里斯克托(Erysichthon)王子因傲慢无知砍伐森林而受到特殊惩罚的故事耐人寻味。在中国的神话传说中,花草树木一旦老到一定程度就容易成精,花精树妖可以离开本体四处游荡,不过一旦树或者花被毁,它们也会跟着烟消云散。判断一棵树有没有成精的方法很简单,如果用刀砍之后流出来的不是树液,而是血液,这就是棵老树精。希腊神话中也有类似的故事。雅典西南部有一座谷物女神德墨忒尔的神殿,神殿后面是一棵高耸入云的大橡树,需要几十个人才能将其合围抱住。附近的人们非常尊敬女神德墨忒尔,经常到她的神殿来祭拜,大橡树身上挂满了祈祷者敬献的花环和献词。除了橡树神女本身,在这棵大橡树里还住着一些护树的仙女,她们的名字统称为"哈玛德律阿得斯（Harmadryades）"，意思是"住在树里的精灵"。在德墨忒尔的庇护下，仙女们的生活悠闲舒适，她们经常手牵手地围着橡树快乐地舞蹈。就这样日换星移，年复一年，仙女们从来没想到过有一天大祸会突然降临，让她们变得无家可归。在这附近住着忒萨利亚王子埃里斯克托，这名字的本意是"大地的守护者"，但他却偏偏要和"大地谷物之母"德墨忒尔作对。虽然埃里斯克托王子居住的王宫里已经厅堂无数，富丽豪华，但他仍然感到不满足，于是大兴土木，砍伐森林，甚至对已经献给谷物女神德墨忒尔的林区内的橡树大加砍伐。另一种说法是，他老是听到人们念叨着"德墨忒尔、德墨忒尔……"，感觉很烦，于是决定砍掉德墨忒尔神殿后的那棵大橡树！美国学者查尔斯·米·盖雷在《英美文学和艺术中的古典神话》中是这样叙述埃里斯克托肆意毁坏大自然树木而受到惩罚的：埃里斯克托为众神所厌恶，因为他用斧子砍伐一棵属于谷物女神德墨忒尔的橡树。在平常的日子里，女林神们（Dryads）经常围着这棵橡树跳舞。埃里斯克托却毫无顾忌地要砍倒橡树，见手下的众人迟疑不决，他抢过一把斧子，亲自动手砍树。在他动手之前，橡树似乎战栗着发出了哀叹，当他一斧下去，树干当即流出了鲜血。女林神们发出警告的声音，但昏了头的埃里斯克托却更加使劲地砍伐下去，直到把橡树砍倒。女林神赶往谷物女神那里，吁请她惩罚狂妄之徒埃里斯克托。于是谷物女神德墨忒尔派遣一个女山神乘坐由龙拉着的龙车前往冰雪覆盖的锡西厄，那里居住着"寒冷""恐惧""战栗"和"饥谨"这样的灵怪。女山神在高加索山脚下看到了正受到饥饿折磨的"饥谨"灵怪，她用利齿噬咬着石头丛中的一点点草茎。女山神向"饥谨"灵怪传达了女神德墨忒尔的命令，"饥谨"灵怪当即飞入空中，赶往埃里斯克托的住地。她用翅膀把正在睡梦中的埃里斯克托包裹起来，进入他的梦中。于是这家伙在睡梦中就到处搜寻吃的。等他醒来更是感到万分饥饿，但无论他吃多少食物都难以满足，越吃越饿，越饿越吃，为了弄到吃的，把所有的财富都耗尽了。最后，在强烈的饥饿感的驱使下，埃里斯克托吞噬了自己的四肢，不久就死于非命。[1] 关于惩罚过程的另一种说法是，饥饿女神驾着天风飞到了埃里斯克托的卧室，用自己皮包骨头的双臂抱起正在酣睡的王子，向他喉咙里吹进饥饿之精气，把贪馋食欲送进他的血管。王子醒来后，饥肠如焚，吃进去的东西只能引起他更大的馋欲，他的肚子成了填不满的无底洞。为了压

---

[1] 查尔斯·米·盖雷《英美文学和艺术中的古典神话》，北塔译，上海：上海人民出版社，2005年，251页。

倒饥饿感，埃里斯克托卖掉了王宫里所有的财产来购买食物，他甚至卖掉了自己的女儿迈斯特（Mestra）。无助的迈斯特向海神波塞冬求救，爱恋着迈斯特的海神赋予她一种变化形体的能力，这样，每次被卖掉以后，迈斯特就可以凭着自己的变化能力返回家中。最后，任何食物都无法满足埃里斯克托的食欲，他只好啃食自己的身体，因而气绝身亡。在这个故事中，尽管那些被砍的橡树像人一样流出了鲜血，但王子仍然一意孤行，坚持砍伐。乔装出现的德墨忒尔女神对他进行劝阻，但他却声称那是强者的权利。这个"强者"终于受到最严厉的惩罚。对于当代的人们，这个故事象征地表明了破坏森林的危害，滥砍滥伐只能使气候恶化，农作物歉收、绝收，到头来只能是自作自受，自食恶果。

八、骄傲的尼俄柏 ①

尼俄柏（Niobe）是坦塔罗斯（Tantalus）的女儿，宙斯的孙女。她光彩照人，美丽无比。她的丈夫安菲翁（Amphion）是忒拜的国王，有一把漂亮的古琴，他弹奏的时候，砖石竟然自动地粘合起来，建起了忒拜的城墙。尼俄柏感到最荣耀的是，她生了七个英俊的儿子和七个漂亮的女儿。但不幸的是，她继承了父亲骄横自大的性格，结果使她走上了父亲的老路。一天，预言家泰瑞西阿斯的女儿曼托（Manto）在街上呼唤忒拜城的妇女出来祭拜勒托和她的孪生儿女阿波罗和阿耳忒弥斯。忒拜城的妇女倾城而出。尼俄柏也闻声赶了过来，她环顾四周，趾高气扬地大声斥责道："你们疯了吗？竟然去拜祭一个提坦神的不知名的女儿。她一共才生了两个孩子，真可怜啊，刚好是我的七分之一。赶紧撤掉祭品回家吧！再别让我看见你们做这样的蠢事！"受到责骂的妇女们赶紧撤掉祭品，悄然回家。但她们都在心中默默祈祷，试图平息女神的怒火。在提洛斯的库恩托斯（Cynthus）山顶上，勒托把发生的这一切都看得清清楚楚，她转身对自己的两个孩子说："孩子们，你们的母亲受到了一个狂妄自大的人间女子的侮辱，你们一定要替我出气。"阿波罗和阿耳忒弥斯安慰母亲说："让我们去惩罚这个傲慢的女人！"旋即，兄妹二人出现在忒拜的城门外。尼俄柏的七个儿子正在那里戏嬉。大儿子正骑着快马绕圈奔驰，突然，一支飞箭从天射来，正中他的心脏，他顿时坠地身亡。接下来，他的兄弟们纷纷中箭，倒地身亡。不幸的消息很快传遍了全城。孩子们的父亲安菲翁听到噩耗，悲伤过度，拔剑自刎而亡。举国上下，哭声震天。先前还趾

---

① 根据施瓦布《希腊古典神话》（曹乃云译，南京：译林出版社，1996）叙述。

高气扬的尼俄柏此刻已是悲怆万分。此时，她的七个女儿穿着丧服来到她的身旁。一看见女儿，尼俄柏苍白的脸上突然闪出一种怨恨的光芒，她恶狠狠地看着天空，声嘶力竭地大声嘲笑："勒托，我即使遭到了不幸，也还是比你更富有！"话音刚落，她的女儿们猛然间一个接一个地紧紧捂着胸口，软绵绵地瘫倒在兄弟们的尸体旁。面对突如其来的巨大不幸，生性傲慢自大的尼俄柏泪流如注、痛苦万分，慢慢地，生命离开了她的躯体，她变得僵硬了，成了一块冰冷的石头。一阵旋风吹过，她被吹到空中，被吹过了大海，一直被吹到她的故乡，落在吕狄亚的一座荒山上。尼俄柏成了一座石像，淌着泪水，静静地站在山峰上。

九、狂妄的萨尔摩钮斯

萨尔摩钮斯（Salmoneus）相传是风神埃俄洛斯（Aeolus）与凡间女子恩纳拉塔（Enaratta）所生之子，也是西绪福斯的兄弟。他最初统治希腊东部的塞萨利，由于残酷压榨民众而被驱除。萨尔摩钮斯跑到埃利斯，在那里建立了一个新的城邦萨尔摩尼（Salmone）。一开始他还有所节制，萨尔摩尼在他的治理下也显示出一派欣欣向荣的景象。然而萨尔摩钮斯不久就忘乎所以，又暴露出狂妄自大的本性。为了显示自己的威权和至高无上的地位，萨尔摩钮斯竟然宣称他就是世间的宙斯，民众必须像崇拜主神宙斯那样去崇拜他。他在自己的座驾后面挂上众多铜器，让它们在车马奔驰时发出响亮的声音，说那就是宙斯的雷电之声。他所到之处臣民们必须鼓乐齐鸣，以示崇拜。他还在车驾上用火盆里的火点燃橡树枝，然后向臣民们投去，声称那就是雷电之神宙斯投出的霹雳闪电。宙斯岂能容忍一个凡人如此狂妄自大的行径，他从天际投掷了一个闪电霹雳将萨尔摩钮斯击死，繁华一时的萨尔摩尼城也被雷电烧成一片废墟。

十、孤芳自赏的纳西索斯

纳西索斯（Narcissus）是希腊神话中的美少年，由于他拒绝了厄科（Echo）等仙女的求爱，遭到爱神阿佛洛狄忒的惩罚，爱上了自己在水中的倒影，最后憔悴忧郁而死，化作湖畔的水仙花。当年，河神刻菲索斯娶了水泽仙女利瑞俄珀，生下儿子纳西索斯。夫妻俩想知道孩子将来的命运，便去祈求神谕，神谕昭示说："不可让他看见自己。"夫妇俩谁也不明白这句话的意思。光阴荏苒，日月如梭，不知不觉纳西索斯已长成一个俊美的少年。因为神谕的缘故，父母一直不让他照镜子看见自己的模样，所以纳西索斯并不知道自己长得什么样。纳西索斯喜欢狩猎，常常背着箭囊，手持弓箭，到山林里巡游。林中的仙女们都很喜欢英俊的纳西索斯。一个名叫厄科的神女对他一见钟情，经常悄无声息地追随在他的身后。这厄科是一个美丽的仙女，但喜欢闲聊，口才也很好。宙斯便让她追随左右。有一次，宙斯又外出寻美追欢，被赫拉察觉，便跟踪而来。厄科见状赶紧上前缠住赫拉，唠叨半天。宙斯乘机跑掉了。赫拉当然非常恼怒，便对厄科进行惩罚："你用巧舌欺骗了我，我让你永远失去口舌说话的功能。从现在开始，你只能重复别人话中的最后几个词语。"这个惩罚对于厄科的饶舌倒是恰如其分的，但当她发现自己爱上了美少年纳西索斯时，她才明白这个惩罚对她是多么残酷。

有一天，纳西索斯在林中打猎时与伙伴走散了，他高声呼喊："有谁在这里？"

只听厄科应道："在这里！"

纳西索斯四下张望，不见人影，便又喊道："你过来！""过来！"厄科重复着纳西索斯的话，走出藏身之地，向纳西索斯伸出双臂。纳西索斯大吃一惊，连连后退，大声地斥责厄科："我如果接受你的爱，还不如死了好！""不如死了好！"厄科满脸通红地回应道。纳西索斯感到非常厌恶，转身就跑开了。从此，受到失恋煎熬的厄科整日躲藏在山谷里，一天天憔悴下去，最后，她的形体消失了，只在山林间留下永远的回声，重复着人们话中的最后几个词语。所以"厄科"（echo）的意思就是"回声"。纳西索斯对所有的仙女都很冷淡，仙女们再也无法忍受他的冷漠无情，由爱变恨，她们向神明发出吁求："但愿他有朝一日爱上一个永远也得不到回报的人！"爱神阿佛洛狄忒让这个祷告变成了事实，让纳西索斯为自己的清高自傲受到相应的惩罚。

有一天，狩猎之后的纳西索斯又累又渴，他发现前面有一汪清澈的湖水，四周绿草茵茵。纳西索斯赶紧跑到湖边，俯身去喝清凉的湖水。突然，他看见水中有一个俊美的仙女，顿时如醉如痴，目不转睛地凝视着这影中佳人——他竟然爱上了自己在水中的倒影。他像着了魔似的神魂颠倒（"纳西索斯"的意思就是"令人着魔的"），他的爱恋也得到了水中倩影的回应，他更是心驰神往，流连忘返。这可望而不可即的相思令他茶饭不思，日渐憔悴。他一连好几天不吃也不喝，默默承受着无法得到的爱情的痛苦。那水中的迷影仍然若即若离，这激起了他更加强烈的渴望。渐渐地，他面颊上的红润消褪了，他的青春活力枯竭了。终于有一天他无声无息地倒在地上，头枕着岸边的青草，永远地闭上了他那双被人赞赏，也为自己所深爱着的眼睛。就在湖边纳西索斯倒下的地方，长出了一株水仙花，散发出淡淡的幽香。在细长的绿叶映衬下，白色的花瓣中央是黄艳艳的花蕊。它斜生在岸旁，在晶莹的湖水里清晰地映照出美丽的影子。它就是纳西索斯的化身。今天，希腊人把水仙花叫作"纳西索斯"。而纳西索斯爱上自己水中倒影的行为则被心理学家提炼为"自恋情结"。

十一、奥托斯和埃菲阿尔忒斯

巨人奥托斯（Otus）与埃菲阿尔忒斯（Ephialtes）相传是波塞冬与伊菲美迪亚（Iphimedeia）结合所生的孩子。另有说法是，奥托斯和埃菲阿尔忒斯是波塞冬之子阿洛埃厄斯的儿子，换言之，他们是波塞冬的孙儿辈，而伊菲美迪亚在一些神话记述中则是波塞冬的女儿。

这两个孩子长得特别快，到9岁时，他们已经成为巨人了，两人身高约50英尺，宽约27英尺。这两兄弟因为身高力大，不禁狂妄自大起来，竟想把陆地改造成海洋，把海洋改造成陆地，这样他们就能攀爬到天上攻击宙斯了。他们还想把佩利翁山叠放在奥萨山上面，再把奥萨山叠放到奥林波斯山上。两位巨人力气大得惊人，竟然轻而易举地抓住并监禁了战神阿瑞斯，后来，在神使赫耳墨斯的帮助下，阿瑞斯才得以逃脱。

据传说，埃菲阿尔忒斯爱上了赫拉，而奥托斯则爱上了阿耳忒弥斯。阿耳忒弥斯对奥托斯亵渎神明的爱欲感到非常恼怒，为了对此进行惩罚，阿耳忒弥斯在纳克索斯岛上放出一头牡鹿让他们打猎，结果奥托斯与埃菲阿尔忒斯在追逐牡鹿时相互误杀了对方。他们死后被缚在阴间受苦，毒蛇在他们的身上滑动，还有一只乌鸦不停地在他们耳边聒噪，说他们不自量力，自作自受。

十二、骄横的卡帕纽斯

卡帕纽斯是阿耳戈斯国王阿德拉斯托斯的侄子，是攻打忒拜城的前辈七雄之一。卡帕纽斯体形魁梧，身强体壮，臂力过人，英勇无比。但是，他骄横狂妄，公然嘲笑忒拜人，并威胁要把忒拜公主安提戈涅和她的妹妹掳走，送到勒那泽当奴隶。卡帕纽斯负责攻打忒拜的第六座城门，狂妄的他竟然夸耀可以和战神阿瑞斯比试高下，他的盾牌上就画着一个将城池扛在肩上的巨人。围攻忒拜的战役打响，阿耳戈斯军队受到重挫，气急败坏的卡帕纽斯扛来一架云梯，把云梯靠在墙上，以盾牌作保护，冒着城上如冰雹般抛下的石块，勇猛地向上攀登；同时，他狂妄地吹嘘：即使是宙斯的闪电也不能阻止他攻陷城池。宙斯岂能容忍这个无知莽夫对自己的不恭，他决定亲自来惩罚这个狂妄之徒。卡帕钮斯刚从云梯跳上城头，宙斯一声炸雷，一个闪电，只见天摇地动，顷刻间，卡帕钮斯四肢飞散，头发燃烧，鲜血迸溅。不可一世的卡帕钮斯死于自己的狂妄。

十三、科幻小说的重要母题

著名英国科幻文学作家和科幻文学史理论家布赖恩·奥尔迪斯（Brian Aldiss）对于科幻小说给出了这样一个寓意深刻，耐人寻味的定义：科幻小说就是"被复仇者击垮的傲慢自大。"（*Hubris clobbered by nemesis*）① 奥尔迪斯认为，长期以来，科幻小说扮演的角色就是对人类社会前进中的得失成败品头论足。在许多科幻小说中，人们能看到以人类为宇宙中心的狂妄自大如何受到严厉的复仇女神的惩罚。例如，斯皮尔伯格根据作家迈克尔·克莱顿（Michael Crichton）同名小说改编的影片《侏罗纪公园》（*Jurassic Park*, 1993）就表现了这一主题。通过现代的高科技，科学家们得以从琥珀化石中残留在蚊子体内的恐龙血液的DNA基因培育出距今六千五百万年前的恐龙。然后他们应用最新生物工程技术将其制成胚胎，进而培育出数百只恐龙活体。于是侏罗纪公园就这样诞生了。随着新培育出来的恐龙数量的不断增加，它们可能对周围生态环境产生什么难以预料的影响也引起了人们的担忧。批评者指出，大自然的生物系统是一个完整的体系，包含着种种无法预料的复杂性，系统中任何微小的漏洞都可能产生严重的后果。掌握了先进的科技手段也不能为所欲为，否则那将成为傲慢自大的资本，最终受到大自然的惩罚。随着故事的发展，孤悬海外的"侏罗纪公园"出现了难以控制的灾难性后果。根据奥尔迪斯的观点，科幻小说应当大力描写如何让狂妄自大继续受到复仇女神的鞭笞，因为科学技术为了自身的缘故无限地拓展，往往要引发傲慢自大的弊病，这是值得人类深刻警惕的，也是众多希腊神话故事以神话思维的方式向当代人类所揭示的重要信息之一。

---

① Aldiss, B. with Wingrove, D. *Trillion Year Spree: The History of Science Fiction*. London: The House of Stratus, 2001, p. 4

第五章

神话基本母题：竞艺与竞技*

一、音乐之声

古希腊人酷爱音乐，所以，他们的神话故事里既有专事掌管文艺、音乐的神祇阿波罗，也有许多有关音乐演奏比试和较量的种种传说。宙斯之子安菲翁酷爱音乐，是当时有名的神秘主义音乐家之一。早年他在羊倌当中过着放牧生活时，就得到了音乐天才赫耳墨斯的眷顾和培养。赫耳墨斯不仅送给他一把竖琴，还亲手教他弹奏。安菲翁成为忒拜国王后，仍然钟情于弹奏竖琴，演奏技艺日趋精湛，其琴声如此优美动听，用来修建忒拜城池的石头都被感动了，自己移动起来，砌成城墙。为了纪念安菲翁和他的七弦竖琴，忒拜城建起了七座城门，所以它成为著名的有七座城门的坚城（也是后来七雄攻忒拜的七处地点）。太阳神阿波罗被流放人间时，曾为特洛伊国王拉伊墨冬修筑特洛伊城，和安菲翁一样，他也使用神奇的音乐令石头自动砌合而成为城墙。阿波罗之子俄耳甫斯（Orpheus）善弹竖琴，其琴声能感动草木、禽兽和顽石。他凭借高超的弹奏技巧，闯入地狱，用催人泪下的凄美音乐打动了冥河的摆渡人卡戎（Charon）、冥府守门的三头犬（Cerberus），甚至打动了冷酷无情的冥王哈得斯和冥后珀尔塞福涅的铁石心肠，使他们破天荒地答应了俄耳甫斯将亡妻欧律狄刻（Eurydice）带回人世的祈求。凡此种种，无不体现了音乐之声的神奇魅力。

1. 倒霉的马尔叙阿斯

据说，雅典娜是最初发明芦笛的女神。为了模仿暴风雨的呼啸声，雅典

---

* 本章主要根据以下图书文献叙述：库恩《古希腊的传说和神话》秋枫，佩芳译，北京：生活·读书·新知三联书店，2002。
施瓦布《希腊古典神话》，曹乃云译，南京：译林出版社，1996。
Macrone, Michael. *Brush Up Your Mythology*! New York: Gramercy Books. 1999. McLeish, Kenneth. *Myths and Legends of the World Explored*. London: Bloomsbury Publishing plc, 1996.

娜找了一根鹿骨，然后在上面挖了几个孔，制成了一支笛子。在奥林波斯山上，雅典娜用她刚发明的芦笛为聚集在一起的众神吹奏。可是，天后赫拉和爱神阿佛洛狄忒却在一旁取笑她，原来在吹奏芦笛的时候，雅典娜的腮帮子鼓胀起来，俊美的脸蛋也变了形。受到讥笑的雅典娜十分懊恼，她走到一眼清泉旁拿起笛子一比划，顿时明白了诸神取笑她的原因。于是，恼怒的雅典娜一把扔掉芦笛，并且诅咒任何捡到这支笛子的人。半人半兽的森林之神马尔叙阿斯（Marsyas）拾到了雅典娜扔掉的芦笛，并且无师自通，很快就吹得一手好笛，那美妙动听的笛声让听众如痴如醉。这一来，马尔叙阿斯变得骄傲起来，甚至有些飘飘然而忘乎所以了。不知天高地厚的马尔叙阿斯居然向音乐的保护神阿波罗发起了挑战。比赛开始了。阿波罗头戴月桂花冠，身披华丽的长袍，手持七弦竖琴，从天而降，金光万丈，气宇轩昂。他前来与这个狂妄的小子比试音乐。首先由马尔叙阿斯吹奏笛子，这简陋的笛子飘出清脆悦耳的乐声；轮到阿波罗演奏时，金色竖琴发出的美妙琴声令山河起舞，万物陶醉，完全压倒了马尔叙阿斯的演奏，比赛结果不言而喻。马尔叙阿斯不仅输掉了比赛，还搭上了性命——雅典娜的诅咒应验了。阿波罗将倒霉的马尔叙阿斯吊起来，剥下他的皮，并将此皮挂在了弗里吉亚（Phrygia）的克楞山洞。相传，每当有笛声传到洞口时，这张皮就会随之起舞，而当七弦竖琴雄浑的琴声传来时，它就立刻静止不动了。据奥维德《变形记》的记述，马尔叙阿斯的兄弟们，以及众神和众仙女为悲悼他的死亡而黯然流泪，流出的眼泪汇成了弗里吉亚的马尔叙阿斯河。马尔叙阿斯与阿波罗比赛的故事也为后世的绘画、雕塑等提供了艺术题材。

2. 长出驴耳朵的弥达斯：牧神潘与阿波罗的乐技比赛

弥达斯（Midas）是位于小亚细亚西北部的弗里吉亚的国王，他头上长出一对驴耳朵的传说与一场发生在牧神潘和太阳神阿波罗之间的音乐竞赛有关。从前，在阿卡狄亚的山林里住着一个美丽的水泽仙女，名叫西琳克斯（Syrinx）。牧神潘迷恋于她的美貌，热烈地追求她，但她总是想方设法地摆脱潘的追逐。后来，山神潘在森林里漫游时，又看到了西琳克斯，便走近她，恭维她，赞美她，甚至把她比作手持弓箭的月亮女神，殷勤地向她求爱。但西琳克斯拒绝了他，夺路而逃，一直逃到拉冬河边。河水缓缓地流淌着，可是河面很宽，她无法蹚过河去。姑娘焦急万分，苦苦祈求她的守护女神阿耳忒弥斯救助她。这时，牧神潘已经追赶到她的面前。只见潘张开强有力的双臂，一把抱住河边的姑娘。然而，令他意想不到的是，他抱住的不是美丽的姑娘，而是一簇沙沙摇动的芦苇。迷茫困惑的牧神不由得发出一声悲叹；这时，一阵风吹动了芦苇，变成了深沉凄美的乐声。潘被这奇妙的声音迷住了，失望之极的他顿时得到了安慰，他高兴地说，"即便如此，我们也可以结合在一起！"说完，他把芦苇切成长短不一的小杆，用蜡将芦苇杆连接起来，制成了可以吹奏出优美音乐的芦笛，并以姑娘的名字"西琳克斯"命名。从此以后，潘神就通过吹奏芦笛来排遣他对西琳克斯的思念，那优美哀婉的旋律令每个听到笛声的人为之动容。随着吹奏技巧的日益娴熟，潘变得骄傲起来，认为没有比这更美妙的音乐了，后来，他居然产生了与阿波罗比试高下的念头。

在附近居住的国王弥达斯十分崇拜潘，经常痴迷地聆听潘的笛声。一天，弥达斯到林中散步，去朝拜住在山洞中的潘，适逢潘和阿波罗进行音乐比赛，裁判是萨迪斯（Sardis）城附近的雄伟的特摩罗斯山（Tmolus）的山神。潘吹奏起他的芦笛，弥达斯立刻沉醉在美妙的笛声中。等他演奏完毕，山神转头朝向披一头金黄秀发，头戴月桂花环的阿波罗，向他示意。阿波罗拿起自己的七弦竖琴，拨动琴弦。顿时，山谷中响彻行云流水般悦耳动听的声音，小鸟停止啼叫，世间万物都凝神静听，除了音乐之声，一切不复存在。一曲终了，余音尚在缭绕，慢慢缓过神来的山神大声宣布："阿波罗获胜！"大家纷纷点头赞善。突然，弥达斯国王大声地吵嚷起来："这是一个不公平的裁决。"阿波罗被激怒了，决意惩罚这个冒失的凡人，他抓住弥达斯的耳朵扯了一下，对他说："你根本不配拥有人的耳朵。"突然，弥达斯的耳朵开始变长，上面逐渐出现了灰色的粗毛，耳根也可以转动起来。天啦！弥达斯长出了一对驴耳朵！弥达斯对自己头上的驴耳朵感到万分羞愧，于是便用布将它们包裹起来。他的理发师发现了这一秘密，却不敢告诉别人，然而将秘密憋在心里又令他无法忍受。到了实在无法忍受时，理发师急忙跑到野外的地里挖了一个洞，低声地对着洞口说："弥达斯国王长着一对驴耳朵！"然后，他感到心里畅快了，便用土把洞填上，转身离开。次年，这里长出了一丛随风窃窃私语的芦苇，越长越高，每当有风吹过，芦苇便摇晃着把埋在根部的那句话重复出来。此话随风飘荡，传遍了四面八方，"弥达斯长着一对驴耳朵"成了众人皆知的秘密。

二、少女与雅典娜的纺织竞赛

智慧女神雅典娜心灵手巧，同时也是妇女针织和缝补的保护神。她的头巾就是自己亲手织造的，连天后赫拉结婚大典上穿的裙装也是她亲手绣的。所以，擅长针织和刺绣的希腊妇女都说她们聆听过女神雅典娜的谆谆教导，看过她的针织和刺绣。妇女们把她尊为无与伦比的工艺之神。在吕狄亚，有一位名叫阿拉喀涅的姑娘，她心灵手巧，聪颖过人。阿拉喀涅尤其擅长织绣，高超的织艺使她闻名遐迩。连山林水泽仙女也经常来观赏她的织绣。她的织物纱线细柔，织工精细，就连她织布的动作都令人赏心悦目、心旷神怡。仙女们对她的织艺和技巧赞不绝口，都认为她的高超手艺是从雅典娜那里学来的。但是，阿拉喀涅听了这种说法很生气，她认为这对她是一种侮辱。她说："那就请雅典娜来同我较量一下吧，如果我输给她，随便怎么处置我都可以。"

这不知天高地厚的女孩的话传到了雅典娜的耳朵里。女神摇身变作一个满头银丝，脸上布满皱纹的老妇人，拄着拐杖，步履蹒跚地向她走来。"孩子，"老妇人对她说，"你可以夸口比任何人都灵巧，可是，你绝不可能胜过永生不朽的天神。姑娘，收回你冒失的大话，请求女神原谅吧。如果你开口道歉，她会原谅你的。"阿拉喀涅生气地把纺锤扔到一边，面带怒容地大声回应道："我就是比女神还要灵巧，叫她来同我比试一下吧。""她已经来了。"老太婆顿时变成了雅典娜，那炯炯的目光和英姿飒爽的神态让在场的仙女们纷纷行礼致敬，只有阿拉喀涅固执地站在那里，脸色红一阵白一阵。两人当场架起织布机，坐在各自的位置上开始比赛。只见两人灵巧的手指娴熟地在织布机上移动，美丽的金线令人目不暇接地穿梭着。雅典娜织的图案表现的是她与海神波塞冬为争夺雅典城的命名而进行较量的场景。画面上，十二位天神作为见证人在一旁观战。波塞冬用他那把巨大的三叉戟猛击一块光秃秃的岩石，一匹骏马立刻奔腾而出；而雅典娜手持长矛击打岩石，岩石中立刻长出了一株碧绿的橄榄树，这橄榄树对于人类比波塞冬的骏马更有益处：它的果实不仅能食用，而且可用于酿酒和榨油，其树枝、树干还可制成药材，或用作照明的燃料。所以她赢得了胜利，雅典城就此得名。雅典娜不光把自己的胜利故事织进了图案，还在四角上织出了人类由于骄傲而遭受天神惩罚的四个故事。与此同时，骄傲的阿拉喀涅织出了一幅表现众神恋爱片段的画面，嘲笑众神用欺骗手段得到爱情，如宙斯为得到人间美女而变化多端，一会是熊熊燃烧的火焰，一会是从天而降的金雨，要么就是公牛、雄鹰、天鹅，或牧羊精灵，等等。再看海神波塞冬，时而变成海豚，时而变作一匹马或一头羊……阿拉喀涅的织品亦是精美细腻，无可挑剔，让雅典娜见了也不得不发出赞叹。但作品的内容使雅典娜恼羞成怒，她一把抓住这嘲弄众神的织品，将它撕成碎片，又用手中的木梭猛击阿拉喀涅的头部。可怜的少女受此欺辱，精神失常，试图上吊自缢。雅典娜出于怜悯，把姑娘从死神手中夺了回来。"可怜的姑娘，你不应该死去。但从今以后，你的生命就系在一条线上。"雅典娜如是说。就这样，阿拉喀涅变成了蜘蛛，整天悬吊在空中的丝网中吐丝织网，永远不停地操练她精美绝伦的织艺，不过她再也不会与别人比试织艺的高低了。

三、敢与阿波罗比拼的青年伊达斯

在希腊神话故事中，有不少年轻人凭借自己勇敢无畏的精神而得到爱神的垂青和惠顾，他们以生命为赌注，通过比试力量和勇气而赢得自己心爱的女孩。莫塞尼亚地区（Messenia）的王子伊达斯（Idas）就是一例。他先是冒着生命危险参加了与自己心上人的父亲之间进行的战车奔驰较量，然后，又毫不胆怯地迎战伟大的太阳神，终于凭借自己的勇敢和知难而上的精神夺回了自己的爱人。玛彭莎（Marpessa）是国王伊万诺斯（Evenus）的独生女，气质优雅，貌若天仙。可是做父亲的不愿意女儿嫁人，他自恃有战神阿瑞斯赠送的战马，于是决定以赛车的方式阻拦求婚者的进展。他对那些纷至沓来的求婚者们提出：若想得到公主玛彭莎，就必须在战车奔驰竞赛中战胜他，否则，就只能接受死亡的制裁。许多年轻的王子由此而丧了命。来自莫塞尼亚的王子伊达斯深爱着玛彭莎，那些被杀的王子们的命运并没有使他气馁，而且他还有海神波塞冬赐予他的两匹快马（据说，波塞冬是他真正的父亲）。结果，国王伊万诺斯在比赛输给了伊达斯，由于失去女儿对他意味着失去生活的希望，他愤而投江自尽。殊不知英俊的太阳神阿波罗也爱着玛彭莎，他趁着伊达斯和玛彭莎在一寺庙休息过夜的时机，突然出手偷走了玛彭莎。发现玛彭莎失踪后，伊达斯策马加鞭追赶太阳神，准备与他进行殊死决斗。王子与天神对峙，一场恶斗即将开始，突然，周围响起了雷电声，原来是宙斯赶来从中调和，以制止这场不公平的决斗。宙斯让玛彭莎自己做出选择：要么长生不老，享受永久的荣耀；要么对爱情忠贞不渝，去过充满忧虑和悲伤的凡人生活。结果玛彭莎谢绝了阿波罗甜蜜的许诺，选择了能够同甘共苦的凡人做自己的伴侣。阿波罗垂头丧气，伊达斯则欣喜若狂。伊达斯的胆量和勇气使他获得了自己所钟爱的伴侣和甜蜜的爱情。

四、迅捷如风的阿忒兰塔

阿忒兰塔（Atlanta）是阿尔卡迪国王伊阿索斯的女儿，是希腊神话中著名的女猎手。不过阿忒兰塔刚生下来时曾被国王遗弃。当年国王希望有一个儿子，所以看见王后生下一个女儿就气急败坏地把这个女婴抛弃在野外的树林里。一只母熊看到了弃婴，便把她衔回自己的巢穴加以喂养。后来有一个猎人发现了这个在野外由于母熊的喂养而活下来的小女孩，就把她带回来进行教养。随着一天天在大森林中奔跑、追逐、打猎、长大,阿忒兰塔成为一个异常出色的好猎手。她四肢有力,行动敏捷,行走如飞,跑起来像离弦的箭一般快,像风一样轻盈,像猎豹一样矫健。而且,她有着比阳光还夺目的美貌。在阿耳戈英雄们远征归来后,阿忒兰塔还参加了英雄们进行的竞技会,曾经击败过著名英雄佩琉斯,成为远近闻名的女英雄。她的父亲伊阿索斯也听到了她的名声,赶紧把她请回家,精心照料,一家人欢喜团聚。这阿忒兰塔已经到了谈婚论嫁的年龄,但她却根本不考虑自己的婚事。经过父亲的再三劝说,她终于同意嫁人,但条件是求婚者必须在赛跑比赛中胜过自己,而且凡是参加了比赛但没有跑过自己的就要被处死。国王试图劝说女儿放弃这个严厉的条件,因为他知道还没有任何人能够跑得比她更快。然而阿忒兰塔始终坚持这个条件,否则就永远不谈婚事。国王只好同意了。另一种说法是,阿忒兰塔有一次在神庙求签,得到的昭示是,她的丈夫会给自己带来不幸。为了打破命运的魔咒,阿忒兰塔对纷至沓来的求婚者提出这样的条件:只有跑得比她快的男人才有资格迎娶她,否则就只有死路一条。不管怎样,这条件虽然太过苛刻,而且使求婚者面临丧命的危险,但众多王子却被漂亮迷人、英姿飒爽的阿忒兰塔吸引住了,他们纷纷前来报名参加赛跑。比赛开始了,那些年轻人竭尽全力,拼命飞奔,但无一不败下阵来,而且无一例外都被残酷地处死了。这时希波莫涅斯(Hippomenes)出现了。他就是墨伽柔斯(Megareus)的儿子,海神涅普顿(Neptune)的曾孙,不仅具有神的血统,年轻英俊,而且具有非凡的勇气。一开始,希波莫涅斯认为这些求婚者很可怜、可笑,为一个女人去冒生命危险太不值得了,所以,他不住地嘲笑他们。但是,当阿忒兰塔本人出现在他面前的时候,希波莫涅斯却不禁为她的美艳惊呆了。他当即加入了求婚者的行列,决心万死不辞地去赢得阿忒兰塔的芳心。为此,希波莫涅斯向爱神阿佛洛狄忒祈祷,希望得到爱神的垂青,获得爱神的帮助。阿佛洛狄忒也觉得阿忒兰塔的做法实在太过分了,所以决定帮助这个年轻人赢得比赛,她送给他三个代表着人们无法拒绝之诱惑的金苹果。比赛开始了,每跑一段路,希波莫涅斯就往地下扔下一个苹果,阿忒兰塔马上被金灿灿的苹果吸引住了,情不自禁地跑到路边去捡拾那不停滚动的苹果。结果,三个金苹果不仅拖延了阿忒兰塔的速度,还在她怀中不断增加着重量。另一说是,希波莫涅斯的英俊和高贵打动了阿忒兰塔,她打心底里不愿让希波莫涅斯死去,所以她主动去捡滚动的苹果,从而输掉比赛。最后,希波莫涅斯赢得了比赛,也赢得了爱情,赢得了自己心仪的姑娘。

五、奥林匹克运动会 ①

在当今世界，每四年举行一次的奥林匹克运动会（简称奥运会）是最受关注的展现各国运动员代表最高运动水平的国际体育赛事，它的历史可以追溯到公元前776年在伯罗奔尼撒半岛的奥林匹亚平原上举行的竞技会。当然，主神宙斯在古希腊人的心目中是竞技会的权威主宰者，所以在奥林匹亚平原上建有奥林匹亚宙斯神庙。奥林匹亚竞技会是古希腊四个神圣庆祝活动（"泛希腊竞技会"）中规模和影响最大的一个，每隔四年在奥林匹亚平原举行，时间是七月。在传统的献祭仪式之后，人们举行赛跑，摔跤等竞赛，一直持续到第五天才告结束——当天还要举行游行、献祭、宴饮以及为获胜者戴上橄榄花冠等活动。事实上，那一时期希腊各地的城邦之间频繁发生惨烈的战争，每四年一次的竞技会为这些战争提供了一个短暂的缓冲时间，或者说成为一种代替流血死亡之后果而继续进行的"战争"形式。竞技会的影响越来越大，项目和规模也随之扩大，一直持续到公元4世纪才停办。在经历了漫长的岁月之后，历史终于见证了1896年在雅典举行的首届现代奥林匹克运动会，它随之成为世界性的体育竞赛盛会。除了两次世界大战期间被迫中断，奥林匹克运动会始终是世界上影响最大，规格最高的定期举行的体育赛事。1896年以后举办奥林匹克运动会的城市包括：巴黎（1900）；圣路易斯（1904）；伦敦（1908）；斯德哥尔摩（1912）；安特卫普（1920）；巴黎（1924）；阿姆斯特丹（1928）；洛杉矶（1932）；柏林（1936）；伦敦（1948）；赫尔辛基（1952）；墨尔本（1956）；罗马（1960）；东京（1964）；墨西哥（1968）；慕尼黑（1972）；蒙特利尔（1976）；莫斯科（1980）；洛杉矶（1984）；汉城（1988）；巴塞罗那（1992）；亚特兰大（1996）；悉尼（2000）；雅典（2004）；北京（2008）。

关于古希腊奥运会的起源有多种传说，比较常见的是赫拉克勒斯庆功说和珀罗普斯创办说。

1. 宙斯继位说

相传，在主神宙斯建立奥林波斯神系的统治之前，他的父亲克罗诺斯想

---

① 本节主要参考资料："The Olympic Games" in Michael Macrone. *Brush Up Your Classics*! New York：Gramercy Books. 1999. McLeish, Kenneth. *Myths and Legends of the World Explored*. London：Bloomsbury Publishing plc，1996. 金跃军，孙海鹰编著《青少年一定要知道的奥运知识全集》，北京：金城出版社，2008。

把王位传给他。但克罗诺斯对宙斯的能力放心不下，因此，他想考验一下儿子。经过一番思虑，克罗诺斯决定与宙斯举行比武大赛。比武之前，父子双方约定：如果宙斯获胜，王位就传给他。虽然自己并没有多少胜算，宙斯还是毫不犹豫地答应了。他需要把握机会，在众神面前树立威信。宙斯不仅战力强悍，而且有勇有谋，他决定以勇敢和智慧去赢得胜利。经过几昼夜的鏖战，斗智斗勇，宙斯最终打败了克罗诺斯。从此，依仗蛮力霸权横行的老一辈提坦神退出历史舞台，让位于有勇有智的新一代神主。获胜的宙斯兴奋地从父亲手中接过万神之首的王冠。为了庆祝自己成为新的神主，宙斯下令举行盛大的庆典活动，而展示速度与力量的体育比赛自然成为庆典活动的重要组成部分。后来这样的活动就演变成通常的运动竞技会。根据这一传说，奥林匹克运动会的源头是为了纪念宙斯战胜克罗诺斯而举行的庆祝活动。

2. 赫拉克勒斯庆功说

据诗人品达（Pindar）所述，奥林匹克运动会是希腊英雄赫拉克勒斯首创的。在神话叙事中，赫拉克勒斯是主神宙斯与美丽的人间女子阿尔克墨涅（Alcmene）所生之子，他长大后成为扫除众多恶势力的大英雄。由于天后赫拉的忌妒和报复，赫拉克勒斯不得不听命于篡夺了王位的无能国王欧律斯透斯（Eurystheus），去完成十二件常人难以想象的艰难苦役。其中的一个任务是清洗伊利斯城邦国王奥革阿斯（Augeas）的牛棚。这奥革阿斯是波塞冬（一说赫利俄斯）的儿子，曾参加阿耳戈英雄夺取金羊毛的远征，为人十分傲慢。他的牛棚里养了三千头肥牛，而且三十年间从未进行清洗，牛棚里的牛粪早已堆积如山，恶臭冲天，奥革阿斯本人也束手无策，烦恼不已。赫拉克勒斯找到国王奥革阿斯，主动提出为他清扫牛棚。奥革阿斯一听不禁哈哈大笑，随口承诺说："好吧，外乡人，假如你能在一天之内把这些牛棚打扫干净，我就把十分之一的牛赠送于你。"赫拉克勒斯在动手之前叫来了奥革阿斯的儿子菲洛宇斯（Phyleus），让他作为此次交换的证人。随后赫拉克勒斯运足神力挖了一条深深的沟渠，引来阿尔弗俄斯和佩纳俄斯这两条大河的河水，汹涌的河水顷刻之间将牛棚里的牛粪席卷而去，奔流向海——就这样，曾经牛粪如山，恶臭冲天的众多牛棚被冲刷得干干净净。赫拉克勒斯出色地完成了任务，然而奥革阿斯却言而无信，拒不承认自己有什么承诺，尤其当他得知赫拉克勒斯不得不来此效力之后，更是翻脸不认账了。他拒绝给赫拉克勒斯任何报酬。赫拉克勒斯赶紧叫来奥革阿斯的儿子菲洛宇斯，菲洛宇斯证明父亲确实答应给赫拉克勒斯重赏。奥革阿斯勃然大怒，喝令他的儿子和外乡人立即滚蛋。愤怒的赫拉克勒斯离开了。但他不久就返回了伊利斯，并且杀死了出尔反尔的国王奥革阿斯,将王位移交给奥革阿斯的儿子菲洛宇斯。长期受国王欺压的老百姓闻讯无不拍手称快。为了庆祝胜利,赫拉克勒斯在奥林波斯平原举行了运动竞技会,相传这就是奥林匹克运动会的开端。

3. 珀罗普斯赛车说

从血统上,珀罗普斯(Pelops)是宙斯的孙子,因为他的父亲是西皮洛斯(Sipylus)的国王坦塔罗斯。出于歹毒的虚荣心,坦塔罗斯曾把珀罗普斯杀死后烹成菜肴来招待众神,以此判断众神是否知晓一切。众神怜悯珀罗普斯,将其复活,获得新生的珀罗普斯比以前更加俊美,为海神波塞冬所热恋并被带往奥林波斯神山,但众神对他父亲的暴虐行径仍然感到心有余悸,遂令他回到人间。后来,珀罗普斯统治的西皮洛斯被特洛伊王伊洛斯攻占,珀罗普斯被迫逃到希腊最南端的半岛,在那里定居下来。从此,这个半岛便以他的名字命名为伯罗奔尼撒(Peloponnesus)。不久,珀罗普斯爱上了伊利斯地区的皮萨(Pisa)城邦国王奥诺玛奥斯(Oenomaus)美丽的女儿希波达米娅(Hippodameia),决心要娶她为妻。希波达弥亚美貌惊人,已到婚嫁年龄,慕名前来求婚的年轻人数不胜数。然而有一个神谕昭示,国王将被自己未来的女婿杀死。为此,国王奥诺玛奥斯想出了一个既不让女儿出嫁,又不会无端得罪求婚者的计谋:他让求婚者与自己进行驾车奔驰比赛。如果求婚者获胜就可以娶公主为妻,如果输了比赛,就要被处死。据说,这就是以生命为赌注的马车比赛的由来。奥诺玛奥斯是战神阿瑞斯的儿子,酷爱马匹,精于驾驭车马;他还因此给自己的独生女取名希波达米娅,希腊语为"女驯马师"之意。他拥有两匹奔跑如飞的神马,一匹叫普叙拉(Psylla),另一匹叫哈品娜(Harpinna)。他还有一辆设计独特、结构轻巧的双轮马车。这车马都是阿瑞斯所赠。不仅如此,奥诺玛奥斯还有一名技艺超群的神驭手,他是神使赫耳墨斯的儿子弥尔提洛斯(Myrtilus)。所以奥诺玛奥斯在比赛中势必稳操胜券。每次比赛,国王往往让对手先行出发,他则后来居上,赢得比赛后用战神阿瑞斯送他的长矛对求婚者痛下杀手。一时间有十二名求婚者丧生于国王的长矛之下。奥诺玛奥斯甚至扬言,日后要用求婚者的骨骸建起一座塔楼。他的残酷和狂妄激怒了奥林波斯众神,他们准备插手干预了。

相传,珀罗普斯是第十三个求婚者,公主与他一见钟情。海神波塞冬给接受了生死挑战的珀罗普斯送来两匹快马。珀罗普斯又暗中找到国王的车夫弥尔提洛斯,许以重酬让他拆动国王马车上的一个车轴。比赛开始了,珀罗普斯一马当先,但国王很快就追了上来,眼看就要被手持长矛的国王追上,千钧一发之际,国王马车的车轮突然在高速奔驰中甩了出去,国王当场坠地身亡。珀罗普斯驾车抵达终点。但珀罗普斯还没有来得及欢庆胜利,却见国王宫中烈火熊熊,原来神祇动用了雷电来惩罚奥诺玛奥斯。珀罗普斯赶紧驾车奔进火光冲天的宫里,救出了心上人希波达弥亚。他终于如愿以偿地娶了希波达米娅为妻,同时成为了皮萨城邦的新国王。后来,珀罗普斯占领了整个伊利斯,夺取了奥林波斯城。他在奥林波斯平原举行了盛大的竞技会,在这个盛会上,他安排了战车、角力等比赛项目。据说,这就是奥林匹克运动会的开端。

4. 战争与和平的统一体

事实上,奥林匹克运动会的兴起和发展与古希腊的社会现实状况有着密切的关系。公元前12世纪起,希腊氏族社会逐步瓦解,城邦制的奴隶社会逐渐形成,当时在希腊各地陆续出现了二百多个城邦制国家。这些城邦各自为政,城邦之间为了自身利益频频发生战争。有战争自然需要大量身强力壮的士兵,体育竞技运动恰好迎合了这一需求。当时的斯巴达是希腊最著名的军事化城邦,实行全民皆兵制度,城邦的男孩从七岁起就由国家抚养,进行严格的体育和军事训练。生产劳动则由奴隶承担。古代奥运会就在这种浓厚的军事化氛围中成长和兴盛起来的。不仅统治阶级为了自身的利益大力提倡体育竞技比赛,希腊民众也十分喜爱并踊跃参加体育竞技比赛。城邦之间持续不断、永无休止的战争也使广大民众产生了厌战情绪,非常渴望和平安宁的生活。在特定的历史条件下,战争与和平的矛盾冲突就在体育竞技活动中得到统一。奥林波斯作为和平的圣地和竞技的场所,成为全体希腊民众心目中神圣不可侵犯的地方。按规定,运动会前后一段时间,各个城邦要实行"神圣休战",在此期间任何人不得挑起事端,违者将受到严厉的惩处。这段时间,人们能够过上渴望已久的和平生活。而在竞赛中,人们相互交往、互相了解,增进了团结和友谊,城邦间的关系也得到缓和。所以,团结、友谊便成了古代奥林匹克运动会的精神支柱。

当然,最初的运动会并非在全希腊境内统一组织进行,而是分别在科林斯、雅典、奥林波斯等几个地方进行。其中,在奥林波斯举行的运动会规模最大。到了公元前八世纪,其他地方相继停止举办运动会。于是希腊的体育爱好者们便聚集在奥林波斯,举行四年一度的奥林匹克运动会,从而使古希腊运动会以奥林波斯运动会而闻名于世。载入史册的首届奥林匹克运动会在公元前776年举行,第一项比赛的正式记录,是由来自伊利斯附近的厨师克罗伊布斯(Coroebus/ Koroibos)创造的。他在比赛中首先到达190多米长的跑道终点,并由此得到了一根橄榄枝作为奖赏,成为有记录的古代奥运史上的第一个冠军。

5. 古代奥林匹克运动会与赫拉运动会

珀罗普斯成为皮萨城邦国王以后，先后征服了奥林波斯、阿卡迪亚及附近大片地区。他统一了整个半岛，将其命名为伯罗奔尼撒（即希腊语"珀罗普斯的半岛"）。希腊人相信拥有健康的体魄是对神的敬重，所以，他们推崇体育运动。珀罗普斯以宙斯的名义在奥林波斯平原举办了当时规模空前的体育竞技盛会，项目包括赛跑、跳远、马车赛、摔跤等。为了表示对神的尊敬，运动员在赛前需净身，包括沐浴、刮净、涂油、覆盖细沙等程序。相传王后希波达米娅创建了以天后赫拉命名的女子奥运会——赫拉运动会（the Heraean Games）。希波达米娅为自己的幸福婚姻而感谢天后赫拉（婚姻的保护神），安排了由十六个城邦中挑选出来的十六名女子参加的运动会，这是在奥林波斯平原举办的首次女子竞技比赛。赛前，这十六名女子须以清澈之泉水净身。她们不仅组织、参加运动会，也时而充当和平的斡旋者。她们曾出面调解了比萨人和伊利斯人之间的纠纷，从而维护了当地的和平。之后，女子运动会逐渐成为惯例。和奥林匹克运动会一样，"赫拉运动会"也是每四年在奥林波斯圣地举行一次，举办日期大约在6月底和7月初，参加者依年龄次序分为三组。女子赛跑是"赫拉运动会"的主要项目，赛跑的距离较男子为短。年龄最小的女子组赛跑的距离约合32米。"赫拉运动会"的优胜者和奥林匹克运动会的优胜者一样，也被授予一项用神圣的橄榄枝做成的花冠，并能得到一块祭神的牛肉，另外还可在奥林波斯留下自己的塑像。据史料所载，"赫拉运动会"一直延续到公元前146年罗马帝国入侵希腊之后才告终止。

6. 古代奥运会与宗教仪式

古希腊人的体育竞赛与他们的宗教祭祀活动密切相关，他们认为，心地纯洁和充满活力这两者的结合才是人类的理想，男子的体魄、力量与心灵之美同样重要。所以，体育竞赛总是与宗教仪式结合在一起，构成古希腊人的重大节日，很多比赛项目就起源于宗教祭祀活动，后来逐步发展成为独立的体育赛事。在古希腊，宗教祭祀催生了四大著名的运动会。首先是崇拜众神之王宙斯和神后赫拉的运动会，在奥林波斯平原举行。在奥林波斯运动会之后的一些年代里，希腊各地相继举办了各种各样的体育节日，其中最著名的有三个：在德尔菲举办的祭祀阿波罗的皮提亚运动会（The Pythian Games）；在科林斯附近举办的纪念海神波塞冬的地峡运动会（The Isthmian Games）；将祭祀活动与体育比赛结合起来的尼米安运动会（The Nemean Games）。

7. 参赛者与颁奖仪式

古希腊人认为人体是自然之美，由美的胴体所展示的英姿勃勃的形象更是万物之美的精华。因此，在体育竞技场，甚至在庄严的宗教场合，希腊人都不以裸露身体为耻，相反，他们将展示矫健的身躯视为纯洁高尚的活动。古代奥林匹克运动会因此号称"裸体竞技"或"赤身运动"。这也说明了为什么古希腊艺术家雕刻了如此多的裸体雕塑。著名希腊艺术家玻力克利特创作的《持矛的男子》和《束发的运动员》，留西鲍西斯的《刮橄榄油的竞技者》等作品都充分展示了运动者健壮的身躯和优美的线条。除了有些项目如武装赛跑等，参加者必须身着服装外，参加奥林匹克运动会的运动员大都赤身裸体，全身涂抹橄榄油。在希腊，运动会参赛者的资格有严格的规定：只有本地区的自由人可以参加比赛，凡奴隶、外国人、妇女等不得参与。尤其是妇女不能进入运动会比赛场所。一是因为奥林匹克运动会类似于宗教的神圣庆典，妇女出现会亵渎神明；再者运动者赤身裸体，女性在场多有不便。古代奥林匹克运动会有明文严禁凡妇女私自参观运动会或参与圣典，违者处以极刑。古代奥林匹克运动会的颁奖仪式隆重而肃穆，获胜者被授予一顶象征至高荣誉的橄榄枝圆冠。橄榄枝作为奥林匹克运动精神的象征具有深远的历史和深刻的寓意。据说，橄榄树是雅典保护神雅典娜与海神波塞冬争夺雅典的命名权时创造出来的。作为送给人间的礼物，它象征着神赐予人类和平与幸福，因此，用橄榄枝编织的橄榄冠是最神圣的奖品。用于编织桂冠的橄榄枝必须由一个双亲健在的12岁儿童，用纯金之刀从神树上割下来，然后加以精心编制而成。除了橄榄冠的奖赏之外，运动会的每个获胜者的名字都被刻在运动场的墙壁上，而连续三次获得冠军的运动员还将获得在宙斯神庙旁留下塑像的殊荣。

8. 现代奥林匹克运动会的复兴

有历史记录的古希腊奥林匹克运动会从公元前776年起至公元394年止，共举行了293届。从公元前146年至公元394年，古奥运会逐渐衰落。公元394年，罗马皇帝狄奥多西一世（Theodosius I）下令废止奥运会。公元2世纪后，提倡禁欲主义，主张灵肉分离的基督教在欧洲日益兴盛，古代奥运会名存实亡。公元394年，罗马皇帝狄奥多西一世以奥林匹克运动会有违基督教教旨为由，宣告将其废除。公元426年，狄奥多西二世（Theodosius II）烧毁了奥林波斯的大部分建筑物。公元522年和551年相继发生了两次强烈地震，奥林波斯的体育竞赛设施及场馆遭到彻底损毁，为延续了一千余年的古希腊奥林匹克运动会的历史画上了一个终结号。

14世纪至18世纪，欧洲相继出现了文艺复兴、宗教改革和启蒙运动这三大影响深远的思想文化运动。18世纪初，英、法、德等国的一些学者、专家，相继前往希腊奥林波斯勘探考察，发掘出不少与古代奥林匹克运动会相关的文物和史料，愈发引起了人们的浓厚兴趣。19世纪末，欧洲各国交往日益频繁，经济文化蓬勃发展，国际体育交往也随之增多，而且出现了第一批国际体育组织。1887年，德国人在柏林展出了从奥林波斯发掘出的大量文物，引起强烈反响。当时的德国统治者威廉皇帝企图称霸欧洲，企图把自己装扮成奥运会的发起人，以利用群众的热情达到自己的政治目的。欧洲需要和平，恢复古代奥林匹克运动会"和平、友谊"的宗旨和精神也是众望所归的，但决不能让野心勃勃的威廉二世染指现代奥运会的复兴。正是在这样的历史条件下，法国人皮埃尔·德·顾拜旦（Pierre de Coubertin）挺身而出，发起了恢复举办奥林匹克运动会的运动。在顾拜旦和全世界热爱和平的人们的努力下，古老的奥林匹克运动会于19世纪末获得新生。1896年4月6日至4月15日，首届现代奥林匹克运动会在古奥林匹克运动会的故乡雅典举行，共有来自14个国家的运动员代表参加了比赛。4月6日下午3点，在经过重新修建的雅典帕那辛尼安（Panathenean）体育场，希腊国王乔治一世宣布第一届雅典国际奥林匹克运动会开幕。乔治一世在开幕词中说："但愿奥林匹克运动会的复兴能增进希腊人民与各国人民的友谊；但愿体育运动和它所崇尚的道德观念有助于造就新一代的希腊人，无愧于他们的先辈。"此届运动会进行了田径、游泳、举重、射击、自行车、古典式摔跤、体操、击剑和网球等项目的比赛。在4月15日举行的闭幕式上举行了颁奖仪式。奥运会冠军获得一张奖状、一枚银牌和一个橄榄枝花环；第二名获得一张奖状、一枚铜牌和一个月桂花环；第三名则获得一枚铜牌。据说，希腊人认为用黄金做奖牌有俗气之嫌，所以为冠军获得者授予银牌。

9. 格言、会旗

现代奥运会的格言是："更快、更高、更强"（拉丁语："Citius, Altius, Fortius"；英语："Swifter, Higher, Stronger"）。它是顾拜旦的好友狄东（Henri Martin Didon）提出的，1913年正式得到国际奥委会批准。它在1920年第七届奥林匹克运动会上正式出现，成为奥林匹克运动标志的一部分。奥运会会旗是一面有五个圆环的白色无边旗，五环相套，象征世界五大洲的团结。会旗的图案是根据顾拜旦1913年的构思设计的。1914年6月15日至23日，这会旗首次出现在巴黎举行的庆祝国际奥委会成立20周年纪念大会上。1920年，比利时奥委会把一面绣有五环的绸缎会旗赠送给国际奥运会，并在安特卫普奥运会的开幕式上升起。此后,历届奥运会开幕式上都有会旗的交接仪式,由上届奥运会主办城市的代表将会旗交给国际奥委会主席,再由主席将它递交给本届主办城市的市长,四年后再转交给下届主办城市。奥运会会旗上五环的颜色自左至右依次排列为蓝、黄、黑、绿、红。最初,五种颜色被解释为象征着五大洲:欧洲(天蓝色),亚洲(黄色),非洲(黑色),澳洲(草绿色),美洲(红色)。后来的解释是:它们代表着参加国际奥委会所有国家国旗的颜色。1979年国际奥委会出版的《奥林匹克评论》(第四期)赋予会旗以新的含义:"五环象征五大洲的团结,全世界的运动员以公正、坦率的比赛和友好的精神,在奥运会上相见。"

第六章

神话基本母题：罪与罚[*]

一、人类罪恶的代表：吕卡翁

阿尔卡狄亚国王吕卡翁（Lycaon）一向以野蛮凶残闻名。一天，夜色已深，宙斯来到吕卡翁的王宫，他发出一些奇异的迹象，暗示神的到来，众人当即对他顶礼膜拜。而吕卡翁却在一旁边发出冷笑，他暗自图谋，决定趁半夜来客熟睡之机把他杀死。他先动手杀了一个可怜的人质，把他的肢体放在沸水里煮，又放在火上烤，然后在晚餐时将人肉端到餐桌上献给宙斯享用。洞察一切的宙斯发现了这一恶行，他从餐桌旁一跃而起，只听一声霹雳炸响，吕卡翁的宫殿立刻火光冲天。惊慌失措的吕卡翁逃到旷野，但他的王袍变成了长满毛发的兽皮，他的胳膊变成了前腿，他的喉咙发出动物的嗥叫，他变成了一只嗜血的野狼。

回到奥林波斯山后，余怒未消的宙斯与众神商量，打算毁灭罪恶的人类。他准备向大地投掷库克罗普斯为他锻造的闪电，但又害怕大火殃及天国，烧毁宇宙之轴。于是他决定降下暴雨，将人类淹没在滔滔洪水之中。他将能驱散雨云的北风及其他方向的风全都锁进风神埃俄洛斯的岩洞里，而反放出能带来降雨的南风。兴风作雨的南风拍打着滴水的翅膀扑向大地，抓住巨大的乌云，挤压它们，顿时雷声隆隆，大雨如注。海神波塞冬也赶来兴风作浪，他把所有的江河湖水召集起来："你们要冲进一切房屋，摧毁所有堤坝！"于是江河泛滥，洪水滔滔，波塞冬本人也挥舞起他的三叉戟激荡大海，为洪水

---

[*] 本章主要根据以下图书文献叙述：库恩《古希腊的传说和神话》，秋枫，佩芳译，北京：生活·读书·新知三联书店，2002。
施瓦布《希腊古典神话》，曹乃云译，南京：译林出版社，1996。
荷马《奥德赛》，陈中梅译，南京：译林出版社，2003。
Ovid. *The Metamorphoses*. Trans. Mary M. Innes, Penguin Books, 1955, 1981.
Macrone, Michael. *Brush Up Your Mythology*! New York: Gramercy Books. 1999.

75

推波助澜。不久，汹涌的洪水漫过开阔的田野，淹没了耕地，卷走了树木，冲毁了庙宇和房屋。宫殿和高塔也被淹没，荡然无存。整个世界都成了一片汪洋大海。整个人类只有普罗米修斯的儿子丢卡利翁（Deucalion）和他的妻子皮拉事先得到警告，得以乘舟漂流，苦海余生。

二、阿多尼斯的母亲：乱伦之罪

在希腊神话传说中，关于阿多尼斯的故事非常著名，而且有多种叙述版本，影响较大的是史诗诗人帕尼亚西斯的讲述和奥维德在《变形记》里的讲述。首先，阿多尼斯的出生是乱伦之恋的结果。丝密耳娜（Smyrna）是塞普路斯的国王Cinyras的女儿，但她却不可救药地恋上了自己的父亲。一种说法是，她得罪了爱神阿佛洛狄忒，于是女神便在丝密耳娜的心中撒下魔种，使她充满了无法抑制的对于父亲的性爱欲望。在奶妈的策划和安排下，丝密耳娜与父亲同床共寝，并且怀上了他的孩子。当做父亲的国王发现真相后，又羞又怒，拔出利剑就要结果女儿的性命，丝密耳娜仓促逃命，就在要被怒气冲冲的父亲赶上时，她祈求众神相助，结果被变成了一棵没药树（Myrrh）。十月之后，没药树开裂，俊美的阿多尼斯从中降生。爱神阿佛洛狄忒爱上了美少年阿多尼斯，将他藏在一个箱子里，交给冥后珀尔塞福涅保管。谁知冥后看到阿多尼斯后也爱上了他，所以拒绝将少年交还阿佛洛狄忒。为了解决这个争端，宙斯提出的方案是，阿多尼斯每年有四个月与阿佛洛狄忒待在一起，四个月与珀尔塞福涅待在一起，余下的四个月由他自己安排。阿多尼斯将自己支配的四个月也让给了阿佛洛狄忒。阿多尼斯与阿佛洛狄忒待在一起非常快乐，时常带着猎狗到林中打猎。有一天，当阿佛洛狄忒返回奥林波斯山后，阿多尼斯独自带着猎狗到林中打猎，他发现了一头野猪，一箭射去，受伤的野猪疯狂地掉头向他冲来，用獠牙戳进阿多尼斯的身体，将他戳死。在这个故事中，阿多尼斯母亲的乱伦之恋使她本人变成了植物，而她的儿子阿多尼斯成为一个没有长大的，性爱不成熟的少年（他的性爱也是被动的）；尽管这个故事富于某种诗意，阿多尼斯的早夭更可看作对于不伦之恋后果的终结。在现实生活中，雅典的妇女种植有"阿多尼斯花园"，这种花园里的草本植物生长周期都非常短暂。在仲夏时节，妇女们播撒蒜、葱、小麦和燕麦的种子，它们生长迅速，但很快就会枯萎。它们似乎都象征着阿多尼斯这样的早夭的植物精灵。

三、遭受复仇女神追逐的罪人

1. 俄瑞斯忒斯

俄瑞斯忒斯（Orestes）是特洛伊战争中希腊联军统帅阿伽门农的小儿子。刚从特洛伊归来的阿伽门农被自己的妻子和她的情人合谋杀死。为报父仇，俄瑞斯忒斯杀死了母亲和她的情人。虽然他的行为是符合神意的（有阿波罗的神谕），但有悖天伦的杀母恶行使他备受复仇女神的追逐、折磨。在手执火把、高扬着用蝮蛇扭成的鞭子、穷追猛打的复仇女神的追逐下，俄瑞斯忒斯癫狂奔逃，亡命天涯。在危难之际，阿波罗向他伸出了援手，为他抵挡咄咄逼人的复仇女神。每当阿波罗来到身旁，俄瑞斯忒斯才会清醒过来，否则就会癫狂下去。在经历了长期的颠沛流离之后，俄瑞斯忒斯来到特尔斐，避居在复仇女神不能进入的阿波罗神庙里，得到了片刻的安宁。然后在阿波罗的指点下，疲惫不堪、濒临崩溃的俄瑞斯忒斯前往雅典，去接受雅典娜主持的法庭审判。在雅典城，俄瑞斯忒匍匐在雅典娜的神像前，伸出双手，祈求女神主持公道。复仇女神们随即扑上来厉声呵斥："你这孽畜，残杀母亲的罪人，你永远也找不到避难之所！你这个癫狂的恶徒！"

开庭之日，一名使者将参加审判的法官们领到雅典城前的一座山坡上。这是供奉战神阿瑞斯神庙的小山，因此被称为阿瑞斯山。原告和被告都已到场，阿波罗也前来参加庭审。听了原告（公诉方）和被告双方各自的陈述，雅典娜宣布投票裁决。她把黑白两种颜色的小石子分发给每个法官，黑子表示有罪，白子表示无罪。法官们默默地从座位上站起来，各自将手中的石子投进一个小钵子。投票完毕后，一些被推选出来的市民代表开始查点钵内的黑白石子，结果，两色石子数目相等。于是，决定性的一票就掌握在雅典娜的手里。只见雅典娜从座位上站起来，大声说道："我不是母亲所生，我是从父亲宙斯的头颅里跳出来的。我认为俄瑞斯忒斯杀死的不是自己的母亲，而是残杀自己父亲的凶手。他应该活下去！"于是她走上前来，将一粒白石子投在钵子里。这最后的一票宣告了俄瑞斯忒斯的无罪。他虽然摆脱了复仇女神的追逐，但仍然摆脱不了内心痛苦的煎熬。

2. 阿尔克迈翁

前辈七雄征讨忒拜之战以失败告终。十年过去了，那些在战争中阵亡的英雄的儿子们决定再次征讨忒拜，为死去的父亲们报仇。他们被称为厄庇戈诺伊（the Epigonoi），意即后辈英雄。他们以阿尔克迈翁为统帅。阿尔克迈翁的母亲厄里菲勒曾因贪图阿佛洛狄忒的项链而出卖了丈夫，致使丈夫安菲阿拉俄斯惨死沙场。阿尔克迈翁一直铭记父亲要求他报复母亲的叮嘱。现在，厄里菲勒不仅占有了那个晦气的项链，而且还获得了阿佛洛狄忒的第二件令人倒霉的宝物，一张面纱。那是波吕尼刻斯的儿子忒耳珊特罗斯所继承的遗产，如今他又用它来贿赂厄里菲勒，要她说服儿子参加讨伐忒拜的战争。阿尔克迈翁被推举为统帅，他准备回来以后再为父报仇。他组建了一支强大的军队，浩浩荡荡地向忒拜挺进。像十年前的父辈们一样，后辈英雄们围困了忒拜城，双方展开了激战。他们比父辈们幸运得多，在一次决定性的战斗取得了胜利。在这些后辈英雄中，只有国王阿德拉斯托斯的儿子埃癸阿勒俄斯被忒拜人厄忒俄克勒斯的儿子拉俄达马斯杀死。拉俄达马斯后来又被阿尔克迈翁杀死。忒拜人听从盲眼预言家泰瑞西阿斯的建议，派使者向亚各斯人求和，同时弃城而逃。

从忒拜凯旋后，阿尔克迈翁用宝剑刺杀了母亲，为父亲报了仇。然后，他带着项链和面纱，离开了家乡。杀害母亲是违反伦理的巨大罪孽，为此，阿尔克迈翁受到了复仇女神的追逐和迫害。他丧失了理智，变得疯疯癫癫。后来，他流亡到亚加狄亚的珀索菲斯（Psophis），娶了国王菲格乌斯（Phegeus）的女儿阿尔茜诺埃为妻。两件不祥的礼物（项链和面纱）又到了她的手里。阿尔克迈翁的疯病有所好转，但灾祸却接踵而来。岳父的王国因为他的缘故连年遭灾，颗粒不收。阿尔克迈翁祈求神谕，神谕告诉他：他必须到杀母时地面上还没有出现的国家去，这样才能得到安宁。因为，厄里菲勒在临死前，曾经诅咒过任何一个收留杀母凶手的国家。阿尔克迈翁绝望地离开了妻子和小儿子克吕堤俄斯，漂泊到远方。后来，他到了阿克洛斯河，在那里，他发现了一个刚从水里显露出来的小岛。阿尔克迈翁在岛上住下来，从此免除了灾难。可是，他忘掉了自己的妻儿，另娶了阿克洛斯河河神的女儿——美丽的卡吕尔荷埃为妻，并生了两个儿子阿卡耳南（Acarnan）和阿姆福特罗斯（Amphoterus）。

卡吕尔荷埃向他索要美丽的项链和面纱。阿尔克迈翁答应把这两件宝物从前妻处给她取来。他回到珀索菲斯，告诉岳父和被他抛弃的妻子，他的疯病还没有痊愈，并编造说："按照占卜所示，只有一种办法才能使我彻底摆脱病魔，即把我从前送给你的项链和面纱带到特尔斐，献给神祇。"妻子把两件宝物交给了他，阿尔克迈翁高高兴兴地带着宝物上路了。他万万没有想到这两件倒霉的宝物会使他毁灭。他的一名仆人向国王菲格乌斯告了密，菲格乌斯的儿子听说妹妹受了骗，不禁大怒，急忙追了出去，在路上袭击他，把他杀死了，还把项链和面纱带回来交给妹妹。阿尔茜诺埃仍然爱着对其不忠的丈夫。她责怪兄弟们不该杀害阿尔克迈翁。现在，这两件带来灾难的宝物又在阿尔茜诺埃身上显示作用了。阿尔茜诺埃的责备激怒了她的兄弟，他们把她抓住，锁在一只木箱里，运到特格阿，交给国王阿伽帕诺尔，说阿尔茜诺埃是谋杀阿尔克迈翁的凶手。后来，阿尔茜诺埃凄惨死去。而卡吕尔荷埃听到阿尔克迈翁被害的消息后，跪倒在地，祈求宙斯降下奇迹，让她的两个儿子立即长大成人，前去惩罚杀父凶手。宙斯接受了她的祈求。她的两个儿子立即成人，充满了力量和复仇的欲望。他们首先来到了特格阿。正好菲格乌斯的两个儿子也刚把不幸的妹妹带到那里。两个青年立刻冲上去，帕洛诺俄斯和阿根诺尔还不知道是怎么一回事，即被兄弟两人打死了。兄弟两人向阿伽帕诺尔说明了事情的原委，然后又前往珀索菲斯，杀掉国王菲格乌斯和王后。

后来，他们听从外祖父阿克洛斯的建议，前往特尔斐，把项链和面纱献给了阿波罗神庙。自此，安菲阿拉俄斯家族所遭受的灾难最终消除。阿尔克迈翁和卡吕尔荷埃的儿子阿卡耳南和阿姆福特罗斯在伊庇鲁斯招集移民，建立了阿卡耳南尼亚王国。而阿尔克迈翁和阿尔茜诺埃的儿子克吕堤俄斯，在父亲被杀后，怀恨地离开了母亲一方的亲戚们，逃到厄利斯，从此生活在那里。

四、地府的赎罪者

1. 推石上山，周而复始的西绪福斯

在荷马史诗《奥德赛》第11卷中，奥德修斯在冥界看到了推石上山、周而复始的西绪福斯，但没有说出他到底犯了什么罪过而受此惩罚：

> 我还见到西苏福斯，遭受剧烈的痛疾，
> 双臂抱住一块奇大的荞石，挣扎着
> 动用手脚的力量，试图推上石头，
> 送至山峦的峰冈；但每当顽石即将
> 翻过坡顶，巨大的重力会迫使它转向，
> 无情的石块跌落下来，落回平坦的地方。
> 于是，他会再次推石上冈，全身汗水
> 浇淋，尘云饰起，在他的头上。[①]

[①] 荷马《奥德赛》，陈中梅译，南京译林出版社，2003，357页。

西绪福斯（Sisyphus）相传是风神埃俄洛斯的儿子，希腊人的始祖赫楞（Hellen）的孙子，丢卡利翁（Deucalion）和皮拉（Pyrrha）的曾孙。西绪福斯被认为是所有人类中最机智、狡猾、奸诈的人。从他的建国之地就可知晓其聪明过人之处，他极具"战略眼光"地在雅典和伯罗奔尼撒半岛之间的狭长走廊上，建立了美丽的城邦科林斯（Corinth），此地在战时是一夫当关，万夫莫开的兵家必争之地，在和平年代则可尽得贸易往来之便利。科林斯在西绪福斯的统治下成为一个富庶的王国。西绪福斯的聪明狡黠还不止于此。当宙斯拐走了河神阿索波斯（Asopus）的女儿埃葵娜（Aegina）时，被西绪福斯看到，宙斯警告他不要透露任何信息。当河神焦急万分地寻找爱女时，狡猾贪婪的西绪福斯趁机与河神讨价还价，让阿索波斯在科林斯地域的巉崖上打造一口井（就是著名的波林娜井），然后，向河神透露了埃葵娜的藏身之地。为了夺回女儿，阿索波斯向最高神祇挑战，结果被宙斯雷电击伤，无果而终。后来宙斯与埃葵娜生有埃阿科斯（Aeacus），成为冥府的三大判官之一。阿索波斯的天水并未给西绪福斯带来丰厚的恩泽，相反导致了无穷尽的惩罚。主神宙斯痛恨泄密的西绪福斯，命令死神到凡间将他带走。死神出现时，西绪福斯抗命称他没有权力带走自己，如果自己的寿数已到，带自己去冥府的应该是亡灵接引神赫耳墨斯。趁死神踌躇之际，狡诈的西绪福斯佯装好奇地问他袋子里装的是什么。死神说用来绑人的手铐，它是火神赫斐斯托斯特制的神异锁链。西绪福斯便恳请死神向他展示一下这个精致的手铐，当死神拿出手铐摆弄时，西绪福斯迅速地扣上了锁链拉环，不论他哀求、恐吓还是咆哮，这铁链都将死神牢牢困住。还有一种说法，西绪福斯装作不相信这锁链的作用，要死神示范一下。毫无戒心的死神便用锁链把自己的双手锁了起来，于是被西绪福斯趁机牢牢锁住，关入地牢。就这样，人类不再有人死亡，盛大的葬礼冷落了，也没有人向冥王献祭，人类得到了长生不老的权利。冥王哈得斯向宙斯埋怨：死神的失踪使自己的领土日渐萧条寂寥。宙斯震怒，他绝不允许凡人永生，更不允许自己为人类安排的秩序和命运被打乱，于是命令残酷的战神阿瑞斯寻找死神。战神来到人间，威胁西绪福斯说，如果再不释放死神，他将身首异处。处于战神的神威之下，西绪福斯极不情愿地释放了死神，并随死神前往冥府。临行前西绪福斯偷偷叮嘱妻子不要埋葬自己，也不要为自己向冥王做任何祭献。来到冥府，西绪福斯向冥后珀尔塞福涅诉苦，说他的妻子违背道德，将自己的尸骨暴露在臣民的面前。鉴于暴露尸骨是对死者最大的侮辱，冥后便准许西绪福斯回到人间惩罚妻子，条件是第二天一早必须赶回来。当西绪福斯从阴暗的地府回到人间，感受着温暖和煦的阳光，看着清清的河水，闻着暖风送来的花香，他决定不再回到漆黑阴冷的地府。无论是神灵的警告还是愤怒的威胁，西绪福斯全然不理。他仍然对着波光粼粼的大海，在暖意融融的人间大地上过着悠闲的生活，庆幸自己是一个曾经见到过冥王面貌而生还的人。然而好景不长，神祇不能再忍受他的傲慢和狡黠，派赫耳墨斯来到人间，将他带回冥府。宙斯罚他每天推石上山，他挥汗如雨地把巨石推至山顶时，巨石随即又滚落下来，发出轰隆的巨响，掀起漫天的尘土。于是西绪福斯必须重新开始这一周而复始的劳役，他的苦难永无止境。现在，人们还把艰难而徒劳的工作称作西绪福斯的劳役（labour of Sisyphus）。

2. 达那奥斯和他的五十个女儿们

在尼罗河边，伊娥为宙斯生下了后来成为埃及国王的厄帕福斯（Epaphus）。当时，埃及的母亲河尼罗河由俄克阿诺斯（Oceanus）与忒西斯（Tethys）女神的儿子涅流斯（Nilus）掌管着。涅流斯有位漂亮的女儿孟菲斯（Memphis），后来成为厄帕福斯的王妃。厄帕福斯以爱妻孟菲斯的名字命名新建的一座城市。他们生下女儿利比亚（Lybia）。利比亚深受父母和当地人民的喜爱，如今位于埃及西边的国度利比亚就是用她的名字命名的。利比亚的美貌打动了海王波塞冬的心。他和利比亚生下了两个很有名的儿子，贝罗斯（Belos）和阿革诺尔（Agenor）。贝罗斯继承了外祖父的王位，统治埃及和利比亚，而阿革诺尔则成为腓尼基国王。贝罗斯后来将王位传给了自己的一对双胞胎兄弟，埃吉普托斯（Aigyptos）和达纳奥斯（Danaos）。埃吉普托斯成为埃及之王（埃及的国名就得之于他的名字），而达那奥斯则成为利比亚之王。埃吉普托斯膝下有五十个儿子，而达那奥斯恰好有五十个女儿，被称为达那伊得斯姐妹（Danaides）。埃吉普托斯打算让自己的五十个儿子分别把达那奥斯的五十个漂亮女儿都娶过来，但达那奥斯却很不情愿。为了躲避埃吉普托斯和他那五十个儿子的纠缠，达纳奥斯带着女儿们躲到远亲阿尔戈斯（Argos）国王的城堡中避难。然而埃吉普托斯带着他的儿子们紧追而来，并且打败了她们的保护者杰拉诺尔（Gelanor）。虽然达那奥斯获得了阿尔戈斯的王位，却不得不将五十个女儿嫁给埃吉普托斯的五十个儿子。隆重华丽的婚宴结束了，夜幕笼罩下的王宫归于寂静。但平静的夜晚发生了不平静的谋杀！达那奥斯的女儿们事先得到了父亲送给她们的匕首，然后在各自丈夫强行与其欢爱时将其刺死。新婚之夜变成了谋杀之夜。五十位新郎中只有王子林克斯（Lynceus）幸免于难，他不愿强迫新娘许珀耳涅斯特拉（Hypermnestra）与他同房，被感动的新娘扔掉匕首，让他逃出王宫。这个林克斯后来继承了

81

阿尔戈斯的王位。达那奥斯对许珀耳涅斯特拉的行为无法容忍，准备处死她，但爱神阿佛洛狄忒阻止了达那奥斯的决定，拯救了许珀耳涅斯特拉，并且成全了她和林克斯的爱情。为了惩罚达那伊得斯姐妹们拒绝婚姻的谋杀之罪，宙斯令达那奥斯为奥林波斯诸神举行盛大的竞技会，作为奖励，获胜者可以娶达那奥斯的女儿为妻。达那伊得斯姐妹们死后被罚在冥府里服苦役，她们必须不停地向无底的桶中装水，将其灌满，但水进桶则漏，转瞬即空，只得永无休止地重复这一徒劳无益的苦工。所以希腊人把永无休止、徒费力气的行为称作"达那伊得斯姐妹的水桶"（cask of Danaides）。

3. 伊克西翁与人马怪

伊克西翁（Ixion）原是特萨利（Thessaly）的国王，相貌堂堂而且力大无穷。他向邻邦狄奥尼斯（Deioneus）国王求亲，要娶美丽的公主黛为妻。狄奥尼斯文迫于他的强势，只得答应。但他提出伊克西翁必须交给他一大笔聘金。伊克西翁随口应承下来，他把黛领回家，却丝毫没有履行诺言的意思。一直没有得到任何聘金的狄奥尼斯去找伊克西翁，絮絮叨叨地索要聘金，弄得伊克西翁非常烦恼。伊克西翁决定除掉这个烦人的老头。他假意邀请狄奥尼斯参加一个宴会，然后设计将狄奥尼斯推入火坑烧死。伊克西翁的罪行激起众怒，他在走投无路的情况下逃到宙斯那里，哀求众神之父宽恕他的行为。宙斯答应了他的祈求，于是他兴高采烈地跑到辉煌璀璨的神殿里歇息。这时天后赫拉出现了，女神那光彩照人的姿容顿时让伊克西翁神魂颠倒，他忘记了家里的妻子黛，盘算着与赫拉一道私奔。宙斯看到了伊克西翁的丑态，他把一朵云彩变作赫拉的模样，飘然出现在伊克西翁面前。色胆包天的伊克西翁立刻扑上前去，和云彩做爱。怒不可遏的宙斯将伊克西翁打入地狱，绑在一个不停旋转的火轮上，接受惩罚和折磨。后来，人们以地府旋转之轮（Ixion's wheel）喻指"永无休止的折磨；万劫不复的惩罚"。伊克西翁与云彩的交合催生了一种血液含有剧毒的半人半马怪物（Centaurs），著名英雄赫拉克勒斯就是被马人涅索斯（Nessus）的血毒死的。马人上半身是人，下半身是马，生性粗野、狂暴，往往与野蛮、酗酒、暴力和色情联系起来。他们中唯一的贤者就是卡戎（Chiron）。卡戎博学多才，对拳击、摔跤、刀剑、箭术、驾车、马术、音乐、文艺、天文、地理、医术甚至预言都十分精通，成为许多英雄少年时代的老师，他教导的学生包括阿喀琉斯、赫拉克勒斯、阿斯克勒庇俄斯和伊阿宋等。

4. 遭受三重折磨的坦塔罗斯

坦塔罗斯是宙斯的儿子，他统治着吕狄亚（Lydia）的西庇洛斯，以富有而远近闻名。由于血统高贵，诸神对坦塔罗斯十分尊敬，他可以跟宙斯一同进餐，而且不用回避神祇们的交谈。但坦塔罗斯生性傲慢狂妄，贪图虚荣。他泄露奥林波斯众神的秘密；从神祇的餐桌上偷取仙丹玉液；他还把别人在克里特的宙斯神庙里偷走的一条金狗藏在家里，据为己有。宙斯一次次地宽恕了他的罪行。但坦塔罗斯毫无收敛，反而变本加厉，以至于人神共怒，天理难容。有一天，他邀诸神到家中做客。为了试探一下神祇们是否通晓一切，他竟然令人将自己的儿子珀罗普斯杀死，烹制成菜肴，款待来访诸神。当时在场的谷物女神德墨忒尔因思念被抢走的女儿珀尔塞福涅，在宴席上心神不定，尝了一块肉，而其他所有神祇早已识破了他的诡计，愤然离席。后来命运女神克罗托遵从众神之意将珀罗普斯复活，肩膀上被德墨忒尔吃下的一块肉由神匠赫斐斯托斯用象牙为他补上。从此，珀罗普斯所有后代的右肩上都有一个白色发亮的斑点。神祇再也不能容忍坦塔罗斯骇人听闻的罪行。他被打入地狱，受到特别的惩罚和折磨。他站在一池清水中，水波就在他的脚下翻动。可是他却必须忍受着烈火般的干渴，喝不上一滴凉水。每当他弯腰喝水，池水立即从身旁流走。在他身后的湖岸上长着一排果树，结满了果实，每当他饥饿难耐，欲起身摘取果子时，那些蜜桃、翠梨，苹果，石榴，以及香喷喷的无花果和绿油油的橄榄就会随着一阵大风而远去。除了忍受这些折磨外，他还必须忍受另一种恐惧，因为在他的头顶上方悬挂着一块大石头，随时都可能坠落下来，将他压得粉碎。

五、燕子、夜莺和戴胜鸟

1. 色迷心窍的蒂留斯

在希腊神话中，关于燕子、夜莺和戴胜鸟有一个凄凉、悲惨的传说。有一次雅典遭受了来自底比斯的强敌的猛烈进攻，眼看着就抵挡不住了。走投无路的国王潘狄翁（Pandion）只好向色雷斯国王蒂留斯（Tereus）求助。蒂留斯是战神阿瑞斯的儿子，英勇无比，不过他也继承了战神的野蛮、好斗和血腥残杀的习性。蒂留斯迅速率领军队前来救援，使雅典转危为安。为了感谢蒂留斯的及时援救，潘狄翁将大女儿普洛克涅（Procne）嫁给了他。不久，普洛克涅为蒂留斯生下儿子伊提斯（Itys）。不过众神没有参加蒂留斯与普洛克涅的婚礼，也没有给新出生的婴儿送去祝福。转眼间已过了五年，普洛克涅远离亲人，异常孤寂，思乡之情挥之不去，于是她央求丈夫前往雅典，将她朝思暮想的妹妹菲罗墨拉（Philomela）接过来，在色雷斯住一段时间。蒂留斯动身来到雅典，受到岳父的热情接待。菲罗墨拉也上前问候姐夫，并打听姐姐的情况。这时的菲罗墨拉已经由一个小姑娘长成了光彩照人的美女。蒂留斯一见顿生淫念。他按捺住心中的欲火,一本正经地向岳父转达了妻子的愿望。年迈的岳父舍不得让小女儿离开自己,但蒂留斯却装出一副正人君子的样子,叙述妻子对妹妹的思念,并且信誓旦旦地保证,很快就将菲罗墨拉送回来。此外,菲罗墨拉也迫切希望看望姐姐,央求父亲答应姐夫的要求。潘迪翁见状只好勉强答应。

年迈的潘狄翁含着热泪同女儿告别。蒂留斯带着菲罗墨拉抵达了色雷斯。然而令人诧异的是,蒂留斯并没有带菲罗墨拉去宫中看望姐姐,却将她带进密林深处,锁在一间牧人小屋里。菲罗墨拉又惊又怕,蒂留斯谎称普洛克涅已经死了,他一边说,一边假惺惺地哭了起来,装作一副伤心的样子。他说他非常爱菲罗墨拉,为了娶菲罗墨拉,他才赶往雅典的。说话间便猛扑上去,将菲罗墨拉强行玷污了。菲罗墨拉欲哭无泪,她心里产生了一种不祥的预感和可怕的怀疑。有一次,她无意中听到仆人们的议论,得知姐姐普洛克涅还活着。顿时,一股怒火油然而生,她飞快地冲进蒂留斯的房间,大声怒斥蒂留斯的卑鄙行径。蒂留斯恼羞成怒,他用利刃割掉了她的舌头,然后令仆人对菲罗墨拉严加看管。蒂留斯回到宫中,假惺惺地装出泪眼对普洛克涅说,她的妹妹菲罗墨拉已经死了。普洛克涅悲痛欲绝。

被割掉舌头的菲罗墨拉顽强地活了下来,但她没有自由,又不能说话。于是她坐在织机旁,在雪白的麻纱布上将自己的悲惨遭遇织出来,然后,她以手势央求仆人将麻布送给王后普洛克涅。仆人不知道其中奥妙,便答应了。普洛克涅拿到织布后得知真相,她被丈夫骇人听闻的暴行惊呆了,她脑子里只有一个念头:血仇血偿!大狂欢的酒神节到来了,色雷斯的妇女们狂热地载歌载舞,尽情狂欢。王后普洛克涅也戴上葡萄花环,手执酒神杖,随着一群妇女来到丛林。她躲过看守,悄悄地溜进关押妹妹的小屋,带着她逃了出来。姐妹俩在宫中抱头痛哭。这时,普洛克涅的儿子伊迪斯走了进来,普洛克涅木然地看着他,喃喃地自言自语道:"他长得多像他父亲啊!"儿子在她身旁跳起来,用小手臂勾住母亲的脖子,母亲却一把推开孩子,用一把尖刀刺进儿子的心口。

国王蒂留斯坐在祖先的祭坛前,吃着妻子送上的可口菜肴,他边吃边问:"我的儿子伊迪斯在哪里?""远在天边,近在眼前,他就在你的盘子里!"普洛克涅冷笑着说。这时,菲罗墨拉走了进来,把一颗血淋淋的孩子脑袋扔在他的脚下。蒂留斯顿时明白了一切,他一把掀翻餐桌,拔出利剑扑向两姐妹。两人迅速逃走,突然,她们长出了翅膀,飞了起来。一个飞进了树林,另一个飞上屋顶。普洛克涅变成了燕子,菲罗墨拉变成了夜莺,胸前还沾着几滴血迹。卑鄙的蒂留斯也变了,他变成了戴胜鸟,高耸着羽毛,撅着尖尖的嘴,永远不停地追赶着夜莺和燕子。

2. 夜莺和杜鹃

夜莺是西方文化语境中是凄凉悲伤的意象。它的源头出自希腊神话。关于夜莺的传说主要有两个叙述版本,一个出自古希腊剧作家索福克勒斯(Sophocles)已经失传的悲剧《蒂留斯》(*Tereus*),另一个出自古罗马诗人奥维德的《变形记》。如前所述,雅典国王潘狄翁有两个美丽的女儿,姐姐名叫普罗克涅,妹妹名叫菲洛密拉。色雷斯国王蒂留斯在一场战争中帮助了潘狄翁。作为回报,潘狄翁将大女儿普罗克涅嫁给蒂留斯为妻,两人生育了一个孩子。后来普罗克涅思念妹妹,便让丈夫前往雅典把妹妹接来。谁料蒂留斯竟然在路途中将其强行奸污,并把她隐藏起来,还残忍地割去了菲洛密拉的舌头,以掩盖这一丑行。不堪凌辱但无法说话的妹妹将自己的不幸遭遇缝织在一件锦袍上,设法通过不知真相的仆人将它送到姐姐手中。得知真相后,愤怒的普罗克涅杀死了她与蒂留斯所生的孩子,并将其烹煮,让蒂留斯食用。明白过来的蒂留斯狂怒不已,拼命地追杀这两姐妹,结果他们全都被神分别变成了燕子、夜莺和戴胜鸟。奥维德在《变形记》第6卷中详细地讲述了这一故事。

在希腊神话里关于夜莺还有一个传说版本。潘特柔斯(Pandareus)之女埃冬(Aedon)是底比斯国王泽托斯(Zethus)的妻子。他们有一个女儿埃苔露丝(Itylus),埃冬有一次不幸失手杀死了女儿埃苔露丝,从此埃冬陷入了无尽的悲哀和自责之中。神祇们出于怜悯就把她变成了夜莺,从此夜莺每个晚上都要悲鸣以表达对女儿的哀思。

约翰·济慈(John Keats, 1795~1821)的诗歌《夜莺颂》写于伦敦北部 Hampstead 的 Keats Grove 屋后花园内。那时济慈正与邻居的一个女孩处于恋爱之中。

马修·阿诺德(Matthew Arnold, 1822–1888)创作了著名的抒情诗《夜莺》(*philomela*),将英国传统与希腊神话揉为一体。

奥斯卡·王尔德(Oscar Wilde, 1854–1900)创作了童话《夜莺和玫瑰》(*The Nightingale and the Rose*)。

当代英国剧作家韦滕贝克(Timberlake Wertenbaker)创作的《夜莺之爱》(*The Love of the Nightingale*)将这个希腊神话故事搬上戏剧舞台,为现代社会提供了富有诗意的隐喻与警示,在现代社会产生很大影响。

如果说夜莺是西方文化语境中源自希腊神话的凄凉悲伤的哀鸟意象，那么杜鹃则是中国传统文化语境中的悲怆苦啼的怨鸟意象。人们发现，鸣叫之声凄楚动人的杜鹃与鸣叫凄美，哀哀欲绝的夜莺之间存在着相似之处。杜鹃的这一文化形象的形成主要与古代传说和记载有关。如《埤雅》所记："杜鹃苦啼，啼血不止。"《格物总论》说："三四月间，夜啼达旦，其声哀而吻有血。"事实上，由于杜鹃眼角下方和靠近嘴部的地方长有颜色红似滴血的斑点，古人很容易产生杜鹃啼得满嘴流血的联想。而传说和记载更赋予了杜鹃浓厚的文化色彩。《蜀本华草》说："杜宇为望帝，淫其臣鳖灵之妻，乃禅位亡去。时子鹃呜呜，故蜀人见鹃鸣而思蜀帝。"据蜀人杨雄在《蜀王本记》中的讲述，杜宇，伺立为蜀王，号望帝。百余岁时，荆人鳖灵，尸随水上，至郫县，遂活。望帝拜为相，鳖灵治水，望帝与其妻通，惭愧以德薄，禅其位于鳖灵，号曰开明帝。根据另一相反的传说：杜宇将帝位让给鳖灵，自己隐居西山，鳖灵乘机霸占了他的妻子，杜宇只有每日悲愤哀泣，临终时嘱咐西山的杜鹃鸟为他鸣冤，这正是李商隐诗曰："望帝春心托杜鹃。"还有民间传说讲述，鳖灵是一只大乌龟，死后趁水西流，漂至岷山后复活，遂拜见望帝杜宇。杜宇令鳖灵治理洪水，鳖灵不辱使命，终获成功。于是杜宇禅位于鳖灵，但后者继位后居功自傲，不体恤百姓。杜宇化作杜鹃鸟飞至宫中御花园高声叫喊"民贵呀！""民贵呀！"。总之，各种记载和传说使杜鹃鸟成为中国古代文学中的一个重要意象，影响深远。而杜鹃"声声啼血"的哀鸣更是激发了无数文人雅士的情怀，使他们写出了大量感人的诗句。此外，每当农历三四月间杜鹃鸟高声鸣叫"啼血"之际正是杜鹃花怒放之时，只见一片鲜红似血的"映山红"景象，这也使人想到杜鹃啼出的鲜血。如唐代诗人成彦雄所写："杜鹃花与鸟，怨艳两何赊，疑是口中血，滴成枝上花。"或如宋代诗人杨万里所写："泣露啼红作么生？开时偏值杜鹃声。杜鹃口血能多少，恐是征人滴泪成。"从总体上看，杜鹃成为人们抒发各种愁苦悲情、伤感哀怨的文化意象，频频出现在中国古典诗词中，下面列举的只是部分诗句而已："又闻子规啼夜月，愁空山。"（李白《蜀道难》）；"蜀国曾闻子规鸟，宣城还见杜鹃花。一叫一回肠一断，三春三月忆三巴。"（李白《宣城见杜鹃花》）；"杨花落尽子规啼，闻道龙标过五溪。我寄愁心与明月，随君直到夜郎西。"（李白《闻王昌龄左迁龙标遥有此寄》）；"君不见昔日蜀天子，化为杜鹃似老乌。"（杜甫《杜鹃行》）；"可堪孤馆闭春寒，杜鹃声里斜阳暮。"（秦观《踏莎行》）；"江花已萎绝，江草已销歇。远客何处归？孤舟今日发。杜鹃声似哭，湘竹斑如血。共是多感人，仍为此中别！"（白居易《江上送客》）；"年年春恨化冤魂，血染枝红压累累。正是西风花落尽，不知何处认啼痕。"（吴融《秋闻子规》）；"蜀魄千年尚怨谁？声声啼血向花枝。满山明月东风夜，正是愁人不寐时。"（罗邺《闻杜鹃》）；"春残杜宇愁，越客思悠悠。雨歇孤村暮，花飞远水头。微风声渐咽，高树血应流。因此频回首，家山隔几州？"（李中《途中闻子规》）；"暮春滴血一声声，花落年年不忍听。带月莫啼江畔树，酒醒游子在离亭。"（李中《子规》）；"杜宇冤亡积有时，年年啼血动人悲。"（顾况《子规》）；"催成清泪，惊残孤梦，又拣深枝飞去。故山犹自不堪听，况半世飘然羁旅。"（陆游《鹊桥仙·夜闻杜鹃》）；"斗转春归不自由，韶华已逐水东流。子规独抱区区意，血泪交零晓未休。"（陆游《三月三十夜闻杜宇》）；"三月残花落更开，小檐日日燕飞来。子规夜半犹啼血，不信东风唤不回。"（王令《送春》）；"一园红艳醉坡陀，自地连梢簇蒨罗。蜀魄未归长滴血，只应偏滴此丛多。"（韩偓《净兴寺杜鹃花》）；等等。

六、代达罗斯的罪与罚

雅典的工匠代达罗斯是墨提翁的儿子，雅典王厄瑞克透斯的曾孙。说起来，这厄瑞克透斯还是女神雅典娜和火神赫斐斯托斯的儿子。代达罗斯是一个伟大的艺术家，技艺高超的建筑师和雕刻家。然而，代达罗斯却是一个爱虚荣，好妒忌的人，这一性格弱点使他干出了伤天害理的事情，也使他付出了沉重的代价。代达罗斯有个外甥，名叫塔洛斯，自幼天赋超群，而且志向远大。相传在童年时代塔洛斯就发明了陶工旋盘，他还用蛇的颌骨作为锯子，用锯齿锯断一块小木板。后来，他又依照蛇的颌骨模样造了一把有锯齿的工具，从而在代达罗斯之前发明了锯子。据说圆规也是他发明的。为了进一步提高自己的技艺，塔洛斯诚恳地拜舅舅为师，向他学艺。但外甥的声誉却使代达罗斯深感妒忌，他非常担心作为学生的外甥很快会超过自己。有一天，在塔洛斯毫无防备的情况下，代达罗斯竟一狠心将他从雅典城墙上猛推下去，残酷地杀害了一心跟着自己学艺的外甥。罪行暴露后，他逃亡到了克里特岛，国王弥诺斯收留了他，他为国王建造了一座迷宫，用来囚禁牛头人身的怪物弥诺陶洛斯。迷宫里道路迂回曲折，错综复杂，无数的通道相互交错，犹如夫利基阿的密安得河曲折迂回的河水，一会儿顺流，一会儿倒流，流来流去又回到它的源头。所有进入克里特迷宫的人都会眼花缭乱，迷失方向，走到岔道上去，再也找不到出口。少年英雄提修斯凭借公主阿里阿德涅送给他的线团（这个线团是阿里阿德涅向代达罗斯索要的）和利剑，进入迷宫杀死弥诺陶洛斯，并安然逃出。弥诺斯得知代达罗斯的行径，勃然大怒，决定严惩

87

不贷。他把代达罗斯父子关进他自己设计建造的迷宫之中，想把他们困死在里面。为了逃命，代达罗斯用洞里的蜜蜡和地下飘落的羽毛制成了两副翅膀，和儿子一起飞出迷宫监牢。在行动之前，父亲告诫儿子不要飞得太高，以免阳光把蜡溶化了，使粘住的羽毛脱落；但也不能飞得太低，否则海水的潮气会弄湿翅膀，使人下坠。就在他们飞越爱琴海时，年轻气盛的伊卡洛斯得意忘形，越飞越高，太阳强烈的阳光融化了封蜡，被蜡粘住的羽毛开始松动。伊卡洛斯还没有察觉时，羽翼已完全散开，从他的双肩上滚落下去。不幸的孩子一头栽落下去，掉在汪洋大海中，淹没在万顷碧波之中。据信这就是神祇对代达罗斯杀害外甥塔洛斯的惩罚。

第七章

神话基本母题：神谕的秘密*

一、神谕简述

古希腊人认为，高高在上的神祇是无所不知的、全能的。神祇对于世间万物的运行，民族、城邦之兴衰，战争之酝酿与爆发，人类祸福之命运等都是了然于胸的，或者能够预知的。神祇通过特殊的手段和方式向人们昭示神意。从现代意义看，发现和解释那些决定当下进程和未来命运的神的意旨，这无疑是对世间存在的万事万物和引发福、祸、荣、败之变迁的原因的一种探究与解释。②在未有科学理性的解答（以"逻各斯"的名义进行认知性和实证性拷问）之前，神话中的"秘索思"叙事就通过"神谕"来认识和解答世界与人生的不解之谜（神话中的悲剧英雄的命运往往与神谕有关）。因此，在神话想象中，人们无不致力于发现、理解和阐释那些来自神祇的各种信息或信号。有些神意的表达是简单明了的，人们（尤其是特殊的人群）只需要倾

---

* 本章主要根据以下图书文献叙述：陈中梅《神圣的荷马：荷马史诗研究》，北京：北京大学出版社，2008。
  Macrone, Michael. *Brush Up Your Mythology*! New York: Gramercy Books. 1999.
  McLeish, Kenneth. *Myths and Legends of the World Explored*. London: Bloomsbury Publishing plc, 1996.
  库恩《古希腊的传说和神话》，秋枫，佩芳译，北京：生活·读书·新知三联书店，2002。
  施瓦布《希腊古典神话》，曹乃云译，南京：译林出版社，1996。

② 关于荷马史诗的认识论启示，陈中梅在《神圣的荷马：荷马史诗研究》中有专门的探讨和阐述。他认为希腊人认知世界的理性精神发轫于荷马史诗，而从古老的"秘索思"到新兴的"逻各斯"，这中间存在着一个思想理路上的"过渡"，这就是出自秘索思而又对接逻各斯的"塞玛"（即"标记"，sēma）。"塞玛"体现了希腊人独特的认知取向，那就是"提供理性解释"或"进行明晰的阐述"（logon didonai）。详见陈中梅《神圣的荷马：荷马史诗研究》第三编"史诗与希腊认知史"，北京：北京大学出版社，2008，305 页 – 420 页。希腊神话中的神谕故事反映的应当是古希腊人在"秘索思"叙事阶段借助神秘的"塞玛"进行探索与求证的努力。

听鸟的语言，或观察天象与天气（如闪电、雷鸣、地震、星座的位置等）的迹象，就可以知悉神意。更多的神意显示（如神谕）是复杂隐晦的，难以理解的，这就需要预言家或先知这样的专业人士来进行沟通和传递了。预言家和先知是介于神祇和凡人之间的媒介，他们/她们是通神的，有天赋的（受到神祇的惠顾与赐予），是神祇旨意的代言人。他们/她们或分析当事者的梦境，或观测祭供与占卜等活动的环境反应，或揣摩、推测神祇对当事者提出之询问和吁求的反应，然后以言语行为进行阐释，总之，事出有因，言之有据，而且话中有话。跟预言家、先知密切相关的因素是神谕和神谕发布所。"神谕"（oracle）的希腊词语是"manteia"，与此对应的拉丁词语是"oracula"。神谕的表达往往是隐晦的或模棱两可的，这也许是为了在先知的阐释出现差错的情况下，维护神祇的神明性。在希腊的不少地方都有特别的神庙或者可供询问神意的场所。获取和解释神谕的方式各不相同，一般认为有"信号神谕""格言神谕"和"梦境神谕"等方式。最古老的神谕所是位于多多那的宙斯神庙。宙斯对询问者的回答直接通过一棵古栎树的婆娑声来显示。祭司细听细察，据此探明神意，然后对询问人进行解释，传达神谕，此乃信号神谕。最重要的格言神谕出自特尔斐的阿波罗神庙。在古希腊历史的数百年间，阿波罗神庙不仅是希腊国内政治和文化生活的宗教中心，也是外民族、外地区居民所向往的圣地。所以，特尔斐神庙的祭司时常涉足于一些国家和民族的历史事变。女祭司皮迪亚（Pythia）往往以深奥诡秘的语言念诵一首诗文，作为对信徒或咨询者的答复，此乃格言神谕。据历史学家希罗多德所述，公元前480年，波斯皇帝薛西斯率大军攻打雅典，雅典人向阿波罗神庙寻求神谕，女祭司的解答是，雅典处于危急之中，但"木城墙不会倒塌，将保护你们和你们的儿女。"众人对阿波罗神谕的理解不尽相同，大多数人认为，这"木城墙"可能是指雅典拥有的木船舰队。而有人认为"木城墙"是指拱卫雅典卫城的荆棘篱笆墙。结果当波斯人发起攻击时，那些后撤到卫城荆棘篱笆墙的人们都遭遇了不幸的命运。厄比道罗斯是古希腊有名的风景休养区，那里有一座神医阿斯克勒庇俄斯（Asclepius）的神谕所。阿斯克勒庇俄斯是阿波罗的儿子，医术精湛，医德高尚，疗伤治病，拯救了无数人的生命。前来这里求医的病人常由祭司和医生所接待，他们躺在阿斯克勒庇俄斯神庙里，等待医圣在梦中传授治病奇方，此乃梦境神谕，将医术与宗教信仰因素结合起来，似乎预示着精神分析学释梦的滥觞，不同的是，精神分析学主要分析病人的梦，而不是医者的梦。

二、泰瑞西阿斯

泰瑞西阿斯是埃威瑞斯和一个仙女的儿子，关于他如何成为先知的由来，有几种说法。一种说法是，他无意中目睹雅典娜沐浴，遭女神惩罚而变为盲人。后来，女神得知泰瑞西阿斯并非有意冒犯于她，于是从宙斯那里替他争取了延年之长寿；又从阿波罗那里替他要来神圣的预言本领；而且女神本人还赋予他神奇敏锐的双耳，并将知晓过去和预测未来的智慧传授于他。《变形记》的记述是，泰瑞西阿斯由于奇特的遭遇而成为雌雄同体的双性人，从男人变成女人，后又从女人变成男人。他曾在阿卡迪亚基勒涅山上行走时惊动了正在交配中的蛇，而且用手杖打死了雌蛇，一瞬间，他便由男人变成了女人。七年之后，他得到一个神谕，如果有一群蛇在交配，他以同样的方式打杀另一条蛇的话，他将恢复男性的特征。泰瑞西阿斯果真在同样的地点遇见一对正在交配的蛇，他击杀了其中的雄蛇，结果又成为男性。还有一种说法，由于宙斯在下界偷情寻欢，风流成性，赫拉非常不满。他们之间发生了争吵，宙斯认为男女情爱，得到更多快乐的肯定是女方，所以作为女人不应该抱怨。两人争吵不休，于是决定找既做过男人又做过女人的泰瑞西阿斯询问，泰瑞西阿斯的回答有利于宙斯，结果赫拉一怒之下使他瞎了双眼。作为补偿，宙斯赋予他预知未来的能力和七代人的寿命。泰瑞西阿斯从卡德摩斯时代一直活到后辈英雄攻打忒拜城的时候。

泰瑞西阿斯能够预知未来的能力和他的长寿使他成为最有智慧的长者。在忒拜，正是泰瑞西阿斯第一个认出酒神狄俄尼索斯，向他表示欢迎。当赫拉克勒斯还是个婴儿，用手掐死赫拉派来的两条毒蛇时，也正是泰瑞西阿斯卜算出了这个孩子的未来并揭示出他的出身及命运。当俄狄浦斯无意中杀父娶母，忒拜弥漫着瘟疫和死亡，举国上下手足无措时，泰瑞西阿斯勇敢地讲出了事实真相。他还预言了美少年纳西索斯的结局和忒拜城的陷落。即便到了地狱，他依然预测未来，知晓一切。在那里，他帮助前去地狱求卜的奥德修斯，告知奥德修斯归家途中要经历的艰难、凶险及其未来的命运。在《神曲》的《地狱》篇中，在占卜者和预言家居住的第四层，但丁看见了泰瑞西阿斯。在地狱，泰瑞西阿斯永远扭转脖子向后看。生前他能够向前预知未来，死后却只能朝后看。

泰瑞西阿斯的女儿曼托继承了她父亲预言的能力。忒拜被后辈英雄攻陷之后，曼托落入占领者的手里。占领者在进城前曾向太阳神阿波罗许愿，要把在城内发现的最高贵的战利品祭献给他。现在他们一致认为神祇肯定喜欢女预言家曼托，因为她继承了父亲神奇的预言本领。曼托被带到特尔斐献给太阳神，作他的女祭司。在这里，她的预言术更加完美，智慧更超常。不久，曼托成了当时最有名的女预言家。人们常常看到有个老人和她一起进进出出。她把美丽的歌谣教给老人。这个老人就是著名的盲人歌者荷马。老人足迹踏遍整个希腊，传唱着神祇和英雄的事迹。

三、库迈的西比尔

在希腊罗马神话中，西比尔（Sibyl）代表着众多女先知或预言家。其中最著名的是一个生下来乳名叫德菲碧（Deiphobe）的库迈的西比尔（Sibyl of Cumae）。这个西比尔美貌惊人，太阳神阿波罗爱上了她。为获取她的欢心，阿波罗赋予她预言的能力（就像对特洛伊公主卡桑德拉一样），并且许诺给西比尔任何她想要的东西。于是西比尔捧了一捧沙子，放在阿波罗面前，说："请赋予我与这些沙子一样多的寿命吧！"。不幸的是，西比尔虽然提出了得到沙粒般无穷尽之生命的要求，但却忘记了提出永葆青春与美貌的要求。随后，西比尔又拒绝了阿波罗的求爱。受到冒犯的阿波罗攫走了她的青春与活力，让她枯萎、衰老。对于西比尔，无穷尽的生命变成永无休止的痛苦和折磨。随着年岁的增长，她的身体越缩越小，最后祭司只得把她装在瓶子里挂在墙上。英国诗人T·S·艾略特在其代表性诗作《荒原》的卷首引用了西比尔的形象："因为我亲眼见到大名鼎鼎的古米的西比尔吊在一只瓶子里，孩子们在问她，'西比尔，你要什么，'她回答说：'我要死。'"[①]批评家认为被吊在瓶子里的缩小了的西比尔象征着西方社会虽生犹死的生活和社会现状，当孩子们问西比尔想要什么时，她说她只想死去——这生不如死的痛苦令人触目惊心。当然，装在瓶子里的西比尔令人联想到格林童话《瓶中妖》以及阿拉伯"一千零一夜"故事里被封在铜罐里的妖怪魔仆。

四、凶事预言家卡桑德拉

在希腊神话中，太阳神阿波罗经常把预言的本领传授给自己所喜爱的女人，以博取对方的欢心。其中，阿波罗爱上了特洛伊公主卡桑德拉并传授给她预言未来的本领，但当阿波罗向卡桑德拉提出进行男女之事时却遭到了拒绝。盛怒之下，阿波罗将一口痰吐入卡桑德拉口中，虽然卡桑德拉保留了预言的本领，却遭到阿波罗的诅咒。从此，她的预言虽然准确无误，但却无人

[①] 托·艾略特《四个四重奏》，裘小龙译，桂林：漓江出版社，1985，67页。

相信。她曾经预言到了很多重大的祸事，是著名的凶事预言家。当然，卡桑德拉见到失而复归的弟弟帕里斯后就预言了特洛伊的毁灭，并极力劝阻父王普里阿摩斯派帕里斯到希腊群岛完成一项任务；此外她还向埃涅阿斯的父亲安喀塞斯（Anchises）预言了他的家族的未来。特洛伊沦陷后，她被希腊联军统帅阿伽门农带回迈锡尼，在那里，她预言了阿伽门农将被妻子谋害以及自己将被害惨死的下场。卡桑德拉一生悲惨，她明察秋毫，能预知凶吉，但她的预言无人相信。这正是她的最可悲之处。

五、随军占卜师卡尔克斯

在荷马史诗《伊利亚特》中，卡尔克斯（Calchas）是预言家忒斯托尔的儿子，阿波罗的奉祀祭司，希腊联军的随军占卜师。他能够从鸟儿的飞行迹象知晓过去，预知未来。在阿喀琉斯还是一个小孩子的时候，卡尔克斯曾预言，没有阿喀琉斯的参战，希腊人是不可能征服特洛伊的。而又有神谕昭示，阿喀琉斯若离家参战将战死沙场。为此，阿喀琉斯的母亲，海洋女神忒提斯赶紧将阿喀琉斯男扮女装，隐藏在斯库洛斯国王的宫中。特洛伊战争爆发后，集结在奥利斯港的希腊联军舰队无法起航，因为港口没有一丝风动。预言家卡尔克斯指出，这是因为联军统帅阿伽门农射中了狩猎女神阿耳忒弥斯的牝鹿，所以受到惩罚。而平息狩猎女神的唯一办法就是将其爱女伊菲格涅亚献祭给女神。战争进入第十个年头后，又一次阿伽门农俘获了太阳神阿波罗祭司的女儿克律塞伊斯（Chryseis），而且拒不归还。愤怒的太阳神使瘟疫降临希腊军营。损失严重的希腊联军不知何故，卡尔克斯据实告之原因所在，克律塞伊斯得获自由，瘟疫得以解除。卡尔克斯还从鸟儿的飞行迹象中得到启示，因而建议智取特洛伊城。最后，希腊人采用奥德修斯提出的"木马计"攻陷了特洛伊城。战争结束后，卡尔克斯预知返回希腊的凶险，没有返家，他和当年攻打忒拜城的预言家安菲阿拉俄斯的儿子一起留了下来，在小亚细亚安家落户。关于卡尔克斯的死因有多种传说。一个说法是，有预言称，当卡尔克斯遇到一个比他更高明的预言家时，他的死期就到了。在克勒芬（Colophon），卡尔克斯就遇到了黑脚预言家默浪姆珀斯（Melampus）的后裔莫珀索斯（Mposus）。卡尔克斯家附近有一棵巨大的无花果树，卡尔克斯问莫珀索斯，树上结有多少无花果？莫珀索斯回答说树上的果子可以装一万蒲式耳，另外还会余出一个。结果证明果真如此。他俩看见了一头怀孕的母猪，莫珀索斯问这头母猪怀了几只小猪？卡尔克斯回答说8只，莫珀索斯说不对，有9只小猪，而且将在第二天六时降生。事实证明莫珀索斯是对的。卡尔克斯感到恼怒，不久就郁闷而死。另一说法是，吕狄亚国王准备征讨敌人，行前向两位预言家请教。卡尔克斯主张征讨，而莫珀索斯却反对出征，结果，国王的讨伐行动以失败告终。卡尔克斯羞愧难言，拔刀自尽。还有一个说法是，卡尔克斯在献祭给阿波罗的树丛中种植了一株葡萄，附近的一位预言家声称，不能饮用此葡萄藤果子酿造出来的酒。卡尔克斯认为此言大谬、不以为然。当这棵葡萄藤结出的果子被酿造成美酒之后，卡尔克斯邀请了包括那位预言家在内的附近居民前来品尝。当卡尔克斯端起酒杯之时，预言家再次发出警告，此酒不能饮用。卡尔克斯闻之哈哈大笑，结果酒未入口便哽噎而死。

六、不幸言中的特洛伊战争的预言家：赫勒诺斯

赫勒诺斯（Helenus）是特洛伊老国王普里阿里摩斯（Priams）的儿子，是凶事预言家卡桑德拉的孪生兄弟，也是一个预言家。他虽然出场不多，但却知晓特洛伊战争双方胜败的关键因素，而且不幸而言中。引发特洛伊战争的帕里斯死后，隐居起来的赫勒诺斯被希腊人捕获，他干脆告诉希腊人，特洛伊是不会战败的。要想打败特洛伊，必须满足以下所有条件：阿喀琉斯的儿子参加战争；希腊人用赫拉克勒斯的弓箭对付特洛伊人；珀罗普斯的骨骸被带到特洛伊；从特洛伊城中偷出智慧女神雅典娜的神像。在他看来，希腊人根本无法做到这些事情。然而他没有料到的是，希腊联军中人才济济，尤其还有足智多谋的奥德修斯，这些条件全部被希腊人完成了。由于透露了这一信息，赫勒诺斯不幸而言中了特洛伊一方的战败与毁灭。据维吉尔的史诗《埃涅阿斯记》所述，特洛伊城陷落后，特洛伊王子（阿佛洛狄忒之子）埃涅阿斯逃离了特洛伊，他在寻找命中注定的安身立命之所时，遇到了赫勒诺斯，后者已经与阵亡的赫克托耳的妻子安德洛玛刻（Andromache）组成新的家庭。他对埃涅阿斯的旅程提出了忠告和建议。

七、黑脚预言家默浪姆珀斯

黑脚预言家默浪姆珀斯是风神埃俄洛斯的后裔，克瑞透斯的孙子，阿密忒翁（Amythaon）的儿子，还是伊阿宋（Jason）和涅斯托尔（Nestor）的堂兄弟。小时候，他在野外游玩时就直接睡在阳光下面，火辣辣的太阳将他的双脚烤黑了，所以称他为黑脚预言家（Melampus 含有"黑脚"之意）。默浪姆珀斯家门前有一棵古老的大栎树，里面住着一窝蛇，它们很有灵性，深得默浪姆珀斯的喜爱。大人们宰杀大蛇的时候，默浪姆珀斯赶紧救下小蛇，并将它们收养起来。有一天，他一觉醒来，发现这些蛇正在舔他的耳朵，而他

由此获得神奇的能力,能够听懂鸟儿们的语言了。由于鸟儿可预知未来,默浪姆珀斯也就获得了预言的能力。后来,他又学会了从祭祀之牲畜的内脏中获知信息。他的预言能力使他逐渐获得了太阳神阿波罗的青睐。默浪姆珀斯与弟弟皮亚斯(Bias)手足情深。皮亚斯喜欢皮洛斯国王涅琉斯(Neleus)的女儿皮罗(Pero),但要娶她为妻就要将伊菲克洛斯国王(Iphiclus)从涅琉斯母亲那里偷走的牛群赶回来。这绝非易事。皮亚斯求助于哥哥,默浪姆珀斯不惜铤而走险去赶牛,被当作窃贼关了起来。在被关押期间,默浪姆珀斯从房梁上的蛀虫口中得知,这座房子就要倒塌,马上大呼要换牢房。刚换过房间,原来那间房屋就倒塌了。从此,他作为一个预言家受到人们的尊重。国王伊菲克洛斯听说此事,将默浪姆珀斯召来医治得了怪病的王子。默浪姆珀斯通过询问众鸟,弄清了王子得病的原因,从而治愈了他的怪病。于是国王将牛群奖励给他,他终于帮助弟弟如愿以偿地娶到心爱的公主。后来,默浪姆珀斯又治愈了提任斯国王普洛托斯(Proetus)的女儿们的疯病,并且娶了一位公主为妻,还获得了国王三分之一的土地,过上幸福的生活。默浪姆珀斯的后代继承了他的预言本领。在这些后代当中,安菲阿拉俄斯被妻子出卖,参加了七雄攻忒拜的战争并因此丧命;一个后裔向奥德修斯的儿子预言奥德修斯的归来;另一个后裔具有的预言本领压倒了希腊联军的预言家卡尔克斯。默浪姆珀斯的家族不愧是一个预言家的家族。

八、菲尼士与美人鸟

前往科尔基斯获取金羊毛的阿耳戈英雄们来到俾斯尼亚的对岸抛锚休息时,见到了英雄阿革诺耳的儿子,色雷斯国王菲尼士。太阳神阿波罗曾传授菲尼士预言的本领,但是,他年轻的时候滥用了预言(实际上不过是说出了一些有关人类未来的奥秘而触犯了宙斯),所以,晚年时,他遭受了双目失明的惩罚,而且,还得时时刻刻地忍受人面鹰身的美女鸟哈耳皮埃(Harpies)的折磨。这些鸟怪不让他安安静静地吃饭用餐,每当他准备用餐时,鸟怪们像暴风雨一样以迅雷不及掩耳之势突然飞进他深居简出的厅堂,抢走他的饭菜,撒下鸟粪弄脏剩下的饭菜,使他无法进食。当阿耳戈英雄们到来时,他已经饿得皮包骨头,双腿颤抖,走路摇晃。宙斯曾经有个神谕,说北风神波瑞阿斯(Boreas)的儿子和希腊水手们到来时,他就可以安静地进餐了。

菲尼士听说从远方来了一条船,便急忙摸索着来到岸边,恳求他们救助自己。北风之神波瑞阿斯的两个长有双翼的儿子泽忒斯和卡拉伊斯当即答应为国王驱除这些怪鸟。以伊阿宋为首的阿耳戈英雄们把自己带的食物拿出来请可怜的菲尼士国王食用,菲尼士刚伸手去取食物时,那群怪鸟又一阵风似的从空中扑下来,贪婪地攫走所有食物,北风之神的两个儿子立刻拔剑腾空去追赶它们,眼看穿过云层就可以追上并砍杀怪鸟了,突然,宙斯的使者彩虹女神伊里斯(Iris)出现在云端,吁请他们放过这些美人鸟,并承诺说这些鸟再也不会折磨阿革诺耳的儿子了。为了感谢众英雄,菲尼士告知他们躲开塞诺斯狭窄的海峡中恐怖撞岩的方法。在解脱了菲尼士的痛苦之后,英雄们又开始了不畏艰险的赶往科尔基斯夺取金羊毛的航程。

九、神谕的捉弄:赫拉克勒斯的子孙们

英雄赫拉克勒斯去世后,他的后代(the Heracleidae)遭到欧律斯透斯的迫害,最后,他们流亡到雅典,得到英雄提修斯之子得摩丰(Demophon)的保护。欧律斯透斯还不罢休,亲率大军去索要逃亡者。赫拉克勒斯的长子许罗斯(Hyllus)在关键时刻及时率军赶来援救,打败并杀死了欧律斯透斯。然后,他们在许罗斯和赫拉克勒斯的侄子伊俄拉俄斯(Iolaus)的率领下离开雅典城,前往伯罗奔尼撒半岛(赫拉克勒斯的领地)。在那里,他们攻占了除阿尔戈斯之外的所有城市。而此时,伯罗奔尼撒半岛一场瘟疫正在蔓延。据神谕昭示,这场灾祸是赫拉克勒斯的子孙们引发的,因为他们在约定的时间之前返回了伯罗奔尼撒。于是他们撤离了半岛。许罗斯前往特尔斐神庙祈求神谕,回答是:"等到第三次庄稼成熟时,你们可以从海边的狭窄地带成功返回。"许罗斯耐心地等待了三年,然后重新发兵攻进伯罗奔尼撒。当时,珀罗普斯之子阿特柔斯是迈锡尼(Mycenae)国王,他联合其他城市组织军队迎战。在对峙中,许罗斯提出双方单独对阵,并且签订誓约:如果他获得胜利,欧律斯透斯的王国就归赫拉克勒斯的子孙统治;如果他失败了,赫拉克勒斯的子孙在五十年内不得进入伯罗奔尼撒。特格阿(Tegea)国王厄刻摩斯(Echemus)冬季接受了这一挑战。两人在阵前单打独斗,许罗斯不幸战败。在咽气之前,他仍在痛苦地回想那个隐晦的神谕。赫拉克勒斯的子孙们遵照誓约从哥林多地峡附近撤退。五十年过去了,许罗斯和伊俄勒的儿子克莱沃特奥斯(Cleodaeus)联合赫拉克勒斯的其他子孙们再度兴兵犯境。可他也和父亲一样战死沙场。又过了二十年,克莱沃特奥斯的儿子阿里斯多玛斯(Aristodemus)再次发兵前往半岛地区。他按照神谕的意思从狭窄的哥林多地峡进入半岛,结果兵败被杀被,祖孙三代遭遇了同样的命运。又过了三十年,阿里斯多玛斯的三个儿子忒梅诺斯、克瑞斯丰忒斯和阿里多特莫斯准备带兵夺取他们祖传的领土。像父辈一样,他们也来到特尔斐神庙,而且得到了同

样的神谕。这使忒梅诺斯对神谕的真实性产生了怀疑。于是神祇通过女祭司向他们揭示了神谕的真正含义：赫拉克勒斯种族的种子第三次才能收获胜利。而"狭窄的通道"并非哥林多地峡，而是它对面的科任科斯海峡。忒梅诺斯恍然大悟，立即联合兄弟们建造战船，组织了一支强大的军队。正当集结好的军队准备出发时，最年轻的兄弟阿里斯多特莫斯突遭雷击身亡，他们只好掩埋了兄弟。战船正要起锚航行之际，突然来了一个嘴里念念有词的星象家，赫拉克勒斯的子孙们认为他是个巫师，甚至可能是敌人派来的奸细，不由分说地将他刺死。愤怒的诸神给他们降下灾难，一场暴风雨摧毁了他们的战船，许多士兵被淹死在水里。而陆上的军队则遭遇饥荒，断炊断粮，不久就瓦解了。忒梅诺斯再次祈求神谕揭示玄机，神谕昭示他们杀害了无辜的预言家，必遭天谴。此外，若要成功，必须让一个三只眼的人来指挥军队。杀害预言家的凶手被驱逐了。可上哪去找有三只眼的人呢？赫拉克勒斯的子孙们不敢违背神谕，只得到处寻找长有三只眼睛的奇人。有一天，他们恰好遇到海蒙的儿子俄克雪洛斯（Oxylus），他犯了杀人罪，想逃往伯罗奔尼撒的小国厄利斯（Elis）避祸。走近一看，这俄克斯洛斯原来是个独眼，他的另一只眼早年被人用箭射瞎了。他骑驴赶路，人和驴合在一起正好有三只眼。赫拉克勒斯的子孙们认为这就是神谕所言的三眼之人，于是推举俄克斯洛斯为他们的统帅。他们建造战船，重整军队，终于重新占领了伯罗奔尼撒半岛地区。

十、西比尔的神谕书

在希腊罗马神话中，西比尔实际上是许多女先知的统称。她们本是普通少女，很小就被带离各自的家庭，接受成为预言家的训练。当人们前来询问神意时，西比尔们通过一些特殊的手段，如咀嚼神灵植物或者让神灵之蛇叮咬，进入一种神灵附体的恍惚状态，然后嘴里发出来自神祇之话语的喃喃细语，由祭司记述下来，再转换成预言。她们大多类似于德尔斐神庙里的先知皮希亚（Pythia），神祇（通常为阿波罗）通过她们来传达神谕。已知古代传说中最早的西比尔是赫洛斐勒（Herophile），她曾向特洛伊王后赫库巴（Hecuba）预言了特洛伊战争。西比尔说的话被记录下来，那些被认为是预言的部分会成为城邦的官方纪录。在雅典，类似的神谕书保存在雅典卫城里。在罗马神话传说中，库迈的西比尔是很受崇敬的，据维吉尔的《埃涅阿斯记》所述，埃涅阿斯去拜访库迈的西比尔，然后在她的陪同下进入地府去咨询埃涅阿斯的父亲有关罗马未来的命运。相传，库迈的西比尔将九册神谕书（Sibylline books）放在罗马国王塔奎尼乌斯（Tarquinius）面前，告诉他，这些神谕书记述了有关罗马未来的每一个秘密，如果塔奎尼乌斯肯付一大笔钱的话，就卖给他。遭到拒绝后，西比尔焚烧了其中的三册，然后表示愿将剩下的几册书以相同价格出售给他；再次遭拒后，西比尔又烧掉了其中三册。结果塔奎尼乌斯按最初的价钱买下了剩余的三册。之后西比尔就不见了行踪。这三册神谕书被存放在卡比托里山的朱庇特神庙的地下室里。尽管这三册神谕书里的预言十分隐晦难解，但祭司们每逢有疑难问题或国内大的事件冲突，甚至发生地震、瘟疫等灾害时都要查询这些西比尔神谕书。据信由于塔奎尼乌斯国王任由六部神谕书被焚毁，他不仅缩减了自己的寿命，也缩减了罗马未来的国运。公元前83年发生在神庙里的一场火灾烧毁这些神谕书，人们又从希腊、意大利及小亚细亚各地保存有神谕书的城市里进行收集工作，将收集来的神谕书存入重建的庙宇中。公元前12年，奥古斯都（Augustus）将这些神谕书转移到帕拉丁山的阿波罗神庙里。据说这些神谕书在公元5世纪被罗马皇帝提奥多西一世的将军斯提利科（Stilicho）所焚毁。如今留传下来的十几部神谕书内容驳杂，含有希腊化犹太教和基督教原典的内容。由于西比尔神谕书里含有基督教内容，西比尔们最终获得了与旧约诸先知平等的地位，时常与这些旧约书的先知们一起出现在基督教文学和艺术之中。

第八章

神话基本题材：家族与命运*

一、命运的抉择与超越

古希腊人庄严地把"认识你自己"这一箴言写在太阳神阿波罗神殿的大门上。同时，在他们创造的神话里，对于人的命运这一世间"最奇异之事物"的拷问和探究演绎生出种种震撼人心、令人荡气回肠的悲壮故事。从现代人的视野看，远古时代由于生产力低下，人类的理性认知能力受到限制，难免对自然界的强大力量感到恐惧和敬畏；无论物移星换，四季交替，还是天灾人祸，生老病死，人们感觉自己无不处于无所不在的神秘莫测的自然命运所编织的罗网之中。神话中的"命运女神"似乎代表着那些支配着人类命运的神秘力量。这命运三女神（the Fates）就掌管着大地上所有食用五谷之人类的命运，其中克罗托（Clotho）负责纺织生命之线，拉刻西斯（Lachesis）决定生命之线的长度，阿特洛波斯（Atropos）则负责切断生命之线。既然有这样的命运之神，那么在古希腊人看来，每个人的命运都是预先设定的。对于决定命运的天意或神意，人们只能通过某种特殊的方式和渠道（如先知和预言家的卜释）去了解和预知神祇的旨意。对于具有童心般好奇心的古希腊人，向神灵发出"天问"不就可以直叩命运的大门吗？这或许就是供奉太阳神阿波罗的德尔菲神庙香火鼎盛的原因之一，相传那里得到的神谕，以及对神谕的卜释都是非常准确的。另一方面，在古希腊人看来，命运作为一种强大的外部力量，尽管不可抗拒，但人类直面严酷命运的勇气和敢于抗拒的精神和

---

* 本章主要根据以下图书文献叙述：Macrone, Michael. *Brush Up Your Mythology*! New York: Gramercy Books. 1999.
McLeish, Kenneth. *Myths and Legends of the World Explored*. London: Bloomsbury Publishing plc, 1996.
库恩《古希腊的传说和神话》，秋枫，佩芳译，北京：生活·读书·新知三联书店，2002。
施瓦布《希腊古典神话》，曹乃云译，南京：译林出版社，1996。

努力却是不可或缺的。在希腊神话的命运冲突（个人命运与家族命运等）中，人类英雄确实对命运之神进行了反抗，试图摆脱支配自己的异己力量而走向自由王国，但这种努力往往以悲剧告终。这种结局揭示了人类从必然王国走向自由王国是一个漫长而艰难的历程。

　　阿喀琉斯是武功盖世的英雄，关于他的命运有两个选择。一是参加命中注定要参加的特洛伊战争（这场战争也是命运注定的），叱咤风云而沙场捐躯，壮怀激烈而名扬千古；一是安居度日而平安无事，颐养天年而碌碌无闻。他的母亲海洋女神忒提斯替他做出了选择，让他男扮女装，混杂于年轻的公主当中，隐居度日，以掩人耳目，避免参战。但胭脂红粉是对少年英雄之血气的嘲讽，所以当奥德修斯用计暴露出他的真实身份时（神谕昭示，没有阿喀琉斯的参战，希腊人就无法获胜，所以希腊人注定要寻找他），阿喀琉斯毫不犹豫地跨入了征战的队伍。不可否认，阿喀琉斯非常珍惜自己的生命。战死沙场后，他的亡灵对前来冥府探问盲先知的奥德修斯说："我宁愿在人世间做一个奴隶，也不情愿在阴间做一个鬼王！"但英雄的本色和血气使他自己选择冲上战场去搏杀，为千秋万代的英名，也为满足本性的召唤。当然，阿喀琉斯也在与命运抗争，试图挣脱命运的挟持。在特洛伊战场上，当他的挚友惨遭杀害之后，悲愤的阿喀琉斯重新披挂上阵，杀死了特洛伊名将赫克托耳，并率领希腊联军掩杀到特洛伊城门之前。太阳神阿波罗眼见阿喀琉斯势不可挡，不禁怒火中烧，如果他此刻攻破城池，可就突破了命运的限定。阿波罗向阿喀琉斯发出警告，勿越命运之雷池，但阿喀琉斯毫不理会，继续冲杀。怒不可遏的阿波罗向他射出了一支毒箭，正中那致命的脚踝。另一说法是，特洛伊王子帕里斯射出的一支毒箭在阿波罗的引导下射中了阿喀琉斯的脚踝。绝代英豪阿喀琉斯就此被多方织就的命运之罗网罩住。阿喀琉斯正是在向命运发起挑战的冲锋中走向自己命运的归宿，这本身就体现了希腊人所称的"命运之悲剧"。

　　希腊神话中另一个大英雄赫拉克勒斯在长到18岁时也面临着命运的选择和挑战。还是婴儿的赫拉克勒斯吸过天后赫拉的神奶，力大无穷，长大后又经过各路英雄的培养教导，不仅神勇过人，箭无虚发，而且读书习文，能弹琴唱歌。如今他面临着人生之路的选择，他浑身的神勇之力和一身的精湛武艺是用来为民众造福呢还是给他们造成祸害。这时，有两位仪态不俗的妇人向他走来。一位端庄素雅，目光谦和，是美德夫人；一位雍容华贵，艳丽动人，是快乐夫人。快乐夫人向年轻人发出邀请，许诺给他平坦安适的生活之路，尽享荣华富贵，而无须操劳费力，担惊受怕。而美德夫人则殷切希望年轻人经过艰苦的磨炼和不懈的跋涉而进入幸福的殿堂，同时成为一切善良与正义之伟大事业中的卓越人物。两位女子各自表白之后即消失了。经过一番思考，赫拉克勒斯决定走美德夫人所指引的道路，它虽然充满荆棘与坎坷，但却是无愧于邦国民众和自我人生的光荣的荆棘之路。从此赫拉克勒斯就踏上了披荆斩棘、为民除害、造福人类的漫长的人生历险之路。无论经历了多少艰辛与磨难，赫拉克勒斯都没有向命运屈服，而是百折不挠，一往直前。有一次，赫拉克勒斯在路过帖撒利的弗赖城时，顺道去拜访老朋友阿德墨托斯（Admetus），恰逢国王阿德墨托斯在为因他而死去的爱妻阿尔刻斯提斯（Alcestis）准备丧事。原来阿德墨托斯身体衰弱，正面临生命的大限。阿波罗当年因开罪宙斯而在人间寻找避难所期间受过阿德墨托斯国王的友好接待，他告诉国王，这次他命中注定要被死神带走，但如果有人愿意为他去死，这一命运可以改变。王后阿尔刻斯提斯自愿为丈夫去死，之后就昏厥过去。死神如期而至，带走了阿尔刻斯提斯。赫拉克勒斯得知此事后，当即追过去挑战死神塔那托斯（Thanatos），经过一番激烈的较量，终于从死神手中抢回了死去的阿尔刻斯提斯，再一次实现了对命运的超越。阿尔刻斯提斯通过爱的牺牲精神扭转了丈夫的命运，赫拉克勒斯则通过勇气和神勇之力超越了阿尔刻斯提斯的命运。在希腊神话中，还有诸多个人命运与家族命运交织在一起的悲剧故事，其中最震撼人心，最发人深思的莫过于弑父娶母的俄狄浦斯的悲剧故事，它的前因后果与出现在卡德摩斯家族中的命运冲突息息相关。

二、坦塔罗斯家族的命运

1. 坦塔罗斯的原罪：家族的诅咒

吕狄亚国王坦塔罗斯是宙斯最宠爱的儿子。他非常富有并享受着神祇的庇护。他拥有超乎一切凡人的权利，可以和神祇共享美食佳肴，聚饮琼浆玉露，听神祇之间的交谈。这些福祉使他的虚荣和傲慢显露出来：他开始向凡人泄漏神的秘密，而且窃取神的佳肴美酒向人间朋友炫耀。最令人发指的是，为了试探神祇是否明察一切，他邀请诸神来到他的宫殿，将自己的儿子珀罗普斯剁成碎块做成肴馔招待神灵。他为此被投入地府，受到特别的惩罚：他永远站在水中，虽然焦渴难耐，却绝无滴水沾唇。每当他俯首吸水，水即刻退却。同时，他还要忍受饥饿之苦。虽然湖边生长着美丽的果树，但每当他想摘取果子，果树随即升高，令他遥不可及。坦塔罗斯蔑视神祇，罪恶多端，不仅自己在地狱里承受饥饿、干渴和恐怖的三重折磨，而且他的后裔和整个家族也因此而受到了诅咒，使血腥、杀戮、通奸等罪恶在他的子孙后代中延续下去。以下是坦塔罗斯家族简图。

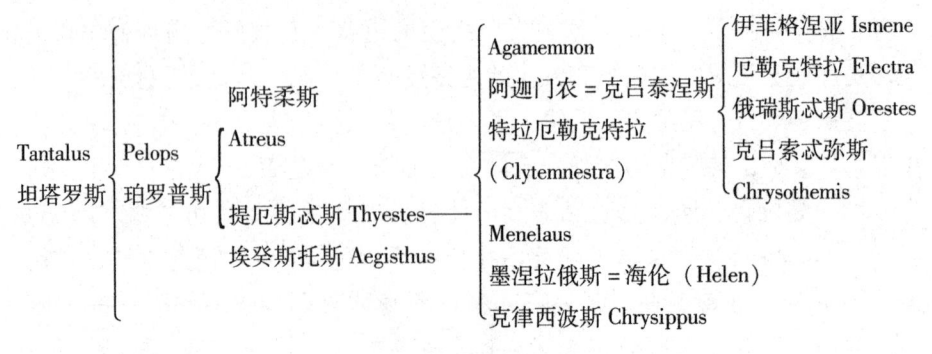

$$
\text{Tantalus 坦塔罗斯} \begin{cases} \text{Pelops 珀罗普斯} \begin{cases} \text{阿特柔斯 Atreus} \begin{cases} \text{Agamemnon 阿迦门农 = 克吕泰涅斯特拉厄勒克特拉 (Clytemnestra)} \begin{cases} \text{伊菲格涅亚 Ismene} \\ \text{厄勒克特拉 Electra} \\ \text{俄瑞斯忒斯 Orestes} \\ \text{克吕索忒弥斯 Chrysothemis} \end{cases} \\ \text{Menelaus 墨涅拉俄斯 = 海伦 (Helen)} \\ \text{克律西波斯 Chrysippus} \end{cases} \\ \text{提厄斯忒斯 Thyestes —— 埃癸斯托斯 Aegisthus} \end{cases} \end{cases}
$$

坦塔罗斯家族谱系简图

2. 第二代的罪恶：杀人灭口的珀罗普斯

珀罗普斯是坦塔罗斯家族的第二代传人，曾被其父坦塔罗斯杀而烹煮，以试探众神是否知晓一切。众神怜悯不幸的珀罗普斯，使其复活。获得第二次生命的珀罗普斯显得青春勃发，更加俊美。海神波塞冬为珀罗普斯的英俊气质所吸引，驾车将他带上奥林波斯山，伴随左右。由于其他神祇对坦塔罗斯的"人肉之宴"心存余悸，波塞冬不情愿地将珀罗普斯送回人间。后来珀罗普斯来到厄利斯（Elis），爱上了国王俄诺玛俄斯的女儿希波达弥亚。然而俄诺玛俄斯却竭尽所能拒绝一切求婚者，因为有神谕昭示：他女儿成亲的喜庆之日就是父亲的死亡之时。他因而布告全国：凡求婚者必须在驾车比赛中胜过自己（这也许就是现代赛车的原型之一吧），失败者必被处斩。须知俄诺玛俄斯的父亲乃战神阿瑞斯，战神赠送给他的神马快如疾风，所以他自信没有谁能够在赛车比赛中跑得过他。珀罗普斯得知国王已经杀死了十几位求婚者，他来到海边向波塞冬求助。波塞冬交给珀罗普斯一辆由双翅神马拉动的金车，它即便在海浪中穿行也不会沾湿半点海水。

为了确保万无一失，珀罗普斯又许重金收买了俄诺玛俄斯的御使密耳提罗斯，他是赫耳墨斯的儿子。被收买的密耳提罗斯把国王的车轴锯裂，（一说用蜡车轴偷换下俄诺玛俄斯的铜车轴）致使国王在赛车飞驰时由于车轴断裂而跌出车外，坠地身亡。获胜的珀罗普斯与公主希波达弥亚结婚并继承了王位。俄诺玛俄斯临死前诅咒密耳提罗斯对自己的背叛，说他终将死于珀罗普斯之手。不出所料，珀罗普斯不但没有履行自己对密耳提罗斯许下的诺言，反而杀人灭口，将他抛入海中。密耳提罗斯临死前愤怒地对珀罗普斯及其整个家族发出了诅咒。在悲剧《厄勒克特拉》中，古希腊剧作家索福克勒斯生动地描述了这一事件:"久远的珀罗普斯比赛驾车,是这痛苦的源泉。看啊!你给这片土地带来何等的灾难!从密耳提罗斯沉入大浪的那一刻起,赛车所引起的羞愧、愤怒至今未息,而珀罗普斯家族的痛苦也未停歇。"此后,虽然珀罗普斯为赫耳墨斯建立神庙,为密耳提罗斯垒起巨坟,但始终未能平息赫耳墨斯的愤怒,这位神祇发誓要向珀罗普斯和他的子孙报复。从此,珀罗普斯的后代遭遇了无数的劫难,珀罗普斯本人虽然活到高龄,却死于非命,被毒蛇咬中脚踝而死。

3. 第三代手足相残

珀罗普斯与王后希波达弥亚生育了阿特柔斯和提厄斯忒斯(Thyestes)等众多后代。而且他还与女神阿克西俄刻(Astyoche)结合生了克律西波斯(Chrysippus)。这两个后代分支在特定意义上分别成为两个著名希腊故事的开端:阿伽门农之死和俄狄浦斯(Oedipus)弑父娶母。一说是,阿特柔斯和提厄斯忒斯两兄弟出于嫉妒而联手杀害了同父异母的兄弟克律西波斯后,逃往迈锡尼(Mycenae)——试比较《圣经》中亚当后代该隐的弑兄之罪——在那里成为小城米狄亚的共同统治者。此后,他们兄弟之间又互相争斗,犯下了更深的罪孽。阿特柔斯曾经许诺要把自己拥有的牲畜中最好的动物献给狩猎女神阿耳忒弥斯。为考验他的诚心,女神将一头长着金羊毛的公羊藏在他的羊群当中。阿特柔斯见之十分喜欢,他将羊肉和羊骨献给女神,却把金羊毛据为己有。这是贪心之罪。迈锡尼国王去世后,人们根据神谕要在阿特柔斯和提厄斯忒斯两兄弟之间选立一位国王。弟弟提厄斯忒斯提出,谁拥有狩猎女神的金羊毛,谁就做迈锡尼的国王。阿特柔斯当即表示同意——但他不知道的是,弟弟提厄斯忒斯非常羡慕和嫉妒哥哥的金羊毛,于是想方设法勾引嫂嫂埃洛珀(Aerope);两人勾搭成奸后,埃洛珀便把金羊毛偷走,作为信物送给提厄斯忒斯。事情败露后两人逃离了迈锡尼。眼见兄弟犯下了欺骗和奸淫之双重罪孽,阿特柔斯恼羞成怒,像他的祖父坦塔罗斯一样狠下杀手,杀死了提厄斯忒斯的两个儿子,把他们的肉做成肴馔宴请弟弟,以示"和解"。同时,他还将其鲜血混入美酒,让堤厄斯忒斯饮用。提厄斯忒斯发现事情真相后,发出毒誓诅咒阿特柔斯的子孙,并仓皇逃离宴会,跑到厄庇洛斯投奔国王忒斯普洛托斯。后来,迈锡尼遭受严重的干旱和饥荒,国王阿特柔斯从神谕中得悉,只有把驱赶出去的兄弟重新接回来,国内的灾难才能消除。于是阿特柔斯亲自出发去寻找弟弟,并在堤厄斯忒斯的藏身地找到了他。他们一起返回故乡,堤厄斯忒斯的儿子埃癸斯托斯(Aegisthus)也和他们一道回乡。埃癸斯托斯早就发誓,要为父亲向阿特柔斯和他的后代复仇。阿特柔斯和他的弟弟返回到迈锡尼后，他们的兄弟情谊只维持了很短一段时间。阿特柔斯把他的弟弟关入监狱。堤厄斯忒斯之子埃癸斯托斯想出了一个计谋。他假装流露出对父亲的强烈不满，主动向伯父要求去杀死自己的父亲。当他被获准进入监狱后，他便跟父亲密谋如何报复。稍后，他把一把沾满鲜血的利剑拿给阿特柔斯查看。阿特柔斯以为兄弟已死，大患既除，心中大喜，便在海岸献祭，以感谢神恩。这时，跟在身后的埃癸斯托斯猛然抽出那把利剑，将阿特柔斯杀死。堤厄斯忒斯随即被释放出狱，接着执掌了兄长的王位。

然而，亲人间的冷酷残杀并未中止。阿特柔斯被杀后，他的儿子阿伽门农和墨涅拉俄斯逃往斯巴达，投奔国王廷达柔斯。廷达柔斯的妻子是勒达，即美女海伦的母亲。阿伽门农在斯巴达娶了廷达柔斯的女儿克吕泰涅斯特拉为妻，墨涅拉俄斯则娶了海伦为妻。廷达柔斯临终前立墨涅拉俄斯为继承人。阿伽门农回到迈锡尼，为父报仇杀死了叔叔提厄斯忒斯，夺回了王位。堤厄斯忒斯的儿子埃癸斯托斯获得赦免。神祇们保全他，让他继续制造这个家族的凶杀之灾。于是，他又回到父亲从前在阿耳戈斯所统治的地区，做了国王。阿伽门农后来率希腊联军出征特洛伊，妻子克吕泰涅斯特拉独居深宫。当希腊联军驻扎在奥利斯港口等待启航的时候，作为联军统帅的阿伽门农惹怒了狩猎女神阿耳忒弥斯，港口没有一丝来风，船只无法扬帆出海，大军被困在奥利斯港。神谕要求阿伽门农祭献爱女伊菲革涅亚以平息阿耳忒弥斯的愤怒。得知其中的利害关系后，伊菲革涅亚大义凛然，慷慨地奔赴祭台，就在千钧一发的关键时刻，阿耳忒弥斯以一头梅花鹿取代了被献祭的伊菲格涅亚。克吕泰涅斯特拉非常痛恨丈夫献祭女儿伊菲革涅亚的行为。正好埃癸斯托斯为了替父报仇又一次来到迈锡尼。两人一拍即合，克吕泰涅斯特拉便委身于埃癸斯托斯，和他共享迈锡尼的王位。他俩决定共同向阿伽门农进行报复。

4. 阿伽门农的悲哀

特洛伊战争临近结束时，这对姘居的情人忧心忡忡，时刻担心着阿伽门农的归来。一不做，二不休，两人决定等他一进家门就下手将他除掉。阿伽门农在归途中还带着特洛伊预言家和女祭司卡桑德拉，她的到来加快了克吕泰涅斯特拉和埃癸斯托斯的谋杀行动。饱经旅途劳顿，风尘仆仆的阿伽门农回到宫中，毫无戒备地走进宫里的浴室，解下铠甲，放下武器，准备好好洗个热水澡。突然，埃癸斯托斯和克吕泰涅斯特拉从隐藏的地方跳出来，用一张网套住他，然后乱刀将他杀死。因为浴室在地下的密室里，没有人能听到他的呼救声。之后,这两人又杀死了女预言家卡桑德拉。就这样,大战之后安抵故国家园的希腊联军统帅稀里糊涂地被妻子害死,命赴黄泉。此时阿伽门农还有三个子女居住在宫殿里:大女儿厄勒克特拉(Electra),小儿子俄瑞斯忒斯和小女儿克吕索忒弥斯(Chrysothemis),他们见证了母亲的背叛。为绝后患,埃癸斯托斯和克吕泰涅斯特拉欲将幼小的俄瑞斯忒斯杀害,多亏机智成熟的大姐厄勒克特拉有所防备,事先将弟弟托付给亲信,秘密地将他转移到安全的地方。克吕泰涅斯特拉忌恨女儿厄勒克特拉,嘲笑她的阴谋不会得逞。厄勒克特拉在宫廷里过着悲惨的日子,日日期盼着弟弟长大后回来为父报仇。而温和软弱的克吕索忒弥斯虽然十分伤心,却无能为力。

5. 弑亲母报父仇

埃癸斯托斯和克吕泰涅斯特拉竭力巩固他们的统治。他们将重要的职位分给他们的亲信担任。他们并不惧怕阿伽门农的两个女儿,认为她们不过是弱女子而已。但他们却没有料到,阿伽门农的儿子——俄瑞斯忒斯长大后会替父报仇,结束他们的性命。俄瑞斯忒斯被一个忠实的仆人带到福喀斯,投奔法诺忒的国王,他是阿伽门农的妹夫斯特洛菲俄斯。斯特洛菲俄斯对待俄瑞斯忒斯如同自己的亲生儿子,让俄瑞斯忒斯和自己的儿子皮拉德斯一起生活,同时受到良好教育。多年过去了,厄勒克特拉度日如年,时刻期盼她的兄弟归来。一天,一个外乡人来到王宫,向王后通告俄瑞斯忒斯的死讯,站在一旁的厄勒克特拉听到这消息后惊叫一声,跌倒在宫殿的台阶上。克吕泰涅斯特拉的心里充满了矛盾的复杂感情。她害怕儿子回来,所以为儿子的死感到高兴;可是,母亲的本性又使她感到悲痛不已。事实上,这个外乡人是俄瑞斯忒斯派来探听虚实的使者。当时,碰巧埃癸斯托斯不在王宫,正是下手的好时机,于是已经潜伏回宫的俄瑞斯忒斯毫不犹豫地冲出来杀死了谋杀父亲的母亲克吕泰涅斯特拉。

埃癸斯托斯回到王宫,听到的是俄瑞斯忒斯的死讯,他兴高采烈地朝内宫走去,迎面碰到俄瑞斯忒斯带着一队随从抬着一具尸体走出来。他以为这是俄瑞斯忒斯的尸体,满心欢喜地掀开裹尸布,却发现躺在里面的是血肉模糊的克吕泰涅斯特拉,他顿时惊恐万状,俄瑞斯忒斯不由分说,将他拖往内宫,就在阿伽门农被杀害的浴室里血刃了不共戴天的仇人。

6. 逃脱复仇女神的魔掌

阿伽门农的儿子俄瑞斯忒斯潜回国后,手刃仇人,报了父亲冤死之仇。但他亲手杀死了母亲,成为有悖人伦天理的罪恶凶手。为此,他不仅遭受内

105

心的折磨，更是成为复仇女神穷追不舍的牺牲品。他神智癫狂，浪迹天涯，四处漂泊，无处安身。好在太阳神阿波罗一直在支持和保护他，当初，俄瑞斯忒斯正是听从了阿波罗的神谕，坚定了复仇的决心。所以，在俄瑞斯忒斯颠沛流离，痛苦万状的时候，阿波罗给他提供了庇护，并指点他前往雅典，接受智慧女神雅典娜的最终裁决。于是在雅典娜的主持下，法庭开庭审理了俄瑞斯忒斯的弑母报仇的案子。最后，雅典娜投出关键一票，宣布俄瑞斯忒斯无罪，俄瑞斯忒斯被当庭释放，复仇女神们也不再追逐他了。从此，俄瑞斯忒斯不必东躲西藏，可以挺起胸膛，抬头做人了。坦塔罗斯家族的仇杀和诅咒告一段落。

7. 俄瑞斯忒斯神话：从古希腊悲剧到尤金·奥尼尔的现代精神分析悲剧

古希腊剧作家埃斯库罗斯的《俄瑞斯忒斯三部曲》（公元前458）是现存的古希腊文学中唯一完整的三部曲。它讲述的正是发生在阿伽门农一家的情仇谋杀与血亲复仇故事。第一部《阿伽门农》被批评家称为古希腊最出色的悲剧之一。阿伽门农作为希腊联军的主帅出兵特洛伊时，为了平息海上的风暴，在不得已的情形下决定牺牲自己的女儿伊菲革涅亚作为献祭神的祭品，他的妻子克吕泰墨涅斯特拉怨恨非常，一心想为女儿复仇，串通她的情人埃癸斯托斯在阿伽门农出征回国时将他谋杀了。第二部《奠酒人》写阿伽门农的儿子俄瑞斯忒斯回国祭奠父灵，终于亲手杀死自己的母亲，为父报仇。第三部《复仇女神》叙述俄瑞斯忒斯杀母后为三位复仇女神所追逐，在雅典法庭受审，最后得到太阳神阿波罗的帮助，被雅典娜女神宣判无罪。全剧结束时，正是雅典人欢庆城邦的保护神雅典娜的节日。现代批评家认为这个三部曲的主题是描写父权制对母权制的胜利和进步的法治精神对血族复仇观念的胜利。在戏剧艺术表现方面，这三个悲剧的情节彼此衔接，递进发展，互有联系，但又各自独立，可谓古代三联剧的典范。

美国剧作家尤金·奥尼尔（Eugene O'Neill, 1888—1953）在思想和艺术观念方面深受古希腊悲剧的影响，尤其在希腊神话中找到了他与古希腊悲剧作家心灵相通的连接点，并且通过他的创作发出了自己的回应。尤金·奥尼尔创作的现代心理悲剧既烙下了心理分析学（尤其是弗洛伊德主义）的印记，又深沉地渗透着古希腊的悲剧意识。1936年，"由于他那体现了传统悲剧概念的剧作具有的魅力、真挚和深沉的激情"，奥尼尔获得诺贝尔文学奖。奥尼尔创作的《悲悼》三部曲（*Mourning Becomes Electra*, 1931年）运用了弗洛伊德关于"无意识"冲动的理论，尤其是成功地将其化作剧中人物的心理动机,由此融合并发展了古希腊关于命运的悲剧观念。作为奥尼尔后期最重要的剧作之一,《悲悼》三部曲的构思形成于20世纪20年代。埃斯库罗斯的古典悲剧深深地打动了他,于是决心将这震撼人心的古希腊悲剧置于现代的人类环境中加以重新述说。其结果就是发生在美国新英格兰地区的关于现代"阿伽门农、克吕特墨斯特拉、伊莱克特拉和奥瑞斯特斯"的悲剧三部曲。在剧中,作者用现代心理学关于无意识的概念来续说古代悲剧关于命运的观念,并且将弗洛伊德关于"俄狄浦斯情结"(恋母情结)或"伊莱克特拉情结"(恋父情结)的精神分析观念与希腊悲剧的命运观念结合起来,富有表现力地展现了现代人由于"心理因素"或"遗传积累"的动因所造成的现代悲剧。在故事发展的走向上,《悲悼》基本上是以古希腊悲剧诗人埃斯库罗斯的《俄瑞斯特亚》三部曲为蓝本,只是将人物换成了生活于1865至1866年的美国新英格兰地区一个滨海小城镇的一家人:艾思拉·孟南(阿伽门农)、其妻克莉斯汀(克吕泰墨斯特拉)、女儿莱维妮亚(伊莱克特拉)、儿子奥林(俄瑞斯特斯)以及克莉斯汀的情人亚当·勃兰特(埃癸斯托斯)。

"俄狄浦斯情结"(Oedipus Complex)这一概念是弗洛伊德在1900年出版的《梦的解析》一书中提出的,它是对一组"无意识"观念和情感的概括,其核心愿望是占有双亲中异性的一方,排斥同性的一方。弗洛伊德将希腊悲剧人物俄狄浦斯杀父娶母的行为及其动因提炼为"俄狄浦斯情结",认为这是一种普遍的人类现象,可以解释许多无意识犯罪的动因。尤金·奥尼尔在自己的剧作中着力发掘和表现人性深处诱发罪恶的动因,从而与古希腊悲剧表现超自然力量造成人类悲剧的杰作形成呼应,其悲剧的张力同样震撼人心。孟南一家除女儿莱维妮亚以外,最后全部死于家族亲人之间的谋杀和恶斗之中。莱维妮亚深爱着自己的父亲,以及那相貌酷似其父的叔叔亚当·勃兰特;当她发现勃兰特竟然是自己母亲克莉斯汀的情人时,仇恨的怒火顿时燃烧起来;她诱使其深恋着母亲的弟弟奥林枪杀了勃兰特,致使克莉斯汀悲痛欲绝并饮弹自杀;奥林也因此悔恨交加,遂将乱伦之情移至姐姐莱维妮亚身上;而莱维妮亚仍深恋其父,并恶毒地诱使奥林自杀。最后,她发现自己竟然再也无法对任何人产生爱的情感时,便将自己深锁在被众多怨魂缠扰的阴沉的家族大宅中,度过余生。这一扭曲生命的结局也深刻体现了弗洛伊德"利比多"概念中所包含的"死亡本能"的观点。

三、卡德摩斯家族的命运

1. 宙斯与欧罗巴

欧罗巴的父亲阿革诺耳是伊俄和宙斯的后代，后成为腓尼基国王。阿革诺耳生有三儿一女，其中最有名的是儿子卡德摩斯和女儿欧罗巴（Europa）。欧罗巴天生丽质、美丽非凡，引起了主神宙斯的爱慕，成为传说中宙斯最著名的情人之一。宙斯劫走欧罗巴的传说是这样的。一说是，宙斯被小爱神的金箭射中，鬼差神使般地来到腓尼基，只为劫走欧罗巴。就在前一天，少女欧罗巴做了一个怪梦，梦见世界的两大部分——生育和抚养欧罗巴的亚细亚与隔海相望的另一个大陆——突然变成了两个女人，为了争夺她而发生了激烈的争斗，结果欧罗巴被另一个大陆变的女人抢走了。次日清晨，当明亮的阳光撒向大地时，欧罗巴与一群年岁相仿的少女来到开满鲜花的海岸边，嬉戏玩耍。此时的欧罗巴身穿一件长裙，光彩照人。这裙装上用金丝银线织出了神界生活的许多场面，出自火神赫斐斯托斯之手，价值非同一般。海神波塞冬曾将它送给美丽的利比亚，后来，它作为传家宝传到阿革诺耳手里。来到这里的宙斯被欧罗巴深深地迷住了。他灵机一动，变成一头膘肥体壮、高贵华丽的公牛，一双蓝色明亮的牛眼燃烧着深情的欲望。这公牛混在国王放牧的牛群中，朝欧罗巴走来。它那高贵的气质和安详的步态吸引了姑娘们的眼光。公牛径直走到欧罗巴的身旁，摇着牛尾，然后卧倒在欧罗巴脚下。欧罗巴刚壮着胆子骑上牛背，只见这公牛从地上一跃而起，朝着海边一路小跑，还没等众人明白过来，这公牛已经纵身跳进了大海，驮着它的猎物远走他乡了。公牛把欧罗巴带到了远方的克里特岛，然后现出了自己的真身。从此欧罗巴就定居在这里，还和宙斯生了三个儿子，他们是弥诺斯、拉达曼提斯和萨耳珀冬。宙斯不能陪在欧罗巴，身旁，又担心赫拉察觉他的风流韵事，便把欧罗巴嫁给克里特国王阿斯忒瑞翁（Asterion）为妻。相传女神阿佛洛狄忒是此次劫持事件的始作俑者，正是她让儿子小爱神射中宙斯之心，又托梦给欧罗巴。至此，她告诉欧罗巴，她的名字将为后人所铭记，因为收容她的这片大陆就以欧罗巴命名。宙斯与欧罗巴的儿子弥诺斯后来成为克里特国王，与他相关的著名故事包括牛怪与迷宫、提修斯与牛怪等，他和拉达曼提斯死后成为冥界的判官。另一个儿子萨耳珀冬成为小亚细亚吕喀亚王国的国王。

2. 忒拜城的建立：原初的诅咒

在腓尼基的首府泰尔，自从欧罗巴被公牛劫走之后，国王阿革诺耳一家就失去了往日的平静，再没有安生日子了。阿革诺耳令小儿子卡德摩斯和他的两个哥哥福尼克斯和基利克斯外出寻找欧罗巴，并明确告之，找不到妹妹就不许回来了。这三兄弟带着手下的人马出发了，但要想找到被宙斯藏起来的欧罗巴谈何容易，他们不久就各奔前程了。其中，福尼克斯和基利克斯与卡德摩斯分手之后，各奔一方，分别建立了自己的王国。卡德摩斯带着自己的随从又寻找了很长时间，但始终没能打听到欧罗巴的下落。万般无奈之下，他前往德尔斐，祈求太阳神阿波罗赐予神谕。神谕昭示：在一个空旷的草场上，当你看见一头没有套轭具的牛，就跟着它走。你在这头牛卧下休息的地方修建一座城市，起名为"底比斯"（Thebes，即忒拜城）。离开阿波罗神庙不久，卡德摩斯看到一头没有主人的母牛正在前方草地上吃草。于是卡德摩斯一行人就跟在母牛后面行走。走过克菲索斯山谷之后，母牛停下了脚步，朝天鸣叫，然后躺在绿色的草地上。卡德摩斯跪倒在地，感谢神的指引，遂决定在这片陌生的土地上建立一个新的家园。为了答谢和祈求神的护佑，卡德摩斯用石头垒了一个祭坛，又派随从去附近取水，以表诚意。古木参天的林中有一个大岩洞，洞里流出一股清澈晶莹的泉水。但这个山泉的主人是一条毒龙（一说是战神阿瑞斯的儿子），当取水者走进洞中取水时，巨龙突然扑过来，将他们杀死了。卡德摩斯等到太阳落山也不见取水者的身影，便亲自去寻找他们。他披着一件狮皮甲胄，手执长矛和利剑，寻着林中的踪迹一路走去，在山泉旁看见了死难的取水者，还有一条舔食着死尸的恶龙。卡德摩斯见状怒不可遏，抓起一块巨石朝巨龙砸去。但毒龙的鳞甲坚硬如铁，丝毫未损。卡德摩斯又挥动长矛猛刺巨龙的身躯，一直刺进它的内脏。恶龙受了重创，疯狂反扑，周围的树木被连根拔起，龙尾乱卷，被扇飞的巨石四处飞蹦。卡德摩斯赶紧闪开，用狮皮甲胄护住身体，然后用利剑猛砍毒龙的脖子，把它砍倒在一棵大橡树上，恶龙轰然倒下，竟然把巨大的树木都压塌了。这时候，空中转来一个神秘的声音：阿革诺耳的儿子，你在观赏暴力的杰作吗？人们也会观赏变成龙的卡德摩斯。这个预言使屠龙英雄心生恐惧。突然，智慧女神雅典娜出现了，她让卡德摩斯把恶龙的毒牙拔下来，播种在松软的田地里。卡德摩斯把龙牙播种在土里之后，竟然从泥土下面露出了长矛的矛尖，然后又冒出了武士的头盔，接着是武士的肩膀和穿着甲胄的身躯和手持盾牌的手，一会工夫就从地里长出一整队武装到牙齿的可怕的武士。卡德摩斯赶紧躲在一旁，然后往他们中间扔了一块石头，这些刚冒出地面的武士们当即挥动长矛，互相厮杀起来，伤亡惨重。当最后只剩下五个武士时，其中一人（后来取名为厄喀翁）首先响应了雅典娜的呼唤，放下手中的武器，相互和解，订立盟誓，成为卡德摩斯修建有七座城门的忒拜城的得力助手，也成为忒拜的主要家族的祖先。这就是有名的卡德摩斯播种龙牙的故事。在五位武士的协助下，卡德摩斯创建了新城忒拜，随后制定了法律，建立了国家机器，据说还为希腊引进了16个腓尼基字母，推动了希腊的书写文化。后来，卡德摩斯娶了阿瑞斯和阿佛洛狄忒的女儿——美丽的哈摩尼亚为妻。爱与美女神阿佛洛狄忒送了女儿一根贵重的项链和一条做工精致的丝面纱作为贺礼。然而从杀死恶龙的那一刻起，诅咒就一直伴随着卡德摩斯家族。战神阿瑞斯为毒龙之死而愤怒不已，虽然卡德摩斯愿意为阿瑞斯服劳役八年，但仍然没有平息他的怒气。不仅卡德摩斯和哈摩尼亚在经历了许多苦难之后双双变作了巨龙，而且，这种原初的诅咒一直延续到这个家族的子孙后代，演绎出一幕幕人间悲剧。阿佛洛狄忒赠送的两件精美礼物（项链和面纱）也为它们的拥有者带来了晦气。

3. 宙斯与塞默勒

卡德摩斯和哈摩尼亚经受的苦难之一是他们的美丽女儿塞墨勒的惨死。万能的宙斯爱上了塞墨勒，与她幽会，天后赫拉得知后十分嫉妒，遂装扮成公主的保姆，怂恿公主向宙斯提出要求，亲眼看一下宙斯的真身，以验证宙斯对她的爱情。不知此言利害关系的塞墨勒听信了赫拉的劝告，要求宙斯手指冥河发誓，满足她的一个愿望，宙斯答应了。当她提出要宙斯现出天神原形时，宙斯后悔莫及，要她撤回这个愿望。但塞墨勒绝不改口。无奈之下，宙斯现出雷电之神的本相，人间的公主塞墨勒根本无法承受宙斯的雷电之光，转瞬间便被宙斯携带的烈焰烧死。宙斯赶紧扑上来救出塞墨勒腹中的婴儿，将他缝在自己的大腿中继续发育，直到足月才将他取出，这个婴儿就是后来的酒神狄俄尼索斯。因为宙斯一条大腿里装着婴儿，所以宙斯走路很像一个瘸子，相传"狄俄尼索斯"含有"宙斯的瘸腿"之意。

4. 阿克泰翁

卡德摩斯和哈摩尼亚还生有另一个女儿奥托诺（Autonoe），她与阿波罗之子阿里斯塔俄斯（Aristaeus）结合生下了阿克泰翁（Actaeon）。阿克泰翁年轻时跟着马人喀戎（Chiron）学习打猎。有一天，阿克泰翁跟一群快乐的伙伴在基泰戎山林里狩猎。这一天非常炎热。中午时分，困倦的伙伴们都躺在树荫下休息。阿克泰翁却带着几条猎犬走进山谷深处，不经意间闯进了狩猎女神阿耳忒弥斯歇息放松的圣地。山谷深处有一个树木遮掩着的山洞，洞内的清泉汇成一池湖水。永远年轻的女神正好狩猎归来，在一群侍女的陪伴下，准备在清凉的湖水中洗浴消疲。阿克泰翁刚一走进洞内，侍女们一片惊叫，赶紧围住女主人，以免被凡人看见女神的玉容。狩猎女神又羞又怒，她需要的宁静是不容外人打扰的。女神突然俯下身子，将一抔湖水泼在小伙子的身上，把他变成了一头小鹿。阿克泰翁扭头就跑，越跑越快，却发现自己头上长出了一对分杈的鹿角，耳朵又长又尖，四肢变成了鹿的蹄子，身上长出斑斑点点的鹿皮。这受惊的小鹿跑到小溪边，从水里看到了自己的容貌，他再也不是猎人阿克泰翁了，而是一头小鹿！此时他带来的猎犬嗅到了鹿的气息，它们像平常一样，一拥而上，猛扑过来，小鹿拼命地奔跑，但终于气力不支，被猎犬赶上，扑倒在地。这时，他的伙伴们也闻声赶到，放出猎犬，把小鹿撕成了碎块。伙伴们高声呼喊阿克泰翁，让他来看一下死去的猎物。他们不知道这可怜的小鹿就是他们呼喊和寻找的阿克泰翁，也不知道阿克泰翁是人间唯一一个亲眼看见了永远年轻美丽的狩猎女神花容玉貌的年轻人。

5. 彭透斯之惨死

彭透斯（Penthus）是卡德摩斯的外孙，是他播种龙牙后长出来的武士厄喀翁（Echion）与阿高厄（Agave）结合所生的儿子，这阿高厄乃是塞墨勒的妹妹，所以彭透斯跟酒神狄俄尼索斯是亲戚。后来，卡德摩斯把忒拜的王位传给了彭透斯。这个彭透斯不知怎么回事，非常憎恨自己的表兄弟狄俄尼索斯。当狄俄尼索斯带着一群追随者来到忒拜，兴起了狂热的酒神崇拜时，彭透斯非常气恼，先是冷嘲热讽，继而破口大骂，最后暴跳如雷，令人去把狄俄尼索斯抓起来，套上脚镣手铐。不久，派去执行命令的下属狼狈不堪地跑了回来，只带来狄俄尼索斯的一个普通随从。彭透斯怒气冲冲，但此人却滔滔不绝地讲述自己追随酒神的经历，高声地赞美酒神的神奇力量。国王彭透斯狂怒不已，令人把他捆绑着关进地牢。但此人刚进监牢就被一只无形的手解救走了。最后，当彭透斯下令处死狄俄尼索斯，严厉镇压酒神崇拜运动时，酒神开始了致命的反击，他诱使彭透斯穿上女人的服装，来到狂热的酒神信徒的集会之中进行刺探行动。彭透斯的母亲阿高厄和几位姐妹都参加了热烈的礼拜活动。狂热的信徒们在酒神的迷幻作用下，把彭透斯看成了一头野猪，他们在彭透斯母亲阿高厄的率领下向彭透斯猛扑过去，将他撕成了碎块。

6. 变作海神的伊诺

塞墨勒不幸死于宙斯的雷电烈焰之后，宙斯取出了她腹中的婴儿缝入自己的大腿中。孩子足月后，宙斯将他交给塞墨勒的妹妹伊诺（Ino）抚养，这个孩子就是酒神狄俄尼索斯。因为抚养年幼的狄俄尼索斯，伊诺受到了天后赫拉的严厉报复。在赫拉的逼迫下，伊诺和她的丈夫阿塔玛斯（Athamas）双双陷入癫狂之中。在不可抑制的疯狂冲动下，阿塔玛斯杀死了自己的儿子雷阿科斯（Learchus），伊诺带着另一个儿子美里凯特斯（Melicertes）在拼命躲避丈夫追杀的过程中，不幸失足落海溺亡。母子两人死后成为救助大海中落难之人的海神。从此以后，伊诺被称作洛宇科忒阿（Leucothea），她的儿子被称作帕拉蒙（Palaemon）。在荷马史诗《奥德赛》中，当奥德修斯从船上落入狂涛怒号的大海时，就是伊诺将他救起。

7. 拉伊俄斯与神谕

珀罗普斯有一个私生子叫克律西波斯，关于他的传说涉及最著名的悲剧英雄俄狄浦斯的故事。俄狄浦斯的父亲是拉伊俄斯（Laius），忒拜国王拉布达科斯（Labdacus）的儿子。但拉伊俄斯年幼继位，结果被他的堂兄安菲翁（Amphion）和泽萨斯（Zethus）篡夺了王位。拉伊俄斯逃出忒拜，来到位于希腊南部的由珀罗普斯统治的皮萨城（Pisa）寻求庇护。珀罗普斯热情地收留了他。在皮萨，拉伊俄斯接受了最良好的教育和训练，包括弓箭骑术，摔跤角斗，跑马赛车等。成年后，珀罗普斯还把自己和山林仙女阿刻西俄刻所生的儿子克里西波斯（这名字含有"金马"之意）托付给拉伊俄斯，向他学习驾驭战车的本领。在他的几个儿子中，珀罗普斯最宠爱的是私生子克里西波斯。拉伊俄斯没有辜负国王的嘱托，悉心地培养克律西波斯。然而，就像当年海神波塞冬因热恋珀罗普斯而将他掳走一样（相传同性恋是那时神祇们的特权，但不是凡人所能享受的领域），拉伊俄斯也深深地迷恋上了俊美的克律西波斯，为他写情诗，送信物，就好像他是一个少女似的。拉伊俄斯终于迎来了机会，篡夺忒拜王位的人死了，拉伊俄斯可以返回忒拜了；此外，每三年举办一次的尼米亚竞技会（Nemean Games）也召开了。拉伊俄斯带着克里西波斯参加了双人战车比赛，只见他驾着战车一路领先，随即在众人惊讶的目光中，劫持了他的心上人朝故乡忒拜飞奔而去。这一劫持事件正合皮萨王后希波达弥亚的心意，因为她一直担心丈夫会将王位传给克律西波斯，而不是自己的儿子阿特柔斯和堤厄斯忒斯。有一身武艺的拉伊俄斯回到忒拜后顺利夺回了王位，同时将克里西波斯留在身旁做他的同性恋人。然而年轻的克里西波斯并没有活多久。一种说法是，拉伊俄斯将他强行带走时，克里西波斯拼命挣扎，结果从车上摔下来，跌断了脖子。一种说法是，他对于违背自己意愿的强制行为感到羞耻而自杀了。更普遍的说法是，皮萨王后希波达米娅杀害了他。克律西波斯虽然离开了皮萨，希波达米娅仍然担心他有朝一日会回来继承王位。她决定带着两个儿子阿特柔斯和堤厄斯忒斯潜入忒拜除掉心头祸患。起初，她怂恿儿子们把克里西波斯推入井里淹死，但他们在行动之前退缩了，希波达米娅只好自己动手。一天深夜，她潜入了拉伊俄斯的寝宫，取下墙上的剑，刺入毫无防备的克里西波斯的腹部，然后飞快地逃走了。拉伊俄斯成了理所当然的嫌疑人，但克里西波斯在希波达米娅逃跑时认出了她，可怜的少年在咽气之前说出了凶手的名字，洗刷了拉伊俄斯的罪名。阿特柔斯和堤厄斯忒斯控制了忒拜王国，囚禁了拉伊俄斯，罪名是他违背克里西波斯的意愿，劫持并强行留下他，这个罪名后来被希腊人叫作"拉伊俄斯之罪"。愤怒的珀罗普斯诅咒忘恩负义的拉伊俄斯，祈求神祇不让他生育儿子——如果他真要有一个儿子的话，这个儿子一定是亲手杀死拉伊俄斯的凶手。珀罗普斯发出的诅咒使厄运不断临到拉伊俄斯国王的子孙后代身上。

8. 俄狄浦斯的悲剧

作为卡德摩斯的后人，忒拜国王拉伊俄斯为了增强忒拜的龙牙播种之后人的忠诚感，娶了彭透斯的后人、墨诺扣斯（Menoeceus）的女儿伊俄卡斯忒为妻。夫妻俩感情很好，但婚后多年未有子嗣，伊俄卡斯忒的弟弟克瑞翁向拉伊俄斯提出，要是他再没有后代的话就交出王位，另立他人。拉伊俄斯到德尔斐神庙祈求神谕，神谕告知，拉伊俄斯的妻子伊俄卡斯忒已经怀孕，但生下的儿子长大后必定弑父娶母。为了扭转这一可怕的命运，孩子刚一出生，拉伊俄斯便用一根黄金饰针将婴儿的脚踝刺穿，并在一起，然后将他弃于喀泰戎的荒山之上，让他被野兽咬死吃掉。另一说是拉伊俄斯将婴儿交给放牧人，令他将婴儿带到山林中处死。放牧人可怜这无辜的生命，便把他交给了为科林斯国王波吕玻斯（Polybus）放牧牛羊的牧人，让他把婴儿带到异国他乡。拉伊俄斯的放牧人回去向国王谎称已执行了命令。须知在神话中，凡人是无法抵抗神祇的，但拉伊俄斯夫妻自认为神谕不会实现了。这个婴儿被科林斯的放牧人带回科林斯，起名"俄狄浦斯"，意为"肿胀的脚"。国王波吕玻斯和王后墨洛柏（Merope）正好没有子女，他们非常喜欢这个可爱的婴儿，将他收养在宫中，视同己出。俄狄浦斯逐渐长大了，他理所当然地认为自己就是国王波吕玻斯的儿子和继承人。有一次俄狄浦斯去参加一个宴会，谁知有人喝醉了酒，大声叫嚷，说俄狄浦斯是国王的养子。这使俄狄浦斯深感震惊。他去询问父母，国王夫妇自然想方设法宽慰她，排解他的疑虑。俄狄浦斯心中的疑云并没有完全消除，他悄悄地来到特尔斐，祈求神谕。阿波罗神庙的女祭司皮提亚向他传达的神谕是更加可怕的：他将弑父娶母，而且这一乱伦的婚姻将生下为众神诅咒和万民仇视的孩子。这预言如同霹雳轰顶，让

113

俄狄浦斯恐惧万分。神谕也没有说他的父母是谁，俄狄浦斯决定离开科林斯，离开他慈祥的父母，做一个浪迹天涯的漂泊者，永不回到父母身边。他走的这条路是通向忒拜的，它在帕尔纳索斯山脚下一分为三。正行走间，狭窄的山谷对面驶来了一辆四轮马车，车上坐着一位神态庄严的老者，驾车的是一个传谕官，几个仆人跟在车后。狭路相逢，传谕官粗暴的态度引发了双方的对抗。受到传谕官鞭打的俄狄浦斯回手打了他一拳，坐在车上的老者见状挥起手杖击打俄狄浦斯的头部，这下可好，怒不可遏的俄狄浦斯猛然挥起自己的手杖朝老者打去，一下就把老者打翻在地。年轻气盛的俄狄浦斯随即扑向其他随员，除了一个仆人逃得性命，所有人都被他打死。俄狄浦斯不知道，自己挥杖打死的老者正是他的生身之父——忒拜国王拉伊俄斯。拉伊俄斯和俄狄浦斯父子二人都竭尽全力以避免可怕预言的实现，但都可悲地陷入了神谕张开的罗网之中。

俄狄浦斯继续前行，不久就来到了忒拜。他在城外碰见了一个带翼的狮身人面怪物斯芬克斯（Sphinx），是由天后赫拉派遣过来惩治忒拜人的。相传赫拉对忒拜城怀有仇恨，因为它的创建者卡德摩斯的妹妹欧罗巴是宙斯的情人。这怪物蹲在一块巨石上，每天都对忒拜的居民提出相同的隐谜，凡对答不上的人被她撕碎吃掉（另一说是，忒拜人要是答不上来，怪物就攫取一个忒拜人的孩子，将他吞噬）。到目前为止，还没有谁能够解开怪物的隐谜。拉伊俄斯失踪之后，如今执政的是王后伊俄卡斯忒的兄弟克瑞翁。他贴出告示，宣布有谁能除掉城外的怪物，就由他继承王位，同时娶他的姐姐伊俄卡斯忒为妻。俄狄浦斯走到怪物跟前，他突然意识到，怪物提出的隐谜他在阿波罗神庙祈求神谕时有所显示。从此经过，女妖问道："什么生物早晨用四条腿走路，中午用两条腿走路，傍晚用三条腿走路？在所有的生物中，这是唯一的用不同数目的腿走路的生物。而当它用腿最多的时候，正是它的力量和速度最小的时候。"俄狄浦斯应声答道："这生物就是人啊。幼童松软无力，所以两手两腿趴在地上行走；人到壮年精力旺盛，用两腿快步行走；人到老年，软弱无力，拄着拐杖走动，就好像用三条腿走路。"隐谜被解开了，斯芬克斯又气又急，从岩石上跳下来，一头撞死在地上。祸害被消除了，俄狄浦斯成为忒拜新的国王，并且娶了寡后伊俄卡斯忒为妻。夫妻婚后生下四个儿女：女儿安提戈涅和伊斯墨涅（Ismene），孪生兄弟厄忒俄克勒斯和波吕尼刻斯。俄狄浦斯是个正直的国王，把忒拜治理得井井有条，深受民众爱戴。几年后，忒拜城发生了大瘟疫，神谕昭示，发生瘟疫的根源在于杀害先王的凶手，而这个凶手就在忒拜。要消除瘟疫就必须找到和惩罚凶手。

俄狄浦斯令盲预言家泰瑞西阿斯去寻求神意,以揭露杀害先王的罪人。但泰瑞西阿斯断然拒绝了,他说:"国王啊,让我回去吧!你承受着你的重担,让我也承受我的重担吧!"就在此时,一个老人作为科林斯的使者来到忒拜的宫殿,他给俄狄浦斯带来了不幸的消息:他的父亲波吕玻斯和母亲墨洛柏去世了。这一令人悲伤的消息却使俄狄浦斯感到了解脱,他如释重负地说,神谕有关他杀父娶母的预言再也不会实现了。伊俄卡斯忒听了也开怀大笑,说不要相信什么神谕,当年神谕说拉伊俄斯将被自己的儿子所杀死,这是多么荒唐啊!事实上拉伊俄斯是在一个十字路口被陌生人打死的。她还说,他俩唯一的儿子刚出生就被钉穿双脚,丢弃在荒山上,早就死了。俄狄浦斯一听"十字路口"不由得心头一震。他想起了当年在十字路口发生的争执和打斗,难道那位死于斗殴的老者就是先王本人?此时科林斯的老牧人也从俄狄浦斯脚上的伤疤认出了他就是当年被遗弃的婴儿。几经对证,真相大白,俄狄浦斯弑父娶母的神谕完全应验了。在一旁的王后伊俄卡斯忒悄然离开了众人,不一会,宫中传来悲痛的哭声。俄狄浦斯冲进伊俄卡斯忒的寝宫,只见他的王后,也是他的母亲伊俄卡斯忒已经上吊自尽了。他放声痛哭,走上前去,从伊俄卡斯忒的衣服上摘下黄金胸针,刺穿了自己的双眼。他让仆人将他领到民众面前,宣布自己是杀父的凶手,娶母的罪人,受神祇诅咒罪有应得。无论如何,杀害先王的凶手找到了,忒拜民众的灾难得以解脱。克瑞翁出任摄政王,辅佐俄狄浦斯的两个幼子。俄狄浦斯不情愿地被放逐到异国他乡,两个儿子变得冷漠无情,他们将一根乞丐的手杖塞在他的手里,逼迫他即刻离开宫殿。只有两个女儿怜悯瞎眼的父亲。小女儿伊斯墨涅留在宫里,大女儿安提戈涅自愿陪伴父亲流亡。

父女俩一路颠沛流离,历尽艰辛,不过德尔斐的神谕给了他们一丝慰藉:俄狄浦斯的厄运源自于祖先和父辈的罪孽,命运的安排使他违反了自然和人类最神圣的道德法则,在适当的时刻,严厉的复仇女神将为他解脱。终于有一天,父女俩来到雅典附近的科洛诺斯,进入献给复仇女神的圣林:欧墨尼得斯(Eumenides)圣林。这将是他苦难命运的终点。此时,从远处来驶来一辆四轮马车,上面坐着俄狄浦斯的小女儿伊斯墨涅,她专程来找老父亲。原来俄狄浦斯的两个儿子为争夺王位而翻脸为仇,哥哥波吕尼刻斯被弟弟厄忒俄克勒斯逐出了忒拜。波吕尼刻斯逃往伯罗奔尼撒的阿尔戈斯,在那里娶了公主为妻,正要兴兵报复。而神谕宣称,谁得到俄狄浦斯的支持,谁就会获得胜利。俄狄浦斯坚决地拒绝了任何一方的拉拢,而且还发出了对两个贪恋

115

权力的不孝之子的诅咒。不久的一天，空中响起了几声雷鸣。听到来自上天的声音，俄狄浦斯知道自己的苦难到头了，他要求面见雅典国王提修斯。提修斯急忙赶来。俄狄浦斯衷心地为雅典城祝福，然后，他请求提修斯陪他走一程。此刻，瞎眼的俄狄浦斯好像突然恢复了光明的视线，昂首挺胸走在前面，朝命运女神指引的归宿走去。复仇女神之圣林的深处露出一个隐秘的地洞，相传这是通向哈得斯地府的一处入口。俄狄浦斯脱掉乞丐破服，用泉水洗去浑身厚重污垢，换上女儿为他拿来的整洁衣服，精神焕然一新。这时，从地底传来隆隆的雷声，俄狄浦斯与女儿拥别之后，让所有人都转过身去，随即迈进地洞之中。过了一阵，众人回头一望，俄狄浦斯已消失得无影无踪。提修斯独自一人站在洞口，用手捂住眼睛，好像有什么神奇的情景使他睁不开眼似的。

9. 俄狄浦斯的子女们：三兄妹的结局及其他

此时的忒拜城，俄狄浦斯的两个儿子为抢夺王位而反目成仇，被驱赶出忒拜的波吕尼刻斯逃到伯罗奔尼撒半岛投靠阿耳戈斯国王阿德拉斯托斯，国王答应帮他夺回王位。在阿德拉斯托斯的召集下，大军分为七路去攻打忒拜的七座城门。这就是著名的七雄攻忒拜的传说。在本书第三章有关"人类世界的战争：七雄攻忒拜"一节中已有叙述，这里不再重述。战斗的结果是悲惨的，俄狄浦斯的两个儿子波吕尼刻斯和厄忒俄克勒斯自相残杀，双双倒在了忒拜城门之前。发自瞎眼父亲俄狄浦斯的诅咒成为现实。这时，忒拜的城门洞开，只见安提戈涅猛冲出来，扑倒在哥哥波吕尼刻斯的身上。俄狄浦斯的两个儿子死后，克瑞翁成了忒拜的国王。他为厄忒俄刻勒斯举行了隆重的葬礼，同时宣布波吕尼刻斯为城邦的敌人，如何人不许掩埋他的尸体，而要将其暴尸荒野，任凭乌鸦和野兽啄食。他还颁布命令，凡违反禁令者一律用乱石砸死。安提戈涅置生死于度外，悄悄地将泥土掩盖在哥哥的尸体上。克瑞翁闻讯大怒，下令立刻扒去尸体上的泥土，重设岗哨，严加看守。看守们终于发现了前来撒泥土的姑娘，不由分说地将她抓住，带到国王面前。克瑞翁一看，原来胆敢违抗禁令的就是他的外甥女安提戈涅。安提戈涅倔强地谴责了舅舅灭绝人性的恶行，克瑞翁恼羞成怒，令人把她拖下去。听到姐姐被抓的消息，伊斯墨涅勇敢地来到冷酷的国王面前，说自己也是同谋，要死一起死。她同时提醒国王，安提戈涅不仅是克瑞翁姐姐的女儿，而且是克瑞翁之子海蒙的未婚妻。海蒙本人也赶来为安提戈涅求情，但他的话却激怒了克瑞翁，他令人将安提戈涅关在墓地的岩洞里，等候发落。盲人预言家泰瑞西阿斯劝说克瑞翁放弃成命，而将波吕尼刻斯的尸体入土安葬。面对泰瑞西阿斯的劝说，克瑞翁就像当年的俄狄浦斯一样暴跳如雷，横加怒骂。泰瑞西阿斯愤而预言，由于犯下双重罪过（既不让死者魂归地府，又不让生者留在世上），克瑞翁还将为这具死尸再牺牲两个亲骨肉。盛怒的预言家走后，克瑞翁突然感到难以名状的恐惧。他当即召集了城里的长老们来商议一下。众人一致要求安葬波吕尼刻斯的尸体，马上释放安提戈涅。克瑞翁只得听从民意，不敢再固执己见。他领众人来到波吕尼刻斯暴尸的地方，按仪式将其火化安葬，还用故乡的泥土给他立了一个坟墓。然后，他又领人前往关押安提戈涅的岩洞。还没等他们赶到那里，就听见国王之子海蒙悲痛的哭声，原来安提戈涅在岩洞里用面纱扭成绳索，上吊身亡了。哭泣的海蒙跪在未婚妻尸体前痛不欲生，还诅咒冷酷无情的父亲。等国王走进洞穴，海蒙突然从剑鞘里拔出锋利的宝剑向他刺来。克瑞翁急忙闪开，逃出石洞。而悲痛欲绝的海蒙突然在安提戈涅身边伏剑自杀了。克瑞翁的妻子欧律狄刻独自一人待在宫中，不久，她就听到了儿子的死讯。不一会，克瑞翁又得到报告，王后悲愤过度已在内室自杀，躺在血泊之中。泰瑞西阿斯愤的预言不幸言中。

在俄狄浦斯的几个子女中，这三兄妹的故事，尤其是安提戈涅为掩埋暴尸荒野的哥哥波吕尼刻斯而献出生命的故事令人震动和感慨。这使我们想到了中国的聂政与他姐姐的故事。据《史记·刺客列传》等史书记载，生活在战国中期的侠士聂政因杀人而避仇，带着母亲和姐姐跑到齐国隐名埋姓度日，以操屠户之业为生。韩国大臣严遂（字仲子）与韩丞相侠累有仇，欲杀之解恨。严仲子闻聂政之名遂登门拜访以重金相送，并一直为聂政老母养老，直至送终。受感动的聂政决心以命报答。他带着宝剑独自赶往韩国都城，然后直奔宫中大堂，猛然撞开护卫，登上台阶用宝剑将丞相侠累刺死。事毕，为避免连累与他相貌相似的姐姐，聂政用剑毁坏了自己的整个面容，并挖出双眼，又刺穿自己的腹部，血尽而亡。韩侯将无名刺客的尸体置于闹市之中，悬赏求识其身份者。城中一时无人能识。聂政的姐姐聂荣听到这个消息后，马上明白聂政做了什么事情。她随即动身赶赴韩国，径直来到悬尸之处，一看果然是弟弟聂政。聂荣伏尸痛哭，大声喊道：他就是住在轵地深井里的聂政啊！言毕，聂荣就在弟弟身旁自尽身死。弟弟聂政之所以行刺之后毁容自尽，是为了隐瞒身份而保全姐姐，而姐姐聂荣之所以伏尸痛哭是为了让世人知道聂政的大名，不使其淹没。且不论聂政行刺本身的是非曲直，这姐弟之间的深情厚谊却是令人震撼，感人至深的。跨越时空和地域，世间的许多东西是相似的，真可谓"人同此心，心同此理"。

在古希腊悲剧作家欧里庇得斯的剧作《海伦》中，坦塔罗斯家族的成员向神祈祷："啊，万能的神啊，但愿坦塔罗斯家族最终能摆脱痛苦，从罪恶中得到解脱吧！"这样的呼声同样适用于卡德摩斯家族的命运。原初的诅咒与神祇的惩罚使这个家族大部分成员死于非命。在俄狄浦斯的子女中，只有小女儿伊斯墨涅存活下来。而笼罩着坦塔罗斯家族和卡德摩斯家族的罪与罚的命运罗网作为一种神话叙事的因素，还需要我们从现代文化的视野去解读和认识。

第九章

神话基本题材：人间自有深情在[*]

一、问世间情为何物

希腊罗马神话不仅体现了对诸如是与非、善与恶、罪与罚、神谕与命运等矛盾冲突的探究，而且体现了对人类崇高情感的艺术张扬，包括父母与子女的骨肉情、同胞手足情、患难夫妻情、生死恋人情、生死朋友情，等等。这些故事丰富和充实了整个希腊罗马神话宝库，闪烁着动人的精神火花和艺术光彩。在希腊神话中，神人是同形同性的（包括形体相貌，性别和性情等），神的模样和习性是根据现实生活中人类的模样和习性想象创造出来的，所以，天神的情感就是人类情感的折射。神祇和人类一样，有七情六欲和爱憎分明的情感，而且这些情欲和情感得到极度的张扬。谷物女神德墨忒尔寻女的故事是表现母女情深的一个典型例子。冥王哈得斯将德墨忒尔的爱女珀尔塞福涅抢到冥府为后。女儿失踪后，德墨忒尔发疯般地寻遍了整个世界。她无心农事，以致大地荒芜，饿殍遍野。女神还由于神思恍惚而在坦塔罗斯设下的"人肉宴席"上误食了坦塔罗斯之子珀罗普斯肩膀上的一块肉。身边没有女儿的陪伴，德墨忒尔简直活不下去了，最后，宙斯出面，事情才得以解决。从此以后，珀尔塞福涅可以定期回到母亲身边，此时，大地春回，万物复苏，一派勃勃生机。但只要女儿离开她前往地府，德墨忒尔又变得心绪低沉起来，于是万物肃杀、寒冷刺骨的冬天就会来临。德墨忒尔寻女的故事是人间深情在神话中的折射。在希腊神话中，有很多关于骨肉情、朋友情、夫妻情、恋人情、手足情的传说，如音乐家俄耳甫斯赶赴地府拯救亡妻欧律

---

[*] 本章主要根据以下图书文献叙述：McLeish, Kenneth. *Myths and Legends of the World Explored*. London：Bloomsbury Publishing plc，1996.
Ovid. *The Metamorphoses*. Trans. Mary M. Innes, Penguin Books, 1955, 1981.
库恩《古希腊的传说和神话》，秋枫、佩芳译，北京：生活·读书·新知三联书店，2002。
施瓦布《希腊古典神话》，曹乃云译，南京：译林出版社，1996。

狄刻的故事；孪生兄弟波吕丢克斯和卡斯托的手足情深（参见关于双子座的故事）；妹妹安提戈涅不惜以命相搏，掩埋哥哥波吕尼刻斯遗体的故事；阿喀琉斯和帕特洛克罗斯之间扭转乾坤的朋友之情；以及许多为爱而殉情献身的故事，如希罗和利安德的生死恋（利安德为见希罗而溺海身亡，希罗遂投海殉情）；风神埃俄洛斯的女儿海耳塞倪为溺亡的丈夫刻宇克斯投海而死，变成翠鸟的故事；提斯巴和皮拉摩斯的故事堪称莎士比亚《罗密欧和朱丽叶》故事的先声（一对情人约会，提巴斯先到，为避不期而至的猛狮而躲开。皮拉摩斯赶到约会地点，见地上沾血的手绢，误以为提巴斯被狮子吃掉，遂拔剑自刎。提巴斯回到约会处见恋人已死，也拔剑殉情而亡）；等等。这些感人的故事赋予了希腊罗马神话浓厚的人文色彩，也为后世的文学艺术创作提供了许多感人至深、栩栩如生的人物形象和故事范本。下面所提取的只是几个有代表性的发生在人间的情感故事。

二、逾越生死的夫妻情：舍命救夫的阿尔刻斯提斯

在帖撒利的弗赖城，有一对恩爱夫妻：高贵的国王阿德墨托斯和他年轻漂亮的妻子阿尔刻斯提斯。阿德墨托斯重情重义，阿尔刻斯提斯忠贞爱夫，夫妻情深，难分难舍。当年，宙斯曾用雷电将阿波罗的儿子——神医阿斯克勒庇俄斯（Asclepius）劈死，爱子情深的太阳神阿波罗非常悲痛，但又不敢得罪宙斯，于是杀死了为宙斯锻造雷电火具的独眼巨人库克罗普斯。为逃避宙斯的惩罚，阿波罗离开奥林波斯山，来到人间避难，曾在阿德墨托斯这里牧羊赎罪。热情好客的阿德墨托斯善待了落难的阿波罗，二人成为至交好友。后来阿波罗苦役期满，返回了奥林波斯山，成了阿德墨托斯的保护神。如今阿德墨托斯体衰病重，生命行将结束。阿波罗已预先知道他的状况（在返回神山之前，阿波罗曾许诺为他向命运女神求免死之策），他告诉阿德墨托斯这次可以免死，但前提条件是：得有人替他去死——这正是命运女神的不可更改的条件。然而每个人都珍惜自己只能活一次的生命，平日围在国王身边的大臣及随从都避而远之，不愿替他去死，尽管他是个英明的贤君。他的亲朋好友中也没有任何人原意牺牲自己来挽救他，甚至他那年逾古稀的父亲和母亲都沉默不语，不愿放弃剩下的一点生命时光来换取儿子的生命。正在此时，国王年轻的妻子阿尔刻斯提斯毫不犹豫地挺身而出，她对丈夫说："没有你，我也不愿活下去了，你的生命比我的更宝贵，我愿意为你去死。"国王说，这万万不可，你正当青春年华，而且子女们还小，需要母亲的慈爱和照拂啊。但阿尔刻斯提斯主意已定，她含着眼泪，一一吻别几个儿女，并且向丈夫提

出不要给孩子们找个后妈,以免遭受虐待。国王含泪发誓后,阿尔刻斯提斯沐浴更衣,穿上华服,戴上首饰,在祭坛前祷告,愿意接受死神施加给丈夫的病魔。阿尔刻斯提斯日渐消瘦,而她的丈夫则转危为安,因为病魔已离他而去。不久,阿尔刻斯提斯昏倒在地,气绝身亡。死神塔那托斯披一挂黑披风来到王宫,带走阿尔刻斯提斯的亡灵。

正当悲痛万分的阿德墨托斯在为爱妻准备丧事的时候,宙斯的儿子——大英雄赫拉克勒斯碰巧来到弗赖。一向好客的阿德墨托斯强忍着悲痛欢迎这位远道而来的朋友。虽然他没有将家中的不幸告诉赫拉克勒斯,但这位英雄已经从仆人那里得知了事情的经过。英雄果然不失英雄本色,赫拉克勒斯当即追赶死神,与其展开较量,终于从死神手里抢回了阿尔刻斯提斯,让这对恩爱深情的夫妻重新开始幸福的生活。

三、贫贱夫妻百事乐:相濡以沫的菲利蒙和巴乌希斯

与大多数希腊罗马神话的主人公一样,上面故事里的主人公是国王和王后。而下面这个故事的主人公则是一对贫民夫妻。中国唐代诗人元稹在《遣悲怀》一诗中悼念亡妻,情真意切,感人至深。与他同贫贱、共患难的妻子不幸离他而去,这是人生更悲哀的痛苦,白天看见的关于旧人的一切痕迹都会令人触景伤情,悲从心来,正所谓"诚知此恨人人有,贫贱夫妻百事哀"。而在希腊神话中有这样一对老夫妻就因为其善良的本性而解决了死后不能像生前一样长相厮守的哀事。有一次,宙斯和儿子赫耳墨斯装扮成贫穷的行人,来到凡间巡游,考察一下人间的民情,对待外乡的流浪者是否友好。夜幕降临,他们便到一个村庄去投宿。没想到,偌大的村庄里竟然没有一户人家肯收留他们。最后,他们走到村头的一间小茅屋。茅屋又矮又小,屋里住着一对没有子女的老夫妇,他们是正直善良的菲利蒙(Philemon)和他的老妻巴乌希斯(Baucis)。夫妇俩就是在这间茅草屋里携手人生,共同度过了欢乐的青春年华,又共同变成了白发苍苍,相濡以沫的老两口。他们贫穷但不抱怨,乐观地过着贫贱的日子,而且待人友善,乐于助人。这次,他们一如既往地招待了陌生的客人。他们倾其所有,拿出家中最好的东西来款待两位不速之客。等酒足饭饱,主人发现盛葡萄酒的罐子居然还是满满的,一点没少。老夫妇恍然大悟:这两个衣衫褴褛的流浪汉一定是天上的神祇!老夫妇真是万分欣喜,赶紧出门要把家里仅有的一只肥鹅杀了招待贵客。宙斯劝阻了老两口的行动,告之他们此行的目的,让他俩到对面的山顶上去,看神祇如何惩罚村子里那些冷漠自私、极其吝啬的村民。等老夫妇走到山顶往下一看,他们

121

原先居住的村庄已经变成了一片汪洋。大水退去，老夫妇下山寻找他们住了一辈子的小茅屋，而茅屋竟然奇迹般变成了富丽堂皇的神殿庙宇。这时，宙斯请老夫妇提出他们的任何愿望。面对无所不能的天神，老夫妇终于道出了两人一直埋在心头的忧虑：他们中的一人去世后，另一个人要留下来忍受孤独、寂寞的思念之苦。因此，他们希望同生共死，永远相互厮守。宙斯被这对老人的挚爱深情所打动，满足了他们的愿望。夫妻俩的余生是在共同守护宙斯神庙的日子中度过的。当他们大限临近时，便双双站立在神庙的台阶前。这时，巴乌希斯深情地看着她的老头子，菲利蒙慈爱地看着他的老婆子，两人默默地对视着，渐渐的，两人浑身上下长出了绿色的枝叶，越来越多，越来越多，直到整个人变成了高大的树木。"再见了，亲爱的老头子!""再见了，亲爱的老婆子!"一对相濡以沫的老夫妻就这样结束了他们的漫长一生：一个变成了橡树，另一个变成了菩提树。这样，他们还能够像生前一样不离不弃，永远相互守望。

四、夫妻双双变翠鸟：以命殉夫的海耳塞倪

相传，海耳塞倪（Halcyone）是风神埃俄洛斯的女儿，她嫁给晨星的儿子——塞萨利国王刻宇克斯（Ceyx）为妻。夫妻俩相亲相爱，终日形影相随、难分难舍。有一次，夫妻俩无意中将自己比作宙斯和赫拉，不想竟然惹恼了宙斯，决定惩罚他们，将他们变成鸟儿。不久，有一则预言传来，说刻宇克斯将遭遇不测。刻宇克斯心里惶恐不安，决定漂洋过海，到小亚细亚的克拉罗斯的神殿祈求神谕，看神祇是否对他产生了敌意。海耳塞倪极力劝阻丈夫出海远航，但刻宇克斯执意要走，说不用担心，他很快就会返航。丈夫一走多日，海耳塞倪在家苦苦等候。果然，刻宇克斯的船只在海上遭遇了猛烈的风暴，巨大的海浪将航船掀翻，船上的所有人员都落入波涛汹涌的大海之中。刻宇克斯抱住一块木板奋力挣扎在海面上，但没有多久就精力耗尽，撒手人寰，就他在失去知觉沉入海底时，他还在喃喃地呼唤妻子的名字。而在家苦苦守候的海耳塞倪还不知道丈夫已经遭遇不测，她每日站在海岸边眺望着远方的海平面，望眼欲穿地盼夫归来。就这样日复一日，月复一月，但始终没有盼来丈夫回归的船帆。与此同时，海耳塞倪还不忘每天祈求天神的护佑，尤其给天后赫拉祭献贡品，求她保佑刻宇克斯平安归来。赫拉赶紧派彩虹女神伊里斯唤醒睡梦之神摩菲耳斯（Morpheus），让他托梦给海耳塞倪把实情告知。在梦里，海耳塞倪看到浑身湿透的丈夫出现在她面前，面色苍白，泪流满面。梦醒之后，海耳塞倪撕一路狂奔到海边，终于看见了被海浪冲到岸边

的刻宇克斯的遗体。悲痛欲绝的海耳塞倪纵身跳入大海，以命殉夫。就在一刹那间，奇迹出现了，海耳塞倪和丈夫刻宇克斯变成了两只翠鸟，双双在海波上翻飞。于是夫妻俩就在海上筑巢，生育后代。它们还被赋予了平息风暴的能力，以救助那些遭遇海难的人们。相传，每年冬至期间，风神埃俄洛斯都要短暂地为海面送来温和平静的柔风，此时海面风平浪静，这样海耳塞倪就能够平安地孵化她的鸟蛋。因为这个传说，后人就把每年十二月中旬冬至前后的两个星期称为"halcyon days"，即"风平浪静的日子"。

五、留取美名传千古：忠贞不渝的珀涅罗珀

珀涅罗珀是斯巴达王子伊卡里俄斯（Icarius）的女儿。伊卡里俄斯一直迫切希望有个儿子，所以他的妻子生下女儿后曾隐瞒消息，并把女婴藏了起来，不让他看见。伊卡里俄斯不久就发现了真相，一时怒起将女婴扔到海里。但掉进海水的女婴并没有被淹死，而是被一群鸭子救了起来。伊卡里俄斯深受震动，转怒为喜，为婴儿取名为"珀涅罗珀"（Penelope），意思是"鸭子"。珀涅罗珀是著名美女海伦的堂妹，两人年龄差不多一般大小。当希腊各地的求婚者为赢得海伦而潮水般涌来时，人们并没有注意到斯巴达还有这样一个待字闺中的妙龄少女。好在来自伊塔卡的奥德修斯"慧眼识佳人"，在眼见竞争激烈，难以获得海伦青睐的情形下，向珀涅罗珀提出求婚。做父亲的伊卡里俄斯极不情愿女儿离开自己，希望奥德修斯在斯巴达定居，但奥德修斯更愿意回故乡伊塔卡生活。奥德修斯提出由珀涅罗珀自己做出选择。珀涅罗珀羞涩满面，一言不发地用纱巾罩住脸部。伊卡里俄斯明白了女儿的心愿，只好让她跟着奥德修斯走了。据说女儿走后伊卡里俄斯的心都碎了，没过多少年就去世了。奥德修斯与珀涅罗珀婚后感情很好，不久就生下儿子忒勒马科斯。但好景不长，由特洛伊王子帕洛斯拐走海伦而引发了的特洛伊战争迫在眉睫。奥德修斯实在不愿意离开妻儿远赴海外战场，他打算蒙骗希腊联军的头领们。但帕拉墨德斯揭穿了他的蒙混招数，使他不得不抛妻别子，出海参战。为此他恨透了帕拉墨德斯，以至于后来设下圈套将他置于死地。在十年征战和十年归程的漫长岁月里，一边是奥德修斯的思乡心切，矢志不移，历尽千难万险，战胜一切诱惑，终于踏上故土，与妻儿团聚；另一边是珀涅罗珀盼夫归来，望穿秋水，忠贞不渝，想尽千方百计对付上百个纠缠不休的求婚者，终于赢得时间迎来了丈夫的回归。在伊塔卡，随着时间的推移，求婚者们施加的压力越来越大，珀涅罗珀先是采用了一个情理之中的"缓兵计"来拖延时间。她宣称要为公公拉厄忒斯编织一件寿衣，然后就考虑再婚之事。

她白天编织,晚上拆掉,所以她要完成的是永远也完成不了的工作,而"珀涅罗珀的纺织"也因此成为"永远也做不完的事情"的代名词。几个月后,由于身边宫女告密,此计方才终止。在最后的关头,她又采用了"非难之计",宣布在宫中安排一场射箭比赛,获胜者将成为她的新夫君。她将奥德修斯过去练弓时使用的十二柄铁斧捆在一起,作为靶子,让求婚者在远处使用奥德修斯的那张坚硬无比的铁弓,有谁能够一箭洞穿这十二柄铁斧的手柄即为获胜者。结果求婚者们谁也无法挂弦开弓,更不用说射穿斧柄了。就在求婚者纷纷败下阵来之际,此时已经返回家园但乔装成老乞丐的奥德修斯乘机张弓怒射,准确地洞穿了十二柄铁斧的斧柄。随后便是奥德修斯杀灭求婚者,重振家园的故事。在荷马史诗中,苦等丈夫二十年的珀涅罗珀终于苦尽甘来。千百年来,荷马史诗讲述的珀涅罗珀故事流传甚广,深入人心。珀涅罗珀忠贞不渝,计退求婚者的故事也传为佳话,使她成为最典型的忠贞女性的艺术形象。

六、生死恋人情:希罗和利安德的故事

纯情少女希罗(Hero)从小就被父母献给爱神维纳斯,后成为维纳斯神庙的女祭司。她长年居住在赫勒斯庞特海峡(即达达尼尔海峡)塞斯托斯的一座孤单的灯塔之中,陪伴她的只有一个老乳母。有一年当地举行庆祝维纳斯的盛大庆典,从海峡对面的阿比多斯赶来的年轻人利安德(Leander)在神庙里见到了美丽动人的少女希罗,不由自主地爱上了她,希罗对他也是一见钟情,两人终于倾心相爱了。但女神的祭司是不许结婚的,而且希罗住在塞斯托斯的高塔之中,利安德住在海峡对面的阿比多斯,两人只能隔海相望。有一天,当夜幕降临,灯塔亮起了灯火,女祭司希罗正在塔中进行晚祷,突然一个浑身湿透的年轻人悄然出现在少女面前,他就是少女的恋人利安德。他说自己一直住在海边,水性好,所以特意游过来看她。少女非常感动,将他紧紧抱在怀中。这是他们的第一次幽会。从此,每当夜幕降临,利安德就从海峡对面泅渡过来,到灯塔与情人相会,希罗也准时到塔下的海岸边迎接利安德。第二天清晨,两人依依惜别,利安德又悄然离去,泅渡回家。他俩在一起快乐温馨地度过了整整一个夏天,没有人知道他们的秘密。然而有一天晚上,天气恶劣,狂风暴雨,海浪汹涌,希罗在灯塔里坐立不安,她点燃火把,在塔外苦苦守候。此时大雨如注,狂风更猛,竟然将灯塔的火炬和希罗手里的火把都浇熄了。正在滔滔海浪中拼命泅水的利安德很快迷失了方向,终于力气耗尽,溺海身亡。第二天清晨,希罗又来到海岸边探望,发现了被

海浪冲到塔边的利安德的尸体。希罗一见痛不欲生，纵身一跃，一头跳进了大海，殉情而亡。古往今来，希罗和利安德的凄美爱情故事始终焕发出动人的光彩。公元前5世纪的希腊诗人穆赛乌斯创作了诗体小说《希罗和利安德》(Hero and Leander)；罗马诗人奥维德创作了《希罗颂》；16世纪的英国剧作家马洛（Marlowe）创作了长篇叙事诗《希罗与利安德》(Hero and Leander)；1810年英国浪漫主义诗人拜伦（Byron）用1小时10分钟完成泅渡海峡的全程，重复了当年利安德为爱情而每日一游的行动。拜伦为此激动不已，并将此事写进了他的诗作《堂璜》之中。后来，希腊人民为了纪念痴心殉情的希罗，建造了一座名为希罗的灯塔。据说，国际海上信标会议的会徽就是根据这个神话而设计的。

七、爱的生命力：皮格马利翁与少女雕塑的故事

相传皮革马利翁（Pygmalion）不仅是塞浦路斯国王，而且还是很有艺术造诣的雕刻家，他的名字就含有"石头雕刻者"的意思。根据奥维德《变形记》的相关记述①，由于人们触犯了爱神维纳斯而受到惩罚，女人们变得淫荡起来，公开卖淫纵欲，毫无廉耻之心。皮革马利翁为她们的放荡生活而感到震惊，所以长期过着独身的生活。作为一个技艺精湛的雕刻家，皮革马利翁将他的时间和精力都投入到艺术创作之中。他决定用象牙雕刻一个晶莹剔透的少女雕塑，不久他创作的这个象牙少女就出现在他面前，显得如此美丽、纯洁，远远胜过世上的一切女人。这个少女雕塑栩栩如生，呼之欲出，就像马上要走动一样。皮革马利翁出神地望着他的艺术杰作，心中生出强烈的爱慕之情。他时常用双手轻轻地抚摸它，看到底是象牙呢还是少女的肤肌。有时他情不自禁地亲吻它，拥抱它，低声对它说话，而雕像仿佛也在亲吻他和回应他。他有时大声赞美它的美丽动人，有时给它带来姑娘们喜爱的各种礼物，给它穿上美丽的服装，手上戴着戒指，脖子上挂着项链……庆祝维纳斯的节日到来了，这是塞浦路斯的盛大节庆，人们纷纷在女神维纳斯的祭坛前献上诸如牛角上镀金的小母牛这样的祭礼。祭坛上香火正旺，皮革马利翁也献上自己的厚礼，然后怀着激动的心情，低声向女神诉说自己的祈祷：永恒的女神啊，如果天神无所不能，那么请赐给我一位妻子——就如同象牙少女一样的妻子吧！女神维纳斯本人就在这里，听见了他的祈祷，明白了他心里的愿望，并且使神像前的香火发出了明亮的火焰。当皮革马利翁回到家中，

---

① Ovid. *The Metamorphoses.* Trans. Mary M. Innes, Penguin Books, 1955, pp. 231–232

他直接奔向心仪已久的象牙少女，去亲吻她。与以往不同的情况出现了，象牙少女的皮肤有了体温，她的面颊变得红润起来，象牙材质变得越来越柔软……她蜕变成了一个真正的有血有肉的少女！皮革马利翁激动不已，赶紧朝天祭拜，感谢女神维纳斯为他带来的奇迹。皮革马利翁又给了少女一阵深沉的热吻，就像童话故事中白马王子给睡美人的一个热吻，唤醒了沉睡百年的公主，少女睁开了明亮的双目，第一次看见了她的恋人，也第一次看见了阳光。皮革马利翁与少女成了亲，过上恩爱的幸福生活。后来妻子为他生下一个儿子，取名帕福斯（Paphos），而位于塞浦路斯的帕福斯岛就得名于这个孩子。

　　皮革马利翁神话在现代文学艺术创作中引发了许多回响。法国雕刻家 S·法尔科内特创作有著名的雕塑作品《皮革马利翁》；法国诗人 W·S·吉尔伯特创作了喜剧《皮革马利翁和加拉忒亚》（*Pygmalion and Galatea*，1871）；英国剧作家萧伯纳创作了剧作《卖花女》（1912），该剧讲述语言学家希金斯教授与人打赌，倾全力将没有文化的贫穷卖花女伊丽莎培养成一个足以与伯爵夫人相媲美的贵妇人，在上流社会的晚会上成为最引人注目的举止优雅、谈吐不俗的美貌女郎，成为男性爱慕和追逐的对象；法国作家维里耶·德·李尔－亚当（Villiers de L'Isle-Adam，1840–1889）创作的《未来的夏娃》（*L'Eve future*，1886）则讲述了一个类似科幻小说的故事。住在纽约的发明家爱迪生发现他的朋友——英国勋爵爱德华为苦相思而失魂落魄，痛不欲生，于是决定帮他解除痛苦。爱德华爱上的是貌美如花但思想肤浅的克拉莉小姐。爱迪生按照克拉莉小姐的体型相貌制作了一个以假乱真的精巧的机器女人，取名为"哈达莉"。哈达莉由电能提供动力，能够唱歌、对话，跟真正的女人一模一样。当然，所有这些现代版本的"皮革马利翁"故事呈现出多元化的走向，体现了皮革马利翁神话原型的生命力，而它的原发性的生命力就源自希腊神话中艺术的魅力和爱的真挚情感能够创造奇迹的神话想象。

第十章

神话基本题材：地下之旅[*]

希腊神话的地下世界是想象的世界，但它具有特殊的艺术魅力和文化意义，并非远离现实的虚幻之物。例如，荷马史诗《奥德赛》中希腊英雄奥德修斯的地下之旅既体现了主人公对自己命运的急迫叩问，同时也是对知识的深入探求。

一、希腊神话中的地下世界

在荷马史诗《奥德赛》第 10 卷中，在女巫瑟西的海岛上住了整整一年的奥德修斯恳求瑟西让他和自己的水手返回家园，瑟西知道诸神的旨意，同意放行，但告诉他，在继续返回家园的旅程之前，他必须下到幽冥世界去拜访先知泰瑞西阿斯的魂灵，聆听有关自己的命运和归程的预言。瑟西还告诉了奥德修斯如何到达冥界的入口处：

> 莱耳忒斯之子，宙斯的后裔，足智多谋的奥德修斯，
> 行船无有向导，你却不必忧苦，
> 只须竖起桅杆，将雪白的风帆展铺，
> 坐下，让劲吹的北风推你上路。
> 然而，当你船至俄开阿诺斯的水流，你会发现

---

[*] 本章主要参考图书文献：荷马《奥德赛》，陈中梅译，南京：译林出版社，2003。
伯纳德特《弓弦与竖琴：从柏拉图解读〈奥德赛〉》程志敏译，北京：华夏出版社，2003 年。
库恩《古希腊的传说和神话》，秋枫，佩芳译，北京：生活·读书·新知三联书店，2002。
Zipes, Jack. *Breaking the Magic Spell：Radical Theories of Folk and Fairy Tales.*
Revised and expanded edition. Lexington：University Press of Kentucky. 2002.
Gardner, Martin. *The Annotated Alice：Alice's Adventures in Wonderland and Through the Looking-Glass by Lewis Carroll.* Penguin Books，1965.
斯威夫特《格列佛游记》，杨昊成译，南京：译林出版社，1995。

>那里有一处海岸，裴耳塞丰奈的树丛密布，
>生长高大的白杨和落果不熟的柳树，
>岸泊你的航船，在漩涡深卷的俄开阿诺斯停驻，
>你自己则要前行，行至哀地斯阴晦的家府。
>在那里，普里弗勒格松和斯图克斯的支流
>科库托斯涌入阿开荣，绕着一块石壁，
>两条河流轰响，汇成一股。
>……①

荷马在这里讲述的是由冥王哈得斯统治的冥界地府，其中流淌着几条有名的冥河，包括普里弗勒格松、斯图克斯和它们的支流科库托斯。其中，"斯图克斯河"也译为"斯提克斯河"，是一条让神祇也害怕和敬畏的冥河。从整体上看，在希腊神话中有三个位于地下的或存在于地平线以外的世界。首先是从"混沌"中产生的一个原始实体，那深不见底，暗无天日的深渊塔尔塔罗斯。这里是地下最深远、最黑暗的地方，在神界的战争时代被用来囚禁老一辈提坦巨神，后来也逐渐成为罪人灵魂所栖息的地狱。古希腊人认为死者的灵魂是一团虚无缥缈的阴影，像气体一样飘动游移在地狱之中。人们还认为塔尔塔罗斯地狱可以通向冥王哈得斯的地府。

其次就是克罗诺斯统治时期人类黄金时代的乐园或乐土，它存在于这个世界的地平线以外的一个遥远而神秘的地方，是大自然恩赐于凡人的一块美丽富饶而宁静的净土，生活在那里的人们具有高尚的灵魂，过着简朴而幸福的生活。那里也是人们肉体和灵魂的安息之所。神话中的伟大英雄死后就住在那里。还有一个说法，这个乐园就是由拉达曼达斯（Rhadamanthys）统治的埃利斯乐土（the Elysian Fields），善良正直的人们死后就来到这里居住。这个拉达曼达斯是宙斯的儿子，克里特王弥诺斯的兄弟。此外，还有一个传说中位于大洋深处的极乐岛，它最初是那些受神赐福的英雄们死后被接纳安身的富饶幸福的神奇之地。

当然，在希腊神话的地下世界中，最完整和最奇异的地方是由哈得斯主宰的冥界。据荷马史诗所叙，在大地的深处存在着一个死者灵魂云集的冥界王国。主宰这个地下冥府的是冥王哈得斯和冥后珀尔塞福涅。有一个进入地府的洞口位于地球的西方极点，在俄刻阿诺斯的另一面。那里有一个永远黑

---

① 荷马《奥德赛》，陈中梅译，南京译，林出版社，2003，314 – 315 页。

暗的迷雾王国。冥后珀尔塞福涅的圣林就在这个王国。圣林中间有一个黑乎乎的洞口，那就是传说中进入冥府地界的入口。当然还有别的进入冥府的通道或洞穴，它们无不显得阴森可怕。传说中的罗马民族的先祖埃涅阿斯为了聆听已故父亲对他未来命运的预言，在意大利地区库米附近的阿佛纳斯湖旁找到了一个通往阴司的地道。著名的歌手俄耳甫斯为了恳求冥王哈得斯和冥后珀尔塞福涅把他被毒蛇咬死的妻子欧律狄克还给他，从位于伯罗奔尼撒的特纳尔的地洞下到了冥河的岸边，又用美妙的琴声打动了冥河摆渡者卡戎，从而渡过了冥河，进入了冥府。凡间的死者进入冥界后首先要穿越一条叫阿刻戎（Acheron）或者斯提克斯（Styx）的冥河，有冥河船夫卡戎在那里摆渡将亡灵送去冥府。这摆渡当然不是免费的，卡戎应得到相当于一个小银币的渡资。所以亡者的嘴里一般要衔着一个银币，这样才好意思让船夫效劳，也不至于空手去见冥王。阿刻戎的意思是"又悲又苦的河流"。而斯提克斯更是冥界的一条著名的长河，"九曲十八湾"，共有七个弯弯曲曲的河湾。这河的名字源于希腊词"Stygeo"，意思是"憎恨"，这条冥河就连神祇也感到非常敬畏，根据赫西俄德所述，每当神祇之间发生争端时，宙斯便令彩虹女神艾里丝（Iris）带一个金罐去斯提克斯河取水，然后由争执双方各自对着这冥河水发誓，陈述曲直，如果证实某方发了假誓，说了谎话，将受到惩罚，不得享用神界的仙品佳肴，琼浆玉液，不得参加诸神的欢宴，还要判服九年苦役。由此可见，这条冥河在神祇的心目中的地位是很高的，诸神发大誓、重誓往往都以此河为证。冥界的第二条河流就是科库托斯，它的意思是"悲悼"，所以这是一条让人感到悲伤的冥河。冥界的忘川勒忒也是非常富有特色的，任何亡灵喝了此河的水就会忘掉过去的一切，无论有过多少欢乐或者痛苦，所以叫忘川。此外，冥界里还流动着普里弗勒格松河，它的意思是"燃烧的河流"。

二、掌管冥界的重要人物

哈得斯：克罗诺斯的三子之一，宙斯和波塞冬的兄弟；这三兄弟在奥林波斯神系确立以后通过抽签三分天下，结果宙斯统领天空，波塞冬掌管海洋，哈得斯执掌冥府。此外，哈得斯还是植物生长之神和财富之神。作为掌管地下世界的主宰，哈得斯不仅控制着植物生长所需的土层，而且控制着埋藏在地层下面的财富，尤其是珍贵的宝石和金属矿藏。由于女神们害怕阴森可怕的地府和深藏黑暗深渊的冥王，谁也不愿嫁给哈得斯为妻，结果他只好驾着冥府的马车冲出地面，抢走了春之女神珀尔塞福涅，作为他的配偶。哈得斯是一个具有双重象征含义的神祇。一方面他代表着神秘而可怕的黑暗，因为整个地府王国都被暗无天日，亘古不变的黑暗笼罩住了。随着时间的流逝或者战争、疾病的肆虐，无数鲜活的人类生命被冥王冷酷无情关押在阴凉的地府之中。难怪在神话想象中，哈得斯要么突然冲出来，强行掠走美貌少女，就像骑着彪悍快马的强盗公然强夺民女一样；要么把所有阳寿已尽的男女粗暴无情地赶进暗无天日的幽谧王国。另一方面，作为植物生长之神和财富之神，哈得斯不仅从地下深处为大地提供植物生长所需的养分，还把地下深处所储藏的无穷无尽的金银铜铁等金属资源提供给人类。人们用委婉语"普路托"来称呼哈得斯，"普路托"就含有财富之意。此外，宙斯的儿子赫耳墨斯承担了接引亡灵到冥府的任务，哈得斯因此"退居二线"，无须亲自露面。同时哈得斯还把冥界的具体事务交给地府的三判官去操办，他们是宙斯之子、阿喀琉斯的祖父埃卡斯（Aeacus），克里特国王弥诺斯，弥诺斯的兄弟拉达曼达。

珀尔塞福涅：德墨忒尔的女儿，春天女仙，她所到之处鲜花竞相开放。有一次她正在野外玩耍时被路过的冥王哈得斯劫走，强娶为妻，成为冥后。女儿被抢走后，德墨忒尔悲愤万分，大地一片荒芜，草木不生。宙斯出面调停，但由于珀尔塞福涅已经食用了地府里的石榴籽，所以不得不接受与哈得斯结为夫妻的事实。一年中她有一半时间待在冥府，一半时间返回大地，与母亲团聚。她在冥府的时候，大地一片萧条肃杀，甚至冰天雪地；等她返回大地，阳光灿烂，百花盛开，万物茁壮成长。所以珀尔塞福涅是连接阴森黑暗与光明生机的重要人物，具有双重含义。

弥诺斯：克里特国王，宙斯和欧罗巴的儿子。以严密的法治而闻名，因此死后成为冥府的判官之一。

拉达曼达斯：宙斯和埃吉娜的儿子，弥诺斯的兄弟，亦是冥土判官之一。

卡戎：冥河的摆渡者，他的父亲是代表黑暗的混沌之子埃里伯斯（Erebus），母亲是黑夜女神尼克斯（Nyx）。卡戎负责把亡灵渡过冥河，送入冥界的地府。英雄赫拉克勒斯、俄耳甫斯、埃涅阿斯以及狄俄尼索斯和普赛克等都曾通过卡戎的摆渡进出冥界。

刻耳柏洛斯：巨怪提丰和半人半蛇的女怪厄喀德那所生的三头恶狗，长着一条毒蛇的尾巴，专门把守冥界地府的大门。曾被大英雄赫拉克勒斯制服、擒获，带出冥界，后被送回。

三、奥德修斯地下之旅的认知意义

在荷马史诗《奥德赛》第 10 卷中，女巫瑟西按照诸神的旨意同意为奥德修斯和他的水手们放行，但他必须先到哈得斯的地下冥国去寻找先知泰瑞西阿斯的魂灵，聆听有关的预言。《奥德赛》第 11 卷讲述了奥德修斯到达幽冥世界之后的情形。奥德修斯不但见到了先知泰瑞西阿斯，还见到了许多别的灵魂，其中有刚死去的伙伴厄尔裴诺尔，有奥德修斯的母亲安提克蕾娅（当年奥德修斯出发远征特洛伊时，她还健在），许多巾帼英雄，还有参加特洛伊战争的战友，如大名鼎鼎的阿伽门农、阿喀琉斯等。根据荷马的叙述，奥德修斯用利剑挖了一个坑，将随身带来的奶液、蜂蜜、醇酒以及雪白的大麦等，调上清水，献祭给所有的亡者；然后将黑红的羊血倾倒在坑里，只要亡灵饮用羊血就可以辨认来者，并开口说话。盲先知泰瑞西阿斯的魂魄出现了，只见他右手拄着一根金杖，并立刻认出了奥德修斯，对他说："尊贵的莱耳忒斯的儿子，宙斯的后裔，足智多谋的奥德修斯，你怎么离开了阳间，来到这令人恐怖的阴间？请你收起利剑，让我喝一口祭供的鲜血，然后我告诉你未来之事。"奥德修斯往后退了一步，把剑收好。泰瑞西阿斯喝过血浆，然后告诉他：

> "你所盼求的，光荣的奥德修斯，是回家的甜香，
> 但神祇会使你遭殃。你躲不过
> 裂地的神仙，我想，他在心里恨你，
> 怨你，因你捅瞎了他的儿郎。
> 但即便如此，你仍可回家，艰辛备尝，
> 倘若你能控制自己，还有伙伴们的欲望，
> 当你首次抵达斯里那基亚岛屿。
> 驾乘精造的海船，夺路灰蓝的汪洋，
> 发现赫利俄斯的牛群，连同牧食的肥羊，
> 此君无所不见，听闻所有的事项。
> 其时，如果你一心只想回家，不对畜群损伤，
> 你们便可如数回抵伊塔卡，艰辛备尝；
> 但是，倘若你伤损它们，我便可预言你的
> 海船和伙伴们的灾亡。即使你自己得以逃避，
> 也会迟迟归返，遭殃，痛失伙伴，尽丧，

乘坐别人的海船，在家里寻见苦伤，
骄狂的人们食糜你的家产，
致送婚聘的礼物，追求你神一样的妻房。
回家后，你将严惩这些人的暴狂。
当杀除这帮求婚者，在你的殿堂，
凭借诡谲，或是公开用锋快的青铜击杀，
你要带上造型美观的船桨，出游离家，
直至抵达一个地方，那里的居民不知
海洋，吃用的食物里不搁咸盐，
不知船首涂成紫红的船舫，不识
造型美观的桨片，那是海船的翅膀。
我将告诉你一个醒目的标记，你不会把错闪。
当你走去，另一位路人将会和你遇上，
说你扛着一把簸铲，在你闪亮的肩膀，
其时，你要把造型美观的船桨插进地里，
给王者波塞冬备献丰足的祭享，
一头公牛、一头爬配的公猪和一只雄羊，
然后动身回家，举办全盛的牲祭，
给永生的神明，他们拥掌辽阔的天空，
依次，一个也不能拉下。你的死亡将远离海洋，
以极其温柔的方式，让你在丰裕的
晚年生活中倒躺。你的人民
将会昌盛。我的话句句当真，已对你说讲。"
"他言罢，我开口答道，说话：
这一切，泰瑞西阿斯，一定是神的编网。……"①

泰瑞西阿斯向希腊英雄奥德修斯揭示的是后者未来的命运和最后的归宿。美国学者伯纳德特在《弓弦与竖琴——从柏拉图解读〈奥德赛〉》中提到，一旦泰瑞西阿斯为奥德修斯揭开了未来的图景，奥德修斯的生命就开始有意义了。但人们不清楚的是，未来所赋予其生命的那种意义，是毫不含糊的，

---

① 荷马《奥德赛》，陈中梅译，注，南京：译林出版社，2003，326－329页。

第十章 神话基本题材：地下之旅

是否还包括了他所经历的一切，是否还将在他完成生命的过程中继续去体验。[①]奥德修斯在漫长的充满艰险的回归故国的航行中，有一次为了逃命，戳瞎了海神波塞冬之子——独眼巨人波吕斐摩斯的眼睛，从而深深地得罪了这位神祇。在茫茫大海之中，奥德修斯自然不能逃脱掌管海洋的波塞冬的手掌。因此，他的归程注定不会平安。不过奥德修斯在漂泊过程中虽然要饱受迫害者波塞冬制造的磨难，但也会得到保护者雅典娜提供的帮助，这两者的功能一如童话故事里的邪恶继母和善良仙女（这似乎体现了古希腊人感性心理的两极分化）。所以泰瑞西阿斯告诉他不必失望，他仍能回到故土。先知揭示说，他将首先在特里纳喀亚岛登陆。如果奥德修斯不去伤害太阳神养在岛上的圣牛和圣羊，他就能平安回家。否则，就会大难临头。即使奥德修斯能够独自一人侥幸逃得性命，也要孤独可怜地过上许多年才能乘坐外乡人的海船回返故乡。回家后，奥德修斯仍将面临悲愁和烦恼，因为鲁莽骄横的男人们在挥霍他的家产，纠缠他的妻子珀涅罗珀，向她求婚。奥德修斯将用计谋和武力杀掉求婚者。不久，奥德修斯又要离家出海去漂流，他将来到一个奇异的地方。那里的人从未见过大海，也没见过航船，甚至不知道在食物中放盐调味。泰瑞西阿斯告诉奥德修斯，在那个遥远的国家，当一位路人遇见他，看见他肩上扛着的船桨，并把它称作一把扬谷的"簸铲"时，这就是奥德修斯到达人生终点的明确标志。奥德修斯要把船桨插在地上，并向波塞冬献祭，祭品包括一头公牛、一头爬配的公猪和一只雄羊，以平息海神的愤怒，求得海神的谅解。然后，奥德修斯将在远离海洋的地方找到他的归宿。（试比较一下，托尔金《魔戒传奇》中主人公弗拉多的最后归宿。魔戒大战结束了，中洲第三纪也结束了，那个时代的故事和诗歌也消逝了。弗拉多带着精灵盖拉德丽尔的宝瓶，登上航船，独自一人向西航行，消失在大洋深处。）奥德修斯就将这样终结他的不平凡的一生，而奥德修斯的王国将从此繁荣昌盛。

之后，奥德修斯看到了希腊联军的统帅阿伽门农的阴魂。只见他慢慢地走近土坑，吮吸鲜血后认出了奥德修斯，不由得痛哭起来。他朝奥德修斯伸出双手，但却无法接触到对方。他向奥德修斯讲述了他的妻子克吕泰涅斯特拉和她的情人埃癸斯托斯如何在他回到家园的当天将他谋杀的。赫赫有名的英雄阿喀琉斯和他的朋友帕特洛克罗斯的阴魂也来到奥德修斯面前，后面跟着安提罗科斯和大英雄埃阿斯。阿喀琉斯认出了地府的不速之客奥德修斯，

[①] 伯纳德特《弓弦与竖琴——从柏拉图解读〈奥德赛〉》，程志敏译，北京：华夏出版社，2003，113 页。

觉得不胜异常。奥德修斯对他说明来到这里的原因，并恭维阿喀琉斯，说他生前像神祇一般受人尊重，死后在冥界也一定是伟大的阴魂，一定过得幸福。谁知阿喀琉斯听了备感忧伤，回想昔日叱咤风云的战斗岁月，他无限悲痛地回答说："光荣的奥德修斯啊，不要对亡者说安慰话了！我宁愿在阳间活着当长工，在别人的田地上劳作，也不愿在阴间充当王者，对所有的亡灵发号施令。"在听了奥德修斯讲述了阿喀琉斯的儿子涅俄普托勒摩斯的英雄业绩后，他才满意地离开了。

希腊英雄奥德修斯为什么要进行这一看似与其归程没有多大关联的地下之旅呢？按照伯纳德特的解读，自从知道了自己的命运之后，奥德修斯发现，他最大的心愿不是对返家的渴望，而是对知识的渴望。①所以奥德修斯的冥界之行是一种深入的探究，他从厄尔裴诺尔那里知道了他对这个最微不足道的小人物负有神圣的责任（厄尔裴诺尔是奥德修斯手下的一个水手，为图凉爽而爬上了女巫瑟西的屋顶，想通过睡觉来解酒。在酣睡间，他听到同伴们准备离去时的喧闹声，一急之下却忘了要沿着梯子逐级走下来，结果一失足从屋顶上跌下来，摔断了脖子。他的灵魂就这样堕入了哈得斯地府。他请求奥德修斯把他的铠甲和他葬在一起，在海边为他建一座坟，并把他生前用过的船桨插在坟头）。从先知泰瑞西阿斯那里，奥德修斯知道了自己的未来；而从母亲那里，他知道了人们在冥府里是阴阳两隔，无法拥抱的。②试看奥德修斯的母子相会。他母亲的阴魂在吮吸了坑里的鲜血后，认出了自己的儿子，不禁泪流满面，说："亲爱的儿子，你怎么活生生地来到这亡者的国度？你从特洛伊回国一直在海上漂流吗？"奥德修斯将自己的情况详细地告诉了她，然后打听家中发生的情况。她回答说："你的妻子仍在家中，坚贞不渝地等你回去。她日日夜夜地为你流泪。你的儿子忒勒马科斯管理着你的财产。你的父亲莱耳忒斯在乡下居住，不愿到城里去。整个冬天，他像仆人似地躺在炉边的稻草上，衣衫褴褛，非常穷困；夏天，他露宿野外，躺在树叶上面，他是因为悲叹你的命运才过这种生活的。我亲爱的儿子，我也是因为想念你而死的。"奥德修斯听了深受感动，张开双臂，想去拥抱母亲，可是她却像梦中的幻影一样消失了。

---

① 伯纳德特《弓弦与竖琴——从柏拉图解读〈奥德赛〉》程志敏译，北京：华夏出版社，2003，125 页。
② 详见伯纳德特《弓弦与竖琴——从柏拉图解读〈奥德赛〉》程志敏译，北京：华夏出版社，2003，115—116 页。

奥德修斯与众多幽灵的相会具有一种生动的梦幻色彩，只要让灵魂们喝些祭供的鲜血，他们就可以恢复记忆，开口说话——这无疑是一种神话式的条件。在冥界中，魂魄们飘然而来，飘然而去，顷刻间消失得无影无踪，又带有某种恍惚迷离的审美特点。阴阳两隔的世界就这样连通了。在神话叙事中，奥德修斯的地下之旅所体现的对知识的渴求揭示了他与其他同伴的本质差异。一路上，奥德修斯的同伴们渴望的是吃喝等基本需求，而不顾及其他。奥德修斯的超越在于他对人生知识和命运的探求，所以在"逻各斯"的理性精神日益显现的语境下，奥德修斯能凭着自己的意志和智谋而绝处逢生，化险为夷。

四、几位英雄的地府之行

1. 赫拉克勒斯入地府力擒恶犬

希腊英雄赫拉克勒斯长大后娶了忒拜国王克瑞翁的女儿墨伽娜为妻，家庭生活美满。天后赫拉非常嫉恨，于是暗中使坏，使赫拉克勒斯精神错乱，在一阵无法自持的癫狂中杀死了自己的妻儿。清醒后，他为自己的罪行感到无比痛恨，悲愤之余，他前往德尔斐的阿波罗神庙祈求神示。神谕昭示，赫拉克勒斯必须到提林斯去给国王欧律斯透斯服役，等他完成欧律斯透斯交给他的十件苦差事后，他就可以涤除自己犯下的罪孽了。欧律斯透斯是赫拉克勒斯的表兄，平庸无能，但又非常歹毒，正是他篡夺了本应属于赫拉克勒斯的王位。他极端仇视出类拔萃的赫拉克勒斯，恨不得早早结束他的性命。可想而知，欧律斯透斯交给赫拉克勒斯的每项任务都是他认为根本无法完成，铁定有去无回的。然而英雄赫拉克勒斯每次都出色地完成了交给他的艰难任务。当十件苦差事都一一完成后，歹毒的欧律斯透斯又节外生枝，硬说有两件差事完成得不好，结果又增加了两项任务，其中就包括把冥府把守地狱大门的三头恶狗刻耳柏洛斯带回来。众所周知，任何神勇之力对付刻耳柏洛斯都无法施展，所以欧律斯透斯希望此行会让赫拉克勒斯永远留在地府。长着三个狗头的刻耳柏洛斯嘴里滴淌着毒涎，下身还长着一条龙尾，头上和背上的毛发全是蠕动不已的一群毒蛇。作为一个凡间英雄，赫拉克勒斯在神使赫耳墨斯和女神雅典娜的陪伴下穿过冥河之水进入冥王哈得斯的阴森王国。只见地狱城门前转悠着许多悲苦万状的亡灵，它们一见有血有肉的生人，顿受惊吓，四散而去。刚走一会，赫拉克勒斯突然看见被冥王哈得斯用锁链紧锁着的英雄提修斯（Theseus）和庇里托俄斯（Peirithous）。他俩胆大包天，竟然前来地府劫持冥后珀尔塞福涅，结果自投罗网。提修斯向赫拉克勒斯呼救，赫拉克勒斯当即出手将他解脱出来。当他去解救庇里托俄斯时,大地开始剧烈地震动起来,或许是认识到这是神的意志,或许是担心地府发生崩塌,赫拉克勒斯放弃了解救行动。再往黑暗的深处走去,赫拉克勒斯看到了由阿斯卡拉福斯(Ascalaphus)变的猫头鹰。当年珀尔塞福涅被哈得斯抢到冥府时,珀尔塞福涅的母亲德墨忒尔找到宙斯交涉,宙斯答应只要珀尔塞福涅还没有吃过冥府的任何东西就可以回到母亲身旁。结果阿斯卡拉福斯作证说珀尔塞福涅吃了冥府的红石榴籽,这样珀尔塞福涅只能一半时间回到母亲身边,一半时间在冥府陪伴哈得斯。为此德墨忒尔将阿斯卡拉福斯变成了一只猫头鹰,而且还把一块大石头压在它的身上。赫拉克勒斯走过去将那沉重的石头搬开。为了使焦渴的鬼魂喝一口牛血,赫拉克勒斯杀了哈得斯的一头牛,由此惹恼了牧牛人墨诺提俄斯。他气势汹汹地向赫拉克勒斯发起挑战。赫拉克勒斯将他拦腰抱住,一用力便折断了他的肋骨。冥后珀尔塞福涅急忙出来求情,赫拉克勒斯这才松开墨诺提俄斯。再往前走,却见冥王哈得斯拦在道上。赫拉克勒斯盘弓张弦,怒射一箭,正中冥王的肩膀,痛得他哇哇乱叫。接下来,赫拉克勒斯提出了将恶犬刻耳柏洛斯带往提任斯交给欧律斯透斯的要求。冥王没法拒绝,于是提出一个条件:在与刻耳柏洛斯交锋的过程中不得使用武器。赫拉克勒斯接受了这个条件。赤手空拳的赫拉克勒斯穿上胸甲,披好狮皮,开始寻找恶犬,终于在冥河的岸边发现了它。较量随即展开。三头恶犬看出来者不善,凶狠地昂起三个狗头朝着赫拉克勒斯一阵狂吠,声音如雷轰鸣。赫拉克勒斯一把抱住恶犬的脖子,死命勒紧,恶犬发出怒嚎,拼命挣扎,同时用那条龙尾不停横扫和抽击。赫拉克勒斯越战越勇,那强有力的双手几乎将恶犬勒得窒息过去,它终于抵挡不住,砰然瘫倒在地。获得胜利的赫拉克勒斯将恶犬扛在肩上,将它带离冥府,送往提任斯。长期生活在黑暗地狱的刻耳柏洛斯害怕阳光,冷汗直冒,嘴里流出毒涎,滴到地上后长出了剧毒的乌头草。赫拉克勒斯用铁链将刻耳柏洛斯套住,直接把它带给欧律斯透斯。懦弱的欧律斯透斯一见这三头恶犬便吓得魂飞魄散,拼命想躲藏起来。惊魂未定的他急忙吩咐赫拉克勒斯把恶狗送回地府,交还它的主人。赫拉克勒斯满足了他的这个请求,很快把刻耳柏洛斯送还了冥王哈得斯。

2. 提修斯入地府自取其辱

英雄提修斯有一个朋友叫庇里托俄斯,说起来这两人的结交还有一个故事。庇里托俄斯是居住在帖萨利亚的一个好战的拉皮特氏族的首领,勇猛过人。他早已听闻提修斯的大名,心中很不服气,便想找机会见识一下真假。于是他前往马拉松地区,使蛮力抢夺了草场上正在放牧的属于提修斯的一群肥牛。得到消息的提修斯当即追赶上去，不久就同蓄意与他较量的庇里托俄斯碰面了。两位英雄目视对方，豁然间感到既陌生又熟悉：一样闪亮的盔甲，一样威武的气概，都是仪表堂堂，勇猛超群的人间英雄，于是相逢恨晚，各自放下手中的武器，伸出双手结为友好同盟。两人相互交换了武器，成为结义的好友。不久忒修斯前去参加庇里托俄斯的婚礼，而受邀参加此次婚礼的马人族客人醉酒之后失去控制，突然开始抢夺新娘希波达弥亚及其他在场的妇女。提修斯与庇里托俄斯并肩作战，大败马人。然而婚后不久美丽的新娘因病去世了，使庇里托俄斯陷入巨大的痛苦之中。过了一段时间，丧偶的庇里托俄斯打算再娶一个妻子，而恰好提修斯现在也处于独居状态，而且正处于悲情的疯狂状态，于是两人商定去抢夺美丽的海伦作为其中一人的妻子。得手后再解决另一人的配偶问题。绝世美女海伦当时只有12岁，但名声已传遍了整个希腊。提修斯和庇里托俄斯日夜兼程赶往海伦所在的斯巴达。当地正在庆祝女神阿耳忒弥斯的节日，海伦与女伴们在欢歌起舞。这两人冲上去，迅速掳走了海伦，将她带回雅典。作为两人进行抽签的结果，海伦应当归属提修斯，提修斯把海伦带到阿提喀地区的阿弗得纳，交给母亲埃特拉（Aethra）照料。然后，他又马不停蹄地陪伴自己的朋友前往冥府去进行一场惊人的冒险：抢夺冥王哈得斯的妻子珀尔塞福涅。庇里托俄斯认为只有美丽的珀尔塞福涅才能与美丽的海伦相匹敌。两人一路历尽艰辛终于进入地府，向冥王哈得斯提出了他们带走珀尔塞福涅的要求。哈得斯听了心中怒火万丈，但表面上却不露声色，先请二位英雄在地狱入口处用岩石打造的座位上落座，细谈。两人不知是计，刚一坐上去便被紧紧锁住，再也无法动弹。他们似乎已同岩石连成一体。两位英雄为自己的狂妄行为招致了严厉的惩罚。如果不是赫拉克勒斯为完成夺取恶犬刻耳柏洛斯的任务前来冥国，施展神力将提修斯解脱出来，他只能永远被锁在地府冰冷的岩石上。而提议抢夺冥后的庇里托俄斯就没有这么幸运了，赫拉克勒斯还没有来得及去救庇里托俄斯，那岩石的底座下面发生剧烈震动，一条裂缝出现，顿时将庇里托俄斯吞了进去，使他沦入地狱的最深之处。劫后余生的提修斯回到雅典，那里已发生了巨大变化。几年前斯巴达人攻陷了雅典，王位易主，海伦被她的兄弟卡斯托尔和波吕杜克斯救走；而且提修斯的母亲埃特拉也被掠走，沦为斯巴达人的女奴。提修斯的两个儿子为躲避迫害，逃离了雅典。雅典的统治权落入提修斯的宿敌墨涅斯修斯手中。提修斯只得前往欧倬亚岛避难。在那里，他也没能安度余生，吕科墨得斯不但没有把提修斯的领地归还给他，还把他骗到海边的岩石上，乘其不备将他推下大海，一代英雄就这样魂飞魄散，葬身海底。

从总体上看，提修斯与阿耳戈英雄伊阿宋有许多相似之处，都是人格上不成熟的悲剧英雄。在克里特岛，提修斯得到公主阿里阿德涅的鼎力帮助才杀死牛怪，并安然脱险。但在返回雅典的途中提修斯却将深爱他的阿里阿德涅抛弃在荒岛上；而且由于他的疏忽大意，没有在抵达雅典时换下风帆而导致了深爱他的父亲埃沟斯的死亡。继承雅典王位的提修斯参加了多次远征历险行动。在其中的一次与亚马孙人的战斗中，战神阿瑞斯的女儿安提欧佩公主爱上了勇猛的提修斯，为他打开了城门。此战结束后提修斯与安提欧佩生活在一起，恩爱幸福，并且生了一个儿子希波吕透斯。不久克里特国王弥诺斯死了，提修斯希望通过与阿里阿德涅的姐姐菲伊德娜结婚的方式与克里特新王建立联盟。就在婚礼宴会上，被抛弃的安提欧佩领着一群亚马孙族人闯了进来，试图阻止这场婚礼。在随后发生的混战中，提修斯杀死了安提欧佩。安提欧佩的父亲阿瑞斯和她的保护人阿耳忒弥斯决定惩罚提修斯。等提修斯的儿子希波吕透斯长大后，惩罚开始了。提修斯的妻子菲伊德娜爱上了英俊的希波吕透斯，遭到后者的拒绝。恼怒的菲伊德娜向提修斯告状，说希波吕透斯将其强暴，随后便自尽而亡。提修斯马上派人去抓捕希波吕透斯，结果使他在逃亡的途中死于非命。妻子与儿子的惨死让提修斯失去了理智。于是就发生了提修斯与庇里托俄斯去抢夺海伦为妻和闯入地府索要冥后珀尔塞福涅为妻的行动。如果说提修斯在荒岛上遗弃帮助过他的阿里阿德涅是出于英雄性格的弱点（有神的托梦让他抛弃阿里阿德涅），那么他背叛家庭、另娶新欢的行为就是英雄性格的污点。他为此遭受失去至亲骨肉的惩罚体现了神话想象中的罪与罚的永恒母题。伊阿宋同样为自己的背叛行为付出惨痛代价，新欢与骨肉都因他而丧生。提修斯自告奋勇前往克里特铲除食人牛怪的行动是英雄壮举，他虽然对迷宫里的情况一无所知，但胜利已经在道义上确定了归属。而他与庇里托俄斯闯入冥府的行动是进入了罪与罚的迷宫，冥界本身是末日清算的场所，狂妄的庇里托俄斯自投罗网，就此坠入地狱深渊，提修斯还要返回阳光普照的大地，但却是去领受"最后的午餐"，而无法保持英雄迟暮的落日余晖。太阳神阿波罗在感受在人间服苦役的经历后，境界和认知层次都有极大提高，终于说出"认识你自己"的箴言。而提修斯在经历了无数历险之后并没有得到精神层面和认知层面的提升，这难道就是凡人与神明的差异吗？也许这正是人们应当认识的如何超越自己的问题。这可以同英雄奥德修斯的历险经历和发现之旅联系起来进行探讨。

3. 俄耳甫斯入地府功亏一篑遗恨千秋

在遥远的色雷斯有一个名叫俄耳甫斯的歌手和音乐家，相传他是河神奥阿格罗斯（Oeagrus）和缪斯女神卡利俄帕（Calliope）之子。另有说他是太阳神阿波罗和缪斯卡利俄帕之子。不管怎样，从小就具有音乐天赋的俄耳甫斯从阿波罗那里学会了音乐本领，而且达到了琴人合一的境界。他弹奏的音乐穿云裂石，感天动地，且不论如何使人神陶醉，流连忘返，就连凶神恶魔、顽石朽木、凶禽猛兽等也闻之动容，屏息静听。阿波罗见之喜不自胜，把自己用过的金基发拉琴也赠送与他。在参加阿耳戈英雄夺取金羊毛的远征中，俄耳甫斯曾用自己的琴声和歌声使波涛汹涌的大海风平浪静，使面临樯摧楫倾、船毁人亡险情的航船化险为夷。阿耳戈英雄的远征行动结束后，俄耳甫斯返回故乡色雷斯，娶了美丽的林中仙女欧律狄克为妻，两人情投意合，恩爱无比。欧律狄克生性活泼，喜欢在山林水泽嬉戏游玩。有一天她正在一条河中沐浴，碰巧路过的俄耳甫斯的堂弟阿里斯塔俄斯（Aristaeus）突然看见如花似玉的欧律狄克，不禁猛然向她扑去。欧律狄克大惊失色，连忙逃走，一时慌不择路，正好踩着一条毒蛇，受惊吓的毒蛇狠狠地咬了她一口，她当即倒在地上，香消玉殒。闻此噩耗的俄耳甫斯痛不欲生，他浪迹整个希腊地区，一边弹奏竖琴，一边呼唤着爱妻的名字。最后，他决定前往阴森的地下冥府，向冥王和冥后索要自己的亡妻欧律狄刻。他日夜兼程，赶到了位于拉戈尼亚的德纳尔地洞，走进通往冥界的地下通道，一直走到阴阳两隔的冥河斯提克斯的岸边。摆渡亡灵的冥河艄公卡戎铁面无私地拒绝了俄耳甫斯搭船过河的请求。情急之下，俄耳甫斯拨动了琴弦，优美的音符以神奇的魔力融化了卡戎的铁石心肠，他悄然无语地把音乐家渡过了冥河。在地狱的大门，三头恶犬刻耳柏洛斯拦住了他的去路，已成竹在胸的俄耳甫斯再次拨动金基发拉琴的琴弦，咆哮的恶犬顿时安静下来，音乐家跨进了地府的大门！俄耳甫斯直接向冥王和冥后走去，一边歌唱，一边弹琴。他用歌声讲述了他与欧律狄刻的爱情故事，讲述了他对爱妻的思念，倾诉了自己的悲哀、痛苦、希望和决心……这如怨如诉的歌声和如梦如醉的琴声让地府里徘徊的亡灵们听得如痴如醉，泪流满面。悲惨的坦塔罗斯忘记了揪心的饥渴；推石上山的西绪福斯停下了徒劳无益的苦役，坐在那块石头上，陷入了沉思；惩罚伊克西翁的旋转车轮停止了转动；因杀害丈夫而受罚的达那俄斯的女儿们放下手中打水的竹篮，屏息静听；就连从不饶恕的复仇女神埃墨尼得斯也泪眼模糊；冥王哈得斯也听得心动神摇，黯然无语，冥后珀尔塞福涅将头靠在丈夫的肩上，泪花闪烁……一曲终了，歌声和琴声还缭绕在冥界上空。俄耳甫斯不失时机地向冥界的主宰提出自己带走欧律狄刻的请求。头一回动了恻隐之心的冥王夫妇答应了他的请求！但冥王和冥后在召唤欧律狄刻的灵魂时，告诉俄耳甫斯，他只能跟在引路的赫耳墨斯的后面，欧律狄刻则跟在他的后面，在踏上光明世界之前，他不许回头看欧律狄刻，只要违反了这一条件，欧律狄刻就会像其他鬼魂一样立刻消失在地狱当中。迫不及待的俄耳甫斯满口答应下来。动作神速的赫耳墨斯将欧律狄刻的幽灵从地府深处带了出来，一行人悄无声息地出发了，走出地府王国，渡过冥河，来到阴暗崎岖的通往地面的羊肠小道，往上攀爬。周围是死一般的漆黑和沉寂。俄耳甫斯百感交集，充满渴望。他屏息细听，希望这不是一场梦，希望能听到妻子的呼吸声，或者她走动时衣服发出的细微声响。但仍然是死一般的漆黑和沉寂，他的心中不由升腾起一阵难以抵御的恐惧——难道是冥王和冥后在骗他吗？终于在地下通道前方不远处露出了一线朦胧的光亮，他们就要重返光明的人间乐土了！此时此刻俄耳甫斯再也无法忍受精神的折磨，他飞快地回头一望——刚好瞥见欧律狄刻那无比悲哀和无比渴望的眼神，但刹那间就消失了，她的影子也越飘越远，一会工夫就沉入死一般的漆黑和沉寂之中。赫耳墨斯把她带回冥府了。俄耳甫斯绝望地伸出双臂，但一切就像不可思议的梦幻在他眼前幻灭了……俄耳甫斯再一次扑向阴暗的深渊，还在冥河边上痛哭了七天七夜，但一切都于事无补了。这就是俄耳甫斯功亏一篑，遗恨千秋的冥府之行。凭借音乐的魅力，俄耳甫斯几乎征服了不可抗拒的死神，几乎创造了按自然规律不可能出现的奇迹。这是对人类文明的礼赞。中国文化传统有"六艺"之说，礼、乐、射、御、书、数，都是人类文明发展的具体体现。俄耳甫斯的地府之行形象地演绎了音乐之声感天地，泣鬼神的魅力，这使人们联想到诗人杜甫描述的公孙娘的剑器之舞："昔有佳人公孙氏，一舞剑器动四方。观者如山色沮丧，天地为之久低昂。爗如羿射九日落，娇如群帝骖龙翔。来如雷霆收震怒，罢如江海凝清光。"这也是六艺的神奇魅力，气壮山河，神游天地。俄耳甫斯的绝妙音乐创造了奇迹，但他终于功亏一篑，故事从这里透射出深邃的心理意义。人与鬼神打交道担心有诈这是人之常情，而强烈的思念同样折磨着音乐家，凡此种种，几个因素的共同作用导致了音乐家的回头一望，功亏一篑，也许这仍然体现了鬼神在与人打交道更魔高一尺的安排。不管怎样，这个结果使这个故事显得更加凄美，更凸显了这荡气回肠的遗恨，正是"天长地久有时尽，此恨绵绵无绝期。"

　　从地府回来以后，俄耳甫斯躲进寂寞的色雷斯山林里，离群索居。关于他的悲惨结局有多种说法。其中一个说法是，俄耳甫斯从此不近女色，色雷斯的女人们因此对他十分愤慨。最后，那些追随酒神狄俄尼索斯的狂热女信徒们将他活活撕碎，并将他的尸体碎块抛到山林湖泊之中。他的头颅随着海浪漂到了列斯波斯岛，后来这里便成为抒情诗歌的故乡。在俄耳甫斯的母亲——缪斯女神卡利俄帕的带领下，缪斯女神们在江海湖泊，山林水泽将俄耳甫斯散落的尸体碎块收集起来，掩埋在奥林波斯山的利伯斯拉，从此以后，那里的夜莺就具有最美妙动人的歌喉，天下无匹。据说阿波罗也非常怀念俄耳甫斯，他把自己送给俄耳甫斯的金基发拉七弦琴高高地挂在空中，以点缀苍莽的星空，相传这便是天琴座的由来。

五、地下之旅：后世的反响与回应

希腊神话的地下之旅在斯威夫特的《格列佛游记》、霍尔伯格的《克里姆地下游记》的科幻式奇遇小说和卡罗尔的童话小说《爱丽丝奇境漫游记》等作品中得到不同形式的回应，它们同样以充满想象力的艺术手段表现出对人生意义的深切关注和对现实社会的批判性探索。

在斯威夫特的《格列佛游记》中，主人公可以通过巫术进入亡灵的世界。格列佛在返回英国老家之前，经马尔多纳达岛上的一位知名人士的介绍，特意到附近的"巫人岛"——格勒大锥岛去游历了一番。格勒大锥岛的居民全是懂巫术的人。接待格列佛的侍候长官精通魔法，可以随意召唤任何鬼魂，但也有一些特定的条件，如只能指使他们二十四个小时，而且三个月内无法把已经召唤过的鬼魂再次召来。于是格列佛根据自己的意愿，首先面见了在阿尔贝拉战役中击溃了波斯大军之后的马其顿皇帝亚历山大大帝，这位皇帝以自己的名誉向格列佛担保，他并非被人毒死，而是饮酒过度引发高烧而死的。接着格列佛见到了杰出的迦太基军事家汉尼拔和古罗马将领恺撒和庞贝，他们正统率着各自的大军，准备交战。接下来格列佛还满足了自己同时面见恺撒和那位参与谋杀恺撒的布鲁托斯的心愿。恺撒与布鲁托斯已经能够相互理解，恺撒甚至说，自己一生最伟大的功绩远远赶不上布鲁托斯因谋杀他而获得的光荣。格列佛还与布鲁托斯交谈了很长时间，他告诉格列佛，他如今和他的祖先尤尼乌斯、苏格拉底、依帕米浓达斯、小伽图以及托马斯·莫尔住在一起，组成了一个新的"六人集团"。格列佛还满足了这样的心愿，看到了那些推翻暴君和篡位者的人，以及那些为被压迫民族争取自由的人的灵魂。在接下来的几天里，格列佛见到了包括荷马和亚里士多德在内的古代贤哲和学者，并同他们进行了交谈；然后又会见了一些英国和欧洲近代的名人，那些当时最为显赫的人物，其中"有一二十位国王和他们的皇族世系，八九代祖宗"。作者斯威夫特通过魔法巫术让时光倒流，使格列佛满足了怀古思幽的心愿，同时通过格列佛的"巫人岛"之旅对人类的政治历史进行了一番讽刺性评析。正是这种讽刺性的幻想之旅成为科幻小说的先声,正如科幻文学研究学者达科·苏恩文指出的,科幻小说起源于揭露和讽刺类写作,以及早期的社会评论,属于一种前科学或者原型科学的方法,然后逐渐靠近日趋精细复杂的自然科学和人文科学。

1741年,挪威作家霍尔伯格(Baron Ludvig Holberg)的《尼哥拉·克里姆地下游记》(*Nicolai Klimii Iter Subterraneum*)在德国首次发表,成为很有影响的幻想游记。这部地下游记的主人公克里姆是一位大学毕业生,他在卑尔根附近的山上进行洞穴探险时不小心掉进了一个陡峭的坑道裂口,一直往下坠落了很长时间,最后掉进了一个位于地心的空间,开始了他的科幻式历险。在一个位于地心深处的地方,他发现自己来到了一个奇境,看到了一个环绕中心太阳旋转的天体。克里姆遭遇了各种形态的文明,经历了种种命运的坎坷。他做过划船的奴隶;经历了船只的失事;见识了许多奇特的事情:在一个奇特的国家,居民们从来就没有睡觉的习惯。由于从不睡觉,他们总是处于匆忙和混乱之中。他还发现了既有智慧,又可走动的树人。而且,就像斯威夫特《格列佛游记》中的智马慧骃一样,这些具有智力的树人颠覆了地球人类的价值标准,他们把克里姆看作一个愚蠢、肤浅而且一无是处的人,从而让有理智的人类反省自己的非理智行为;他为当地的人们训练骑兵,制造步枪,建造战舰,并带领舰队投入战斗,打赢了一场战争;成为夸麦特斯的皇帝;在征服了苍穹里的大部分王国之后,他变得专横傲慢起来;人们起来反抗他的残暴统治;克里姆到处躲藏,结果又掉进了他在12年前坠落的同一个洞里——他发现自己又回到了挪威。值得一提的是,霍尔伯格还在自己的叙述中采用了一种手法,致力于获取那"看似可信的不可能性"效果——这正是亚里士多德在《诗学》中论述荷马史诗时探讨过的。①霍尔伯格在序言中提供了真实的文件和信件以及其他一些证据,以表明故事的真实性。这种假托于真实文献的叙事传统还可追溯到公元前4世纪的古希腊神话学家和哲学家尤赫姆拉斯(Euhemerus, c. 300 B.C)的创作,他声称自己的哲理性传奇

---

① 亚里士多德在论及荷马值得称赞的艺术时指出,为了获得好的艺术效果,"一件不可能发生但却可能成为可信的事,比一件可能发生但不可能成为可信的事更为可取"。这实际上把艺术审美与事物的普遍性联系起来,表明读者可以从诗中获得超越在观察现实事物时的认识。他在论及史学与文学的区别时说:"诗人的职责不在于描述已发生的事,而在于描写可能发生的事,即按照可然律或必然律可能发生的事。"所以诗歌艺术比历史更具有哲学意味,更能表现事物的普遍性和必然性,更接近事物的真理。见亚里斯多德《诗学》,罗念生译,北京:人民文学出版社,1982,89-90页,28页。

小说《神的历史》（*Hiera Anagraphê*）是根据其在航行中发现的古文献——实际上是他想象出来的——而创作出来的。这部小说讲述的是一次前往印度洋中一座名叫 Panchaead 的岛屿的奇异航行。

1865 年，英国作家刘易斯·卡罗尔创作的《爱丽丝奇境漫游记》发表了，这部小小的游记揭开了英国儿童文学黄金时代的第一页，成为英国童话小说的代表作之一。这部小说的原稿名为《爱丽丝地下游记》，所以它就是一个童话版的地下游记。批评家指出，在卡罗尔生活的维多利亚时代，人们对于想象的深入地心的旅程怀有强烈的兴趣。许多人都在推测，如果一个人落进一个直达地心的洞里，会发生什么样的情形。[①]《爱丽丝奇境漫游记》的第一章就是"掉进了兔子洞"，而这正是小姑娘爱丽丝漫游奇境世界的开端。有一天，爱丽丝跟姐姐一块坐在泰晤士河边。姐姐正在读一本书，可爱丽丝对那本既没有插图又没有对话的书毫无兴趣，当时又没有什么别的事情可做，天气又热——她感到疲倦思睡，不觉悄然入梦——就在这时，一只粉红眼睛的大白兔，穿着一件背心，一边自言自语地说它要迟到了，一边急匆匆地从爱丽丝身边跑了过去。出于儿童天然的好奇心，爱丽丝毫不犹豫地追赶上去。她看见兔子跳进了矮树下面的一个大洞，也不假思索地跳了进去。这个兔子洞一开始像隧道一样，笔直地向前，后来又突然向下倾斜，爱丽丝慢慢地往下坠落（物理学的重力加速度原理似乎不管用了），这一过程无疑具有浓厚的童话色彩。爱丽丝有足够的时间去东张西望，她能看清四周的洞壁（上面摆满了碗橱和书架）。为了打发往下坠落的漫长时间，爱丽丝还不停地按照一个维多利亚时代小学生的"意识流"特征自言自语地说话。然后，爱丽丝落在地心深处的一堆树叶上，毫发未损，于是她站起来，走进了一个充满荒诞色彩的童话奇境世界。发生在这个世界里的事情不合逻辑，滑稽古怪，似梦非梦，让人担惊受怕，防不胜防，但同时又充满童趣和童乐。这里有各种情态各异，颇具童心的禽鸟；有目中无人，态度傲慢，抽着水烟筒，开始一声不吭，然后又突然开口说话的毛毛虫；顽童般蛮横的三月兔，说话颠三倒四的疯帽匠，久睡不醒、但又不时插话的榛睡鼠，可怜的小蜥蜴比尔，不时地咧着嘴傻笑不已而且时隐时现的柴郡猫；有伤心流泪，但言不由衷的假海龟；有脾气怪僻，为人虚伪的公爵夫人；更有一个性情残暴，动辄就下令砍掉人家脑袋的红心王后，以及她的丈夫，那没有主见，偏听偏信的红心国王……

[①] Martin Gardner, *The Annotated Alice: Alice's Adventures in Wonderland and Through the Looking - Glass by Lewis Carroll*. Penguin Books, 1965. p. 27

当然，令人击节称善的还有这部童话小说对英国司法现状的绝妙讽刺。首先是老鼠在叙述其悲伤故事的"荒诞诗"中对狗的恶行的控诉。一只狡猾的老狗不由分说地要将一只老鼠告上法庭，仅仅因为那天早上他无事可干。老鼠对这种"既没有陪审团，也没有法官"的审判提出抗议，恶狗竟然宣称："我就是法官，我就是陪审团，我要审理整个案子，然后判处你死刑。"而国王和王后对红桃杰克的审判（起因是王后无端怀疑红桃杰克偷了她做的水果馅饼）更是荒谬无比。陪审团由十二个动物组成，审判还没有开始，他们就忙着把自己的名字记在石板上，因为他们担心审判结束前就把名字忘掉了。其中，作为陪审员的蜥蜴比尔尤其可笑，他的笔被爱丽丝偷偷拿走了，他就用手指头在石板上书写，自然没有任何作用。在法庭上，国王发现爱丽丝的身体在不断长高，眼看对自己形成了威胁，于是当场颁布了一条法律条文："第四十二条法律规定，凡是身高超过一英里的人都要离开法庭。"所有人都看着爱丽丝。爱丽丝据理力争，说这不是一条正式的法律，是国王刚才瞎编出来的。国王却说这是法典上最古老的法律，爱丽丝反驳道："这样说来，那就应当是第一条。"国王无言以对，便让法庭进行裁决。这里的"第四十二条法律"不就是当代美国文学中的"第二十二条军规"吗？①最后，王后宣布了荒谬透顶的判决："先判刑，后裁决。"亲历了这荒诞蛮横的审理过程和荒谬无比的最后判决，已恢复正常身高的爱丽丝忍无可忍，情急之下一声怒吼，却从梦境中醒来，重返现实生活。在《爱丽丝漫游奇境记》的"满纸荒唐言"的后面，人们可以体会到作者独具匠心的社会评论与批判。

由此而论，从荷马史诗《奥德赛》的地下之旅所体现的希腊英雄奥德修斯对知识的探求，到斯威夫特《格列佛游记》中格列佛进行的"巫人岛"之旅的讽刺性叙事；从《克里姆地下游记》的科幻式奇遇到《爱丽丝奇境漫游记》的童话叙事，幻想文学以充满想象力的艺术世界表现出对人生意义的深切关注和对现实社会的批判性探索。这正是西方新马克思主义批评家杰克·齐普斯所论述的幻想文学的现实性："幻想文学所包含的现实性并不亚于现实主义小说。当然，幻想文学作家所采用的规范和叙事策略不同于历史小说或

---

① 第二十二条军规：美国作家约瑟夫·海勒（Joseph Heller）在他被称作黑色幽默小说代表之作的《第二十二条军规》（*Catch-22*, 1961）中杜撰了一条自相矛盾的军规。在小说中，第二十二条军规实际上体现的是二战期间美国一支空军部队里狡猾的当权者给下级们设置的一个永远也无法摆脱的圈套。这条军规虽然不是白纸黑字写下的条文，却又无处不在。由于其自相矛盾的推理逻辑，任何人都无法对它提出异议，而且任何人都对它无可奈何，只得任其摆布。

社会现实主义小说作家，但童话故事和幻想文学所表达的意义中总是具有隐含的社会意义，而且它们隐喻式的叙事是有关作者及读者所直接面对的现实的充满想象力的投射和评论……"①

现代作家创作的关于地下世界的著名作品除了法国儒勒·凡尔纳的科幻小说《地心游记》，还有《人猿泰山》的作者——美国作家埃德加·赖斯·巴勒斯（1875—1950）创作的"佩鲁赛达地心国"（*the Pellucidar*）系列小说，从第一部《在地心深处》（*At the Earth's Core*，1914）到《在地心深处的泰山》（*Tarzan at the Earth's Core*，1930）和《野蛮的佩鲁赛达空心国》（*Savage Pellucidar*，1963），该系列共出版了七部小说。

---

① Zipes, Jack, *Breaking the Magic Spell: Radical Theories of Folk and Fairy Tales*. Revised and expanded edition. Lexington: University Press of Kentucky. 2002. p. 211

第十一章

神话基本题材：飞天之旅*

自古以来，无论中外，人类的飞天之梦都是最令人向往的美好梦幻。借用美国科幻小说作家阿尔弗雷德·贝斯特（Alfred Bester）②在《群星，我的归宿》中说过的一句名言，那就是："格雷是我的名字，地球是我的故乡，太空是我的居所，群星是我的归宿。"在希腊神话中有许多关于人类飞行的引人入胜的故事，它们作为人类古代文明的结晶，包含了先民们对人类飞行的最初构思与想象。希腊神话中的众神自然可以随心所欲地在空中行走，并且可以随时降落地面，在地上行走；这不足为奇，因为相对人类而言他们是神通广大，无所不能的神祇。令人称道的应当是神话中的人间英雄如何借助宝物或神奇的生物飞上天空，完成各自英雄业绩的行动。而最令人惊叹的当是人间英雄用自己的双手制作双翼飞上天空这样的想象中的人类行动能力的解放性飞跃。

一、英雄柏修斯凭借飞行鞋等斩获女妖美杜莎

让我们首先回顾一下英雄柏修斯凭借飞行鞋等宝物猎取女妖美杜莎之头的故事。柏修斯的母亲是亚各斯国王阿克里西俄斯的女儿达那厄。当年有一

---

* 本章主要参考图书文献：McLeish, Kenneth. *Myths and Legends of the World Explored*. London：Bloomsbury Publishing plc，1996.
赫西俄德《工作与时日·神谱》，张竹明，蒋平译，北京：商务印书馆，2006。
Aldiss, B. with Wingrove, D. *Trillion Year Spree：The History of Science Fiction*. London：The House of Stratus，2001.
Dahl, Roald *James and the Giant Peach* Puffin Books，1973.
塞里玛·拉格洛芙《尼尔斯骑鹅历险记》，石琴娥译，北京燕山出版社，2002。

② 阿尔弗雷德·贝斯特（Alfred Bester, 1913—1987）：美国科幻小说作家，1940年开始发表小说，曾参与《超人》《蝙蝠侠》等美国著名漫画剧本的编写。从20世纪50年代开始，随着一系列优秀短篇科幻小说的发表，特别是两部长篇科幻小说《被毁灭的人》和《群星，我的归宿》的出版，贝斯特成为美国科幻界最核心的明星作家。这两部作品已经成为西方科幻小说史上的经典名著。

个神谕，说国王的外孙将给他带来致命的伤害，所以国王将女儿达那厄锁进铁塔，不与任何外人接触。但众神之父宙斯化作一阵金雨进入塔中与公主结合，结果便有了柏修斯的出生。惊恐的国王阿克里西俄斯将这母子俩装在一只箱子里，投入大海。母子俩在箱子里随波逐流，漂到塞里福斯岛，被人救起。统治塞里福斯岛的国王波吕得克忒斯想要娶达那厄为妻，遭到拒绝。柏修斯长大后，国王波吕得克忒斯认为他成了自己的障碍，便想出一条毒计来除掉他。波吕得克忒斯让柏修斯去替他取回女妖美杜萨的头颅。事实上，任何人只要看一眼女妖就会当即变成石头。血气方刚的少年英雄柏修斯接受了这一艰巨的任务，踏上了征程。好在神使赫耳墨斯和智慧女神雅典娜为他指点迷津，并且给他提供了必不可少的装备，包括隐身帽、反光的青铜盾、神奇的背包、锋利无比的弯刀以及一双带翼的飞行鞋。有了这双鞋，柏修斯可以灵巧地自由飞翔，于是他朝着茫茫大海飞去，在海岛边的悬崖下面发现了正在熟睡的连体三女妖戈耳工。柏修斯乘着飞行鞋飞落下去，凭着青铜盾的反光确定了作为凡胎的美杜萨的位置，猛然手起刀落，顿时将美杜萨的头颅砍将下来；但见鲜血迸溅，从女妖身躯跳出一匹带有双翼的神马佩伽索斯，后面还跟着一位巨人克律萨俄耳，从血统上他们还都是波塞冬的后代；而飞马之所以叫"佩伽索斯"是因为它诞生在大洋的源头（"佩伽"）附近。[①] 说时迟，那时快，柏修斯赶紧将美杜萨的头颅塞进那只神袋，然后飞到空中，以逃避凶狠无比的美杜萨的两个姐姐的追杀。也正是凭着隐身帽和飞行鞋，柏修斯躲过了两个穷凶极恶的女妖的疯狂追捕，然后带着非凡的战利品向西飞去。飞行鞋使他猛虎添翼，行程快捷；美杜萨的头颅则使他有了在最危急关头克敌制胜的"杀手锏"（只要一拿出手就可以让无论多么强大，或无论数量多么庞大的对手都变成石头）。他在归途中飞越了国王阿特拉斯的国土，在那里降落休息时与蛮横无理的阿特拉斯发生冲突，结果将巨人般的阿特拉斯变成大山一样的巨石；随后在飞经埃塞俄比亚的海岸时，柏修斯正好碰见海怪要吞食国王刻甫斯的女儿安德洛墨达。柏修斯从天而降，与海怪展开搏斗，用杀死美杜萨的宝刀击杀了海怪，拯救了陷入死亡绝境的公主安德洛墨达。英雄与公主成了亲，在婚礼宴会上，他又用"杀手锏"制服了率领大批武士前来用暴力夺亲的国王刻甫斯的弟弟菲尼士。这惊心动魄的战斗终于结束了，柏修斯带着新婚妻子安德洛墨达回到母亲达那厄的身边。

---

① 赫西俄德《工作与时日·神谱》，张竹明，蒋平译，北京：商务印书馆，2006，35 页。

二、伯罗洛丰与飞马佩伽索斯

在少年英雄伯罗洛丰（Bellerophon）消灭在吕喀亚山中危害百姓与牲畜的喷火女怪喀迈拉（Chimera）的事迹中，那匹带双翼的飞马佩伽索斯起到了不可替代的重要作用。伯罗洛丰是科林斯国王格劳科斯（Glaucus）的儿子，因为在林中打猎时误杀他人，只好逃亡他乡。他跑到阿尔戈斯，受到国王普洛托斯（Proetus）的热情接待。谁知普洛托斯的王后安忒亚看上了英俊的伯罗洛丰，企图与他私通。不愿做亏心事的伯罗洛丰严词拒绝了安忒亚的勾引。安忒亚恼羞成怒，竟然在丈夫面前反诬伯罗洛丰，说他对自己心怀不轨，欲行非礼。国王普洛托斯闻言大怒，决定借刀杀人。他让伯罗洛丰去找吕喀亚国王伊俄巴忒斯（Iobates），他正是普洛托斯的岳父。普洛托斯还让伯罗洛丰替他转交给伊俄巴忒斯一封密封的家信，信上明确要求伊俄巴忒斯将来者处死。不知内情的伯罗洛丰来到吕喀亚，拜谒了国王伊俄巴忒斯，受到主人的热情款待。几天之后伊俄巴忒斯看到了来客呈上的家书，感到很是为难。最后，他决定让伯罗洛丰去完成一件非常艰难的任务：消灭危害吕喀亚的喷火怪物喀迈拉。这喀迈拉是巨人提丰与巨蛇厄喀德娜所生的后代，它长着狮头、羊身和大蟒的尾部（"chimera"在希腊语里是"山羊"的意思，而根据赫西俄德的《神谱》，喀迈拉分别长有三个头：狮头，羊头和龙头），会喷出熊熊烈焰，是非常厉害的致命武器；所以国王此举的目的就是让伯罗洛丰自己去送死。好在伯罗洛丰的行动得到诸神的同情，智慧女神雅典娜亲自出马，给少年英雄提供指点和帮助。伯罗洛丰梦见雅典娜送给他一个美丽的金光闪闪的辔头，而且告诉他如何找到并驯服神奇的长有双翼的飞马佩伽索斯。伯罗洛丰睁开眼睛，果然看见身旁有一副精美的套马辔头。在女神的指点下，伯罗洛丰终于发现并驯服了从空中降落到水泉边来饮水的神马。于是他为神马套上辔头，自己披上盔甲，飞身上马，不久就驯服了神马，并与它成为朋友。随后，骑士跨上神马腾空而起，飞往怪物盘踞的山头。伯罗洛丰在一个冒出滚滚黑烟的洞穴里发现了怪物，经过一场激烈的空对地的搏杀，少年英雄终于射杀了怪物喀迈拉，为当地百姓清除了一个凶残的大祸害。

三、代达罗斯制作双翼飞上蓝天

与上述英雄的业绩相比，最令人叹服的应是能工巧匠代达罗斯制作双翼飞上天空的壮举。希腊神话中的代达罗斯是发明家、艺术家、雕刻家和建筑师，他最突出的事迹是为克里特国王弥诺斯建造了著名的迷宫，而他最为人称道的成就是制作双翼逃离那囚禁他的迷宫，飞往远方。代达罗斯这个名字的本意就是"技艺高超的工匠"，传说这位工匠发明了风帆、锯子、折叠椅和粘胶等物，他实际上代表了古希腊人民的智慧与想象的结晶；至于代达罗斯制作翅膀飞上天空的故事更是表达了人类通过制造工具和设备去征服自然、征服天空的美好愿望。在希腊神话中，代达罗斯是墨提翁的儿子，其曾祖是传说中的雅典娜和匠神赫斐斯托斯的后代——雅典王厄瑞克透斯——可见他成为人间的神匠是有来历的。代达罗斯自出生后就一直生活在雅典，但他的虚荣心和嫉妒心使他鬼迷心窍，谋害了在技艺和发明天赋方面胜过自己的亲外甥。罪行败露后，他带着儿子伊卡洛斯逃亡到克里特岛，投奔势力强大的国王弥诺斯。弥诺斯收留了这个技艺高超的艺术家，并给他良好的待遇。代达罗斯为国王制作了许多神奇精美的艺术品，尤其为他建造了著名的迷宫，用以囚禁弥诺斯的王后与牛怪（波塞冬派来报复弥诺斯的漂亮公牛）所生的牛首人体的怪物弥诺陶洛斯，因为这牛怪既是国王要竭力掩盖的丑闻，又是在克里特岛上横行无忌的祸害。代达罗斯设计的这座迷宫借助山体河流的自然地势而建造，其中有无数错综复杂、迂回曲折的通道以及众多令人眼花缭乱，方向迷离的岔道，就连代达罗斯本人进去后，如果没有事先留下返回的记号，也找不到走出迷宫的出口。于是这迷宫就成为隐藏牛怪弥诺陶洛斯的绝好之处。当年，国王弥诺斯的儿子到雅典去参加竞技运动会，获得冠军，结果引发了雅典王公贵族子弟的强烈嫉恨，他们密谋杀害了这位出色的青年人，克里特的王子。愤怒的克里特国王弥诺斯亲率大军进攻雅典，攻城拔地，疯狂报复，直到雅典人签署协议，同意每年（另一说法是每九年一次）向克里特献上七名童男和七名童女，作为供奉给牛怪的祭品，这才罢兵息战。雅典王子提修斯自愿成为被献祭的人选，以便找机会除掉牛怪弥诺陶洛斯。由于代达罗斯为提修斯提供了帮助（爱上提修斯的克里特公主阿里阿德涅向他索要了标明出迷宫之路的线团），使其成功地杀死牛怪并安全地逃离迷宫，返回雅典。知悉此事的弥诺斯大为愤怒，下令把代达罗斯和他的儿子伊卡洛斯囚禁在迷宫当中，作为最严厉的惩罚（让他们困死或饿死在里面）。陷入绝境的代达罗斯从空中的飞鸟得到启发，决定用鸟儿脱落在地面的大大小小的羽毛制作翅膀，飞离迷宫。于是他将散落在地上各处的鸟儿羽毛收集起来，按大小长短分别用麻线捆住，然后用迷宫中采集的蜜蜡牢牢地粘在一起，终于制成了两副厚实的羽翼。代达罗斯在起飞前警告儿子伊卡洛斯，不能飞得太低，也不能飞得太高，因为飞得太低，羽翼会受地面或海水潮气的影响而变得沉重起来，给飞行造成危险；要是飞得太高，太阳的高温会烤化翅膀上的蜜蜡，使羽翼脱落。经过一番试飞之后，父子俩人扇动翅膀，渐渐地飞到迷宫的上空。飞离迷宫之后，他们使劲鼓动羽翼在空中翱翔，不久就飞临萨玛岛上空，接着又飞越了提洛斯和培罗斯。由于升空后一切都很顺利，伊卡洛斯不由得兴高采烈，甚至得意忘形起来。就在不经意间，他忘记了父亲的警告，居然鼓动双翼朝高空飞去，朝着太阳飞去！很快，强烈的阳光融化了他羽翼上的封蜡，被蜡封在一起的羽毛开始脱落，还没等伊卡洛斯回过神来，那对羽翼已经散落了。失去了双翼动力的伊卡洛斯顿时坠落到海里，被万顷波涛淹没了。人们说，这可能就是上天对代达罗斯杀害亲侄儿的惩罚——据说当时飞来一只叽叽喳喳叫着的山鹑鸟——他就是当时在现场被诸神变成山鹑而复活的代达罗斯的侄儿（这侄儿的名字"Perdix"在希腊语里就是"山鹑"）。代达罗斯回头不见儿子的踪影，这才意识到发生了不幸。他赶紧降落在一座海岛上。一会工夫，海浪把伊卡洛斯的尸体冲上了海岸。悲痛万分的父亲掩埋了伊卡洛斯的尸体。后来，这座海岛就叫作伊卡利亚，而伊卡洛斯坠落的这片海域就被人们叫作伊卡利亚海，也就是今天位于萨摩斯岛、帕罗斯岛和小亚细亚沿岸之间的爱琴海的一部分。悲痛的代达罗斯独自一人飞到了西西里岛，为国王科卡罗斯所收留。传说代达罗斯为当地培养了许多有名的艺术家，成为西西里岛土著文化的奠基人。

代达罗斯制造羽翼飞上天空，而且完成了长距离的飞行，这已经包含了重要的具有认知性的科幻文学的因素。值得提到的是，英国星际学会（British Interplanetary Society）在20世纪70年代开展的对地外星系进行探测的一个项目就以这位神话中杰出的人类飞天的先行者的名字命名，叫做"代达罗斯计划"（Project Daedalus）。该计划探讨使用无人太空飞船对另一个恒星系统进行快速的探测。英国星际学会的这一计划是对之前的"猎户座计划"的改进，其设想是使用核聚变推进火箭运送的一个探测器，以50年的时间抵达另一颗恒星。其中的一个主要目的地就是6光年以外的，距离太阳系第二近的巴纳德星球（Barnard's star）。

四、飞天大狂欢：从阿里斯托芬到17世纪以来的科幻飞行故事

在古希腊神话的飞天幻想之后，出现了古希腊喜剧作家阿里斯托芬（Aristophanes，约公元前446年—前385年）的喜剧《和平》（Peace，公元前421年）。阿里斯托芬是雅典公民，有"喜剧之父"之称，相传他共创作了四十四部喜剧，流传下来的有《阿卡奈人》《骑士》《和平》《鸟》《蛙》等十一部。对于发生在以雅典为首的提洛同盟和以斯巴达为首的伯罗奔尼撒同盟

之间的内战,阿里斯托芬从小农和小手工业者的立场出发,持坚决的反对态度。《和平》一剧表现了反对战争,要求和平的主题。作者在《和平》一剧中号召全希腊各城邦人民齐心协力去拯救被战神关在地牢里的和平女神。和平终于得到恢复,农民们欢天喜地,忙着赶回家去耕种自己的田地,而那些靠战争发财的军火商人们则唉声叹气,一筹莫展。剧中的主要人物特莱加尔斯(Trygaeus)是一位上了年纪的农夫。当时正处于雅典与斯巴达交战的伯罗奔尼撒战争期间,特莱加尔斯骑在一只巨大的蜣螂虫背上,就像希腊神话中的少年英雄伯罗洛丰骑着飞马佩加索斯一样,飞上天空去见宙斯。

希腊作家琉善(Lucian,公元120—190)[1]的《伊卡诺-曼尼沛斯》(Icaro-Menippus)同样描写了人类的飞行。该书以古希腊哲学家曼尼沛斯与一个朋友进行对话的形式写成,书中的"伊卡诺"就是伊卡诺斯,发明家代达罗斯的儿子。曼尼沛斯是公元前3世纪希腊犬儒学派的哲学家,以博学幽默的讽刺而闻名于世。琉善讲述的是,由于曼尼沛斯对生活在地球上的哲学家们发表的关于真理的观点感到极为不满,决定到天上去询问大神宙斯。他通过采用与伊卡诺斯相同的方式用禽鸟的羽翼做动力飞上天空。他将左手套上秃鹫的翅膀,右手套上老鹰的翅膀,然后将双臂扇动,飞上天空。在故事中,曼尼沛斯首先飞到了月球,接着飞越了太阳,一直飞到宙斯所在的天穹之处。

下面我们根据英国科幻小说家和理论家布赖恩·奥尔迪斯等著述的《亿万年大狂欢:西方科幻小说史》的相关论述,对科幻想象中的飞天之旅做一个简略的勾勒。[2]

奥尔迪斯指出,随着人们对希腊神话中的代达罗斯的频繁回顾,从17世纪到18世纪,越来越多的人开始谈论飞行的可能性。首先,17世纪天文学的发现为作家们打开了幻想的翅膀。哥白尼、开普勒、伽利略等人提出的观念大大改变了欧洲和世界的思想。德国数学家、占星学家和天文学家约翰尼斯·开普勒(Johannes Kepler,1571—1630)奠定了现代天文学的基础。开普

---

[1] 琉善(即鲁齐阿努斯,也被译作卢奇安,公元120—190),古希腊作家,由于出生于叙利亚的萨摩萨塔而被称作"萨摩萨塔的琉善"(Lucian of Samosata)。作为欧洲古代文学中最后一位重要作家,琉善有著作约八十篇,用希腊语写成,内容大都具有强烈的讽刺性。他最主要的著作有《诸神的对话》《亡者的对话》以及讲述荒诞离奇之航海游记的《一个真实的故事》等。

[2] 详见 Aldiss, B. with Wingrove, D. *Trillion Year Spree*: *The History of Science Fiction*. London: The House of Stratus, 2001, pp. 59 – 63.

勒本人写出的《梦幻之旅》(Somnium or Dream)叙述了一个梦幻般的飞天之旅,在他的叙述中,作为观察者的杜兰科塔斯借助超自然的手段登上了月球。

1638年,弗朗西斯·葛德温主教(Bishop Francis Godwin)早先创作的《月球上的人:或多明戈·冈萨雷斯的月球之旅记述》(Man in the Moon: or A Discourse of a Voyage Thither by Domingo Gonsales)发表了,书中的主人公比神话中的代达罗斯更进一步,他通过训练一大群天鹅这样的鸟类,让它们作为自己的"牵引器",载着他飞上天空,这被认为是"一种省钱省力的旅行方式"。

同样在1638年,约翰·威尔金斯(John Wilkins)发表了《月球新世界的发现》(Discovery of a New World in the Moone)。这部书探讨和推测了有关人类前往月球旅行的可能性,同时对于月球上存在的生命进行了推测。

1657年,法国作家西拉诺·德·贝尔热那克(Cyrano de Bergerac)发表了《月球之旅》(Voyage dans la lune),对于人类的月球之旅进行了令人称奇的描写,因为主人公的飞行方式是前所未闻的:他把许多装着露水的小玻璃瓶子捆在身上,通过太阳吸收瓶中的露水将他吸上天空。作者后来又发表了《太阳王国记事》。这两部被称作"另外的世界"(L'autre monde)的作品被合译为一部英语本,名叫《太阳和月球旅行记》。

1751年,罗伯特·帕尔托克(Robert Paltock)发表了《彼得·威尔金斯的生平和历险记》(The Life and Adventures of Peter Wilkins),在这部作品中出现了生来就有翅膀的人类种族,他们理所当然地可以像鸟儿一样在空中飞翔。小说的主人公名叫彼得·威尔金斯,他在海上遭遇了船只失事,漂流到了一个奇异的国度,那里的居民无论男女都能展翅飞行。他与一个当地的女子相爱、结婚,后来夫妻俩生育了七个孩子,其中有的孩子受母亲遗传因素的影响,生下来就有翅膀,有的孩子则和父亲一样,没有翅膀。

同样在1751年,拉尔夫·莫里斯(Ralph Morris)发表了《约翰·丹尼尔的生平和奇异历险记》(The Life and Astolishing Adventures of John Daniel),在这部作品中出现了特定意义上的科幻小说的因素:作者构想出一种真正的"引擎",通过它的驱动使人类实现飞天之梦。这个引擎被描写为一个平台,上面可站立两人,他们通过上面的杠杆操纵飞行物的双翼进行飞行。书中的约翰·丹尼尔就与他的儿子一起乘坐这种由"引擎"驱动的飞行器飞往月球。

17世纪以来,出现了越来越多的描写人类进行飞天旅行的作品,玛乔丽·霍普·尼科尔森(Marjorie HopeNicolson)在其权威性的著作《月球之旅》(Voyages to the Moon,纽约,1949年)中对于文学创作的人类进行的登月太空旅行这一主题进行了概述。而菲利普·格夫（Philip Gove）则在《散文体小说中的想象之旅行》（*The Imaginary Voyage in Prose Fiction*，1941年）一书中对这一类型进行了界定，并且列举了仅限于在18世纪发表的二百一十五部登月旅行记。

五、科幻叙事和童话叙事中的飞天之旅

无论是神话中的代达罗斯制造羽翼飞上蓝天，还是弗朗西斯·葛德温笔下的主人公借助鸟类之力飞上月球，人类对于如何实现自己的飞天之梦始终在进行着不懈的富有想象力的探索。仅就人类借助鸟类而翱翔于蓝天的描写而言，既有近乎科幻小说的叙事方式，也有童话般的叙事方式。

弗朗西斯·葛德温（1562—1633）是一位英国主教。在葛德温去世后发表于1638年的《月球上的人：或多明戈·冈萨雷斯的月球之旅记述》被认为是用英语写作的最早的科幻小说之一。作者在小说中融进了鸟类学家的发现，综合了作者所处时代的科学见解与流行的看法，提出空气充斥在各星球之间的空间里，月球上居住着高智力的人类等观点；作者还在某种程度上暗示了重力法则的作用。故事讲述主人公冈萨雷斯在一座岛上分阶段地对天鹅群进行系统训练，最终使它们能够听从指令将他带上天空，进行高空飞行。这些天鹅共有25只，它们会排成整齐的队列，牵引着载人的装置飞行。由于冈萨雷斯忘记了天鹅具有季节性飞行迁移的习性，结果这支天鹅飞行队在既定的时节把他带到了它们的冬眠之地：月球。在月球上生活着巨人般高大的居民，他们生活的社会是一种冈萨雷斯闻所未闻的乌托邦世界。月球居民们寿命很长，身体健壮，如果他们出现任何病痛或伤损都会很快痊愈；他们拥有神奇的药草，任何外伤，无论多么严重，只要用它来涂抹一下，就会立见功效，完好如初。月球世界民风淳朴，民众道德高尚，公民们根本不知何为谋杀，何为犯罪，因为那里从未出现过此类行为；而且月球上家庭稳定，夫妻和睦。凡此种种，都与月球人采取的特别措施有关：月球居民们在他们的婴儿出生时要对其进行检测，凡是可能会成为罪犯的人都要被遣送到地球去，绝大多数都被放置在北美洲地区。月球上的乌托邦世界是令人羡慕的，但远离故乡的冈萨雷斯还是决定返回自己的地球家园。最后他带着月球王子赠送给他的珍宝，乘着天鹅们牵引的"飞船"返回地球。葛德温的这部作品直接或间接地影响了不少作家，其中包括斯威夫特和他的《格列佛游记》（如葛德温笔下的月球巨人与斯威夫特的布罗卜丁奈格"大人国"居民形成了有趣的对应）。

而在瑞典女作家塞里玛·拉格洛芙（1858—1940）的名著《尼尔斯骑鹅

历险记》里，我们读到是童话式的飞天旅行记。故事讲述的是小男孩尼尔斯如何乘着自己家里喂养的一只大鹅飞上天空，经历了一次令人难忘的奇妙旅行。在葛德温的《多明戈·冈萨雷斯的月球之旅》里，作者表现的是"看似可信的不可能性"（plausible impossibilities），主人公冈萨雷斯能够飞上天空的前提是他通过分阶段地对天鹅群进行了系统的训练。此外，冈萨雷斯之所以被带往月球是因为天鹅群遵循季节性飞行迁移的习性，而他又恰恰忽略了这一点，结果他被天鹅群带到了它们的月球冬眠之地——这又是带有动物科学常识特点的"看似可信的不可能性"。相比之下，在《尼尔斯骑鹅历险记》里，读者进入的就是一个纯粹的童话奇境了。故事里发生的一切都是按照儿童情趣的"愿望的满足性"进行的，无须任何科学常识或前提来推动故事情节的发展。

《尼尔斯骑鹅历险记》的主人公尼尔斯是一个生活在瑞典南部乡村的十四岁的男孩子，由于平常不爱读书，调皮贪玩，尤其喜欢捉弄小动物取乐，所以在人们眼中不过是一个"没有多大出息，只乐意睡觉和吃饭，再就是很爱调皮捣蛋"的小男孩。男孩的父母是当地佃农人家，家境比较贫寒。后来他们通过勤劳苦干，家境有所好转，也养起了奶牛和鹅群。现在最让他们操心担忧的就是这个不愿好好读书的孩子。这也是童话故事里常见的困境模式。在初春的一天清晨，男孩的父母要到教堂去做礼拜，小男孩既不愿跟父母上教堂，又不情愿在家里诵读父母让他读的福音书。在勉强读了几页福音书后，小男孩迷迷糊糊地睡着了，后来却被身后一阵轻微的响声弄醒了，原来他家的那口大衣箱被一个小精灵打开了！只见这小精灵正在大衣箱边观赏一件漂亮的绣花胸衣。小男孩想作弄一下这个不速之客，他用一个苍蝇罩扣住了小精灵，小精灵请他放了自己，并答应给他几样小玩意作为报答。小男孩表示同意，但随后却改变了主意，因为他不愿意读书，便要求小精灵用魔法将福音书的那些训言装进他的脑子里去。这下可好，小男孩不守信用的行为当即遭到了小精灵的惩罚，被魔法变成了一个拇指大小的小人儿。于是乎，家里的鸡、鸭、鹅、猫等都在他面前成了庞然大物，使他的处境变得既尴尬又危险。而此时小男孩获得的唯一好处就是他能够听懂"禽言兽语"了。这又使他饱受了家禽和奶牛们对他的愤怒控诉（数落顽童虐待它们的恶作剧）。此时正是候鸟成群结队迁移的时节。成群的大雁在空中列队飞过。大雁的呼唤激发了一只年轻雄鹅跟随大雁长途旅行的冲动。只见它张开两只翅膀，扑向空中。为了不让家中的雄鹅飞走，小男孩猛地抱住了它的脖子，结果不但没有阻止雄鹅的行动，反而被雄鹅带上了天空——因为他只有拇指般大小，实在太轻了。这就是尼尔斯骑鹅历险记的开端。他们从南方一直飞到最北部的地区，在飞行途中尼尔斯与伙伴们结下了深厚的友谊，他们朝夕相处，患难与共，同时还要与凶恶的敌人斗智斗勇。经过这长达 8 个月的旅行，小男孩受到艰苦的磨炼，变得成熟起来。从总体上看，《尼尔斯骑鹅旅行记》是经典童话的现代叙述。它具有传统童话的因素，如贝洛和格林童话中的"小拇指"或"大拇指"类型的故事因素，以及《爱丽丝奇境漫游记》里主人公按特定比例而变大变小；同时又具有现代童话小说蕴含的教育主义（揭示真爱战胜自私、善良战胜邪恶的过程，表明什么是正直和勇敢，什么是快乐和忧愁，以及如何对待读书与学习，贪玩与成长的关系，等等。

英国作家罗尔德·达尔（Roald Dahl, 1916—1990）的《小詹姆与大仙桃》是另一种飞天之旅的童话叙事。故事讲述的是"灰姑娘"式的小男孩詹姆斯如何通过神奇的方式改变了自己的凄惨命运。小詹姆斯在 4 岁时成了孤儿。谁知"屋漏偏逢连夜雨"，不幸的小男孩落入了两个可恶的姨妈的手中，饱受折磨，度日如年。这两个姨妈一个叫"肥面团姨妈"，一个叫"大头钉姨妈"，她们就像传统童话故事里的恶毒后妈，把小詹姆斯当作奴仆使唤，动辄打骂，还不让他吃饱饭。每天清晨，当其他人还在睡梦之中，可怜的小詹姆斯就已经在姨妈们的叫骂声中开始一整天的劳动了：除草、提水、擦拭汽车、清洗衣物、油漆围栏、打扫灰尘、捡垃圾、劈柴火……最可恨的是，身体单薄的小男孩承担如此繁重的劳动，不但得不到片刻休息，还要忍受饿肚子的痛苦。有一天，受尽坏姨妈压迫的小男孩在劳动时与一个神秘的糟老头不期而遇，老人鼓励小詹姆斯去追寻自己的梦想并送给他一件具有魔力的礼物。怀抱着神秘老人给他的神奇礼物，小男孩赶紧往回走，不想在路上听见了两个姨妈的疯狂叫骂；惊慌之中，小男孩不小心摔倒在山坡上的桃树下面，那装在魔法口袋里的东西随即散落在地上，钻进泥土之中。本以为希望就此破灭，但奇迹却出现了：原本已干枯的桃树枝上居然长出一只大桃，而且越长越大，不一会便从树上坠落下来。这可不是一个普通的桃子，而是一个又圆又大，像小山一般的大仙桃。小詹姆爬进了这个巨大的桃子，在里面见到一群被魔法变大的昆虫朋友，好像有约定似的，他们正等着他的到来呢。这些昆虫分别是蜈蚣、蚯蚓、蚱蜢、萤火虫、蜘蛛姑娘、瓢虫、蚕儿。在这个仙桃世界里，他们个个能说会道，能歌善舞，而且性情各异——如蜈蚣活泼好动，有些自大，脚上的几十双靴子要时常换上换下；蟋蟀待人彬彬有礼，具有绅士风度；瓢虫对人体贴入微，好似慈母一般；蜘蛛心直口快，但关键时刻勇于奉献，尽显刚强本色；蚯蚓天生胆小自卑，遇事即惊慌失措；等等。

改变命运的旅行开始了，大仙桃滚动起来，撞倒了想利用仙桃来赚钱的坏姨妈，然后向海边冲去，落进海中，成为一艘"航船"，于是小詹姆斯与他的朋友们就乘坐这神奇的仙桃"航船"在茫茫大海上航行着，向着远方的土地和城市全速进发。后来他们的仙桃"航船"遭到鲨鱼群的进攻，危在旦夕。紧急时刻，小詹姆士想到一个主意，通过蜘蛛吐出的丝线套住一只只从空中飞过的海鸥，由这些被套住的海鸥"飞行员"将他们的"航船"提升到空中，成为"飞船"。他们在空中飞翔，不仅安全脱险，而且加快了行进的速度……经过这番惊险、曲折而充满童趣的飞行历险，小詹姆斯和他的昆虫朋友们终于抵达了纽约，并在那里开始了新的生活。

第十二章

发现之旅：说不尽的奥德修斯[*]

一、奥德修斯的身世、重要事迹和他回归家园的历程

奥德修斯（Odysseus）是荷马史诗《伊利亚特》中希腊联军阵营里的重要人物，更是荷马史诗《奥德赛》的主人公，可见这个被称为"人间雅典娜"的智者奥德修斯在希腊神话传说中是个非常重要的人间英雄。我们知道，智慧女神雅典娜承袭了父亲宙斯的神力和母亲墨提丝的智力，非寻常之女神，所以深得宙斯喜爱和信任，也只有她才能携带宙斯那雷霆万钧的霹雳武器。奥德修斯不仅受到雅典娜的保护和引导，而且他与雅典娜之间颇有相似之处：意志刚强，体魄强壮，智慧过人（足智多谋），所以称他为"人间雅典娜"是有道理的。关于奥德修斯的身世有荷马传统的叙述，也有荷马之外的叙述，无论在何种叙述中他都是非同寻常，引人注目的。在荷马传统中，奥德修斯的父亲是莱耳忒斯（Laertes），母亲是安提克蕾亚（Antikleia），再往上则是祖父阿克西俄斯（Arkeisios），外祖父奥托吕科斯（Autolycus）。从他的身世看，奥德修斯的智慧和计谋从血缘脉络上应当同他的父亲莱耳忒斯和他的外祖父——窃贼之王奥托吕科斯以及神使赫耳墨斯有着天然联系；宙斯和凡间女子迈亚生下赫耳墨斯。赫耳墨斯生性机敏，行动快捷，所以成为宙斯和众神的使者，亡灵的接引神，还负责掌管商业、交通、畜牧、经济等活动，尤其精于欺诈和盗窃。作为宙斯的情人，赫耳墨斯的母亲迈亚遭到天后赫拉的嫉恨。为了避灾免祸，迈亚四处躲藏。有一次在迈亚逃避赫拉的追袭时，赫耳墨斯

---

[*] 本章主要参考图书文献：维科《新科学》，朱光潜译，北京：人民文学出版社，1986。
Macrone, Michael. *Brush Up Your Mythology*! New York: Gramercy Books. 1999.
荷马《奥德赛》，陈中梅译，南京：译林出版社，2003。
荷马《奥德赛》，王焕生译，北京：人民文学出版社，1997。
陈中梅《神圣的荷马：荷马史诗研究》，北京：北京大学出版社，2008。
亚里斯多德《诗学》，罗念生译，北京：人民文学出版社，1982。

的儿子奥托吕科斯设法掩护了迈亚，使其免遭赫拉的伤害。赫耳墨斯对此心怀感激，便教给他一种改变动物外表的本领，可以使物体的颜色由黑变白，或由白变黑，可以让动物的角消失或没有角的动物长出犄角等。奥托吕科斯不愧为凡间窃贼的始祖，由他偷走的东西，经过变形，绝不会被人发现。奥托吕科斯的邻居是大名鼎鼎的科林斯国王西绪福斯。西绪福斯拥有大批牛群，和他相比，奥托吕科斯的牛就不值一提了。为此奥托吕科斯开始偷窃邻居的牛。聪明的西绪福斯渐渐发觉自己牛群的数量在不断减少，而邻居奥托吕科斯的牛却不断增加。于是西绪福斯想出了一条妙计，他将自己名字的缩写"SIS"的字样印在每头牛的牛蹄上。当西绪福斯再度发现牛群数目减少的时候，他便带人到奥托吕科斯的牛栏去搜查。不出所料，一些牛的牛蹄上果真刻有"SIS"的字样。然而狡猾的奥托吕科斯辩称说，牛的外表颜色和身形均能证明这不是西绪福斯的牛，至于牛蹄上的印记，他声称是西绪福斯派人在夜里跑到他的牛栏里偷偷印上去的。西绪福斯大怒，在众人乱哄哄的争吵中，西绪福斯偷偷潜入奥托吕科斯的房中，掳走了他的女儿安提克蕾亚。被西绪福斯掳走的安提克勒亚后来嫁给了阿克西俄斯的儿子莱耳忒斯，夫妻俩就居住在伊塔卡岛国（Ithaca），生下儿子奥德修斯。

而在某些荷马以外的神话叙述中，奥德修斯的父亲乃是西绪福斯，是他与安提克蕾亚结合生下了奥德修斯，正如一些后世的作家所宣称的，智慧与胆识超绝凡人的反英雄西绪福斯才是荷马英雄时代最足智多谋的希腊人奥德修斯的父亲[①]。关于奥德修斯的最终命运更有诸多叙述版本。公元前6世纪的诗人欧迦蒙写有史诗《忒勒格尼亚》，叙述发生在荷马史诗《奥德赛》之后的故事，说奥德修斯与女巫瑟西生有一子叫忒勒戈诺斯（Telegonus），他长大后离开母亲去寻找父亲，鬼使神差般地来到了伊塔卡岛，被奥德修斯当作闯来的海盗，结果他在双方之间发生的冲突中误杀了奥德修斯；他后来又娶了奥德修斯的妻子珀涅罗珀为妻，演绎了俄狄浦斯式的弑父娶母的悲剧。还有一种说法，讲述奥德修斯从海外归来后不久，众神又遣送他再次出海远航，去寻找一个国度——那里的人们从未听说过海神波塞冬——然后为波塞冬修建一座神庙。这样奥德修斯又在海外漂流了十六年。在德尔菲神庙，一则神谕昭示，奥德修斯将被自己的儿子杀死。离开德尔菲神庙后，奥德修斯受到埃皮罗斯国王的款待，但奥德修斯却暗地里引诱公主埃瑞珀，并强行与她发生了关系。埃瑞珀因此怀了孕，后来生下儿子欧律俄勒斯（Euryalus）。欧律

[①] Macrone, Michael. *Brush Up Your Mythology*! New York: Gramercy Books. 1999. p. 135

俄勒斯长大了，母亲埃瑞珀让他前往伊塔卡岛，以便父子相认。而奥德修斯的妻子珀涅罗珀知悉欧律俄勒斯造访伊塔卡的内情后异常愤怒，她决定采取报复行动。几年后奥德修斯从海外归来，珀涅罗珀当即指控欧律俄勒斯企图强暴她。蒙在鼓里的奥德修斯勃然大怒，不由分说地处死了欧律俄勒斯，因而自始至终都不知道他的真实身份。由于担心德尔菲神谕的实现，忧心忡忡的奥德修斯将儿子忒勒马科斯驱逐出伊塔卡岛，不许他再返回家中。忒勒马科斯乘船远航，抵达奥德修斯当年的情人瑟西所居住的海岛，在那里与瑟西结为夫妻，并且建立了一个新的王国。回到伊塔卡岛的奥德修斯变得烦躁易怒，对于陌生人更是疑心重重。谁料想奥德修斯与著名女巫瑟西所生之子忒勒戈诺斯偏偏来到伊塔卡岛寻父，被奥德修斯当作海盗，于是这年轻气盛的忒勒戈诺斯在不知情的情形下失手杀死了奥德修斯——德尔菲神谕终于实现了，奥德修斯死于亲子之手。凡此种种，不一而足。无论如何，所有这些叙述都使奥德修斯的身世和命运增添了几分神秘与悲壮的色彩。当然，不管奥德修斯的父亲是莱耳忒斯，还是西绪福斯，一般认为他的外祖父乃是窃贼之王奥托吕科斯。

幼年的奥德修斯在睿智的马人喀戎那里接受训导和教育，长大后，莱耳忒斯将王国交给他管理。和所有的希腊青年俊杰一样，奥德修斯也非常希望娶绝世美女海伦为妻。但由于伊塔卡岛是整个希腊地区最贫穷的王国之一，而且前来求婚的希腊才俊如此之多，竞争激烈可想而知。聪明的奥德修斯选择了退出竞争，转而向海伦的表妹珀涅罗珀求婚，找到了属于自己的另一半。在针对海伦的求婚大战展开之前，奥德修斯向海伦的父亲廷达柔斯建言，在海伦挑选自己的丈夫之前，必须让所有的求婚者都郑重起誓，尊重海伦的最终选择，接受被选中的幸运者；而且当此位幸运者在婚后遇到麻烦或灾难时，所有其他求婚者都必须鼎力相助。廷达柔斯采纳了奥德修斯的建议，从而化解了极可能在求婚者之间产生的憎恨与争斗，甚至内战。也正是由于这个誓言，希腊英雄们后来在特洛伊王子帕里斯引诱和拐走海伦之后，参加了由阿伽门农作为统帅的远征军，前去攻打特洛伊，讨回海伦。当时，在求婚的众多英雄达成一致并昭明誓言之后，海伦做出了自己的选择：她挑选国王阿特柔斯的儿子、阿伽门农的弟弟墨涅拉俄斯作为自己的丈夫。当然，墨涅拉俄斯的家族在整个希腊都是非常显赫的，其先祖乃是敢于哄骗众神的坦塔罗斯，其祖父珀罗普斯也演绎了曲折离奇，波澜起伏的一生，这怪异血统的影响往下持续了好几代人，从阿特柔斯到阿伽门农，再到阿伽门农的下一代，神定论背景下的血亲相残和同胞相争延绵不绝，一直贯穿整个特洛伊战争前后。

帕里斯与海伦私奔之后，墨涅拉俄斯求助于哥哥阿伽门农，后者依据当年众英雄订立的盟誓，组织了希腊联军，准备征讨特洛伊。远征军很快组织起来，但当年盟誓的倡导者奥德修斯却想方设法要逃避从军，一个重要原因是有一则神谕昭示，如果奥德修斯离家参战的话，他将在外羁留二十年之久，而且最终只能以乞丐的身份回归家园。这让不愿离别贤妻珀涅罗珀和襁褓中的爱子忒勒马科斯的奥德修斯竭力逃避应征之事。当远征军派来的使者墨涅拉俄斯和帕拉墨得斯赶往伊塔卡来敦请奥德修斯时，奥德修斯打算通过故作疯癫的举止来回绝说客。他将一头牛和一头驴套在同一张犁头前面，架着它们以非常笨拙的方式犁地，一边犁着，一边往地里播撒食盐。帕拉墨得斯见状心生一计，他悄悄从宫中抱来奥德修斯的婴孩，径直放到奥德修斯驾驭的犁头前方不远处——只见奥德修斯连忙停步，并小心翼翼地将犁头抬起——这当然不可能是一个神志不清的癫狂者的行为。装疯卖傻的计谋被揭穿了，奥德修斯只得答应出征，不过他从此对帕拉墨得斯恨之入骨，后来终于在远征途中寻找时机，设下圈套害死了此人，报了这一箭之仇。一旦加入希腊远征大军，奥德修斯便义无反顾地踏上了出谋划策，鏖战沙场的十年烽火征程。在大军出发之前，他找到了被母亲忒提斯隐藏在某地深宫中"男扮女装"的少年英雄阿喀琉斯，揭穿了他隐藏起来的计谋，使他欣然参加联军出征。之所以必须找到阿喀琉斯，是因为有神谕昭示，没有勇力绝伦的阿喀琉斯参战，希腊远征军在战场上将一败涂地。而阿喀琉斯的避战（虽然并非出自他的本意）也是因为有神谕在先，说阿喀琉斯若隐居家中将平安度过一生（但却是平凡的一生）；如果他投身战争将成为希腊最伟大的英雄，因此赢得不朽的英名——但这轰轰烈烈的英雄生涯却是短暂的，因为他将在沙场上牺牲年轻的生命。所以奥德修斯与阿喀琉斯两人的避战情由有相似之处，前者装疯卖傻，企图掩人耳目，蒙混过去；后者假扮少女，企图以假乱真，平安度日。尔后他们两人又分别演绎了"将军百战死，壮士十年归"的历程。荷马史诗《伊利亚特》突出了阿喀琉斯百战征程中表现出来的愤怒与神勇，《奥德赛》则专注于奥德修斯十年归途的艰辛与磨难，两人都是荷马传统中不可或缺的中坚人物。按照维柯的理解，人们可以通过阿喀琉斯和奥德修斯这两位英雄来认识古希腊社会习俗，例如"希腊人把所有的一切勇敢属性以及这些属性所产生的一切情感和习俗，例如暴躁，拘泥繁文细节，易恼怒，顽强到底不饶人，狂暴，凭武力篡夺一切权力这些特征都归到阿喀琉斯一人身上"。而把"来自英雄智慧的一切情感和习性，例如警惕性高，忍耐，好伪装，口是心非，诈骗，老是说漂亮话而不愿采取行动，诱旁人自堕圈套，自欺这些特性都归到尤利西斯一人身上"。①总之，这两位荷马史诗英雄的文化性格和人性特征值得人们深入探究。当一切准备就绪，希腊联军从驻地奥利斯港起航出发，驶向坚城特洛伊。然而特洛伊战争注定是一场旷日持久的拉锯战，双方鏖战多年，胜负未决。战争终于进入了第十年，这期间希腊英雄阿喀琉斯斩杀了特洛伊最骁勇的主将赫克托耳，自己也被神箭射中脚踵而阵亡，正好应验了神谕昭示的"将军百战死"之预言。在最后的相持阶段，希腊联军采用了奥德修斯提出的"木马计"作为致命一搏。他们打造了一个巨大的木马，将希腊敢死队的勇士们隐藏在宽大的马腹中，然后故意将其丢弃在空旷地上，而其他所有将士以溃散的假象撤往远方。希腊人在后撤前放火焚毁了营房中所有物质辎重，顿时狼烟滚滚，辙乱旗靡。特洛伊人放松了戒备，出城探望。他们在野外找到一名逃难者（实际是希腊人的安排），此人供述了希腊人"溃退"的情形。经过一番周折，木马被特洛伊人当作战利品拖进坚城。等到夜深人静，特洛伊人正在熟睡之中，藏在木马中的勇士们一涌而出，像出笼的猛兽一般冲杀起来。今夜特洛伊有城无防，已经进入城里的希腊勇士与星夜赶到城外的希腊大军里应外合，可怜一座名城就此被毁：刀光火影，国破人亡，玉石俱焚。十年一战硝烟终于散尽，壮士打点行装准备返回阔别的家园。于是出谋划策，攻城略地的战争英雄奥德修斯又转换为回家心切，但屡遭磨难，又历经十年与波塞冬制造的海难以及各种诱惑与奇异危险相抗争的航海历险者。

荷马史诗《奥德赛》讲述了主人公奥德修斯战后漂泊浪迹，历尽劫难回归故乡，重振家园的故事。诗人将十年的历险经历压缩在最后一年讲述，而将前九年的海上历险以倒叙的方式加以回溯，最后一年的经历又压缩在四十二天的行动之中，体现了史诗叙述者的独特匠心。在史诗诗人的叙述中，茫茫海域上发生的事件与遥远的伊塔卡家园中发生的事件（众多求婚者吃住在奥德修斯的王宫之中，逼迫女主人珀涅罗珀改嫁）遥相呼应，成为两条并行发展的线索，最后汇合在一起，推动了冲突的高潮来临与解决，结尾还埋下了主人公可能再度出海的伏笔，形成某种开放性的结构。在整个希腊联军远征归来的大背景下，奥德修斯踏上了漫长的充满坎坷的归途。由于希腊联军在攻破特洛伊城之后大肆烧杀和掠夺，他们遭到了天神的天谴。在联军的归途中，天神掀起的惊涛骇浪使希腊人的大多数战船樯摧楫倾，沉没海底。奥德修斯所率领的船队也遭到船毁人亡的重大损失。等风暴平息，奥德修斯领

---

① 维科《新科学》，朱光潜译，北京：人民文学出版社，1986，423-424页。

着幸存下来的为数不多的船只，在茫茫大海上漂泊回归。从整体上看，奥德修斯的海上漂流可以分为两个部分：从离开特洛伊城到踏上卡吕普索居住之海岛的漂泊；从离开卡吕普索居住的海岛到抵达故土伊塔卡岛的归程。后人往往对第一部分的漂泊历险深感兴趣，这段经历不但惊险曲折，而且充满神奇色彩，是最动人也最富有想象力的部分。在这个充满想象力的天地里，除了人类还有天神、海神、凶神、巫婆、妖女、巨人、怪物等，它们象征着人生外在的力量和内心的诱惑、疑虑，而一个有心智有毅力的人必须战胜这些具有双重意义的艰难险阻才能安然归家，才能获得完整的人生意义。从《伊利亚特》到《奥德赛》，奥德修斯不再是为希腊联军出谋划策的军师，而是独当一面的壮士。他还是那样审慎持重，足智多谋，但他所处的环境完全不一样了。在这神秘莫测、浩瀚无比的大海之中，他的行动不再受群体习俗和惯例的约束，他可以放开手脚去大显身手。他必须以自己的智力和体能去驾驭险象环生的环境，战胜种种艰难险阻，一次次化险为夷，终于回到故乡。这里有一个非常重要的信息，智力驾驭险恶的生存环境，理性战胜以各种形式出现的野性冲动，这正是荷马时代人类从野蛮时代进入文明时代的重要标志之一。作为一个漂泊者，奥德修斯长期滞留外乡，尽管归心似箭，但身不由己，欲归不能。但在漂流期间他又是一个神秘天地里的历险者。奥德修斯遭遇的奇异、惊险的事件可简述如下：

归心似箭的伊塔卡将士们途经位于北非岸边的食莲人（Lotus Eaters）生活的国度，奥德修斯的一些水手吃了那里出产的"忘忧果"，结果神智迷糊，再也不愿离开此地了，奥德修斯只好令人将他们强行带回船上。后来他们误入野蛮的巨人族库克洛普斯人栖息的领地，遭遇了独眼巨人波吕斐摩斯（Polyphemus），一时陷入绝境。这是一场武力与智力的对决。波吕斐摩斯乃海神波塞冬的儿子，力大无穷，而且非常残忍，把进入其洞穴进行探视的奥德修斯和他的十二名水手当作送上门的美食，每日将两人撕裂吃掉。陷入绝境的奥德修斯将随身携带的美酒送给巨人享用，还告诉他自己的名字叫"无人"。作为"回报"，巨人声称要最后一个吃掉"无人"。待巨人喝醉酣睡之后，奥德修斯与众人一起将羊圈旁一根粗大的橄榄树干削尖，放入柴火中烧烤，使之收缩变硬，然后一起抬起烧红的树干，旋转着刺进巨人的独眼。撕心裂肺的疼痛惊醒了波吕斐摩斯，他眼前一片黑暗，什么也看不见，只好大声呼救。附近的库克洛普斯巨人赶来询问他为何如此号叫，只听波吕斐摩斯大叫道："无人刺我！无人骗我！"洞外的巨人们听了此言大感不解，既然"无人"刺你，肯定是大神宙斯让你头脑出了问题，于是各自散去，回洞安歇不提。第

<<< 第十二章　发现之旅：说不尽的奥德修斯

二天早晨，瞎眼巨人搬开堵住洞口的巨石，放洞中咩咩叫唤的羊群出去吃草，自己则把住洞口，防止奥德修斯等人偷跑出洞。奥德修斯他们分别躲藏到大肥羊的腹下，随着蜂拥而出的羊群混出了这凶残巨人的洞穴。在逃回藏在岸边的航船后，奥德修斯本该悄然离去，但他的傲气和虚荣心促使他向瞎眼巨人大声通报了自己的真实姓名。愤怒的波吕斐摩斯更是怒火攻心，暴跳如雷，他早听先知说过，自己会遭到一个名叫奥德修斯的人的毒手，成为瞎子，所以一直在留心防备某个可能出现的英俊高大、勇力过人的壮汉（可以想象巨人眼中的壮汉拥有何等高大的身材），却不料来了这么个小不点侏儒，使诡计下毒手，真是冤枉啊。瞎眼巨人大声祈祷，吁请父亲波塞冬严惩这个恶棍奥德修斯——这是奥德修斯开罪海神波塞冬的缘由之一（相传另一个缘由是奥德修斯出谋划策摧毁了波塞冬亲手修筑的特洛伊城）。所以波塞冬百般阻挠奥德修斯的归程，使他受尽磨难，颠沛流离，虽逃得性命，却落得孑然一身，黯然返乡。

随后奥德修斯一行漂流到了风神埃俄洛斯居住的岛屿，受到主人热情款待。临走时，风神送给奥德修斯一只神秘的盛着利风的风袋。于是他们一路顺风地通过西西里岛和意大利半岛之间的墨西拿海峡进入爱奥尼亚海。当家乡的海岸已遥遥在望时，船上的几个水手趁疲惫的奥德修斯睡觉之机打开了风袋（他们一直以为口袋里装有贵重财宝），刹那间风向突变，狂风大作，阵阵逆风将船又吹回了风神之岛。风神埃俄洛斯得知他们返回这里的缘由后，异常愤怒，毫不留情地把他们逐出岛外。

奥德修斯一行又漂流在茫茫大海之中，结果漂到女巫瑟西（Circe）居住的埃挨厄海岛（Aeaea）。登岸之后，谨慎的奥德修斯指派一些水手到岛上进行探查。在进入一座石头修建的宫殿后，水手们全都被瑟西用魔法变成了猪猡，只有躲在大门外的欧律罗克斯（Eurylochus）逃过一劫，连忙跑回来报信。奥德修斯在前去救助自己水手的途中，遇到神使赫耳墨斯，获得一株可抵御瑟西魔法变形的仙草"莫莉"（moly）。这瑟西一见登门问罪的奥德修斯便如法炮制，施展魔法，想把他也变成猪猡。奥德修斯岿然不动，随即拔出利刃，扑向瑟西，继而迫使女巫解除其魔咒，恢复了那些水手的原形。随后，奥德修斯自己却像食用了"忘忧果"一般，在岛上停留了一年之久。最后在同伴们的强烈要求下，奥德修斯告别了瑟西，继续那归家的航行。在经过海妖塞壬（Siren）盘踞的岛屿时，奥德修斯根据瑟西的告诫（凡是听到塞壬美妙歌声的人都会神魂颠倒，无法自持，要拼命向塞壬扑去，随后命丧深海），用蜡将同伴们的耳朵全都封得牢牢的，再令他们把自己绑在船桅上。这样，他们安然无恙地通过了这致命诱惑的死亡海域，而且奥德修斯还亲耳听到了绝美的海妖之歌。面对致命诱惑与生命安全的两难选择，奥德修斯采取的独特对策和行动体现了人生博弈中"享乐原则"与"现实原则"的统一。

在奥德修斯继续进行的航程中，位于墨西那海峡峭壁上的六头女怪斯库拉（Scylla）和位于对面的卡律布狄斯大漩涡是奥德修斯和他的水手们面临的又一个两难险境。那斯库拉原来也是人，后来被情敌变成丑陋的女妖。她长有三排牙齿，十二只脚，有六个蛇一样的脖子，每个脖子上都有一个长着血盆大口的脑袋，专门在墨西那海峡抓食过往水手。而在另一边则是潜伏着毁灭过往船只之巨大危险的卡律布狄斯大漩涡。奥德修斯选择尽量避开大漩涡的一面航行。他与伙伴们小心翼翼地驾驶着航船绕过卡律布狄斯大漩涡，但见波浪滔天，涛声如雷轰鸣，撼天动地。正当船员们一心一意防备大漩涡时，凶残恐怖的六头海妖斯库拉突然出现了，她一张口就从奥德修斯的船上叼走了六个最勇敢强悍的船员。被举在半空中的他们在斯库拉的尖牙利齿中挣扎哀号，向奥德修斯绝望地求救，然而谁也救不了他们了。学者陈中梅对频繁出现在荷马史诗中的这样的多灾多难的生存境遇进行了全面探讨，认为这是"生活经验在神话表述中的一种经典的浓缩"。如果当时奥德修斯选择避开女怪斯库拉所在的峭壁一侧，那么靠近卡律布狄斯大漩涡行船的后果将是全军覆没，无人幸免。所以两害相权取其轻，从斯库拉的峭壁下通过虽然损失了六个最强壮的水手，但至少保全了航船和其余众人的安全。这正是陈中梅从哲理层面所指出的，诗人荷马通过他的叙述，"既为当时的听众和后世的读者提供了说明两难选择的佳例，也在一定程度上对人生中的这一类常见现象进行了颇有意义的提炼和精彩概括"①。

尔后奥德修斯一行登上太阳神赫利俄斯放牧其神牛的斯里那基亚岛，此时他们又面临同样的两难抉择。由于连日风暴肆虐，无法起航，众人在岛上粮食耗尽，度日艰难。要么饿死，要么偷食太阳神的牧牛而遭到天神的严惩。几个饥肠辘辘的同伴在欧鲁洛科斯的诱惑下，趁奥德修斯熟睡之际偷杀了太阳神的牧牛，食之充饥。愤怒的太阳神吁请天神宙斯严惩食牛者。结果奥德修斯和水手们出海后即遭到宙斯的雷击，船只沉没，所有船员都葬身大海，只奥德修斯独自一人苦海余生，随波逐流，漂流到了仙女卡吕普索（Calypso）居住的俄古癸亚岛（Ogygia）上，受到热情款待。登上卡吕普索的海岛正是奥德修斯战后归程第一阶段漂流的结束。至此，奥德修斯手下的部属损失殆

---

① 陈中梅《神圣的荷马：荷马史诗研究》，北京：北京大学出版社，2008，252页。

第十二章 发现之旅：说不尽的奥德修斯

尽。尽管他归心似箭，卡吕普索却打算与其结为夫妇，并许诺让他长生不老。但奥德修斯返回伊塔卡家园的决心丝毫没有动摇。结果卡吕普索将奥德修斯强行留住在岛上。七年之后，应雅典娜的请求，奥林波斯山上的众神同意让奥德修斯返回家园（当然遭到海神波塞冬的反对）。趁波塞冬不在，神使赫耳墨斯赶往卡吕普索的海岛，向她传达了宙斯及众神让她放行奥德修斯的意愿。卡吕普索不敢违背众神意愿，只得放行。奥德修斯乘着自己亲手打造的木船驶离了俄古癸亚岛，在航行途中又遇到海神波塞冬的报复，船被巨浪打翻。落水的奥德修斯在海洋女神琉科忒亚（Leucothea）的指点和帮助下，游到了法伊阿基亚人的城邦，当地国王阿尔基努斯（Alcinous）的公主瑙西卡（Nausicaa）得到奥德修斯的保护神雅典娜的托梦，带着侍女到海滩河湾旁戏耍时发现了因疲惫而酣睡过去的奥德修斯。公主将来自远方的不速之客带回宫中，奥德修斯受到国王和王后的热情欢迎，而且国王答应派船只护送他返回他的伊塔卡家园。随后，未透露真实身份的奥德修斯观看了当地英雄豪杰举行的竞技会，由于某个不识英雄本色的竞技者的挑衅，奥德修斯出乎意料地向在场的所有法伊阿基亚人展示了自己非凡的勇力和风采。随着艺人德摩道科斯拨动竖琴唱诵起英雄奥德修斯参加特洛伊战争的事迹，在场的奥德修斯本人忍不住泪如泉涌，随即道出了自己的真实身份。也正是在这里，奥德修斯向法伊阿基亚人讲述了自己前九年在海上漂泊历险的经过。此后，热情友好的法伊阿基亚人用航船把历尽劫波的奥德修斯送抵了已阔别二十年之久的伊塔卡故乡。

正如当年神谕所示，奥德修斯战后以一个乞丐的身份回到家乡。一方面，长久滞留海外的奥德修斯返回故土后不知这二十载时光里家国有何种变故，人心如何，不得不谨慎提防，探明情况，而假扮乞丐是最有效的掩护和防范手段。另一方面，一直在引导和规划奥德修斯返回故国家园的女神雅典娜也故意施法改变了他的相貌，使他看上去像一位皮肤粗糙的老乞丐，以防被伊塔卡人认出，以致无法有效地摸清各方情况。通过谨慎细致的试探和排查，奥德修斯不仅父子相认，而且排查出了谁是家中忠心耿耿的仆人，谁是已经背叛变节的仆人。于是敌情我情了然于胸，一场即将展开的大复仇在上百名求婚者一无所知的情况下谋划完毕。最后的时刻到来了。王后珀涅罗珀在宫中为众多求婚人安排了一场射箭竞赛，作为确定其新夫君人选的定夺。当年奥德修斯常常将十二柄铁斧依次竖立，然后在远处张弓劲射，一箭洞穿。珀涅罗珀此番如法炮制，向求婚者宣布，如果有谁能够用奥德修斯的那张弯弓洞穿全部十二柄斧头，她就接受此人的求婚。当日，正在饮酒作乐的求婚者们依次起身，按照斟酒的顺序登场拉弓，然而此弓坚硬无比，他们谁也无法挂弦开弓，纷纷败下阵来。于是以老乞丐身份停留在宫中的奥德修斯乘机走上前来，要求拉弓试箭。在众多求婚者的嘲笑和怒骂声中，奥德修斯盘弓怒射，飞箭准确地洞穿了十二把铁斧的手柄。求婚者们尚不知大祸临头，仍然酒杯在手，大大咧咧，于是神弓在手的奥德修斯向儿子发出动手的信号，只见身着铠甲的忒勒玛科斯背着锋利的佩剑，手握枪矛，飞奔过来，站立在"神样的"父亲身旁。等杀戮的飞矢响起，求婚者一一饮箭倒毙，他们这才惊恐地发现墙上挂着的盾牌武器早已被收藏一空，宫门也紧紧锁住，他们已陷入绝境，无路可逃。此时，"老乞丐"奥德修斯亮明了自己的真实身份，随即无情地将自己事先谋划的杀灭所有求婚者的行动付诸实施。父子二人同心协力，经过激烈的血战杀死了所有的求婚者。之后又清理家门，严惩了十几个行为不端，不忠不义的女仆。在打扫战场之后，奥德修斯与珀涅罗珀夫妻相认，一家人终于团聚了。尔后，奥德修斯一行人又赶往乡下去看望自己孤苦伶仃的老父亲莱耳忒斯。经过一番试探，父子相认，泪流满面，感慨万千。这时，被杀灭的求婚者的亲友们赶来寻仇，又是一场猛烈的搏杀，奥德修斯神勇难敌，对手死伤惨重。至此，女神雅典娜出面干预，喝令寻仇的伊塔卡人放下武器，停止"悲苦的拼争"，以避免更多的流血牺牲。搏杀双方终于在女神的劝解和调停下，罢战息斗，缔结盟约。

二、发现之旅：从荷马的奥德修斯到当代的尤利西斯

奥德修斯的拉丁名字为"尤利西斯"，后来就形成了西方文学中的尤利西斯传统或尤利西斯主题。W·B·斯坦福（W. B. Stanford）发表于20世纪50年代的《尤利西斯主题研究》（*The Ulysses Theme*: *A Study in the Adaptability of a Traditional Hero*，Oxford：Basil Blackwell，1954）对这一传统进行了全面而深入的探讨。斯坦福指出，在荷马之后，随着各个时代的不同需要，后世的作家对尤利西斯有褒有贬，有扬有抑，各取所需。后世塑造的尤利西斯的形象也在不断演变，所以有"说不尽的尤利西斯"之说。如公元前6世纪，尤利西斯的形象主要是个机会主义者；在公元前5世纪，主要是个诡辩家或煽动者；在公元前4世纪主要是个斯多葛派学者；到中世纪他又成为一个大贵族或者博学多才的教会执事，同时还是一个哥伦布似的探险者；到17世纪尤利西斯的形象又转变成哲学家或政治家；到了19世纪，他成为一个拜伦似的漂泊者或者一个幻灭的唯美主义者……当然，进入20世纪以后，在新旧价值观念转变的过渡时期，尤利西斯又成为一个现代都市里碌碌无为，处处失意

第十二章 发现之旅：说不尽的奥德修斯

但又心绪万端的小市民。总之，在不同的时代，荷马的尤利西斯都获得了新的表现和发展，成为欧洲文学传统的一个重要部分。

奥德修斯也好，尤利西斯也好，荷马传统中的主人公具有既高贵卓越，又狡黠多智的双重性格。人们都注意到，荷马描述奥德修斯的形容词非常之多，如"神样的""勇敢的""睿智的""足智多谋的""历尽艰辛的""饱受苦难的""阅历丰富的"，当然还有"攻城拔地的"，等等。爱尔兰作家詹姆士·乔伊斯在谈到他为什么选择荷马的尤利西斯做他的主人公布鲁姆的艺术原型时做了这样的阐述："浮士德没有年龄算不上真正的人。不错，你提到哈姆雷特，哈姆雷特是个真正的人，但他只是一个儿子。尤利西斯是拉厄耳狄斯的儿子，又是忒勒玛科斯的父亲，珀涅罗珀的丈夫，卡吕普索的情人，攻打特洛伊的希腊将领，伊塔卡的国王。尽管遭受了许多艰险和磨难，他总是以智慧和勇气化险为夷，渡过难关。他曾想逃避从军打仗，但又成了战争英雄；他是欧洲的第一位绅士……他还发明了坦克——把它叫作'木马'还是'铁甲'都无关紧要，两者都是运载武装人员的甲壳。"[1]这段话表明，尤利西斯是个有血有肉、性格多样的丰满的人物，其计谋无不来自于各种社会关系的历练，他的超越众人之处就在于他总是以智慧和勇气战胜困难，赢得胜利。的确，在所有希腊罗马神话传说的英雄之中，尤利西斯无论在性格上还是经历上都是最复杂的。很多人认为，荷马的尤利西斯绝非简单的远古历史事实的人格化，他已经成为一个活生生的、血肉丰满的人。这个性格复杂、多棱多面的人是一个具有某种人格魅力的完整的人。一方面，他是英明能干的国王，能言善辩的演说家，足智多谋的政治家，攻城拔地的军事家，历尽艰辛的漂泊者，坚韧不拔的探险者，热爱家庭的人，胜利的复仇者，当然还是浮士德似的发明家。另一方面，他不但体能过人，智勇双全，而且熟谙人情世故，为人圆滑，处事有方；老成持重，做事谨慎，有克制力，善于谈判，情感丰富；他颇有心计，善使计谋，也善于掩饰和伪装自己，他可以说假话哄骗对方，也可以忍气吞声的乔装乞丐……然而不管怎样，他总是保持着人格尊严和气质。在荷马史诗中，尤利西斯富有人性的各种社会角色如国王、将领、丈夫、男人等，是通过旁人如妻子、儿子、仙女卡吕普索以及准阿亚人、法伊阿基亚人等对他的态度自然地流露和反映出来。而他的性格特征既通过他本人的自述也通过旁人的讲述表现出来。尤其重要的是，他那多样化的复

---

[1] Stan Gebler Davies, *James Joyce: A Portrait of the Artist*. London: Davis-poynter Ltd. p. 196.

杂性格是在面临外部环境的变化时表现出来的,具有连续性和整体性。总的来看,这个性格复杂的尤利西斯特具某种人格魅力,能够激起人们的情感共鸣。

后世的作家和艺术家都可以根据自己时代的需要进行现代阐释。这表明荷马史诗具有强大的思想和艺术生命力,表明在探索人类生活和人生意义方面,荷马史诗仍然是后人永不枯竭的创作源泉。学者陈中梅认为,荷马给他的同胞们留下了两份"遗产",一份是壮怀激烈的豪迈诗情,一份是推崇严谨求知的实证自觉。这第一份遗产含有"秘索思"的本源精华,第二份遗产含有科学和理性的"基因",成为彰显希腊逻各斯精神的先驱。[1]首先,荷马史诗体现了一种源于远古神话想象的人类思维的神话因素。在荷马时代,人们更接近自然,更容易发挥真正的创造力,能够保持真诚动人的情感,滋养更健全的心智,建立更和谐的关系。意大利学者维柯在《新科学》中是这样表述的:"各族人民几乎只有肉体而没有反思能力,在看到个别具体事物时必然浑身都是生动的感觉,用强烈的想象力去领会和放大那些事物,用尖锐的巧智(wit)把它们归到想象性的类概念中去,用坚强的记忆力把它们保存住。"[2]正是这种人类对生活环境和现实世界的反映方式锻造了荷马史诗包含的"豪迈诗情"或"诗性智慧"。荷马史诗自然成为荷马时代人类知识和智慧的基本叙事手段。而荷马给人们留下的第二份遗产也是弥足珍贵的,而且更加隐秘深邃,更需要后人去发掘和发现。

亚里士多德在《诗学》中论及荷马史诗及古希腊悲剧时说,"悲剧所以能使人惊心动魄,主要靠突转与发现,此二者是情节的成分"。亚里士多德进一步把发现的种类分为"标记的发现"(如奥德修斯由于脚上的伤痕而被乳母和牧猪人发现);"诗人拼凑的发现";"由回忆引起的发现";"由推断而来的发现";以及"由观众的似是而非的推断造成的复杂的发现"。而"一切发现中最好的是从情节本身产生的,通过合乎可然律的事件而引起观众的惊奇的发现"。[3]对于荷马史诗而言,人们确实需要进行多重的发现。用最简约的概括来描述《奥德赛》,它讲述的是特洛伊战争结束之后,主人公历经十年飘泊,返回家园的故事。就它的故事情节而言,史诗叙述了主人公在漂泊回归的过程中如何遭遇各种各样,形形色色,惊心动魄而又充满神奇色彩的艰难险阻;

---

[1] 陈中梅《神圣的荷马:荷马史诗研究》,北京:北京大学出版社,2008,371页。
[2] 维柯《新科学》,朱光潜译,人民文学出版社,1986年,1992,428页。
[3] 亚里斯多德《诗学》,罗念生译,北京:人民文学出版社,1982,52-55页。

<<< 第十二章 发现之旅：说不尽的奥德修斯

归家后如何与家人相认，如何谋划和实施杀灭众多求婚人的行动，以及如何与被杀的求婚者的亲友们和解。学者王焕生认为《奥德赛》的这些情节为诗人安排各种"发现"提供了有利条件，他将这些发现概括为：奥德修斯被独目巨人"发现"，使独目巨人知道自己受残是命运的安排；费埃克斯人对奥德修斯的"发现"，引出奥德修斯对自己的漂泊经历的追叙。王焕生指出，诗人最精心安排的是奥德修斯抵家后的"发现"，包括父子相认的"发现"，为以后的行动做准备；有老奶妈对故主突然归来的意外"发现"，给故事带来神秘色彩；有牧猪奴、牧牛奴的"发现"，为即将采取的行动准备条件。而所有这些"发现"都是为构成史诗高潮的夫妻"发现"做准备。"这一'发现'涉及发现者双方，情感与理性交织，一步进一步，一层深一层，其构思之周密、巧妙，令人叹服，无怪乎受到亚里士多德的好评。"[1]另一位学者陈中梅从认识论的视野揭示了《奥德赛》所呈现的希腊人认知世界的理性精神，认为这部史诗的主要人物进行的各种内行"探察"开启了西方追求认知实证的先河，为"秘索斯"（mythos）转向"逻各斯"（logos）"提供了思想理路上的铺垫"。他指出，"从《伊利亚特》开始，一些重量级的人物已通过质疑卜释，挑战它得之于传统的权威而显露出实证性的认知精神。比较而言，《伊利亚特》里的人物普遍流于轻信，他们的探察意识和行为都显得相对幼稚。而在《奥德赛》里，人物的探察意识和技巧有了极大的提高，甚至是质的飞跃。沿着莱耳忒斯（奥德修斯的父亲）家族开辟的道路，……西方人在追求实证的道路上步步为营，取得了何等辉煌的成就。"[2]换言之，从《伊利亚特》到《奥德赛》，人类的实证认知精神发生了极大的变化。维科在《新科学》第三卷"发现真正的荷马"中提出，《荷马史诗》里所描述的阿喀琉斯和奥德修斯乃是荷马英雄时代的两种不同类型的英雄人物，前者的骄傲、狂暴与后者的足智多谋分别代表了英雄时代早晚两个阶段人们所崇拜的英雄典型。[3]陈中梅则从当代认知范式的层面提出，《奥德赛》标志着人的认识水平达到了一个明显高于《伊利亚特》的阶段。同一个奥德修斯，在《伊利亚特》和《奥德赛》里所表现出来的探察意识和技巧就很不相同。此外，陈中梅一一探讨了《奥德赛》中，围绕20年后突然出现在伊塔卡的"老乞丐"奥德修斯，诸多亲人和密切相关的人等对其真实身份进行的探察，包括忒勒马科斯对远别归

---

[1] 荷马《奥德赛》，王焕生译，北京：人民文学出版社，1997，译者前言，3页。
[2] 陈中梅《神圣的荷马：荷马史诗研究》，北京：北京大学出版社，2008，前言，3页。
[3] 维科《新科学》，朱光潜译，北京：人民文学出版社，1986，444页。

来的父亲奥德修斯产生的疑虑,老保姆欧鲁克蕾娅的发现,老父亲莱耳忒斯要求自称儿子的奥德修斯"对我告示明证",以及妻子珀涅罗珀在夫妻相认过程中表现出来的高超的探察技巧。通过详尽的阐述,陈中梅指出,奥德修斯和珀涅罗珀都展示了高超的探察及求证技巧,比较起来,后者比前者似乎更胜一筹,不仅在具体操作上稍占上风,而且比奥德修斯更明晰,也更稳定地意识到求证的重要。所以,珀涅罗珀更加贴近时代跳动的脉搏,代表着史诗人物的求证自觉和技巧运用的最高水平。①陈中梅高度赞扬了珀涅罗珀在相认过程中表现出来的认知性智慧,尤其是利用家中那张"睡床"所进行的探察至关重要。在荷马史诗中,当奥德修斯历尽艰险归家,逼婚者悉数被杀之后,已等候20年之久的妻子珀涅罗珀并没有轻易相认,"是谨慎,不是骄傲,也不是轻视"使她拒不相认。老保姆提到奥德修斯腿上被野猪撕咬后留下的伤疤,但珀涅罗珀并没有采信这一"具有权威证力的"标记。考虑到事情的重要性和复杂性(她以往有过受骗的经历),珀涅罗珀绝不会轻易相信旁人的证言和陌生人的自白。面对妻子的拒不相认(以沉默的形式表现出来),奥德修斯开始责备对方竟如此狠心,然后让自己的乳母欧律克勒亚替他在宫中安置一张床,因为他无法进入妻子的卧房。这时珀涅罗珀借机试探,要欧律克勒亚从她的卧房搬出那张两人结婚时奥德修斯亲手制作的"坚实的床铺"。在外人看来,这不外是礼貌和尊敬,殊不知这里面别有文章。奥德修斯果然被刺痛了,他责怪珀涅罗珀"十分无礼",接着道出了夫妻共享的关于这张床的秘密。原来此床是无法搬动的,当年奥德修斯用天然橄榄树干作支柱,与床连为一体,再用黄金、白银和象牙镶床架,用牛皮绳做床绷,床上则铺垫毛皮和被盖。有关夫妻卧床的这些细节外人是不知晓的,至此珀涅罗珀确信无疑,夫妻相认,苦尽甘来。陈中梅指出,女主人欲擒故纵,引而不发,不经正面提出要求便如愿以偿地致使对方主动就范,和盘托出了她所需要的全部证词,是一种极为明智的做法。②此外,从心理分析角度看,夫妻卧榻可以引申为夫妻床笫。通过"睡床"进行探察还可以看作一个具有象征性心理意义的母题。民间童话故事《傻大胆学害怕》(The Youth Who Went forth to Learn What Fear Was)足以说明这一母题的心理意义。故事的主人公是个呆头傻脑的愣头青,什么也不懂,什么也不学。而且他总是不明白什么是"害怕"或者"可怕",因为他从来都没有害怕过什么。于是他父亲就告诉他,你想去学害怕就去学

---

① 陈中梅《神圣的荷马:荷马史诗研究》,北京:北京大学出版社,2008,417页。
② 同上,411–413页。

吧,不过你靠它是挣不来饭吃的。随后"傻大胆"经历了各种阴森恐怖或惊心动魄的历险活动,但无论如何都无法理解什么是"怕得发抖"。他后来解救了一个中了魔法的国王,国王让他与公主成婚。由于还是不明白什么是发抖他不愿结婚。最后在春宵初度的帐帷里,新娘子将一桶装满小鱼的冷水泼倒在新郎身上,小鱼儿在他身上乱蹦乱跳,使他猛然惊醒过来,他终于懂得了什么是受惊发抖了。这个故事蕴含着当代心理分析学家(如贝特尔海姆)所阐释的信息:主人公在生活中缺少的东西终于在夫妻床笫之处找到了,一个大智大勇,无所畏惧的人并本非一个完整的人,一个完整的人性必须包容完整的性情感。所以《奥德赛》中珀涅罗珀进行的"睡床"探察这一情节包含着丰富的心理意义,表现出荷马史诗对人性的深刻洞察。

20世纪以来出现了许多针对荷马史诗的后续写作,体现了古希腊神话意识的延续性和现代性。其中对荷马《奥德赛》进行隐喻性、解构性和"翻译性"后续写作的作家有许多,例如爱尔兰作家詹姆斯·乔伊斯(1882—1941),他创作的长篇小说《尤利西斯》(*Ulysses*)用意识流手法写成,被称作西方现代文学的一部奇书。乔伊斯运用人们熟悉的荷马史诗《奥德赛》作为其作品的叙事构架和隐喻媒介,通过"神话意识"与"神话方法"建立了与荷马史诗的多层对应关系,包括象征性和寓意性等对应关系。作者凭借这些对应关系借古喻今,体现了一种古往今来人类意识的连续性,是一种"荷马化"的对现代生活和人生的探索。《尤利西斯》无疑体现了作者重塑现代西方人空虚和扭曲心态的神话方法。希腊作家尼科斯·卡赞扎基(Nikos Kazantzaki,1883—1957)是另一位代表性作家,他用现代希腊文创作了当代英雄史诗《奥德赛》,赋予主人公以新的形象和现代意识,历经十几载呕心沥血方才完成,20世纪50年代译成英文出版,被公认为当代文学杰作。加拿大女作家玛格丽特·阿特伍德(Margaret Atwood)创作的《珀涅罗珀记》(*Penelope*)从当代女性主义的视角对荷马史诗人物奥德修斯和珀涅罗珀进行重新审视,是一种颠覆性的后续之作。荷马史诗中对丈夫忠贞不渝的贤妻珀涅罗珀在阿特伍德的作品中转变为一个好妒忌的,为人尖刻的女性,她心机重重,算计颇多,对奥德修斯的抨击也不无道理,她的生活境遇可悲可叹而又令人同情。作者通过女主人公的述说,用当代人犀利的眼光洞穿了荷马传统中的男性楷模奥德修斯的形象,批判了他的种种虚伪之处,诉说了女性背负的深重怨恨。德国作家博托·施特劳斯(Botho Strauss)创作的剧本《伊塔卡》(*Ithaka*)与荷马的《奥德赛》建立了多层面的对应关系,是一种"由阅读向剧本转换的翻译"……凡此种种,不一而足。此外,英国科幻文学作家亚瑟·C·克拉克（Arthur C. Clarke，1917—2008）也通过自己的创作与荷马的《奥德赛》进行了跨越时空的对话。他与导演库布里克（Stanley Kubrick）合作，将自己的一个短篇小说拍成影片《2001：太空奥德赛》，用寓言的方式讲述了人类命运和人类文明发展的故事，发展了荷马以来的表现奇异旅行的文学传统，用科幻认知的方式拓展了人类星际旅行的题材和主题，成为描写太空时代的科幻版史诗。1987年克拉克创作了《2061：太空奥德赛之三》（2061: *Odyssey Three*）；十年之后，克拉克推出了《太空奥德赛》的终结篇《3001：最后的太空奥德赛》。英国学者亚当·罗伯兹认为，《太空奥德赛》为科幻小说带来的真正的新奇性并不是它所表现的内容，而是它的表现形式；尤其是它所创造的太空时代用视觉表现来叙事的专门词汇——库布里克正是通过它们创造了一首隐喻性的视觉诗歌。①如果说克拉克的《太空奥德赛》系列是对荷马史诗《奥德赛》的继承与创新，是当代科幻版的太空时代的史诗，用科幻认知与童话艺术相结合的方式拓展了富有神奇色彩的人类星际旅行的题材，那么英国女作家多丽丝·莱辛（Doris Lessing）的科幻小说《玛拉和丹恩历险记》就是"一本预言未来的《奥德赛》"，用科幻因素与童话寓言相结合的方式拓展了对地球生态和人类命运的旅程这一亘古主题。

---

① Adam Roberts. *The History of Science Fiction*. Palgrave. Macmillan，2005，p. 270.

第十三章

希腊罗马神话中的星座故事[*]

1. 大熊星座与小熊星座

阿卡狄亚国王吕卡翁生性凶狠残忍,但他的女儿卡莉丝托(Callisto)不仅美貌非常,而且温柔善良。卡莉丝托还是月亮女神阿耳忒弥斯的侍女,喜欢背着弓箭穿越高山密林,去追逐猎物。所以她美丽、矫健的身影经常出现在山林间、小溪旁。有一天,烈日当空,已在林中跑了很多路的卡莉丝托感到有些疲乏,便到树荫下的绿草上歇息一下,不知不觉便睡着了。碰巧主神宙斯正好经过这里,他不禁为卡莉丝托的美貌而怦然心动,决定追求她。只见他变作狩猎女神阿耳忒弥斯的模样,走上前去,热烈地拥抱她,等到卡莉丝托发现这是个假阿耳忒弥斯时,为时已晚,宙斯已经紧紧地抱住了自己的猎物,卡莉丝托失身了。宙斯离开后,卡莉丝托感到阵阵的恐惧和不安,她飞快地奔跑,恰好碰到狩猎归来的阿耳忒弥斯和跟随她的众多仙女。看到阿耳忒弥斯,卡莉丝托畏惧极了,唯恐又是宙斯的化身,她浑身颤抖,不由自主地向后退去,但阿耳忒弥斯大声呼唤她,让她过来欣赏自己射中的猎物,众仙女也齐声招呼她,她这才赶紧加入她们的行列中。从此以后,活泼开朗的卡莉丝托变得沉默寡言了,不再像往常一样总是笑语欢声,行动敏捷地跑在狩猎队伍的前面。原来她怀孕了,所以总是心事重重,心不在焉,时常流露出惭愧、害羞的神情。这不正常的神情举止终于暴露了她的隐情,阿耳忒

---

[*] 本章主要根据以下图书文献叙述:库恩《古希腊的传说和神话》,秋枫,佩芳译,北京:生活·读书·新知三联书店,2002。

施瓦布《希腊古典神话》,曹乃云译,南京:译林出版社,1996。

Macrone, Michael. *Brush Up Your Mythology*! New York: Gramercy Books. 1999.

McLeish, Kenneth. *Myths and Legends of the World Explored*. London: Bloomsbury Publishing plc, 1996.

Aldiss, B. with Wingrove, D. *Trillion Year Spree: The History of Science Fiction*. London: The House of Stratus, 2001.

苏珊·库珀《灰国王》,舒伟译,长沙:湖南少年儿童出版社,2009。

弥斯对此非常愤怒，不由分说地将她赶出狩猎队伍。从此，她只好独自一人生活在密林深处。谁知此事被妒忌成性的天后赫拉知道了，她怒不可遏，发誓要严厉惩罚这个卡莉丝托。她来到卡莉丝托栖身的林地，丝毫也不理睬无辜少女的苦苦哀求，把她变成了一只母熊。只见卡莉丝托白皙的双臂长出了又长又粗的黑毛，纤纤玉指变成了尖锐的利爪，她那娇红的双唇，顿时化为血盆大口，她银铃般的嗓音变成了沉闷的吼叫。一转眼的工夫，天使般的美丽少女卡莉丝托永远消失了，她变成了一只大母熊。宙斯得到消息，急忙让神使赫耳墨斯赶去营救，他从母熊腹中取出了胎儿阿尔卡斯，并将他交与大地女神迈亚抚养。小阿尔卡斯长到15岁时已经成为一个英俊强健的少年，也是一个出色的猎手。有一天，阿尔卡斯正在林中寻觅猎物。忽然，一只大母熊神态异常地向他跑来。原来她就是卡莉丝托。她认出了自己15年来朝思暮想的儿子，情不自禁地跑上前去要拥抱儿子。激动不已的卡莉丝托完全忘记了自己已经变成了大母熊，可阿尔卡斯并不知道向自己扑来的大熊就是自己的母亲！他兴奋地往后一闪，举起长矛，运足全身力气准备向大熊刺去！眼看一幕儿子残杀亲母的悲剧就要发生，正在天上巡游的宙斯当机立断，把猎手阿尔卡斯变成了一头小熊。这样一来，小熊就和母熊亲热地搂抱在一起，母子终于团聚了。为了不使这母子二人再遭受什么意外，宙斯就把大熊和小熊一起提升到天界，成为大熊星座和小熊星座。这两个星座在众星中占有非常荣耀的位置，人们熟知的"北斗七星"乃是大熊座中最引人注目的七颗耀眼的星星，北斗之柄乃是大熊的尾巴，斗勺四星和其他几颗星星乃是熊的身躯。而小熊星座的七颗亮星星也构成了一个小勺子，组成小勺的四颗星星就是小熊的身体，另外三颗星星乃是小熊的长尾巴，那尾巴尖就是北极星。

  天后赫拉发现天空增添了两个星座，一打听才知道事情的缘由，她的嫉恨之心油然而生，于是找到海神波塞冬，让他严惩这母子俩。波塞冬答应说，我不许这母子俩下来喝水，他们必定渴死。过了一段时间，赫拉发现这母子俩并没有渴死，于是亲自安排，让一个猎人带两头凶猛的猎犬紧跟在大小熊星座的后面，进行严密的监视，不让他们与宙斯碰面——这就是牧夫座和猎犬座的由来。牧夫座亮星很少，形象不清晰。顺着大熊尾巴的曲线往下延伸，能够找到一颗很亮的星，那是牧夫座α星，是北方天空三大亮星之一。牧夫像一个警惕的猎人，右手拿着长矛，左手牵着两头猎犬，追赶着前面的两头熊。猎犬座则像两头向前扑去的猎犬，它们由牧夫牵着，正在追赶大熊和小熊。还有一个说法是，赫拉至此还不解恨，她又借众神之力将大、小熊星座驱赶到北极附近，迫使它们不分昼夜地绕着北极旋转，不得片刻安宁，而天空中其他星座则在一天之中有一半时间可以沉入海底休息。

2. 室女座：与德墨忒尔和珀尔塞福涅相关的故事

神话中的室女座是谷物和丰收女神德墨忒尔的化身，该星座呈 Y 字形，象征着女神一手拿着镰刀，一手抱着一捆麦穗，正忙于收割。德墨忒尔与宙斯结合生下美丽的女儿珀尔塞福涅，她非常宠爱自己的女儿。有一天，风和日丽，珀尔塞福涅正在西西里岛的野外与伙伴们嬉笑玩耍。绿草如茵的大地上百花盛开，景色宜人。珀尔塞福涅看到一朵美丽芳香，奇异无比的花朵（有说法是宙斯安排来引诱她的），决定过去采摘下来，突然间，大地震动，山谷摇晃，地面露出一个大黑洞，只见冥王哈得斯乘坐一辆由四匹黑马拉着的车冲出来，将惊得目瞪口呆的珀尔塞福涅飞快抱上车，迅即消失在黑暗之中。失去女儿的德墨忒尔十分悲痛，到处寻找女儿，不思饮食，无心农事，以致田地荒芜，庄稼绝收。整个大地饿殍遍野，哀号冲天，民不聊生。局势严重，宙斯只得出面干涉，他说服冥王，将珀尔塞福涅送还她的母亲。但因为珀尔塞福涅已经吃了冥府的石榴籽，所以她一年中必须有 6 个月和冥王共同生活，其余时间则回到母亲身旁。这样，每当她与母亲德墨忒尔在一起时，德墨忒尔便使大地恢复生命，这便是春夏两季。而当珀尔塞福涅回到地下时，德墨忒尔思女心切，无心耕耘，大地不长谷物，树叶凋落，这就是晚秋和严冬。据说这就是一年四季的由来。当春天来到时，室女座从东方地平线升起，而冬天，就看不到室女座的光芒了。意大利天文学家 G·皮亚齐（Giuseppe Piazzi，1746—1826）把他在 1801 年 1 月 1 日发现的第一颗小行星命名为谷神星"色瑞斯"（Ceres），即谷物女神德墨忒尔的拉丁名字。古罗马人从公元前 493 年就开始庆祝谷神节（即色瑞斯节），每年一次，每次持续 8 天，通常在每年 10 月举行，以庆祝丰收。

3. 天龙座：与赫斯珀里得斯圣园相关的故事

在希腊神话传说中，当年主神宙斯和赫拉举行结婚大礼时，大地女神盖娅给他们送来一棵结有金苹果的果树作为贺礼。后来宙斯把这棵苹果树安置在夜神的女儿——赫斯珀里得斯姐妹们居住的圣园里，并且派了一只百头喷火巨龙协助看守。赫斯珀里得斯姐妹是提坦巨人阿特拉斯的女儿，她们所居住的圣园位于世界的尽头，是太阳落下之处，所以赫斯珀里得斯姐妹也叫"日落之处的姐妹"。而巨人阿特拉斯则在离圣果园不远的地方用双肩扛着沉重的满天星斗的苍穹。赫斯珀里得斯圣园里生长着各种珍稀花草和树木，而那棵苹果树尤其珍贵，树上结满了金苹果，所以垂涎和惦记这棵树的人绝不在少数。宙斯派来帮助赫斯珀里得斯姐妹看守金苹果树的喷火巨龙有百头百眼，它时刻保持警醒状态，它的眼睛可以轮流休息，所以绝不会影响监守的职责。由于恶龙头上的每一个喉咙都会发出一种不同的响声，所以它走动的时候会发出震耳欲聋的声音，吓得任何有不良企图的人魂飞魄散。由于天后赫拉的诡计，希腊英雄赫拉克勒斯在精神错乱的情形下犯下杀害亲人的大罪，德尔菲阿波罗神庙的神谕昭示说，他必须为国王欧律斯透斯效劳，完成十件苦差事，如此方能涤除罪孽。赫拉克勒斯终于完成了这些艰难的任务，但卑鄙的欧律斯透斯背信弃义，违背诺言，还要赫拉克勒斯完成另外两件任务，其中之一就是从喷火巨龙看守的圣果园里取出三个金苹果。英雄一路历尽艰险，还在高加索山上射杀了啄食普罗米修斯肝脏的秃鹰，解救了被铁索缚住的盗火天神。作为报答，普罗米修斯为赫拉克勒斯指点迷津，让他请赫斯珀里得斯姐妹的父亲——肩扛苍穹的阿特拉斯出手相助。赫拉克勒斯找到大力神阿特拉斯，并取得了他的信任。于是赫拉克勒斯暂时替巨人背负苍穹，阿特拉斯进入圣园去摘金苹果。不过阿特拉斯拿到金苹果后却不愿继续肩负扛天的重任，他提出与赫拉克勒斯交换任务，由他去送金苹果。赫拉克勒斯表示同意，然后请阿特拉斯帮一下忙，他要往肩膀上放一个垫子。阿特拉斯不知是计，又重新接过扛天的担子。于是赫拉克勒斯抓起地上的金苹果就撒腿跑开了，只听身后传来巨人的叫骂声。据传，天后赫拉把看守圣果园的这条巨龙升到天上，成为天龙座。在天文学星图上，位于龙尾的天龙座 α 星虽然看上去并不明亮，但它在古埃及却是一颗非常著名的星星。传说古埃及时期遗留下的具有 4000 年历史的齐阿普斯王的金字塔下建有一条长达百米的隧道，它的方向就对着天龙座 α 星。关于天龙座还有另一种说法，位于科尔基斯的阿瑞斯神林中由巨龙看守的金羊毛被伊阿宋为首的阿耳戈英雄取走以后，宙斯便把已经没有用武之地的巨龙升到了天上，使之成为天龙座。

4. 南船座：与阿耳戈英雄相关的故事

南船座的来历与神话中夺取金羊毛的故事有关。"南船座"即由英雄们乘坐的航船"阿耳戈号"（Argonauts）而来。英雄们为什么要夺取金羊毛呢？这里首先涉及金羊毛的来历。相传，金毛羊是一只神奇的公羊，原本是神使赫耳墨斯赠送给忒拜城的礼物。这只公羊不仅浑身长着黄灿灿的金毛，而且能够说话，还能在空中高速飞行。忒拜国王阿塔玛斯（Athamas）是风神埃奥洛斯的儿子，他与妻子云彩女神涅斐勒生育了儿子弗里克索斯（Phrixus）和女儿赫勒（Helle）。后来阿塔玛斯背弃了涅斐勒，另娶了卡德摩斯的女儿伊诺为妻。这继母忌恨丈夫前妻的子女，千方百计要害死他们，以便为自己的子女继承王位扫清道路。她让当地的妇女把种子晒熟以后再拿去播种，结果使

176

一向肥沃丰产的土地颗粒无收。饥荒威胁着人们。然后她又假传神谕，要国王将他与前妻所生的儿子祭献给众神，以解除灾难。国王无奈只好同意。就在最危急的关头，云彩女神涅斐勒派来了金毛羊，弗里克索斯和妹妹赫勒当即骑上金毛羊飞上天空，朝着遥远的北方飞去。金毛羊载着兄妹俩一路飞越田野和森林，飞过河流和高山。然而在飞临波涛汹涌的大海以后，妹妹赫勒由于惊恐而落入大海，为海浪所淹没。后来赫勒被淹死的地方就叫作赫勒斯蓬特海。悲痛不已的弗里克索斯独自骑着金毛羊飞到了位于黑海东端的科尔基斯，为国王埃厄忒斯（Aeetes）所收留。立了大功的金毛羊被祭献给主神宙斯。国王埃厄忒斯则把神羊的金羊毛悬挂在战神阿瑞斯的圣林之中，由喷火毒龙看守。这为后来的阿耳戈英雄夺取金羊毛留下了伏笔。

希腊英雄伊阿宋（Jason）是伊奥尔科斯国王埃宋（Aeson）的儿子，克瑞透斯（Cretheus）的孙子。当年正是克瑞透斯在帖撒利的海湾建立了爱俄尔卡斯城邦，并把王国传给儿子埃宋治理。埃宋是个贤明的君主，但好景不长，他的同母异父的弟弟珀利阿斯（Pelias）篡夺了王位，并把埃宋父子驱逐出境。埃宋把儿子交与马人喀戎教养，使他长成一个英俊魁梧，武艺超群的年轻人。已经成年的伊阿宋决定返回伊奥尔科斯，追讨他继承王位的正当权利。在赶路途中，伊阿宋将一位体弱无助的老妇人背过一条大河（一个说法是，这位老妇人是憎恨珀利阿斯的天后赫拉假扮的，经过此番试探，她决定帮助伊阿宋），但把一只鞋丢失在河中。当他穿着一只鞋出现在叔父珀利阿斯的面前时，珀利阿斯不禁大惊失色，因为德尔菲阿波罗神庙的神谕告诉他，必须提防一个只穿一只鞋的不速之客。当伊阿宋提出要珀利阿斯归还属于自己的王位时，老谋深算的珀利阿斯想出了一条毒计来除掉这个讨厌的侄儿。珀利阿斯假意说自己管理国家这么多年，已经很疲惫了，但他必须把王位交给被证实有能力的继承者。他还说，客死在遥远的科尔基斯的弗里克索斯屡次向他托梦，祈求故乡的人们去寻回金羊毛。他许诺说，只要伊阿宋能够寻取到金羊毛，他就把王位还给伊阿宋。年轻气盛的伊阿宋正渴望建功立业，没有多加考虑就接受了这一任务。珀利阿斯自然欣喜不已，因为他断定，要找到并带回金羊毛是绝不可能的，伊阿宋此去必然送命无疑。伊阿宋开始行动，他召集了许多同门师兄弟和希腊著名英雄们参加这一行动。他最终带着五十位英雄乘着阿耳戈号航船前往位于黑海的科尔基斯去寻找金羊毛。这些英雄中包括著名英雄赫拉克勒斯（他后来因航船在米西亚海岸停泊时去寻找许拉斯而未能及时返回，退出了远征），少年英雄许拉斯，阿喀琉斯的父亲珀琉斯和埃阿斯的父亲忒拉蒙，以及后来成为双子座的卡斯托尔和波吕杜克斯两兄弟，雅典的英雄提修斯，卡吕冬的墨勒阿格尔，音乐家俄耳甫斯，目光犀利的林克奥斯，航船的建造者阿耳戈斯（Argos），等等，可谓群英汇聚，志在必得。而这次行动就以航船建造者阿耳戈的名字命名。这阿耳戈是希腊最优秀的造船工匠，在他开工建船之际，女神雅典娜亲自出马进行指导，让他采用佩利翁山上的木材造船，而且让他用多多纳宙斯神殿（Dodona）之树林里的不朽橡木嵌于船首。当然，船上也是雕梁画栋，神采飞扬。造船采用的特殊木材不仅降低了船体的重量，使英雄们可以轻便地将它扛在肩上运走，而且使它结实耐用，永不腐坏。整艘船还设计建造了五十个划桨位置，这使它能够非常轻快地在海里破浪穿行，所以"阿耳戈斯"的另一个意思是"轻快的船"。"阿耳戈号"航船出海了，虽然航程中困难重重，险情不断，但英雄们无所畏惧，一路上过关、除害、激战、继续航行，终于抵达了科尔基斯。国王埃厄忒斯得知他们的来意，大为不满，因为金羊毛是他的传国之宝，绝不能让人取走。他动了杀机，准备将来者置于死地。如果没有精通魔法巫术的公主美狄亚的帮助，英雄们一定凶多吉少。为了使伊阿宋和他带领的英雄们获得金羊毛，天后赫拉和女神雅典娜决定请爱神阿佛洛狄忒出马，让她安排自己的儿子小爱神赶到科尔基斯，用金箭去射中美狄亚的芳心，使她爱上伊阿宋。小爱神完成了母亲交代的任务，美狄亚果然一往情深地爱上了伊阿宋。在美狄亚的帮助下，英雄们不仅完成了国王令他们去做的两项艰险万分的任务，而且在国王实施新的消灭他们的行动之前，赶往阿瑞斯神林，盗取了被严密看守着的金羊毛。之后，伊阿宋带着美狄亚登上"阿耳戈号"航船，载着历尽千难万险方才获取的金羊毛，摆脱了国王埃厄忒斯派出的追兵，又经过不平凡的战胜艰难险阻的归途，返回了希腊城邦伊奥尔科斯。主神宙斯被阿耳戈远征英雄们惊天动地的壮举所感动，于是将金羊毛和阿耳戈号海船都提升到天界，成为白羊座和南船座。而金羊毛被伊阿宋取走以后，阿瑞斯神林里那条毒龙的使命也告终结。宙斯觉得应该对它多年来尽心尽责的看守劳动进行肯定，便把它也升到了天上——这是有关天龙座的另一个版本。

伊阿宋完成了叔父珀利阿斯交与他的任务，但狡诈的珀利阿斯背信弃义，拒不将王位归还伊阿宋。于是精通巫术的美狄亚心生一计，她让珀利阿斯的几个女儿亲眼看见她将一只又老又病的羊杀了，然后放进一口装有魔液的大锅，只一会工夫，老羊变成了一只活蹦乱跳的小羊。珀利阿斯的女儿们被眼前的情景惊呆了，她们也想让年迈多病的父亲返老还童。美狄亚答应了她们的要求，不知中计的女孩们兴奋地跑回宫里，趁父亲熟睡之机将他砍成几段，然后扔进美狄亚安排好的已经沸腾的大锅之中。等她们醒悟过来，一切都结束了,珀利阿斯再也不会醒过来了。珀利阿斯虽然犯有罪过,但美狄亚使用的手段过于残忍,宙斯担心美狄亚还会使用这魔锅害人,便将它提到天界——相传这就是巨爵座的由来。

获2007年诺贝尔文学奖的英国女作家多丽丝·莱辛著有科幻小说五部曲《南船座的老人星:档案记载》(*Canopus in Argos: Archives*),其大背景是浩瀚的星空异域,作者在这个星空异域中构建了一个鲜活的宇宙,拓展了科幻小说关于"异域他乡"的传统主题。"老人星"(Canopus)也叫"船底座α星",古人认为此星象征长寿,所以叫它"老人星"或"寿星"。在神话中,老人星的由来与特洛伊战争有关,得名于斯巴达国王墨涅拉奥斯的舵手和导航员Canopus。特洛伊战后,希腊英雄纷纷起锚返乡,墨涅拉奥斯也带着失而复得的妻子海伦乘船回归。途中,他们的船只遭遇风暴后偏离航道,被迫在靠近尼罗河河口的一个埃及港口登陆,而他们的舵手Canopus上岸后不幸被蛇咬死,再不能回归故里。相传海伦出手杀死大蛇,替Canopus报了此仇。然后墨涅拉奥斯夫妻两人就把Canopus与大蛇一起葬于城中,后来这座城市也改名为Canopus。

5. 武仙座:与赫拉克勒斯相关的星座

在浩瀚的星空中,有一个靠近织女星的叫作武仙座的星座,它在神话中与希腊英雄赫拉克勒斯有关。相传赫拉克勒斯是宙斯与阿尔克墨涅所生的儿子,这阿尔克墨涅乃是英雄柏修斯的孙女,后嫁给底比斯国王安菲特律翁(Amphitryon)为妻。宙斯爱上阿尔克墨涅后,与她结合生下赫拉克勒斯。由于担心孩子在宫中安全没有保障,阿尔克墨涅便把还是婴儿的赫拉克勒斯放在一个铺着稻草的篮子里,然后藏在野外(这地方后来被称为赫拉克勒斯田野)。有一天女神雅典娜恰好从这里经过,发现了装在篮子里的婴儿。雅典娜非常喜欢这个漂亮的婴儿,便将他带到天上,并劝说赫拉给孩子喂一点奶。谁知这婴儿力气很大,咬住赫拉的奶头便使劲吮吸,痛得赫拉叫出声来。赫拉一生气便把孩子扔在一旁。赫拉在拉开婴儿之际不小心将几滴神奶溅落出去,相传它们在空中形成了银河。这赫拉克勒斯自从吮吸了天后赫拉的乳汁后变得无比强健,而且脱离了凡胎。当赫拉得知这婴儿的来历后,她自然非常痛恨宙斯的情人阿尔克墨涅,对赫拉克勒斯也恨之入骨。她得知婴儿已经被接回宫中,当即派出两条凶狠的大蟒潜进宫里将他吞噬。当时正是夜深时分,万籁俱寂,谁也没有发现两条可怕的大蟒爬进了婴儿睡觉的房间。它们将摇篮里的婴儿死命缠住,想将其扼杀在摇篮之中。孩子大叫一声醒了过来,只见他伸出双手,分别抓住大蟒,然后一使劲,竟然把两条大蟒给掐死了。

这应当是赫拉克勒斯初出摇篮的第一功。后来，赫拉克勒斯完成了举世闻名的十二大功，包括击杀尼密阿猛狮；消灭九头蛇怪许德拉；生擒刻律涅亚山上的牝鹿；活捉厄律曼托斯野猪；一天之内将奥革阿斯三十年未打扫过的牛棚清洗干净；赶走斯廷法罗斯湖的怪鸟；制服克里特岛上的公牛；擒服狄俄墨得斯的食人牝马；夺取亚马逊女王希波吕忒的腰带；牵回巨人革律翁的牛群；摘取赫斯珀里得斯圣园的金苹果；擒取冥王的三头恶狗刻耳柏洛斯；等等。此外，赫拉克勒斯还击杀了大地之子安泰等许多为害人间的怪物，射死了啄食普罗米修斯肝脏的秃鹰，解救了被缚在高加索山上的普罗米修斯。当然，赫拉克勒斯也经历了难以想象的人生磨难。后来，赫拉克勒斯被众神接纳到奥林波斯山上，成为唯一加入诸神行列的人间英雄。他还与青春女神赫柏结了婚，生育了很多美丽的孩子。为了表彰他在人间的功绩，主神宙斯给赫拉克勒斯安排了一个星座的位置，这就是武仙座由来。而且，被他除掉的几个凶猛的野兽也被提到空中成为星座，如尼密阿猛狮成为狮子座；九头蛇怪许德拉成为长蛇座；克里特公牛成为金牛座。此外，赫拉克勒斯用于射杀秃鹰，解救普罗米修斯的弓箭也获得殊荣，成为空中的天箭座。当年赫拉克勒斯完成的十二项艰难任务中，有战胜猛狮，巨龙，以及怪蛇的行动，它们也反映在星空中的画面上：以武仙座为化身的赫拉克勒斯右膝着地，左脚踏在天龙座的头上。还有这样解读武仙座星图的：赫拉克勒斯右腿半跪，左手紧紧攥着九头蛇许德拉，右手则高举着大棒，正准备痛下杀手，显得英姿飒爽，威风凛凛。

6. 人马座

人马座（Sagittarius）的化身是一个带弓箭的马人，这是没有疑问的。但这个马人究竟是谁却并不明确。一般认为是贤者喀戎，他曾经是许多著名英雄少年时代的导师，受过他教育培养的有阿喀琉斯，帕特洛克罗斯，伊阿宋，阿斯克勒庇俄斯，俄耳甫斯，等等。作为一个种族，马人又叫肯陶洛斯人，他们腰部以上为人，腰部以下为马，相传是伊克西翁与变作赫拉模样的云之神涅斐勒（Nephele）结合所生的后代，以性情暴躁，好酒好色，做事鲁莽，缺乏理智而著称。但也有例外，如赫拉克勒斯的好友福罗斯等。马人喀戎则生性善良，聪明过人，他从太阳神阿波罗那里学会了医术、音乐、体育、射艺、狩猎和预言等技艺，凡此种种，无所不精。他平常居住在佩利翁山中的一个大岩洞里，在那里教授各种技艺，他带的徒弟只要学会一门技艺便好生了得，足以称雄于世。赫拉克勒斯本是喀戎的好友，但他那浸过蛇妖许德拉毒血的弓箭却误伤了喀戎，使他痛苦万状，生不如死（因为他的贤德，诸神赐予他不死之身），宙斯可怜他，便把他升上天空，成为群星中的人马星座。还有一个说法是，赫拉克勒斯为寻找赫斯珀里得斯姐妹看守的金苹果园而来到高加索山，他眼见恶鹰正在啄食普罗米修斯的肝脏，便弯弓怒射，将残忍的恶鹰射落。然后他松开锁住普罗米修斯的锁链，将他带离山崖。为了安抚宙斯，赫拉克勒斯把喀戎留下作为普罗米修斯的替身。所以，为了解救解救普罗米修斯，可以永生不死的喀戎甘愿牺牲自己。喀戎高尚的行为赢得天神的敬重，于是将他升上天空成为人马座，供人仰慕和赞颂。

7. 蛇夫星座：与神医阿斯克勒庇俄斯相关的星座

神医阿斯克勒庇俄斯相传是太阳神和医药之神阿波罗之子。一个说法是，阿斯克勒庇俄斯乃是阿波罗与仙女科罗尼丝的遗腹子，由于阿波罗怀疑科罗尼丝对其不忠，将她射杀，然后从她腹中取出婴儿阿斯克勒庇俄斯，交与人马族贤者和名医喀戎教养。阿斯克勒庇俄斯继承了父亲的天分，而且跟随智慧的喀戎，刻苦学习医治疑难病症的高超医术，进步很快。他的同门师兄弟有的专门练功习武，有的专攻音乐，有的拉弓射箭，而阿斯克勒庇俄斯却始终专心致志地研究药草和各种植物，探讨它们是否具有治病疗伤的功效。一天，他正在观察百草，忽然发现一条花斑蛇僵直地躺在地上，好像已经死去。再仔细一看，蛇并没有死，它正在把身上的旧皮缓慢地蜕下来，换上一层光鲜的新皮，瞬间便变成了一条活动敏捷的蛇，而且比以前更漂亮、更强壮了。"这不就是返老还童吗！"阿斯克勒庇俄斯欣喜若狂地叫了起来。他跑过去，捉住这条花斑蛇，将它带回家中，作为宠物驯养起来，加以细致的研究。阿斯克勒庇俄斯医术精湛，医德高尚，治愈了无数生命垂危的患者，赢得了人们的热爱，声名远扬。而且，他还要致力于研究如何使死者复生。他的行为极大地引发了冥王哈得斯的愤怒，不仅因为治愈的人数越多，死亡的人数就越少，阴曹地府日益萧条；而且他居然敢挑战冥王的权威。于是，冥王便向宙斯告状。宙斯碍于兄弟情面，而且，万神之父决意不许"黑铁时代"的人类永久活在世上，所以，宙斯派独目巨人库克洛普斯用雷电将神医阿斯克勒庇俄斯击毙。阿波罗对儿子的惨死感到十分痛心，作为报复，他也用雷电劈死了独目巨人。这事触怒了宙斯，结果阿波罗被贬入凡界，罚做一年苦役。阿斯克勒庇俄斯死后，阿波罗将他升入天空，成为蛇夫星座，那条大花蛇也被带上天空，成为巨蛇星座。由于阿斯克勒庇俄斯通常以站立的姿势出现在民众面前，且身穿长袍，手持一根权杖，权杖上端有一条缠绕的蛇，后来这条权杖就成为医学事业的醒目标志。古希腊人把蛇的蜕变看作恢复青春的结果，而医生从事的工作也是为病人恢复青春和健康——所以权杖上的蛇就象征着医学与健康。

8. 英仙座和仙女座：与柏修斯相关的星座

希腊英雄柏修斯斩杀女妖美杜莎的故事已在前面的章节述及。就在柏修斯乘着飞行鞋途经埃塞俄比亚海岸时，他发现一位美丽的少女被一条长长的铁链紧锁在海边的岩石上。她的长发浸在海水中，娇弱的身体任凭风吹浪打。被锁住的少女名叫安德洛墨达，是埃塞俄比亚国王刻甫斯的女儿。只因安德洛墨达的母亲受虚荣心驱使，常在众人面前夸耀她自己和她女儿的美貌，说她们母女是世上最美的女人，比海神的女儿——海中仙女们还要美丽。被触怒的海神一家祈求波塞冬惩罚这不知天高地厚的女人。波塞冬掀起了滔天巨浪，顿时洪水泛滥，黎民百姓流离失所。海神还派来一头凶恶的海怪，兴风作浪，吞噬生灵。人们纷纷到庙里去祈求神灵保佑。神谕说必须把安德洛墨达祭献给海怪吞食，否则会有更大的灾难降临。国王无奈，只好牺牲公主，于是就出现了柏修斯所看到的少女被锁在岩石上的场景。正在此时，海怪从海里浮了上来，摇晃着庞大的躯体，张着血盆大口，向安德洛墨达猛扑过去。柏修斯从天而降，经过激烈的搏斗，击杀了海怪，解救了公主。另一个说法是，柏修斯将美杜莎的头突然放置于海怪的面前，将其变成了一块巨大的岩石，从此矗立在海边。柏修斯的壮举赢得了国王、王后和民众的敬意，也赢得了美丽的安德洛墨达的爱情。柏修斯向少女求婚，俩人幸福地结为夫妻，然后双双返回柏修斯母亲所在的西里福斯岛。柏修斯后来带着全家返回祖籍阿尔戈斯，在那里继承了王位。柏修斯将女妖美杜莎的头颅献给了女神雅典娜，女神把它镶在自己的神盾上。作为回报，雅典娜在柏修斯及其家人去世后将他们提升到了天界，变成空中的星座。柏修斯成为秋夜星空中的英仙座（the Perseus），他手持美杜莎的头颅，一副英武轩昂的气概。柏修斯的妻子安德洛墨达成为仙女座（the Adromeda），她的父母也都升到天上，成为在空中辉光闪耀的王族星座——仙王座（the Cepheus）和仙后座（Cassiopeia's Chair），由于当年因夸口而酿成祸端，王后卡西奥佩亚升天后仍然双手高举，弯着腰，以示悔恨之意。当年柏修斯在斩杀美杜莎时，从美杜莎身子里冲出来的那匹飞马佩迦索斯也被提升到天界，成为飞马座。最后连海神波塞冬派来兴风作浪，准备吞食安德洛墨达的那头海怪也被宙斯放到天上，成为鲸鱼座。

9. 宝瓶座

在奥林波斯圣山上，诸神经常举行宴会，席间美酒仙液，觥筹交错，无不开怀畅饮。而在席间穿梭往来，不停地为诸神斟酒的，乃是主神宙斯和天后赫拉的爱女——青春女神赫柏。后来，人间英雄赫拉克勒斯被接纳到奥林波斯山上，加入诸神的行列，宙斯便将赫柏嫁与他为妻。这一来奥林波斯的盛宴欢会上就缺少了一位斟酒侍者，所以宙斯决定另行安排人选。正好有一天宙斯巡游时经过特洛伊的平原，看到特洛伊国王特洛斯的儿子伽尼墨德斯（Ganymedes）正在放牧父王的羊群。宙斯非常喜欢这个风度翩翩的美少年，只见他当即变作一只雄鹰，俯冲下去，把伽尼墨得斯带到了奥林波斯神界。在荷马史诗《伊里亚特》里，特洛斯的儿子伽尼墨德斯青春貌美，被诸神看中，于是被带到奥林波斯山上，成为宙斯的斟酒侍者。不管怎样，宙斯让特洛伊王子伽尼墨得斯填补了赫柏离去后留下的空白，担当为欢宴之众神斟酒的职责。王子无奈，只好从命。不过，与诸神待在一起的伽尼墨得斯并不快乐，他非常想念家乡的亲人，人也日渐消瘦；而他的父王也非常思念失踪的王子，不知他身在何处。宙斯感到有些内疚，于是托梦给国王，告之以王子在神界的情形。为了安抚国王，宙斯还将几匹神马送给国王作为补偿。再往后，特洛伊王子伽尼墨得斯在奥林波斯神山上手持酒瓶往诸神酒杯里倒酒的形象就成为夜空中的宝瓶座（Aquarius），希腊人将其称为"Hydrochoǒs"。另一种说法是，宝瓶座的由来与人类始祖丢卡利翁有关。当年，青铜世纪的人类日益陷入堕落的深渊，他们不仅傲慢和亵渎神灵，而且犯下深重的罪孽。雷电之神宙斯决定用大洪水清洗罪孽，彻底消灭这一纪的人类。结果在这场大灾难中，只有普罗米修斯的儿子丢卡利翁和他的妻子皮拉幸免于难。他们事先做了一个"方舟"，带上食物和一些必须的物品和物种，在滔天的汪洋大海中漂流了九天九夜，幸存下来，随后通过夫妻双双往身后抛石的方式使大地上产生了新的人类居民。由于丢卡利翁的功绩，诸神在他死后将他升上天空，成为宝瓶星座。

10. 海豚座

海豚座（Delphinus）是北天星空中一个较小的星座，希腊神话中关于它的由来有两个故事。第一种说法是，海神波塞冬爱上了海中仙女安菲特律忒，欲娶之为妻，然而安菲特律忒却不愿失去处女童贞，她赶紧潜入水中逃走了。于心不甘的波塞冬便派遣海中的部属四处搜寻安菲特律忒的下落。结果有一只海豚不仅发现了安菲特律忒，还说服她改变了主意，愿意接受海塞冬的求婚。作为一种回报，波塞冬将这只海豚提升到天空，使它成为星空中的海豚座。第二种说法涉及有关公元前7世纪的希腊音乐家亚里翁的故事。亚里翁是科林斯国王佩里安德宫中的乐师，是一位音乐天才。有一次他前往西西里岛，参加在那里举行的一个盛大的音乐比赛。他那优美绝伦的音乐演奏震撼

183

了所有在场的评判和观众，理所当然地使他赢得了音乐比赛的桂冠，也赢得相当丰厚的奖赏。但就在他乘船归来的途中，几名水手图财害命，要将其杀害。亚里翁请求在临死之前弹一曲哀歌，做最后的告别。几个水手同意后，亚里翁整理了一下衣着，接着轻拢慢捻，抚琴而弹，一曲终了，纵身跳入大海。等他醒来时，他发觉有什么东西正托着自己向岸边游去。原来他弹奏的美妙音乐深深地打动了一只海豚，正是它将沉入海中的音乐家救起，托到岸上。亚里翁终于返回了故乡科林斯。几个谋财害命的恶水手受到了严惩。为了表彰义救落难音乐家的海豚，主神宙斯将它提升到天界，使它成为星空中的海豚座。

11. 猎户座

身材高大的俄里翁（Orion）是海神波塞冬的儿子，但他却不喜欢生活在海里。他从小喜欢打猎，经常带着他的猎犬西里乌斯在密林深处游荡。俄里翁本来就高大魁梧，如同巨人一般，又喜欢舞棍弄棒，练得一身好武艺。但他为人忠厚，不谙世事，有一次在众神面前自负夸口，说他的棍棒武功好生了得，无论是神是人，一棍打来谁也无法抵挡。谁料此话惹恼了众神，天后赫拉更是怒气冲冲，她便派了一只毒蝎去蜇杀这个不知天高地厚的家伙。俄里翁被蜇之后差点丢了性命，从此与毒蝎结下深仇大恨。后来俄里翁爱上了齐亚斯国王奥诺皮翁的女儿墨罗帕，但国王却非常讨厌这个巨人，他要俄里翁先去消灭岛上所有可怕的危害人畜的猛兽，然后再谈婚事（他认为俄里翁要完成这一任务是不可能的）。俄里翁答应了这个条件。作为一个出色的猎手，俄里翁很快就射杀了山中的猛兽。但当他回到宫中向公主求婚时，国王却背信弃义，收回了自己的诺言。受到欺骗的俄里翁怒火攻心，他挥拳踢腿，把国王的宫殿砸个稀烂。国王赶紧逃出宫去，然后指挥全国的军队前来围攻俄里翁，终于将寡不敌众的小伙子捉住，用铁链锁起来。残暴的国王下令用烧红的钢钎刺瞎了俄里翁的双眼，然后将他扔在远处的海滩上。失去双眼的俄里翁什么也看不见，陷入黑暗的痛苦几乎使他疯狂起来。海神波塞冬见状十分痛心，便赋予他在海面行走的本领。于是他跨海而行，朝着映出光明的东方走去，结果奇迹出现了，阳光使他恢复了视力。重见光明的俄里翁又返回齐亚斯岛，他要向言而无信的暴君奥诺皮翁复仇。然而国王得到消息后躲藏起来了，俄里翁只得离去。后来在山中打猎时，俄里翁遇到了狩猎女神阿耳忒弥斯，由于相同的爱好与兴趣，他们相互交谈起来，感觉非常愉快。阿耳忒弥斯的端庄高雅吸引了俄里翁，俄里翁高超的打猎本领也使阿耳忒弥斯赞叹不已。共同的语言使他们变得亲密无间，两人在山林里形影不离，难分难舍。此事后来被阿耳忒弥斯的哥哥——太阳神阿波罗知道了,他坚决反对两人的相爱。为了拆散他们,阿波罗绞尽脑汁。他知道妹妹阿耳忒弥斯性格倔强,劝说是没有用的。于是他一狠心想出了一条毒计。有一天,俄里翁像往常一样,在海面上行走,准备上岸去捕猎。他的全身都浸在海水里,只有头部露出水面。而阿波罗带着阿耳忒弥斯乘坐在他的黄金马车里飞往山林。这兄妹俩都是神射手,正在谈论打猎之事。妹妹告诉阿波罗,她最近认识了一个神奇的猎手,箭法高超,无与伦比。于是阿波罗乘机提议兄妹俩比试一下箭法。他指着远处海面上的一个小黑点说,就拿那个黑点做靶子来比试一下,你先射,然后我接着射。阿耳忒弥斯不知是计,以为那只是一块礁石,便弯弓射去一箭,却见那黑点应声沉入海中。平素就百发百中的阿耳忒弥斯十分得意,她降落到海上,想看看被射中的到底是什么东西。当她发现自己误杀了俄里翁时,已经无法挽回了。悲痛的阿耳忒弥斯向父亲宙斯哭诉此事,宙斯便将善良的巨人俄里翁升上天空,成为猎户座(Orion),并且让他在群星中占据显耀的位置,使他在冬季闪烁壮丽的辉光。在空中,阿耳忒弥斯总算能和自己的心上人守在一起了。

俄里翁打猎时带在身旁的猎犬西里乌斯在主人惨死之后,悲痛欲绝,整日整夜哀号不已,它连续数日不吃不喝,结果饿死在主人家中。这忠诚的猎犬感动了阿耳忒弥斯,她又祈求父亲宙斯让它陪伴在自己主人的身旁,永不分离。于是宙斯将它升入天空,使它成为大犬座(Canis Major)或名天狼星(Orion's Hound),位于猎户星座的后面。同时为了不使西里乌斯在空中感到寂寞,宙斯还特意给它找了一只小猎犬来做伴,这就是位于大犬座北面的小犬座(Canis Minor)。宙斯知道俄里翁生前最喜欢打猎,所以还在他身边放置了一个小小的猎物——天兔座。不久,天后赫拉发现了空中的变化,赶紧派人去探察,得知实情后,赫拉马上回以颜色,她让侍女把那只螫伤过俄里翁的毒蝎升入天空成为天蝎星座(Scorpius),于是这两个不共戴天的冤家对头在空中遥相虎视,势不两立:一个落下去,另一个才升起来,永不会面。

12. 北冕座与金牛座

在希腊神话中,北冕座(Coronae Borealis)的由来与克里特国王弥诺斯的女儿阿里阿德涅(Ariadne)有关。在空中,北冕座看上去就像一顶皇冠或花冠;而在神话中,这皇冠是酒神狄俄尼索斯送给被提修斯遗弃在荒岛上的阿里阿德涅的。相传在克里特岛,国王弥诺斯的王后帕西淮(Pasiphae)生下一个牛头人身的怪物弥诺陶,这怪物既丑陋,又凶狠,还要吞食人类。为了掩人耳目,弥诺斯把怪物幽禁在巧匠代达罗斯修建的一座迷宫里,并且让雅典人每年进贡七对童男童女，献祭给这个怪物。雅典王子提修斯决心消除这个祸害，他自愿加入被献祭的童男童女的人选行列，来到克里特岛。虽然国王弥诺斯冷酷无情，但公主阿里阿德涅却对孔武英俊的少年英雄一见倾心。她决心尽全力帮助提修斯。通过代达罗斯的指点，公主交给提修斯一只线团，让他把线团的一端拴在迷宫的入口，然后再进入那曲折蜿蜒，无比复杂的迷宫。与此同时，她还将一把削铁如泥的利剑交给提修斯，用来斩杀牛怪弥诺陶。提修斯果然除掉了残害生灵的弥诺陶，并带着那些童男童女逃出了迷宫。随后，提修斯带着阿里阿德涅一道乘船逃离克里特岛。在这之前，提修斯听从公主的建议，把停在港口的克里特船队所有船只的底部全都凿穿漏水，使弥诺斯无法派军队追赶他们。提修斯一行途经海岛那克索斯，他们决定上岛去歇息一段时间。有一天，提修斯突然梦见命运女神向他传言，让他放弃公主阿里阿德涅，因为她是属于酒神狄俄尼索斯的。梦醒之后，提修斯决定服从命运的安排。他乘公主熟睡之机，狠心地将她遗弃在海岛上，自己带着人开船而去。等到清晨，阿里阿德涅一觉醒来，发现提修斯已不辞而别，自己孑然一身，好不凄凉。正当荒岛上的公主欲哭无泪，悲愤交加之时，酒神狄俄尼索斯巧好来到这座海岛。他听见哭声，好生纳闷，便循声赶去，当他一眼看到楚楚动人的美丽公主时，便情不自禁地爱上了她。两人互诉情由，感到此乃天意是也。酒神拿出一顶镶有七颗晶莹宝石的璀璨冠冕，戴在阿里阿德涅的头上，于是阿里阿德涅破涕为笑，两人成了海岛上甜蜜的一对。然而阿里阿德涅毕竟是凡人，流逝的岁月使她走到了生命的尽头。失去爱人的狄俄尼索斯终日拿着那顶阿里阿德涅戴过的冠冕，行走在海岛上。回想起与公主在一起度过的快乐时光，狄俄尼索斯既怀念又悲伤，他奋力地将冠冕抛上天空。那冠冕就像受到神力的作用，升上了繁星点点的天空，成为美丽的北冕星座。相传宙斯为了表彰提修斯为民除害的英雄壮举，不顾海神波塞冬的反对，将那头牛怪也提升到天空，成为冬季星空中的金牛座。另一种说法是，"金牛座"（Tauros）来自那头按照宙斯的旨意将少女欧罗巴驮到克里特岛的牡牛，或者说就是宙斯自己变化的牡牛（在希腊神话中，宙斯将欧罗巴带到克里特岛后，在那里现出真身，与欧罗巴结合而生下弥诺斯和拉达曼达斯）。

13. 双子座

在希腊神话中，双子座（Gemini）一般被认为与斯巴达的孪生兄弟卡斯托尔和波吕杜克斯有关。相传主神宙斯经常从奥林波斯山上溜出来，跑到人间与漂亮女子幽会。有一次宙斯爱上了斯巴达国王廷达柔斯的王后勒达，于是化身为一只美丽的天鹅去亲近她。后来，勒达生下了两对双胞胎，一对是孪生姐妹——引发特洛伊战争的海伦和阿伽门农的妻子克吕泰涅斯特拉,另一对则是孪生兄弟卡斯托尔和波吕杜克斯。在这四人中,海伦和波吕杜克斯是宙斯与勒达结合所生的孩子,而克吕泰涅斯特拉和卡斯托尔则是斯巴达国王廷达柔斯与勒达结合所生的孩子。卡斯托尔和波吕杜克斯两兄弟皆是骁勇好武,喜欢冒险的英雄,早年曾投身在马人喀戎门下,各自学得一身绝技。卡斯托尔擅长马术,而波吕杜克斯则精于拳击。学成之后,两兄弟云游四方,浪迹天涯,经历过无数的冒险和战斗。他们曾经一起参加过阿耳戈远征和卡吕冬围猎,还共同救回了被提修斯掳走的妹妹海伦,两人患难与共,兄弟情深。这两兄弟还有两个叔伯兄弟,伊达斯和林克奥斯。伊达斯生得力大无穷,而林克奥斯则具有特殊的本领,视力非凡,可以看到地下深处的东西。他们也建立了许多功绩。有一天,这四人一起出击,俘获了一大群牛,准备进行平分,但贪心的伊达斯和林克奥斯却施展诡计将牛群悉数占有。受到欺骗的卡斯托尔和波吕杜克斯决定还以颜色。他们发起攻击,不仅夺回了原来的牛群,还乘机掠走了伊达斯和林克奥斯的部分牛群。他们也知道那两兄弟不会善罢甘休,因此隐藏在大树的树洞中,准备伏击追来的伊达斯和林克奥斯。但目光犀利的林克奥斯预先看见了藏在树洞里的伏击者,结果伊达斯用长矛刺死了卡斯托尔。波吕杜克斯怒气冲天,冲上去杀死了林克奥斯,随即与伊达斯展开殊死搏斗,主神宙斯为了保护自己的儿子,投出一枚闪电将伊达斯击毙。

卡斯托尔和波吕杜克两兄弟从来都是形影不离、生死与共的,所以卡斯托尔的死亡使波吕杜克斯痛不欲生,他苦苦哀求父亲宙斯,要用自己的生命换回卡斯托尔的性命,否则也不愿活下去了,要随同卡斯托尔一道去死。但作为宙斯之子,波吕杜克斯是不死的永生之躯。他的悲痛感动了宙斯,宙斯让他进行选择,要么永久与诸神一起生活在奥林波斯山上;要么与兄弟待在一起,一天的时间留在黑暗的冥界,另一天的时间则回到光明的神界,如此循环往复。波吕杜克斯毫不犹豫地选择了后者。最后,宙斯将两兄弟移上天空,置于光辉灿烂的群星之中,成为著名的双子星座。

14. 现当代科幻小说与奇幻小说中的星座

波兰作家莱姆(Lem)创作的科幻小说《麦哲伦星云》(*Magellan Nebula*)描写了一个乌托邦世界,他的主人公是那些创造了一个新社会,同时又被这个新社会所创造的新人物。在他的小说中,20世纪的科学与人类对于公正、幸福社会的古老梦想汇聚在一起。俄罗斯作家叶弗里莫夫(Yefremov)的小说《仙女座星云》(*Andromeda*)借用了希腊神话的"柏修斯"故事的因素。故事的背景是作者构想的"巨环"时代的408年,那时人类已经通过特殊的高科技手段(利用宇宙间的"巨环")与遥远的地外星系的居民建立了联系。而地球本身是根据人类大脑的联合神经元中枢的原理,由航天委员会与经济委员会来进行管理的;这两个委员会拥有专业化的研究院所,它们就类似于人体的感觉中枢,感知和判断各种问题,提出解决方案。小说的名字"仙女座星云"在象征意义上体现了作者的乌托邦主义的人类学思想。"仙女座"星云就是要让读者联想到希腊神话中人被铁链捆绑起来献祭给海怪的希腊美少女安德洛墨达,一位从此飞过的英雄柏修斯在高超"科学技术"(飞行靴,隐身帽,锋利无比的剑,还有能把对手变成石头的蛇发女怪美杜莎的头颅)的帮助下,杀死了海怪,解救了少女。这样,古希腊神话转变成了叶弗里莫夫笔下的现代航天学,并且涉及一个精神健全的人类和新的伦理关系的发展。作者关注的是在物理学、自然科学、伦理学和艺术等诸多现代学科相互交叉贯通的语境下对于当代人类社会及其未来的一种人文主义的思考和探究。

英国作家大卫·林赛(David Lindsay,1878—1945)创作了表现诺斯替神秘主义的心理寓言《驶向牧夫星座》(*A Voyage to Arcturus*)。英国女作家多丽丝·莱辛创作了《南船星系中的老人星档案》系列小说,包括《沦为殖民地的五号行星什卡斯塔》(1979),《第三、四、五区域间的联姻》(1980),《天狼星试验》(1981),《第八号行星代表的产生》(1982)和《依警帝国里多愁善感的使者们》。整个小说系列围绕广袤无垠的外层空间展开,使作者从宇宙空间的不同视角来观察地球,以丰富的想象力描述了善良的老人星座和天狼星上的外星人等,以科幻小说的形式写出了对人类历史和命运的思考与忧虑。

太空中令人神往的星座也成为当代儿童幻想文学所表现的对象。获1976年纽伯里图书金奖的《灰国王》(*The Grey King*)是女作家苏珊·库珀创作的《黑暗在降临》传奇系列中的第四部幻想小说。故事发生在具有浓郁民风民俗的威尔士乡村。根据一个古老的歌谣传说,在威尔士的一座深山中藏着一支金竖琴,只有一个独特的男孩和一只长着银色眼睛的白狗才能找到这支金竖琴;而且奇特的是,这只狗能够看见风。11岁的少年威尔·斯坦顿被母亲送到威尔士乡下的亲戚家去休养康复。他在那里遇到了一个名叫布兰的男孩,这个男孩有一只银白色的狗。与布兰和白狗的相遇使他回忆起了遥远的过去;回忆起了圣者勇士之指引者给自己留下的神秘的预言性古老歌谣;回忆起了自己独特的身世与肩负的神圣使命。威尔根据自己回忆起的古老歌谣踏上了追寻金竖琴、对抗黑暗邪魔的惊险历程。威尔和布兰通过进入一座神秘的山体内部，到达了一个连通大地天宇的处所，他们站立在高山之巅，看到了天空具有启示意义的灿烂恢宏的各种星座。下面的引文描述了主人公威尔和布兰进入深山内部亲眼看见灿烂星云和星座的经历片段：

他朝前方伸出一只手，正好使自己避免了碰撞在一面光秃秃的石墙上。再往下已经没有阶梯了，只有一面岩石绝壁。

"那是什么？"布兰在后面问。

"等一下。"一个指令在威尔的记忆中浮现出来，就像来自另一个世界的回声。他双脚牢牢地站立在最后的一级阶梯上，张开双手的手掌，紧紧按住那阻挡他们去路的看不见的粗糙石壁，开始用力前推。与此同时，他用古老咒语说出了几个进入他意识的词语。

岩石无声无息地洞开了，就像在飞鸟峰时那些巨大的石门悄无声息地洞开一样，只不过这里没有任何鸟鸣声。威尔向前走进了一个微光闪烁的地方，这光亮将他带入了一个奇妙的世界，他只能站着，看着；布兰和凯福尔紧跟在他的后面。

他们仿佛置身于另一个时空，站在世界的顶端。他们的周围是辽阔的夜空，就像一个巨大的倒扣过来的黑碗，里面群星闪烁，成千上万的明亮耀眼的星光闪闪。威尔听见布兰深深地吸了一口气。他们站在那里，抬头仰望。星光在他们四周闪烁。在这浩瀚的空间里，万籁俱寂。威尔感到一阵眩晕向他席卷而来；他们就好像站立在宇宙的边缘，而且如果他们坠落下去，他们将从时间中跌落出去……威尔凝视着这一切，他逐渐地辨认出了对于他们所在的现实世界的奇异颠倒。他和布兰并不是站在一个永恒不变的夜空之下，观看着天上的星星。情况正好相反。他们才是被观察的对象。在这个巨大的充满星星的深邃无边的半球里，每一个闪亮的光点都集中在他们身上，沉思着，思考着，评判着。在追寻金竖琴的过程中，威尔和布兰对宇宙至尊法力的无限力量发起了挑战。在寻找的路途中，他们必须在没有得到法力保护的情况下，行进到金竖琴的跟前，而且只有当他们肩负起与生俱来的使命时，他们才将被允许穿越。

在这永恒无限，公正无情的星光下面，任何不义不公的挑战者都将遭遇大浪淘沙，被冲刷进一无所有的虚无之中——就好像一个人把自己衣袖上的蚂蚁掸去一样。

威尔站立着，等待着。现在他唯一能做的就是等待。他要在天穹中

189

寻找朋友。他发现了天鹰星座（the Eagle）和金牛星座（the Bull），毕宿五星座（Alderbaran）的金光直射牛斗二星，昴宿星座（the Pleiades）微光闪烁；他看到猎户星座（Orion）上巨人猎手俄里翁高高地挥舞着他的棍子，而猎户座的参宿四（Betelgeuse）和参宿七（Rigel）分别在他的肩膀和脚趾的地方眨着眼睛；他看到天鹅星座（the Swan）和天鹰星座在银河系的星光灿烂的天路上朝着对方飞去；他看到遥远的仙女座（Andromeda）发出的依稀朦胧的星光，还有地球的近邻鲸鱼座τ星（Tau Ceti）和南河三（Procyon），以及天狼星（Sirius）和天狗星。怀着渴求的希望，威尔凝视着天穹的灿烂星空；心中充满希望和敬意。在他学习掌握一个圣者勇士的条件和本领期间，他已经认识了所有这些星宿。

突然天空开始旋转，星宿们开始倾斜变化；人马座在空中急驰，那蓝色的南十字座α星支撑着南十字星座。长蛇星座懒洋洋地在天空伸展着星体，狮子宫正从那里飞过，大船座从容不迫地，永恒不变地航行着。最后有一道耀眼的光芒，拖着长长的蜿蜒的尾巴，闪烁着亮光划破夜空，在天穹中那倒扣的大碗上空，优雅地划出长长的轨迹；威尔知道，他和布兰已经胜利通过了第一个考验。

他轻轻地按了一下布兰的手臂，看见他那白色的头转过来时有一道反射的光芒在闪动。

"这是一颗彗星！"布兰低语道。

威尔轻声地回应说，"等着。后面还有东西，如果一切都顺利的话。"

彗星拖着闪光的尾巴逐渐地远去，最后从视线中消失了。在那无垠的黑色半球中，星星仍然闪闪发亮，慢慢地旋转着；在星空下面，威尔感觉自己不过是沧海一粟，渺小无比，他的存在本身似乎都是一件微不足道的事情。突如其来的领悟撞击着他的心灵，使他感到恐惧，受到威胁——接着，就像出现在舞蹈中的快捷轻灵的闪动，一颗疾速飞过的星星在天空中闪现出耀眼的光亮。接着又是一颗，星星一颗一颗地闪现出来，划过长空，漫天都是流星闪烁。他听见布兰发出一声轻微的充满欢快的啧啧惊叹声，一个火花从他欢快的内心里飞溅出来。"许一个星星愿

190

吧"①，一个轻微的声音说，这声音来自那早已逝去的童年时光：许一个星星愿吧——一种欢乐和信念的呼唤，就像人类的眼睛一样古老悠久。

"对一颗飞落的星星许个心愿，"布兰在他的耳边轻轻地说。在他们的头顶上空，颗颗流星迅疾划过，转瞬即逝，就像尘粒子在它们漫长的旅程之后撞击地球发出的虚幻缥缈的光圈，通红灿烂，转眼间，光消星散。

我希望，威尔在心中许了一个强烈的心愿：我希望……哦，我希望……

顷刻之间，这灿烂的星空全部消失了，黑暗将他们笼罩起来；他们难以置信地眨着双眼，面对着漆黑一片的虚无世界。他们又回到了位于飞鸟峰下的秘洞石梯，脚下还是岩石台阶，还有双手摸上去非常光滑的看不见的曲面状的岩石扶手。当威尔朝前面伸出一只手去试探性地触摸时，他发现那阻挡去路的石墙消失了，取而代之的是一片自由的开阔空间。②

---

① 在英语国家有一个古老的民间习俗，当夜晚的天空出现第一颗星星时，如果有人许一个愿，那么这个愿望就可能实现。英语里有一首民谣就叫《星星愿》："星星明，星星亮，我看到第一颗星星出现在天上。但愿我可以，但愿我能够，实现今晚许下的心愿。"
② 苏珊·库珀《灰国王》(The Grey King by Susan Cooper, Aladdin Paperbacks, 1975)，舒伟译，长沙：湖南少年儿童出版社，2009，93-97页。

第十四章

希腊罗马神话鉴赏之：词汇篇[*]

长期以来，随着希腊罗马神话对西方文化和文学艺术的影响日益深入，许多神话中的专有名词发生意义泛化现象，大量普通词汇进入英语语言，成为丰富英语词库的源头之一，成为滋养英语语言的肥沃土壤。如今，源自希腊罗马神话的英语词汇已经成为英语日常语言的组成部分，富有独特的文化特色和生动的语言表现力。

一、与神话人物相关的普通词汇

根据希腊神话中的"创世记"，遂古之初，上下未形，世界处于无边无涯漆黑一团的"混沌"之中。这"混沌"是孕育世界生命的源泉，它首先产生了三种东西：能使万物复苏的爱情之神埃罗斯，大地女神盖亚，黑暗深渊塔塔罗斯。大地女神盖亚生下了蔚蓝色的天神乌拉诺斯，他开始统治世界。随即他又与盖亚结合，生了巨神提坦一族，共有六儿六女。其中，乌拉诺斯的儿子克罗诺斯与盖亚一起推翻了乌拉诺斯的统治，成为新的统治者。克罗诺斯的小儿子宙斯又把克罗诺斯推翻，确立了新的具有稳定秩序的奥林波斯神系。诸神从此住在奥林波斯山上。天神们通常以人类男女的形状出现，到人间游玩，"anthropomorphism"意思就是"以人类的形态出现"，于是出现了这样的词汇：anthrop（human，人类），anthropomorphic（被赋予人形的），an-

---

[*] 本章主要参考图书文献：Macrone, Michael. *Brush Up Your Mythology*! New York: Gramercy Books. 1999.
Macrone, Michael. *Brush Up Your Classics*! New York: Gramercy Books. 1999.
McLeish, Kenneth. *Myths and Legends of the World Explored.* London: Bloomsbury Publishing plc, 1996.
Ovid. *The Metamorphoses.* Trans. Mary M. Innes, Penguin Books, 1955, 1981.
陆谷孙主编《英汉大词典》，上海：上海译文出版社，1993。
新牛津英汉双解大词典编译出版委员会《新牛津英汉双解大词典》，上海：上海外语教育出版社，2007。

thropophagus（食人肉的人或动物），anthroposophy（人智学），misanthrope 或 misanthropist（厌世者，愤世嫉俗者，厌恶人类者），其名词为 "misanthropy"，其形容词为 "misanthropic"；philanthropy（慈善，慈善事业，慈善机构），philanthrope（慈善家）；等等。

Chaos（卡俄斯）既然是混沌一片，作为普通名词的 chaos 就是 "混乱，一团糟" 的意思；其形容词是 chaotic（混乱的，一团糟的）。

Eros（埃罗斯）是原始的爱神，代表着混沌宇宙中的一种原始的冲动和推力。由它派生出来的普通名词有：erogenous（性敏感的），erotic（性爱的），erotica（黄色书画，春宫图），eroticism（色情），等等。

Gaia（盖亚）是大地女神，代表广袤的大地；罗马人则把大地称作 Terra，于是就产生了这样的普通词汇：Terra incognita（未探明的地区），terrace（梯田，露台，阳台，平台），the Qin terra-cotta army（秦兵马俑），terraqueous（水陆的、两栖的），terrene（土质的、世俗、尘世的），territory（领土），territorial（领土的），territorial sea（领海），territorial air（领空），200 miles territory（200 海里），sea territoriality（领海权），air territoriality（领空权），等等。从大地母亲 Gaea 到 Gaia，再到 Ge，于是就有了这样的普通词汇：geography（地理，地理学），geology（地质学），geocentric（以地球为中心的），the geocentric theory（地心说，比较 the heliocentric 日心说），等等。

Uranus（乌拉诺斯）是天空之神，克罗诺斯的父亲，后来就有普通名词 "天王星"，为太阳系中第三大行星，有五颗卫星围绕其旋转。

Cronus（克罗诺斯）是宙斯等提坦神的父亲，因为害怕儿女们推翻自己，便凶狠地将他们一一吞噬，这种行为就像时间吞噬世间万物一样，所以 Cronus 衍生出 "时间"（time）之意。由此产生了作为时间的词根 "chron"，它可以构成许多普通词汇，如 chronic（慢性的），chronology（编年表），chronicle（编年史），synchronic linguistics（共时语言学，描写语言学），diachronical linguistics（历时语言学），synchronous（同时发生的），等等。罗马人把 Cronus（克罗诺斯）称作 Saturn（萨图恩），是农神，为了纪念他，罗马人将一周的最后一天以他的名字命名：Saturday（周六），同时将 12 月中旬的一周时间定为农神节（Saturnalia），其间所有人包括奴隶等都可以尽情狂欢。萨图恩的形象是一个手拿镰刀的时光老人（Father Time），与田野里的庄稼丰收联系在一起。有一个谚语形容时间像克罗诺斯吞噬他的子女一样吞没世间万物：time devours all things（或者说克罗诺斯就像时间一样要吞掉他的孩子们）。

宙斯（Zeus）是克罗诺斯和瑞亚之子，奥林波斯神界众神之父，掌管天界。罗马人将宙斯称作"朱庇特"（Jupiter），从 Jupiter 生发出 piter，然后是 paternal（父亲的），由此形成许多普通词汇，如 paternal love（父爱），paternalism（家长制），paternity test（亲子鉴定），patriarchal（家长制的），patrilineal society（父权社会），patricide（杀父者），patrial（祖国的），patriotic（爱国的），patriotism（爱国主义），等等。罗马人将女神盖亚称为"Terra Mater"，也就是孕育天下众神的"大地母亲"，于是就产生了与母性有关的普通词汇，如 maternal（母亲的，母性的），maternal love（母爱），maternity（母性，产科医院），matriarch（女家长，女族长），等等。

Helios（赫利俄斯）是阿波罗之前的太阳神，与他相关的普通词汇有 heliocentric（日心的），heliolatry（太阳崇拜），helioscope（太阳望远镜），heliotherapy（日光疗法），heliosis（日射病，中暑），heliotropism（趋日性，向日性）——值得提到的是，"heliotropism"这个词是有来历的，它源自 heliotrope，一种淡紫红色的向阳的植物，在希腊语中它的意思就是"朝向太阳"。原来在希腊神话中有这样一个故事，俄克阿诺斯（Oceanus）和忒西斯（Tethys）的女儿克利蒂尔（Clytia）曾经与太阳神阿波罗有过一段甜蜜的恋情，但后来阿波罗移情别恋，抛弃了克利蒂尔。伤心欲绝的克利蒂尔想尽了办法，甚至使用了极端的手段来挽回阿波罗对她的爱情，但一切都付诸东流。绝望的克利蒂尔连续九天九夜不吃不喝，一动不动地遥望着阿波罗驾驭太阳神车从空中经过，结果她的身体在地里生了根，再也动弹不了，成为一株植物，但它的头部却永远朝向太阳。这个凄美的故事使我们想到了向日葵，还有杜甫的诗句：葵藿倾太阳，物性固难存。罗马人把 Helios 等同于他们的太阳神 Sol，于是就产生了与"sol"有关的许多词汇，如：solar system（太阳系），solarium（日光浴室），solarize（晒，日晒），solar energy（太阳能），solar spectrum（太阳光谱），等等。

Selene（塞勒涅）是月神（moon Goddess），是提坦巨神许佩里翁（Hyperion）与忒伊亚（Thea）结合所生的三个孩子中最小的女儿，她的哥哥是赫利俄斯（Helios，太阳），姐姐是厄俄斯（Eos，曙光）。作为月神，塞勒涅（Selene）每夜都乘着白驹银车巡游天宇。相传塞勒涅钟情于凡间的牧羊美少年恩迪弥翁，每夜与他在山洞相会，上演了一出"天仙恋"。后来恩迪弥翁贪恋睡觉，总不与夜行的天仙相会，苦恋无果的月神变得郁郁寡欢，玉容失色，所以月亮看上去总是显得非常凄凉。由 seleno - 构成的词汇与月亮有关，如 selenocentric（月心说），selenography（月面说），selenology（月球说），等等。

在拉丁语中，与 Selene 对应的是"luna"（月亮女神卢娜），于是就出现了这样的词汇：lunar eclipse（月食），lunarian（月球居民，研究月球的人），lunarscape（月面景色），lunar excursion module（登月舱）等；由于人们相信，月亮具有影响人的精神状态的力量，所以还出现了这样的词汇：lunatic（精神错乱的），lunatic asylum（疯人院），等等。

Demeter（德墨忒尔）是宙斯的姐姐，大地的庄稼（谷物）女神（corn-goddess），亦可称为"大地之母"（earth-mother），与此对应的罗马人的农业女神是 Ceres（瑟蕾丝），于是有相关词汇 cereal（谷物的），cereals（谷类植物，谷类食品），a breakfast cereal（谷类早餐食品），cereal grasses（谷类禾本植物），cerealist（主张谷物饮食者，谷物学家），等等。

Nyx（尼克斯）是原初混沌中产生的黑夜女神，这 Nyx 又作 Nux，nuktos（night），又演化为"nox"，于是产生了与夜有关的词汇，如 nocturnal（夜间发生的），nocturnal nocturne（小夜曲），noctambulation（梦行症），noctilucent（夜间发光的），noctivagant（夜游的），nyctalopia（夜盲），nyctophobia（黑夜恐惧），nyctanthous（夜间开花的），nyctitropism（感夜性），nyctitropic（植物感夜的），等等。

Hypnos（希普诺斯）是黑夜女神尼克斯之子，人称睡神，居住在勒蒙诺斯群岛的一个山洞里。在荷马的《伊利亚特》中，赫拉就曾借助希普诺斯的力量使宙斯入睡，从而实施其策划的计谋。在拉丁语中，睡眠（sleep）是"somnus"。由"hypno"和"somnus"构成的词汇有：hypnotherapy（催眠术），hypnoanalysis（催眠分析），hypnogenesis（催眠），hypnology（睡眠学），hupnopompic（半睡半醒的），hypnotic（催眠药），hypnotize（使进入催眠状态），hypnotization（使人着了迷），somin-（睡眠），somnambulate（梦游），somnambulator（梦游者），somnambulism（梦游症），somnambulistic，somniferous（催眠的），somniloquy（梦语、梦呓），somnolence（瞌睡、困倦），somnolent（瞌睡的），insomnia（失眠症），insomniac（患失眠症的人），等等。

Hygieia（海吉耳）是希腊神话中的健康女神，她的名字"Hygeia"来自拉丁语"Hygea"，而"Hygea"则来自希腊语"Hugeia"，这个"Hugeia"还可以追溯到表示健康的"Hugies"。如今作为普通词汇的"hygiene"就是"卫生，保健"的意思，如 hygienics（卫生学，保健学），hygienist（保健专家），等。在希腊神话中，海吉耳的父亲是医药之神阿斯克勒庇俄斯（Asclepius）。作为阿波罗之子，阿斯克勒庇俄斯刚一出生就被送交半人半马的名医喀戎（Charon）抚养，他从喀戎那里学到了高深的医药之术。阿斯克勒庇俄斯医术精湛，妙手回春，救治了无数身患疾病的人们，声名远扬，被崇奉为医生的保护神；更令人惊叹的是，阿斯克勒庇俄斯居然发明了一种可以让死人复活的方法。这一方面使奥林波斯诸神包括众神之王宙斯深感嫉妒，另一方面使冥王哈得斯深感不满，于是宙斯用雷电劈死了这个挑战神灵的人间神医。阿斯克勒庇俄斯有两个女儿，都与治病救人的医药有关。另一个女儿叫帕那刻亚（Panacea），她也是医药女神，能治百病，罗马人用她的名字来命名一种特别的草药，他们认为这种草药能够医治所有的疾病。这个词在16世纪进入英语，于是这个医药女神的名字成为通用的词汇 panacea（灵丹妙药）；值得提到的是，健康女神海吉耳（Hygieia）不但让人们讲究卫生，减少疾病，而且关注人们的精神健康，因此受到希腊人和罗马人的崇奉。据说海吉耳后来化身为蛇。又一说认为，古人以蛇药治病，故敬重蛇类，后来西方艺术家的作品里就出现了健康女神手拿杯子喂蛇的场景。世界卫生组织的徽志设计就采用了这一神话传说：在圆形的五大洲背景下，图中间立着一根权杖，上有一条长蛇盘旋而上，两边环绕着代表和平的橄榄叶。公元前5世纪的古希腊医生希波克拉底医术精湛，医德高尚，被称为医学之父。著名的希波克拉底誓言就提到了神话中的这三代医学圣贤："谨以医神阿波罗，阿斯克勒庇俄斯，健康女神海吉耳，帕那刻亚以及所有天地诸神为证，本人宣誓竭尽自身能力及判断力，坚守以下誓约……"

Hermes（赫耳墨斯）是宙斯和迈亚之子；宙斯的使者，众神中速度最快者；其拉丁名字是"墨丘利"（Mercury）。作为宙斯的使者，他需要在宙斯和诸神之间来回传话，因此产生了 hermeneutics（阐释学）一词。从 Mercury 产生的普通词汇有：mercury（水银），the mercury（水银柱，温度计），mercurial（敏捷的，活泼的，善变的），等等。

Hephaestus（赫斐斯托斯）是宙斯与赫拉之子，是有名的瘸腿神匠，火和锻造之神，为众神制造武器和铠甲；也是铁匠和织布工的保护神。这个匠神的拉丁名字是"乌尔甘"（Vulcan），于是就出现了这样的词汇：vulcanism（火山现象），vulcanize（硫化，热补），volcano（火山），vulcanology（火山学），vulcanologist（火山学家），vulcan powder（烈性炸药），等等。

Aurora（奥罗拉）是罗马神话中的黎明女神，相当于希腊神话中的 Eos。她披着一头波浪式的秀发，全身肤体散发出玫瑰色的光彩，身着玫瑰色的长裙。于是便有了此相关的词汇，如 auroral（黎明的，曙光的，玫瑰红的），aurora australis（南极光），aurora borealis（北极光），aurora polaris（极光），aurora yellow（镉黄色），等等。

第十四章 希腊罗马神话鉴赏之：词汇篇

Hermaphroditus（赫耳玛佛洛狄忒斯）是爱神阿佛洛狄忒（Aphrodite）与神使赫耳墨斯（Hermes）结合所生之子，由于与水仙萨尔玛西丝（nymph Salmacis）结为一体而成为双性人（Hermaphrodite）。文学作品中有表现主人公的"雌雄同体"或"双性同体"（Androgyny）现象或意识、倾向等引发的冲突。如英国女作家弗吉尼亚·伍尔夫就通过《达洛卫夫人》中女主人公在现实生活中竭力平衡男性特征和女性特征在人格结构上的冲突，体现了作者的"双性同体"的小说诗学。在日常生活中，Hermaphrodite（双性人）被用于描述那些同时具有男性和女性生理特征的人。据2009年9月10日英国《卫报》援引澳大利亚《悉尼晨报》的消息，2009柏林世锦赛女子800米冠军卡斯特·塞门亚（Caster Semenya）在赛后进行的性别检测已经完成，结果显示这位18岁的南非选手是一位医学意义上的双性人（hermaphrodite），同时拥有男性器官和女性器官。

Muse（缪斯）是希腊神话中掌管音乐、文学、艺术、天文、科学等门类的九位女神，喜欢住在奥林波斯山的山脚下。为了表示对缪斯的敬重，古希腊人将他们的艺术品和有关自然科学的创造物放入为缪斯诸神修建的庙宇之内。于是便有了"博物馆"（museum）一词，意思是缪斯神的庙宇；以及音乐（music）一词。

Atlas（阿特拉斯）是希腊神话中的巨人，由于参与了反对宙斯的斗争，结果被罚用身体扛住苍穹。16世纪末，发明了地图投影法的比利时地理学家墨卡托（Gerardus Mercator，1512—1594）首次使用Atlas作为他编辑出版的地图册的标题，地图册的封面上就画着巨神Atlas肩扛地球的形象。从此，Atlas成为地图册的代名词。此外，人们相信，要用全身之力托住天空的巨人必须用自己的颈椎支撑头部，顶天立地，所以又出现了这样的词汇：atlas（寰椎；第一颈椎），atlas vertebra（颈椎），等等。

Janus（雅努斯）是罗马神话的双面神，每年的第一个月January就以他的名字命名。雅努斯最初是家庭中的门神，他的一个头上却长着前后两张脸，一张脸打量着进来的人，另一张脸则与离开的人告别。这门神后来延伸为广义的守护神，遂转变为双面神；后来又演化为生育守护神，因为一个人的出生正是他人生的第一个开端（难怪罗马人把每年的第一个月叫作January）。还有一种说法是，这双面神的一张脸回顾过去，另一张脸则眺望未来。

吕底亚少女Arachne（阿拉喀涅）是远近闻名的纺织能手，但性情高傲，敢于向女神雅典娜发起挑战，与其进行织绣比赛。雅典娜气极生恨，不仅将其织品毁坏，还将其变作一只织网的蜘蛛。于是便有了与此相关的词汇，如

197

arachnephobia（蜘蛛恐惧症）, arachnid（蛛形纲动物）, arachnidism（蜘蛛中毒）, arachnoid（蛛网状的，蛛网膜）, Arachne's labours（纺线织布）, Arachne's thread（解决复杂问题的办法），等等。

　　Syrinx（西琳克斯）是神话传说中阿卡迪亚的一位美丽的水泽女仙，女神阿耳忒弥斯的虔诚追随者。牧神潘狂热地爱上了西琳克斯，但西琳克斯千方百计地躲避他，最后她在牧神潘的疯狂追逐中逃到拉冬河边，被河流神女们变成一丛芦苇。然而牧神潘的狂热并没有因此冷却，他决心把变成芦苇的西琳克斯永远留在身边。听到阵风吹过，芦苇丛中发出忧伤的声音，牧神潘想到一个主意，他用芦苇管制做了一把精美的芦笛，每当感到孤独和烦闷时便吹奏芦笛，排忧解闷。这种芦笛就以少女的名字"西琳克斯"命名，从此成为当地牧童及牧民的牧笛。这个词可以表示任何管子形状的东西，可能由此派生出中世纪的拉丁词"siringa"，成为15世纪的英语词汇"siryng"，表示一种类似于现代的眼药水滴管的软管。19世纪随着皮下注射技术的发明应用，"syringe"就演变成"注射器"这个词汇。不过"西琳克斯"（syrinx）仍然指"芦笛"或"排箫"。

　　此外，在炼金术里，希腊罗马神话的七位神祇分别代表着七种金属：太阳神阿波罗——金；月神狄安娜——银；神使墨丘利——水银；美神维纳斯——铜；战神玛尔斯——铁；主神朱庇特——锡；农神萨图恩——铅。

二、神话中某些花草树木等名称的由来

　　The Cypress（柏树）得名于太阳神阿波罗所钟情的亚洲王子西帕瑞索斯（Cyparissus）。有一天，西帕瑞索斯无意中杀死了自己心爱的牡鹿，因而痛不欲生，奄奄一息。在他生命的最后一刻，阿波罗赶来将他变成了一棵柏树，这就是象征哀悼的柏树枝的由来。

　　The heliotrope（紫色的向日花植物）得名于阿波罗的恋人克里蒂尔（Clytia）的痴情行为：虽然移情别恋的阿波罗抛弃了克利蒂尔，但克利蒂尔痴情不改，抬头遥望天空，时刻追随着太阳的身影，直到她成为地上的植物之后仍然头部朝向太阳，令人惊叹。

　　Narcissus（水仙花）得名于美少年纳西索斯。他本是河神克菲索斯和水中仙女勒利奥佩所生之子，长大后成为一个非常英俊的少年。然而纳西索斯却不解风情之事，对众多倾慕他的美少女冷若冰霜。有一次他在林中打猎时被仙女Echo（埃科）看到，这位由于饶舌而受到女神惩罚、不能发出自己的声音只能随声附和他人声音的仙女对纳西索斯一见钟情，无可救药地爱上了

他。但美少年纳西索斯却对她视而不见，毫不领情。仙女在痛苦的煎熬中日渐憔悴，山林中只传来那凄美的回声。埃科在临死之前祈求爱神维纳斯狠狠惩罚这无情的少年。埃科的吁求得到爱神的回应，结果纳西索斯竟然爱上了自己在水中的倒影，继而茶饭不思，憔悴而死；或曰因思念过度，难以自拔，遂投入湖水之中。仙女们闻声赶来，却找寻不到他的尸体，结果在湖边发现一朵盛开的淡黄色的水仙花——这就是水仙花的来历。现代的精神分析学家将其用于描述一种心理现象，即"自恋情结"（narcissus complex），这个词语也可用于表达"自我陶醉、孤芳自赏"（narcissism）的意思。据传水仙花具有麻醉的功能，食之会产生昏迷的后果，所以出现了与之相关的希腊语词素"narko"和"narc"，构成的词汇如 narcomania（麻醉剂狂），narcotic（麻醉剂，致幻毒品），a narcotic speech（使人昏昏欲睡的演讲），narcissistic（自我陶醉的），narcissist（自恋者），narcoma（麻醉性昏睡），narcolepsy（发作性睡眠病），narcosis（失去知觉），to narcotize（麻醉，使昏迷），narcoanalysis（麻醉精神分析），narcoterrorism（毒品恐怖主义），narcotics agent（缉毒探员），等等。至于仙女 Echo（埃科），她的母亲大地女神怜悯她青春早逝，便将她的遗体藏在自己的躯体之中，结果大地也有了回声。于是人们就把她的名字作为"回声"（Echo）一词。如今一些在医学上与超声检查有关的词汇就与这位痴情的仙女有关，如 echocardiogram（心回波图，超声波心动图），echocardiography（超声波心动描记术），echoencephalology（脑回声学）等，此外还有 echogram（音响测深图），echograph（音响测深自动记录仪），echolocation（回声定位），echoism（拟声法构词），等等。

  Hyacinth（紫蓝色的风信子）得名于古代斯巴达王子赫耳辛斯（Hyacinthus）。赫耳辛斯是个美男子，同时受到太阳神阿波罗和西风之神泽菲拉斯（Zephyrus）的眷爱。西风之神认为王子赫耳辛斯偏爱太阳神，非常嫉恨。有一次，当阿波罗手把手地教王子投掷铁饼时，西风之神乘机猛力一吹，把铁饼吹向了王子的脑袋，使王子当场倒在血泊之中，死于非命，这就是阿波罗误杀王子赫耳辛斯的故事。而在王子鲜血浸染的地上，长出了一朵朵淡紫色的小花。后来这些漫山遍野的小花就以王子的名字命名，叫作风信子。

  没药树（Myrrh）得名于塞浦路斯国王 Cinyras 的女儿密耳拉（Myrrha），由于她得罪了爱神阿佛洛狄忒（Aphrodite），被爱神施法作弄，不可救药地爱上了自己的父亲，并设法与其同床共寝，结果怀上了他的孩子（阿多尼斯）。在得知真相的父亲手持利剑追杀她时，密耳拉被变成了一棵没药树。羞愧于乱伦的眼泪汩汩地从密耳拉的脸上流出，成为没药树渗出的树脂。

199

翠鸟（Halcyon）得名于希腊神话中的王后海耳塞倪（Halcyone）。海耳塞倪相传是风神埃俄洛斯（Aeolus）的女儿，她与丈夫刻宇克斯（Ceyx）相亲相爱，情深意长，难分难舍。有一次这对夫妻无意中把自己比作天神夫妻宙斯和赫拉，结果使宙斯大为愤怒。他决定惩罚他们。不久，国王刻宇克斯便死于一场海难，王后伤心过度，痛不欲生，随即投海自尽。结果在海中的海耳塞倪变成了一只具有神力的鸟儿，可以平息海上的风浪，于是人们就把这只鸟叫作翠鸟（halcyon）。从这个爱情故事所产生的词汇"翠鸟"含有"平静的，太平的"意思，如 halcyon days（太平岁月，美好时光），a halcyon atmosphere（宁静的气氛），等等。

三、常用词语和短语举偶

1. Chimaera（喷火女怪喀迈拉）：荒诞不经，不切实际的幻想。喀迈拉是厄喀德娜和提丰所生的众多怪物之一，是一个喷火女怪。喀迈拉长有一个龙头，一个狮子头和一个山羊头，经常在希腊吕喀亚地区的乡间游荡，危害一方，后来英雄伯罗洛丰骑着飞马珀珈索斯将其杀死。

2. Requisition from Semele（塞墨勒的要求）：咎由自取，过分的要求。塞墨勒是卡德摩斯和哈墨尼娅之女，宙斯化身为凡人与塞墨勒保持情人关系，塞墨勒因此怀上了宙斯的孩子（即酒神狄俄尼索斯）。天后赫拉得知此事不禁妒火中烧，随即化身为塞墨勒的侍女进行挑唆，说塞墨勒的情人根本不是宙斯，而是另有其人。不知是计的塞墨勒一定要宙斯现出原身加以验证，而宙斯无论如何也无法让她放弃这一要求，只好答应一试。结果塞墨勒当即被雷电之神宙斯随身携带的烈焰烧成灰烬。

3. Pandora's box（潘多拉的盒子），在古希腊语中，潘（pan）是所有的意思，多拉（dora）的意思就是礼物，两者加起来就是"众神所赠之礼物"（"the all-gifted"）。潘多拉来到人间时随身带着一个盒子，里面装着众神赠送的各种邪恶的"礼物"。于是"潘多拉的盒子"就成了表示"灾难的根源"的词语。

4. Midas' ears（弥达斯的耳朵）：阿波罗和牧神潘（一说是山林之神）进行音乐技艺比赛，作为旁观者的弗里吉亚国王弥达斯（Midas）认定牧神潘获胜。恼怒的阿波罗把弥达斯的两只耳朵变成了驴耳朵。这个秘密后来被国王的理发匠无意中泄露了。"弥达斯的耳朵"可用于讽喻那些千方百计为自己遮丑的人，也可表示无法掩饰的事实；而"弥达斯的评判"（Midas' judge）可用于表示外行的评判；"弥达斯的理发匠"（Midas's barber）可喻指守不住秘密的人。

5. An Apple of Discord（不和的金苹果）：引起争斗的根源；不和之因；祸根。出自不和女神故意扔在佩琉斯和忒提斯婚礼宴会上引起三女神争执的金苹果的故事。

6. The Heel of Achilles（阿喀琉斯的脚踵）：唯一弱点；薄弱环节；要害。阿喀琉斯的母亲忒提斯将婴儿阿喀琉斯浸入冥河水斯提克斯洗浴，可使其肤肌坚硬如铁，免受刀剑武器的伤害，但脚踵为手捏住的地方没有沾到冥河水，所以成为致命的弱点。

7. The Trojan Horse（特洛伊木马，木马计）：暗藏的危险；奸细。出自荷马史诗《奥德赛》。

8. Greek Gift（希腊人的礼物）：阴谋害人的礼物；包藏祸心的礼物。

9. Between Scylla and Charybdis（在斯库拉和卡律布狄斯之间）：在两个同样危险的事物之间；刚从一种危险中逃脱出来，又陷入了另一种危险。在荷马《奥德赛》的第十二卷，奥德修斯及其伙伴乘坐的船只为了避开卡律布狄斯大漩涡（Charybdis），小心翼翼地绕行而过，却没有料到六头海妖斯库拉（Scylla）突然出现了，这个六头怪妖张开血盆大口一下就叼走了船上的六个船员，一会工夫就把他们嚼碎吞吃了。奥德修斯认为这是他目睹的一次最惨烈的不幸事件。

10. Penelope's Web（珀涅罗珀的编织物）：故意拖延的策略；永远做不完的工作。奥德修斯的妻子珀涅罗珀为应对众多求婚人的逼婚，想出了一个缓兵之计，她宣称要为公公莱耳忒斯编织一件寿衣，完工之后再考虑选择夫君之事。她白天织布，一到深夜，等求婚人都入睡了，她就把白天织好的布全都拆掉。第二天再重新开始织布，如此反复，这布始终织不出来。

11. Under the rose（在玫瑰花下面）：暗中进行，秘密行事，保持沉默。它源自古罗马的神话故事。小爱神丘比特（Cupid）是爱神维纳斯（Venus）和战神玛尔斯（Mars）所生之子。他的母亲维纳斯有很多风流韵事，丘比特为了维护其母的声誉，特意给沉默之神哈伯克拉忒斯（Harpocrates）送去一束玫瑰花，请他保守秘密，守口如瓶，不要传播有关维纳斯的风流韵事。哈伯克拉忒斯接受了玫瑰花后，果然就严守秘密，成了真正的"沉默之神"。

12. Nessus' gift（涅索斯的礼物）：涅索斯（Nessus）是一个以狡诈著称的马人，是伊克西翁和涅菲勒之子。他在背负赫拉克勒斯之妻德阿涅拉过河时起了邪念，欲对其行非礼之事，结果被岸上的赫拉克勒斯用毒箭射中，涅索斯临死前让德阿涅拉收藏好他身上流出的毒血，说可以帮助她在日后重新获得丈夫的爱情。后来赫拉克勒斯对德阿涅拉的情感有变，于是德阿涅拉将收藏的毒血涂抹在长袍上，送给丈夫，以挽回丈夫的感情，谁知赫拉克勒斯一穿上长袍就被烈焰焚烧致死。所以涅索斯的礼物就意味着"复仇的礼物"或"致命的礼物。"

13. The Augean Stable（奥革阿斯的牛圈）：极度肮脏的地方；藏垢纳秽之所；积弊。出自希腊神话赫拉克勒斯完成之十二大功的第五个任务：在一天之内清扫干净奥革阿斯的牛圈。奥革阿斯是伊利斯的国王，嗜好养马，在牲口棚里喂养了三千多头牛，三十多年来未曾打扫，牛棚里积粪如山，恶臭熏天。赫拉克勒斯挖了一条运河把两条河水引过来冲洗粪土，这才将牛棚冲洗干净。

14. Sisyphean task（西绪福斯的工作）：徒劳无益，永无休止的苦役。科林斯国王西绪福斯（Sisyphus）曾屡次欺骗死神和冥王，并且以诡计多端而闻名于世。西绪福斯去世后在冥府里受到著名的"推石上山"的惩罚：他必须永无止境，徒劳无益地将一块大岩石推上陡峭的山坡。然而每当他快要将巨石推到山顶时，岩石就会自动滚下来，西绪福斯不得不重新开始，如此劳作，永无解脱之日。

15. A Procrustean Bed（普罗克鲁斯特的床）：强求一致，削足适履，迫使就范。悍匪普罗克鲁斯特拦劫过往行人，把人抓住之后先捆在一张特制的床上，个子矮小的被他用力拉长，个子高大的则被他锯去头颅，因此被抓者必将死于非命，无人可以幸免。

四、由希腊神话诸神命名的九大行星

1. 地球（Gaia）是希腊神话中的大地女神盖亚（Gaea）的化身，盖亚产生于开天辟地时的混沌卡俄斯（Chaos）之中，是孕育天下众神的有生命的原始祖先，所以也叫"大地母亲"，它代表了富有活力的阴性的物质元素。地球距太阳14960万公里，距太阳的距离在九大行星中排第三位。地球是太阳系类地行星中最大的一颗，也是现代科学目前确证唯一存在生命的行星。作为行星，地球的年龄估计约为45亿年（4.5×10^9）。地球行星的唯一天然卫星是月球。

2. 金星（Venus）是以罗马人的爱神和美神维纳斯的名字命名的，与维纳斯对应的是希腊神话中的阿佛洛狄忒（Aphrodite）。金星是天空中除太阳和月亮外最亮的星，犹如一颗璀璨的钻石，难怪人们用美神维纳斯来命名。金星距太阳的距离在九大行星中排第二位，与地球最为接近。金星的体积大小与地球相似，直径比地球小百分之五，质量为地球的百分之八十二。

3. 火星（Mars）是以罗马神话中的战神玛尔斯（与希腊神话的阿瑞斯相对应）命名的。火星在夜空中看起来是血红色的，难怪被称作火星。它的体积约为地球的十分之一。火星距太阳22794万公里，距太阳的距离在九大行星中排第四位。火星有两颗小型的天然卫星，它们以战神阿瑞斯的儿子的名字命名，分别是火卫一（Phobos）和火卫二（Deimos），两颗卫星虽然很小，但形状奇特。

4. 天王星（Uranus）是以希腊神话的天空之神乌拉诺斯的名字命名的，它位于土星外侧，海王星内侧，1781年被人发现。以直径计算，天王星是太阳系第三大行星；若以质量计算，则比海王星轻而排在第四位。天王星距太阳的距离在九大行星中排第七位，它有五颗卫星。

5. 海王星（Neptune）是以罗马海神涅普顿（Neptune）的名字命名的，而涅普顿对应的是希腊海神波塞冬。它的颜色是灰蓝色的，正好与海王的特征相符合。海王星于1846年被人发现。海王星距太阳的距离在九大行星中排第八位，其表面温度为零下200摄氏度。海王星的体积为地球的17倍，目前已知海王星有两颗卫星。

6. 木星（Jupiter）是以众神之王宙斯的罗马名字朱庇特命名的。在太阳系九大行星中，木星是最大的，它的体积和质量比其他八个行星的总和还要大。其赤道直径为地球的11.18倍，质量为地球的317.89倍。木星距太阳的距离在九大行星中排第五，木星围绕太阳旋转一周需要11.86年，自转一圈只需9小时50分，是九大行星中自转速度最快的。木星有12颗卫星。

7. 水星（Mercury）是以希腊神话的神使赫耳墨斯（Hermes）的罗马名字墨丘利（Mercury）命名的。赫耳墨斯是希腊奥林波斯神系十二主神之一，宙斯与女神迈亚（Maia）的儿子，担任宙斯和诸神的使者和传译者，他行走速度极快，精力充沛，多才多艺。也许是由于水星在空中移动较快，所以人们才用众神中速度最快的神使的名字来命名。水星距太阳最近，为5791万公里，直径为4880公里，是地球的百分之三十八，质量为地球的二十九分之一。水星向阳的一面温度为400摄氏度，背阳的一面温度为零下160摄氏度。

8. 土星（Saturn）以罗马神话的农神萨图恩的名字命名的，在罗马神话中，萨图恩是朱庇特的父亲。土星距太阳的距离在九大行星中排第六位，是一个巨型气体行星，是太阳系中仅次于木星的第二大行星。土星的赤道直径为地球的9.42倍，质量为地球的95.2倍，土星有11颗卫星。

9. 冥王星（Pluto）是以冥王哈得斯（Hades）的拉丁名称Pluto命名的。

这是太阳系九大行星中离太阳最远，体积为倒数第二的一颗行星，1930年被人发现。正因为它距离太阳最远，所以它的温度也是非常寒冷的，这与神话中冥王普鲁托居住的阴森凄凉的地府很相似。冥王的赤道直径2700公里，质量为地球的0.0024倍，在九大行星中公转周期最长，围绕太阳旋转一周需要247.69年。

九大行星公转与自转周期

行星名称	公转周期	自转周期
水星（Mercury，墨丘里）	88天	59天
金星（Venus，维纳斯）	225天	243天
地球（Gaia）	365天	24小时
火星（Mars，玛尔斯）	687天	24时37分
木星（Jupiter，朱庇特）	11.86年	9小时50分
土星（Saturn，萨图恩）	29.46年	10小时14分
天王星（Uranus，乌拉诺斯）	84.01年	24小时
海王星（Neptune，涅普顿）	164.79年	22小时
冥王星（Pluto，普路托）	247.69年	6天9小时

第十五章

希腊罗马神话对童话文学的影响[*]

人们常说，最传统的也是最现代的。在特定的意义上，希腊罗马神话的现代性就体现在它对现当代文化和文学的持久影响。19世纪以来神话研究的成果揭示了神话与科学、哲学、宗教、仪式、文学、心理学、结构、社会等因素的相互关系，为人们认识希腊罗马神话的深邃意义及丰富多样的文化和文学意义提供了新的视野。进入20世纪后，由于人类学和心理学研究取得了令人瞩目的进展，人们的文化注意力更是转向探寻人类的原始意识或神话意识。神话批评家认为，人类的神话是最基本的文学原型，各种不同的文类只不过是神话的延续和演变，用加拿大学者弗莱的话说，神话是所有其他模式的原型，而其他模式只不过是"移位的神话"，变异的神话。神话批评家们无不强调生活的精神意义，大多表现出对远古初民心理意识的兴趣，试图追溯和探求人类在远古时期对生存环境的反应方式。而许多作家更是从古代神话中寻求寄托和灵感，试图找到一种神话方法或者隐喻媒介来进行创作，来重塑西方现代社会人们空虚和扭曲的心态，以寻求从痛苦和混乱不堪的现实中解脱出来。其中乔伊斯的小说《尤利西斯》，艾略特的长诗《荒原》以及叶芝的《幻象》等诗歌作品都是突出的例子。对于20世纪的作家而言，詹姆斯·乔伊斯的意识流长篇小说《尤利西斯》就代表着一种以神话方法进行创作的倾向。乔伊斯把荷马史诗作为自己作品的框架结构和隐喻媒介，以神话为主要武器同现代社会的极度平庸和徒劳无益作抗争。作者一方面精心营造了与古希腊神话《奥德赛》的多层对应关系，追求一种史诗性的对现代社会和人生的精神探索，另一方面又用意识和潜意识活动来表现和提炼作品人物的全部生活经历。所以神话意识与意识流表现手段的结合成为《尤利西斯》的根本艺术特征。同样，在牛津大学担任古英语教授的托尔金也形成了自己的

---

[*] 本章是在舒伟《论童话与希腊神话的渊源》（《浙江师范大学学报》社科版2008年4期）及《中西童话研究》（吉林大学出版社，2006）相关内容的基础上充实而成，特此说明。

神话意识并通过独特的童话艺术方法创作出儿童喜爱的童话小说《霍比特人》和后来引起巨大反响的长篇小说《魔戒》传奇系列。在本章中作者致力于探讨希腊罗马神话对于童话文学的影响。

一、希腊神话的童话版故事

来自希腊语"muthos"的"神话"意思就是"故事",作为希腊先民试图理解和解释他们所处之世界的故事,古希腊神话以生动的故事性、深邃的心理意义和卓越的神话想象而别具一格,具有永恒的艺术魅力。一方面,由于荷马史诗的魅力及其影响,荷马式的传奇故事已经成为西方儿童文学传统的一个组成部分。另一方面,历代的后世作家都持续不断地将希腊罗马神话作为创作的源泉和资源。早期的对希腊罗马神话的重述几乎都是为儿童创作的,这也表明希腊罗马神话具有浓厚的童话性因素,是童话文学产生的源头和土壤。童话与希腊神话的渊源包括希腊神话的童话版故事、神话母题对童话母题的影响、神话故事为童话故事提供主要情节因素、童话名称("Fairy tale")的神话胎记、离开家园的奇境历险、少年英雄轰轰烈烈的非凡业绩、千奇百怪的精灵怪物和怪哉奇哉的变形组合,这些因素具有特殊的童话审美效果,特别契合儿童的心理,具有浓厚的趣味性和游戏精神,在一定意义上奠定了童话的基本审美风格和叙事特点,对于童话的发生和发展具有特殊的意义。

法国著名作家费朗索瓦·费纳隆(Francois de Saliguac de la Mothe Fenelon, 1651—1715)在受命担任路易十四的王孙布哥尼公爵的教师时,为教育性格顽劣,脾气古怪的学生,根据《奥德赛》的前四章创作了一部富于传奇性的教育小说《忒勒马科斯历险记》(1699),叙述主人公漂洋过海,历尽艰险寻找父亲奥德修斯,被认为是欧洲最早的儿童文学作品之一。费纳隆作品的英译本使荷马史诗的内容成为儿童读物的组成部分。英国作家威廉·葛德温(William Godwin)在1806年创作了《万神殿》(*The Pantheon, or, Ancient History of the Gods of Greece and Rome*),为孩子们叙述希腊罗马神话故事。英国散文家查尔斯·兰姆(Charles Lamb)在1808年写了《尤利西斯历险记》(*The Adventures of Ulysses*),他在书中的序言写道:"在尤利西斯的故事里,除了有人类外,还有海神、巫婆、巨人、妖女等等,他们象征着人生外在的力量和内心的诱惑。这些具有双重意义的艰难险阻是任何一个有智慧,有毅力的人必然会遭遇的。"美国作家纳撒尼尔·霍桑(Nathaniel Hawthorne, 1804-1864)根据希腊神话传说创作了深受小读者喜爱的《神奇的故事》(*A*

Wonder Book For Girls and Boys，1852），收有六篇故事："美杜萨""点金术""儿童乐园"（或"潘多拉的箱子"），"三只金苹果""神奇的水罐"和"喷火女妖喀迈拉"；而在1853年发表的《坦格林故事集》（*Tanglewood Tales*）里，霍桑又为少年读者讲述了六个神话故事："弥诺陶洛斯""俾格米人""播种龙牙""瑟西的宫殿""石榴籽"和"金羊毛"；英国作家，童话小说《水孩儿》的作者查尔斯·金斯利（Charles Kingsley，1819—1875）著述了《希腊英雄传》（*The Heroes*，1856），讲述了少年英雄柏修斯、提修斯以及阿耳戈英雄们的故事；英国学者，诗人，荷马专家及翻译家安德鲁·朗（Andrew Lang，1844—1912），以编写童话故事和翻译荷马史诗而闻名于世，著有《法国古代歌谣》《荷马的世界》（*The World of Homer*，1910）和12卷世界童话故事集，安德鲁·朗不仅自己动手翻译了荷马史诗《奥德赛》（1879）和《伊利亚特》（1883），而且还写了很受读者欢迎的《特洛伊与希腊故事》（*Tales of Troy and Greece*，1907），还与H·赖德·哈格德（H. Rider Haggard）合写了重述奥德修斯最后的漂流故事的《世界的欲望》（*The World's Desire*，1890）；理查德·加尼特（Richard Garnett）创作了《众神的黎明》（*The Twilight of the Gods*，1888，1903）；爱德华·L·怀特（Edward Lucas White，1866—1934）写了《海伦》（*Helen*，1925）；约翰·厄斯金（John Erskine）写了《海伦的隐秘生活》（*The Private Life of Helen*，1925）；索恩·史密斯（Thorne Smith）写了《众神的夜生活》（*The Night Life of the Gods*，1931）；罗伯特·格雷夫斯（Robert Graves，1895—1985）创作了著名的《金羊毛》（*The Golden Fleece*，1944）以及《白女神》（1948）和《希腊神话》（*The Greek Myths*，1955）等作品；玛丽·雷诺（Mary Renault，1905—1983）创作了关于英雄提修斯的作品《国王必须死去》（*The King Must Die*，1958），《来自海洋的牛怪》（*The Bull from the Sea*，1962）；理查德·L·格林（Richard Lanceley Green）写了《希腊英雄的故事》（*Tales of the Greek Heroes*，1958）和《希腊与特洛伊的英雄们》（*Heroes of Greece and Troy*，1960）；爱迪生·马歇尔（Edison Marshall，1894—1967）写了讲述赫拉克勒斯故事的《地球上的大力神》（*Earth Giant*，1960）；亨利·特里斯（Henry Treece）写了《希腊三部曲》：《伊阿宋》（*Jason*，1961）、《伊莱克特拉》（*Electra*，1963）和《俄狄浦斯》（*Oedipus*，1964）；利昂·加菲尔德（Leon Garfield）写了《海里的神》（*The God Beneath the Sea*，1970）；帕德里克·科鲁姆（Padraic Colum）写了《孩子们的荷马》（*Children's Homer*，1982）、《金羊毛的故事和阿喀琉斯之前的英雄们》（*The Golden Fleece and the Heroes Who Lived before Achilles*，1983）

以及《奥德修斯的历险和特洛伊的故事》(*The Adventures of Odysseus and the Tale of Troy*),为小读者讲述了荷马史诗里的故事;罗伯托·卡拉索(Roberto Calasso)写了颠覆性的《卡德摩斯与哈摩尼亚的婚姻》(*Le Nozze di Cadmo e Armonia*,1988);罗斯玛丽·萨克利夫(Rosemary Sutcliff)写了《兵临特洛伊城的黑色舰队》(*Blackships before Troy*,1993);希拉里·贝利(Hilary Beiley)写了《特洛伊公主:卡桑德拉》(*Cassandra:Princess of Troy*,1994)等等,凡此种种,都说明了希腊神话和荷马史诗历久弥新的美学价值和艺术魅力。这种魅力正是马克思所说的在历史上人类童年时期发展得最完美的地方所显示出的永恒魅力。

希腊神话中具有"顽童般"性格的众神,他们的广大神通和他们的神奇物品,可以直接进入童话世界,转化为童话中的超人、魔法和宝物;神话中那些英雄大多是国王、王后、王子、公主等,他们都可以直接转化为童话世界的国王和王后、王子和公主等人物;少年英雄轰轰烈烈的非凡业绩、奥德修斯经历的奇境历险、千奇百怪的精灵怪物和怪哉奇哉的变形组合,还有希腊神话蕴含的生动的故事性及其游戏精神,使用计谋或者诡计,战胜强大的对手,等等,都是童话故事所汲取的基本因素。

希腊神话关于几代提坦之神的"小儿子"现象也将在童话故事里找到回应:克罗诺斯是乌拉诺斯的小儿子;宙斯是克罗诺斯的小儿子;帕里斯是特洛伊国王普里阿摩斯的小儿子;阿喀琉斯是佛提亚国王佩琉斯的小儿子,等等。

二、从神话母题到童话母题

希腊神话为童话故事提供了不少常见的母题,如遭受继母迫害的"灰姑娘",看似武断的神谕,看似莫名其妙的条件,"罪与罚",等等。

在希腊神话中,继母迫害非亲生子女的情形以伊诺(Ino)的行径最为典型。风神埃俄洛斯的儿子阿塔玛斯(Athamas)成为忒拜的国王,云彩女神涅斐勒是他的王后,夫妻俩生育了儿子弗里克索斯(Phrixus)和女儿赫勒(Helle)。后来阿塔玛斯背弃了涅斐勒,另娶了卡德摩斯(Cadmus)的女儿伊诺为妻。这个伊诺忌恨丈夫前妻的子女,处心积虑地要害死他们,以便让她自己的子女继承王位。她让当地的妇女把种子晒熟以后再拿去播种,结果使一向肥沃的土地颗粒无收。饥荒威胁着人们。国王阿塔玛斯派人到德尔斐的阿波罗神殿询问神谕。伊诺收买了派出去的使节,他们回来后谎传神谕,说必须把他与前妻所生之子祭献给众神,才能使绝收的土地重新恢复生机,获得收成。眼见灾情严重，国王阿塔玛斯无奈，只得同意牺牲自己的儿子。就在祭献仪式行将举行，兄妹俩的生命危在旦夕之际，他们的亲生母亲涅斐勒派来了救命的金毛羊，弗里克索斯和妹妹赫勒当即骑上金毛羊飞上天空，朝着遥远的北方飞去。另一种说法是，弗里克索斯和赫勒兄妹俩察觉到了继母的阴谋，于是在危急关头找到当年神使赫耳墨斯赠送给忒拜的珍贵礼物金毛羊，骑上神羊逃生，向着黑海方向飞去。在飞行途中，妹妹赫勒不幸坠落海中，溺水身亡。哥哥弗里克索斯最终飞抵达科尔基斯，被国王埃厄忒斯所收留。

神话叙事中的许多看似古怪武断的条件也在童话故事中得到体现。阿普列尤斯在《变形记》中根据希腊神话讲述的"丘比特与普赛克"故事就有不许少女普赛克用烛光窥秘的条件。在希腊罗马神话中，许多神谕往往体现了奇异的条件并规范了故事发生的走向。腓尼基国王阿革诺耳的小女儿欧罗巴被宙斯劫走以后，阿革诺耳悲愤欲绝，令儿子卡德摩斯和他的两个哥哥马上出发去寻找欧罗巴，并明确告之，如果完不成使命就不许回家了。三兄弟带着手下的人马各奔一方，但都徒劳无功。卡德摩斯情急之下前往德尔斐，祈求太阳神阿波罗赐予神谕。神谕的昭示是：当一头没有套轭具的母牛出现在一个空旷的草场上，卡德摩斯就要跟着它行进，无论它走到什么地方都要随它而去。一旦母牛停止行进，卧下休息时，卡德摩斯就可以在那里修建一座城市，并为它起名为"忒拜"（Thebes）。离开阿波罗神庙不久，卡德摩斯果然看到一头没有主人的母牛正在前方草地上吃草，于是卡德摩斯紧随其行走，最后在一片陌生的土地上建立一个新的家园。希腊英雄赫拉克勒斯的后代为了收复原本属于赫拉克勒斯的领地伯罗奔尼撒半岛，进行了长期的拼斗，但始终未获成功。他们前往特尔斐神庙祈求神谕，回答是："等到第三次庄稼成熟时，你们可以从海边的狭窄地带成功返回。"但经历了三代人近百年的时间，他们仍然没有如愿以偿。到了忒梅诺斯、克瑞斯丰忒斯和阿里多特莫斯这一代人长大后，他们准备再次出征，夺取祖传的领土。像父辈一样，他们来到特尔斐神庙，获知同样的神谕。这次神祇通过女祭司向他们揭示了神谕的真正含义：赫拉克勒斯种族的种子第三次才能收获胜利。而"狭窄的通道"并非哥林多地峡，而是它对面的科任科斯海峡。于是几位英雄立即组织军队，准备乘战船出发。但尚未开拔，大军就遭遇了许多变故，随之又有一场暴风雨将他们的战船摧毁，军队也由于饥荒而瓦解了。忒梅诺斯再次祈求神谕，神谕昭示，他们的过失遭到了天谴，若要继续出征必须让一个三只眼的人指挥军队。于是他们到处寻找长有三只眼睛的奇人。最后，海蒙的儿子俄克雪洛斯（Oxylus）出现了，他因为犯下杀人重罪，正在逃亡之中。赫拉克勒斯的子孙们一看，这正是他们苦苦寻找的三眼之人：俄克斯洛斯的一只眼睛早年被人射瞎了，所以是个独眼，他骑着的一头驴有两只眼，人和驴合在一起正好是三只眼。于是众人当即推举俄克斯洛斯为他们的统帅。经过努力，他们终于重新占领了伯罗奔尼撒半岛地区。神话中的这些奇特而不乏荒诞性的条件和神谕具有生动的故事性和趣味性，对于童话具有天然的影响力。

这首先体现在民间童话中。以格林童话为例，在《傻大胆学害怕》中，主人公傻大胆要到一座魔宫去住三个晚上，国王说："你还可以请求带三件东西，但决不能是有生命的。"傻大胆回答说"那我就请求带进去一把火，一台车床和一座带刀的刨台。"当然这些看似随意性的东西后来都派上了恰当的用场，①随意性的选择往往带来必然性的结果。在《鼓手》中，青年鼓手救出了被魔法囚禁在玻璃山的公主，通过公主的如意戒指他们回到城里。鼓手要先去看望一下自己的父母，以报平安，公主求他在与父母见面时千万别亲吻父母的右脸颊，否则他将失去记忆，把公主孤零零地遗留在田野里。然而年轻人在见到父母时过于激动，完全忘记了公主的嘱咐，情不自禁地亲吻了双亲的两边脸颊——结果把公主忘到了九霄云外。于是就产生了故事后面的曲折经历。②在《熊皮人》中，一个年轻的退伍士兵一无所有，只好到处流浪。他遇见一个绿衣人要与他进行交易，条件是：七年内他不得洗脸，不梳理胡须和头发，不剪指甲，不得念"我的圣父"这段祷文，而且必须穿上绿衣人给他的一件褂子和一件斗篷；那么七年之后他不仅可以获得自由，而且将得到足够的金钱和财富。③在《六只天鹅》中，国王在狩猎时迷路，在夜色中遇到老巫婆，国王要走出茫茫大森林就必须答应巫婆提出的奇怪条件：娶女巫的女儿为妻；而小公主要想恢复六个被魔法变成天鹅的哥哥的人形，就必须在六年之中不许讲话，不许笑，在此期间还必须用翠菊替他们缝六件衬衫。而在这六年中只要小妹妹嘴里漏出一个字，一切努力就白费了④，等等。这些看似毫无道理的武断条件大量出现在格林童话里，绝不是偶然的，随意的，这完全可以追溯到更古老的源流，追溯到神话想象和神话叙事。在J·R·R·托尔金的小说《魔戒传奇》系列中，黑魁首索隆在掌握了精灵工匠们的

---

① 参阅《格林童话全集》，杨武能，杨悦译，南京：译林出版社，1993，13—20页。
② 同上，580—588页。
③ 同上，354—358页。
④ 同上，175—179页

秘密之后，为了统领天下魔戒，偷偷地在火焰山锻造了一枚魔戒之王。他把血和法力、全部的邪恶和过去的绝大部分力量熔入其中，并铸进了他发出的魔咒。如今只要索隆重新获得这枚魔戒之王，整个中洲世界就岌岌可危了。然而要销毁这只魔戒没有任何别的办法，唯一的办法就是把它带到厄运山的火山口，扔进里面烧毁。这不正是一种神话式或童话式的条件吗？

至于罪与罚的母题，从大量出现在民间童话中的恶有恶报，量罪受罚的故事情节可略见一斑。例如在《灰姑娘》故事中，两个异母姐姐有眼无珠，结果在前往教堂参加灰姑娘婚礼的路上被鸽子啄瞎了双眼。而在《白雪公主》故事里，那位迫害白雪公主的邪恶王后最终害人害己，不得不穿上被火烧得通红的铁鞋，狂舞至死。英国作家罗斯金（John Ruskin，1819—1900）创作的《金河王》叙述的是生活在山谷之中的三兄弟的善恶相报的故事。故事里的老大和老二是农庄主，为人自私，心地歹毒，人称"黑兄弟"。最小的弟弟心地善良，任劳任怨，就像灰姑娘一样默默忍受着哥哥的打骂欺压，还承担着家中所有的活。后来金河王出现，山谷暴发洪水，"宝谷"一夜之间变成荒凉的废墟。这三兄弟只得背井离乡，另谋生计。金河王许诺：谁只要登上金河源头所在的山头，往河里倒三滴圣水，那条河就会变成金河。当然，在行动的过程中，两个心地歹毒的哥哥本性难移，被变成了河里的两块黑石头；而小弟弟在路途中先后用珍贵的圣水救活了濒临渴死的老人和小孩，以及一条干渴的小狗——这小狗原来是金河王变的，他将百合花中的三滴甘露滴进了小弟弟的水瓶里。小弟弟将甘露滴进了金河，只听河水在地下潺潺流动，等他回到宝谷时，干的河床里重新流淌着清澈的河水，宝谷在流水的滋润下恢复了生机，重新成为美丽、富饶的花园和粮仓。

与恶行受到相应惩罚并行不悖的是童话中主人公的小小善举获得特别褒奖的因素。在格林童话《金鹅》中，被称作"小傻瓜"的小儿子备受轻视和嘲笑，他在林中将自己仅有的一块烤饼和一瓶酸啤酒与一个头发花白的小矮人分享，结果得到一只金鹅，最后还在小矮人的帮助下娶了公主，做了国王[①]。这是童话故事中最常见的母题之一：主人公发自内心的善良之举往往获得特别珍贵的回报，不起眼的小事情居然成就了宏大事业。在《金鹅》中，"小傻瓜"因为善待那看似可怜兮兮的小矮人而使自己的生活发生了奇迹般的变化。相反，他的两个哥哥为理性世界的利益规则所驱使，不愿把自己的食物与小矮人分享，结果受到惩罚。而在《蜜蜂王后》中，两个哥哥更是生活放

---

① 参阅《格林童话全集》，杨武能，杨悦译，译，南京：林出版社，1993年，246-249页

荡，对大自然的生物毫无敬重之心，只考虑自己的取乐和享受，虽然没有受到惩罚，但也一事无成。至于童话故事中的反面人物或邪恶角色，他们无一例外完全按照理性世界的利益规则行事，往往固执己见，一意孤行，对大自然及其动植物毫无崇敬之意，对他人毫无同情之心，也丝毫不为他人利益考虑，甚至成为破坏性的邪恶力量，到头来只能以失败而告终。在格林童话《三片蛇叶》中，自私的公主不顾丈夫的救命之恩，移情别恋，竟然与船主合谋将丈夫扔进海里淹死（幸得蛇叶救助才死而复生），最后受到严厉惩罚。而在《杜松子树》中，继母残害小男孩，恶行令人发指，最终也难逃毁灭的结局。在《金鸟》中，大王子一方面毫无顾忌地射杀以狐狸为代表的自然界生物，另一方面又与二王子一道过着花天酒地的生活，还将小王子推进深井，以便夺走公主、金马和金鸟，但天道昭昭，恶人最终还是没有得到好的下场。

三、为童话故事提供重要情节因素

希腊罗马神话为后起的童话故事提供了许多重要的情节因素。在希腊神话传说中，提坦巨神普罗米修斯知道一个有关宙斯的神谕：如果宙斯与海洋女神忒提斯（Thetis）结合就会生出一个比父亲强大的后代，这个后代足以推翻宙斯的王位。结果众神同意让忒提斯嫁给希腊英雄佩琉斯（Peleus），条件是佩琉斯必须战胜善变的忒提斯。佩琉斯经受了考验，成功地抓住了变化多端的忒提斯。于是众神为佩琉斯和忒提斯举行了盛大的婚礼宴会，参加者有奥林波斯山上所有的众神，却唯独没有邀请"不和"女神厄里斯参加。怀恨在心的"不和"女神从遥远的赫斯珀里得斯果园中采了一只金苹果，并在上面写下一句话："属于最美丽者"，然后把金苹果偷偷地扔在婚礼宴席上。为了这个金苹果，天后赫拉、智慧女神雅典娜和爱神阿佛洛狄忒争执起来，互不相让。三女神要宙斯来做裁决，但宙斯却让她们去找人间的特洛伊王子帕里斯。结果帕里斯将金苹果判给了许诺让他得到人间最美丽女子的爱神阿佛洛狄忒。后来帕里斯果然得到了海伦，但却不可避免地引发了给特洛伊城带来毁灭的战争。从这个神话故事到相似的童话故事，我们可以从中发现希腊神话对于童话的影响。在格林童话第 50 个故事《玫瑰公主》中，国王在公主出生以后举行了一个盛大的宴会，除了邀请亲友和熟人之外，还特意邀请了国内的女巫预言家。但国王只有十二只金盘子供她们用餐，所以在十三位女巫中有一位不得不留在家里。而在宴会即将结束，当参加宴会的其他女巫正在为小女孩赋予各种美德和美好祝福时，那个没能参加宴会的女巫突然走进来，大声预言道："让公主在十五岁时被纺锤刺伤，倒在地上死去吧！"幸好

<<< 第十五章 希腊罗马神话对童话文学的影响

还有一位女巫没有说出她的祝福。虽然她无法完全消除那恶毒的诅咒,但她可以减轻它,所以她预言道:"别让公主死去,让她沉睡一百年吧!"这个预言真的在公主十五岁那年实现了。这是世界著名的"睡美人"类型的童话。在格林童话之前有法国贝洛名叫《林中睡美人》的童话。这些童话故事承袭了神话思维的诸多因素,但也出现了与"不和的金苹果"神话故事不同的因素。与神话故事的悲观主义的大毁灭结局相比,"睡美人"童话具有突出的乐观主义结局,而且更重要的是,现代的精神分析学家发现这些童话故事的预言揭示了有关孩子成长发育的生理和心理信息。① 尽管世界各地的"睡美人"故事在内容上千差万别,但它们在母题上都是殊途同归的,做父母的必须正视孩子萌动的性发育。在"睡美人"故事的异文中,仙姑数目各不相同,她们对新出生公主的祝福也不一样,但邪恶仙姑发出的诅咒总是相同的:让小女孩的手指扎在纺车的纺杆后死去,而最后一位善良仙姑还可以把这致命的诅咒改为百年长睡。而邪恶仙姑诅咒实现的时间正是在过去的年代女孩月经初潮的年龄。也即是说,童话中出现的古怪预言与包括生理和心理因素在内的儿童的生命节律有关。这无疑是一种对童话式预言的有意义的解读。

对于童话故事的开局与谋篇,神话故事也不同程度上提供了叙事的借鉴。试看卡德摩斯建立忒拜城的故事。腓尼基国王阿革诺耳有三儿一女,包括儿子卡德摩斯(Cadmus)和女儿欧罗巴(Europa)。公主欧罗巴可谓天生丽质难自弃,引得宙斯化身牡牛来劫持。宙斯劫走欧罗巴后,国王阿革诺耳令卡德摩斯和另两位儿子福尼克斯和基利克斯外出寻找欧罗巴,并明确告之,找不到妹妹就不许回来了。这可以演变成童话故事常见的困境与发展:由于某种危机,国王把三兄弟赶出了家门,使他们进入独自漂泊与冒险的进程。这三兄弟带着手下的人马出发了,而且不久就各奔前程。于是主人公的历险故事开始了。神奇的因素在神话故事里是司空见惯的,但它们对于童话故事的发展却是很重要的。卡德摩斯在一头从没有套过轭具的母牛的引导下(从来没有被套过轭具的母牛是一种特殊的神话式条件,这类条件也深刻地影响了童话故事),穿过克菲索斯山谷,来到一片陌生的土地。母牛停下脚步,朝天鸣叫,然后躺在绿色的草地上。卡德摩斯决定遵循神谕的昭示,在这片土地上

---

① 20世纪70年代以来出现的西方"童话心理学研究"是从精神分析的视野探讨童话文学的价值与功能,涉及童话所揭示的人的生命节律和成长节律,包括生理和心理两方面,涉及从幼儿到青春期少年的生理和心理成长的各个阶段。参见 Bettelheim, B. *The Uses of Enchantment*, New York: Random House, 1977.

213

建立一个新的家园。为了建立这个心的国度，卡德摩斯开始了激烈的屠龙行动和神奇的播种龙牙的行动……从这里人们完全可以发现童话故事的情节因素和叙事框架。类似的例子是很多很多的。

四、使用计谋战胜强大对手

使用计谋战胜对手，获取成功，这是希腊罗马神话中富有特色的故事因素。宙斯的第一个妻子名为墨提斯（Mêtis），她是俄克阿诺斯（Oceanus）和忒西斯（Tethys）的女儿。另有说法认为，她是大地母亲盖亚和大气结合所生。"墨提斯"（Mêtis）本身含有"智谋"（"counsel"）之意，包括预见事情发展的能力，处变不惊的能力和善于化险为夷，扭转乾坤的能力。正是墨提斯点拨了宙斯，使他明白了如何才能解救被克罗诺斯吞进腹中的众多兄妹，进而推翻克罗诺斯。为了报答墨提斯的谋划之功，宙斯娶了墨提斯为妻，使她成为自己的第一任天后。然而就在墨提斯怀孕之后，宙斯从大地之母盖亚那里得知，如果墨提斯生下男孩，他长大后必将胜过宙斯，还要将宙斯推翻。为防止这一后果的出现，宙斯像他父亲克罗诺斯吞噬其后代一样，将墨提斯和她腹中的胎儿一起吞进肚里。据赫西俄德的《神谱》所述，墨提斯是神灵和凡人中最聪明的人，当她快要生下明眸女神雅典娜时，宙斯根据乌拉诺斯和盖亚的忠告，以花言巧语地骗过了墨提斯，将她吞进了自己肚里。[1] 一种说法是，宙斯采用了一个诡计，他故意赞扬墨提斯会变形的能力，使她自己变成了一滴水，随即将这滴水吞了下去。当然，宙斯并不知道墨提斯怀的是女儿雅典娜（女儿对于宙斯不会形成任何威胁，所以雅典娜后来成为宙斯宠爱的娇女）。在宙斯的腹中，墨提斯怀着的雅典娜仍然在生长发育，越长越大，结果宙斯头痛欲裂，难以忍受，只得急呼普罗米修斯和火神赫斐斯托斯来解救自己。普罗米修斯扶住宙斯的头部，赫斐斯托斯用一把大斧将宙斯的头颅劈开，只见全身披挂，手持金矛的智慧女神雅典娜从中一跃而出。通过这样的行动，主神宙斯实际上将墨提斯和雅典娜的智谋和诡计集于一身，成为既有神勇之强力、又有计谋的主宰神界和天下的无法撼动的主人，因为他本身就是强权、君权和智谋这三者结合的代表。从此在大神宙斯的主宰下，天宇逐渐澄清，宇宙的秩序得以在更高的层面重新确立起来。

相比之下，奥德修斯则是善用智慧、计谋或诡计的人间英雄。正是他谋

---

[1] 赫西俄德《工作与时日·神谱》，张竹明，蒋平译，北京：商务印书馆，2006，51 – 52 页。

划的"木马计"攻下了坚城特洛伊;而在出征前他还使计谋想逃避从军;他用"无人"(No Man)做自己的名字,骗过独眼巨人,为绝处逢生埋下了伏笔;他伪装乞丐,以便在踏上离别二十年的故土时掩护自己,摸清情况……总之,这是个颇有心计,善使计谋的人,他可以说假话哄骗对方,也可以忍气吞声地乔装乞丐,然而不管怎样,他总是保持着人格尊严和气质。再次引用詹姆士·乔伊斯的阐述:"浮士德没有年龄算不上真正的人。不错,你提到哈姆雷特,哈姆雷特是个真正的人,但他只是一个儿子。尤利西斯是莱耳忒斯的儿子,又是忒勒玛科斯的父亲,珀涅罗珀的丈夫,卡吕普索的情人,攻打特洛伊的希腊将领,伊塔卡的国王。尽管遭受了许多艰险和磨难,他总是以智慧和勇气化险为夷,渡过难关。他曾想逃避从军打仗,但又成了战争英雄;他是欧洲的第一位绅士,……他还发明了坦克——把它叫作'木马'还是'铁甲'都无关紧要,两者都是运载武装人员的甲壳。"[1]这段话概括了奥德修斯的各种身份和社会关系,也谈到了他的主要功绩。从总体上看,奥德修斯的计谋来自各种社会关系的历练,他的与众不同就在于总是以智慧和勇气战胜困难,赢得胜利。

《奥德赛》中珀涅罗珀的"织布计谋"也是广为流传的故事。自从丈夫奥德修斯出征特洛伊战争之后,珀涅罗珀处于似乎遥遥无期的漫长等待之中。战争终于结束了,希腊远征军的将士们或者返回家园,或者遭遇不幸的消息都陆续传到了奥德修斯的故国伊塔卡岛。由于一直没有奥德修斯的确切信息,人们认为他一定是凶多吉少。于是珀涅罗珀的宫殿里涌来了108个求婚者,他们就吃住在宫里,每天都逼迫女主人在他们中间择婿而嫁。势单力薄的珀涅罗珀为应对众多求婚人的逼婚,想出了一个缓兵之计,她宣称要为公公莱耳忒斯编织一件寿衣,完工之后再考虑择夫之事。于是她白天忙于织布,但一到深夜,等求婚人都入睡了,她就把白天织好的布全都拆掉。第二天又开始织布,到夜深人静时再拆掉,如此反复,这布始终织不出来。通过织、拆、再织、再拆的"智慧机巧"(mêtis),珀涅罗珀为自己赢得了几年的时间,终于使奥德修斯在关键时刻赶了回来。

使用计谋战胜强大势力或强大对手正是童话故事的重要情节因素,从法国的《列那狐的传奇》(在列那狐与伊桑格兰狼之间发生的一系列纠葛和冲突中,弱小的列那狐屡屡智胜强大凶悍的伊桑格兰狼)到贝洛童话(如"穿靴

---

[1] Stan Gebler Davies, *James Joyce: A Portrait of the Artist*. London: Davis-poynter Ltd. 1975, p. 196.

子的猫"），格林童话（如"勇敢的小裁缝"，与巨人比试本领，一再获胜靠的是投机取巧的计谋，灭掉两个巨人强盗靠的是让他们"两虎相争"的计谋，最后对付想赖婚的国王父女靠的也是计谋），等等，莫不如此。

贝洛童话"穿靴子的猫"讲述了一只会说话的猫如何运用计谋为主人公摆脱贫困，获得成功。其中，穿靴子的猫在一座美丽的城堡里与作为城堡主人的妖精周旋，猫先恭维妖精具有变化为各种动物的本领，"比如变成一只狮子或者一头大象"，受到赞扬的妖精为了证明此言不虚，马上变成了一头狮子。被凶悍的狮子吓得窜到屋顶的猫等妖精恢复原形后，从屋顶跳下来，又对妖精说，听说你还能变成最小的动物，比如一只耗子或者田鼠，但我不相信，因为那是不可能的。这妖精一听，当即就变成了一只在地上奔跑的小耗子；猫见状立即猛扑上去，将它一口吞进肚子里。于是穿靴子的猫替他的主人获取了这座城堡。此外，穿靴子的猫在对付国王等人时也是通过各种计谋的应用而得手的。

在这方面，以幻想性为重要特征的童话故事受到希腊神话的深刻影响，众多童话故事的主人公在克服各种困难、争取生存与成功的道路上总是借助聪明的计谋（以及奇异宝物的帮助）胜利前行。此外，在童话故事里，勇气和聪明计谋取得成功是以一种与现实生活完全不同的方式完成的，童话故事里卑贱的小裁缝或者被看作笨娃傻蛋的家中最小的儿子总要征服国王的女儿，成为一个王国的主人。西方的基督徒们非常害怕女巫和魔鬼，但在安徒生的童话故事（如"打火匣"）里，退伍士兵却自始至终在欺骗贪婪的女巫和愚蠢的魔鬼。童话故事的小主人公总会利用巨人、巫婆或别的强大邪恶力量的漏洞，用这样那样的计谋战胜对手，获得成功。

五、从"Fairy tale"看童话的神话胎记

如果对童话名称"Fairy tale"中的"Fairy"进行一番词源方面的考察，可以发现这个名称本身带着来自神话母体的胎记。英语"Fairy"是"仙子"或"仙女"的意思，它原是一个法语合成词，源自古法语"faerie"，意思是"中魔"或者"魔法"。而这个"faerie"的前身是"fae"（即英语的 fay），"fae"源自拉丁语"命运之神"的复数形式"fata"，用于"Fates"的拟人化。再追溯下去，"Fata"源自拉丁语"Fatum"，它是动词"fari"（说出来）的过去分词形式，所以"Fatum"的意思是指神灵们说的话决定着人类的命运。由此可见，"Fairy"与"Fatum"之间存在着密切的内在关系，而且与命运女神更是密切相关。我们还可以从这个"Fatum"追溯到希腊神话中的命运

观。古希腊人很早就有关于"命运"和"劫数"的混沌观念。早期并无清晰的拟人形象,随着万物有灵观念的兴起,某种能够赋予人特定的命运,预示并决定其未来的神祇衍化出来。古希腊人应该是一个与神同在的民族,他们坚信神灵无所不在,无论是天上、人间还是冥界,无论发生何种活动,都有各种各样的神祇来主管。而且每个人都有自己的命运之神,并寓于某物之中。神是无所不能的,具有超越自然和人间的力量。神可以根据自己的旨意造福或降祸于人类。为了趋利避祸,古希腊人往往划出一块块圣地来修建神庙和祭坛。于是人们遇事必先到神庙去请示"神谕",求得神助。

命运女神"摩伊拉"(Moirai)已经出现在荷马《史诗》中,但史诗并没有说明宙斯是否能够干预命运的裁定。在赫西俄德的《神谱》中,命运为黑夜的女儿,人数为三,她们是克洛索、拉赫西斯和阿特洛泊斯,其使命是在人出生伊始就确定他们的善恶命运。[1]更改的,所以被称作"残酷的命运"。在希腊文中"摩伊拉"就是"劫数"或"命运"的意思。根据柏拉图所述,"摩伊拉"乃神灵阿南克之女,阿南克就是"必然"的意思,其形象为转动宇宙纺锤的女子[2]。随着奥林波斯神话的衍化,"摩伊拉"成为希腊神话中的命运三女神,她们各司其职,克路索是纺纱者,专门纺制生命之线;拉刻西斯是分派者,专门掌管生命之线的长度;阿特洛波斯是说一不二的剥夺者,专门剪断生命之线。而且,命运女神的职能范围不断扩大到神界之中。"摩伊拉"是至高无上的女神,不仅"生命圈"内的人类命运归其管辖,而且连神祇都不敢推翻"命运"的决定。克罗洛斯知道命中注定要被自己的后代推翻,为此他把每一个生下的孩子都吞进肚里,但最终还是难逃命运的安排,被宙斯推翻。值得注意的是,命运包含的难以捉摸的内容往往通过神秘的"预言"或特殊的"预兆"透露出来,所以"神谕"乃是希腊神话命运观的不可或缺的因素,一种原始质朴的推动神话故事发展的原动力。神谕代表命运的裁决,是命运发出的声音,无不排除了人的影响而得以实现。例如柏修斯和提修斯出生的预言,俄狄浦斯杀父娶母的预言,特洛伊战争起因的预言,阿喀琉斯命运的预言,等等。

罗马人征服希腊各邦以后,接受了希腊人的命运观念,相信人的命运在出生之际就已被安排定了。与希腊人不同的是,罗马人并不认为命运是残酷

---

[1] 赫西俄德《工作与时日·神谱》,张竹明,蒋平译,北京:商务印书馆,2006,33页。
[2] 外国神话传说大词典编写组《外国神话传说大词典》,北京:中国国际广播出版社,1989,569页。

的。他们把命运之神叫作"帕西"（Parcae），意思是"使婴儿诞生者"，并且把它延用于令人愉悦的神灵；同时已出现了一个常用的表示"命运"的拉丁词"Fatum"，它最初是指任何神的旨意，应该与"神谕"有关，以后泛指"被说出来的事"或者"被宣布的"。随着罗马帝国的衰落和崩溃，拉丁语分化为意大利语、法语、德语和西班牙语等数种语言，"Fatum"一词成为法语的"Fata"，命运女神"Parcae"则成为复数的"Fates"。这个"Fata"还出现了变体"Feie""Fay"和"Faerie"等。公元1066年，"征服者威廉"（William the Conqueror）成为英王以后，法语在随后长达三个多世纪的时间里成为英国的官方语言，大量的法语词汇进入英语。这个"Fata"最终在英语里成为"Fairy"。难怪 Brigg 博士指出，"Fairy"这个词最初就是"fay"和"erie"的组合，意思是"处于魔力之中的状态"。[1] 在一般的用法中，拉丁语的"fatum"是"使人着魔"的意思，法语的"fee"或"feerie"则有"幻想""幻觉"的意思，源自这个法语词根"fate"的意大利词是"fato"，普罗旺斯语是"fada"。

"Fairy Tale"的神话胎记向我们揭示了童话的核心本质。"Fairy"最初并不是娇小妩媚的"仙子"，而是威严的"命运女神"，并且含有昭示"神谕"的意思。对于童话而言，什么是"神谕"呢？不就是人类对于自身命运的好奇和关注吗？它讲述的正是具有普遍意义的主人公的命运故事，而且，孩子们不是一听故事的开头就感到似曾相识，就能模糊地预知故事的进程或结局吗？

六、奥德修斯的漂流和奇境历险

希腊英雄奥德修斯在海上漂泊历险的经历既惊险曲折，又充满神奇色彩，具有最动人，也最富于想象力的童话因素。荷马史诗《奥德赛》的大背景是神秘莫测、浩瀚无比的大海。这个大海就是一个海阔天空、神秘莫测、让人充满奇异想象的童话天地。以木马计攻下特洛伊城的壮士奥德修斯终于经过十年的海上漂泊，历尽艰险后回归故乡。他的海上漂流可以分为两个部分：从离开特洛伊城到踏上卡吕普索岛的漂泊以及从卡吕普索岛到故土伊塔卡岛的归程。后人往往对第一部分的漂泊历险深感兴趣，这段经历不但惊险曲折，而且充满神奇色彩，是最富有想象力的部分。在这个充满想象力的天地里，

---

[1] Carpenter, Humphrey and Mari Prichard *The Oxford Companion to Children's Literature*. Oxford: Oxford University Press, 1991, p. 174.

除了人类还有天神、海神、凶神、巫婆、妖女、巨人、怪物等。荷马世界既是个超自然和神奇的世界，它包括食莲忘返岛，风神之岛这样的奇境，又以英雄所面临的艰难险阻象征着古希腊人的生存境遇，人类因素和环境因素体现了人固有的本质、人性的弱点和诱惑以及外在的诱惑和危险，如美貌善歌，专门诱骗航海者触礁而亡的赛壬女妖；将人变成猪的瑟西女妖；企图霸占尤利西斯家产的求婚人；食人独眼巨人塞克洛普斯……

美国学者坎贝尔在《千面英雄》里论述了世界各地各种文化的英雄传说中存在的惊人的相似之处，尤其是始自奥德修斯的历险模式。"英雄从日常生活的世界出发，冒种种危险，进入一个超自然的神奇领域；在那神奇领域中，和各种难以置信的有威力的超自然体相遭遇，并且取得决定性的胜利。于是英雄完成那神秘的冒险，带着能够为他的同类造福的力量归来。"[1] 这个历险的历程一般有三个阶段，包括启程，入门，回归。在第一个阶段，英雄处于日常的平凡世界。会有一位使者向英雄发出召唤。在荷马两部史诗中，第一次召唤是希腊联军统帅阿伽门农在特洛伊战争前夕向他发出的，使他经历了十年大战，最终以著名的木马计赢得战争的胜利；第二次召唤是回归故乡的内心呼唤，尽管美丽多情的卡吕普索仙女在海外挽留他七年之久，尽管面对难以想象的种种劫难和惊涛骇浪，那返回家园的召唤始终没有消退，而是化为始终不渝的决心。他在漂泊过程中还会遇到迫害者波塞冬和保护者雅典娜，一如童话故事里的邪恶继母和善良仙女（这似乎体现了古希腊人感性心理的两极分化）。这种情形一次又一次地出现。尽管如此，奥德修斯在危急时刻还必须独自跨过这一道道门槛。他不再是《伊利亚特》中为希腊联军出谋划策的军师，而是独当一面的历险者和探险者。他的行动不再受群体习俗和惯例的约束，他可以放开手脚去大显身手，奋力求生，以自己的智力和体能去应对和驾驭险象环生的环境，去战胜种种艰难险阻，一次次化险为夷。

最后英雄神奇地返回他原来的世界，他的保护人雅典娜会来帮助他，他的儿子会离家寻父，和他一起返回家园，解决家里的问题。英雄成为两个世界的主人，一个是代表他物质存在的平凡世界，另一个是象征他内心自我的神奇世界。而一个有心智有毅力的人必须战胜这些具有双重意义的艰难险阻才能安然归家，才能获得完整的人生意义。正如坎贝尔所说，"我们每个人都会经历这样的终极考验"。奥德修斯在归途中面临的各种危险，象征着他个人的哲学层面和心理层面的成长，包括坚忍不拔，经受长期的磨难，英雄主义

---

[1] 约瑟夫·坎贝尔《千面英雄》，张承谟译，上海：上海文艺出版社，2000，24页。

和人格尊严,等等。

在童话故事里,主人公受到内心的召唤,进入了幻想活动的天地,或上天入地,屠龙斗怪;或浪迹天涯,踏破铁鞋;或逃入林海,寻找家外之家的庇护;或走遍天下,救回心爱之人;或遭遇险阻,或奇境漫游……但不管绕多远,故事的进程不会迷失,带着主人公到奇异的幻想世界旅行一番之后,童话又把他们送回现实世界。尽管这仍然是那个和出发前一样没有魔力的平凡世界,但故事的主人公此时已大不一样,他已经建立起信心,敢于迎接生活中充满疑难性质的挑战,更好地把握生活。①一部名叫《小飞龙》的动画片曾这样再现《奥德赛》里展示的令人感到既熟悉又神秘莫测的画面:茫茫的海面上漂浮着空荡无人的大楼船,从灰蒙蒙的雾色中飘来迷离动人、隐隐约约、时隐时现的美妙歌声;歌声响处,任何人都难以自持,要不顾一切地登上那暗藏杀机,充满凶险的神秘之船……有漂流航行才最可能出现奇遇。奥德修斯的漂流和奇境历险对于后来的游记、旅行文学无疑会产生直接的影响。自从希腊人以来,出现了许多表现奇幻旅行的作品(如上天之旅,月球之旅,地下之旅等);具有童话色彩的各种奇游记或奇遇记也成为一种流行的叙事模式。

七、自古英雄出少年

希腊神话叙事中的理想人物是一批通常从少年时代就开始建立非凡业绩的"超人"式的英雄。他们通常是天神与凡人结合所生的后代,具有神的天赋,但并不活动在神的世界,而是与人类共命运,具有人的情感。他们用神的天赋为人类除害、造福。他们的使命似乎就是征服恶势力、荡平人间的崎岖,用神力完成凡人无法胜任的伟业。他们命中注定要叱咤风云,创造奇迹,但与童话截然不同的是,作为神话叙事的一个特征,他们中许多人的最终命运却是悲剧性的。他们的显著特点是俊美和神勇,如阿耳戈英雄伊阿宋的形象在后世艺术家眼中就是人间的阿波罗形象。在伊阿宋的号召之下,希腊各路英雄云集一处,包括宙斯之子赫拉克勒斯,雅典的骄傲提修斯,宙斯与勒达所生的儿子卡斯托尔和波吕杜克斯,生有双翼的英雄卡莱斯和泽忒斯,音乐家俄耳甫斯等众多英雄,堪称希腊的一次群英聚会。难怪这一群神勇而英俊的英雄吸引了奥尔科斯城邦所有居民兴奋的目光。自古英雄出少年,难道还有什么可以阻止他们完成应当属于他们的丰功伟绩呢?

---

① 参见 Bettelheim, B. *The Uses of Enchantment*, New York: Random House, 1977, p63.

希腊神话中的少年英雄各有特色，如赫拉克勒斯完成了举世闻名的十二件大功，提修斯在迷宫除害，伯罗洛丰骑着带翼的神马佩迦索斯射杀喷火女怪喀迈拉，柏修斯智取女怪米杜莎之头，阿喀琉斯武艺超绝、勇猛无双，伊阿宋率领阿耳戈远征英雄夺取金羊毛……他们的英雄气质超凡脱俗，透射出令普通凡人向往的崇高的理想化的人物性格，他们在各自的历险过程中表现出的豪迈气概和高强本领，尤其是他们取得的辉煌业绩非常契合儿童羡慕轰轰烈烈之英雄壮举的心理。

　　少年英雄们个个神勇非常，出手不凡，而且都在历险途中做了很多为民除害的事情。其中比较富有情趣，并且富于故事性的是雅典最伟大的英雄提修斯（Theseus）的业绩。尤其重要的是，提修斯与大英雄柏修斯和赫拉克勒斯不同的是，他并非天神之子。雅典国王埃勾斯膝下无子，而他的兄弟帕拉斯竟然生了五十个儿子。满怀忧愁的埃勾斯独自来到特罗伊西纳，又娶了阿尔戈利斯国王皮特修斯的女儿埃特拉为妻，生下一个儿子取名提修斯。在提修斯出生后不久，埃勾斯便返回了雅典。他在离去之前将自己的一把宝剑和一双鞋子藏在海岸旁的一块巨大的岩石下，对埃特拉说，"当儿子能够搬动这块岩石并取出这把剑和这双鞋时，让他带着剑和鞋子到雅典来找我！"年满十六岁的提修斯长成了一个英俊端庄，孔武有力的少年英雄，母亲将他带到海岸边的岩石旁，对他讲述了父亲埃勾斯的嘱咐。少年提修斯轻而易举地移动了巨大的岩石，取出宝剑和鞋子——这应该是最早的"石中剑"故事——然后辞别了母亲和外祖父，踏上了前往雅典寻父的旅程，并在路途中消灭了那些为害一方的恶匪强盗或者怪物猛兽。这位少年英雄机智多谋，勇力超群，他不畏艰险，没有选择比较安全的海路，而是从陆路经伊斯特木赶往雅典。这条路非常危险，除了有残暴的强盗歹徒在路上拦路行凶，谋财害命，还时常有凶狠的毒蛇猛兽出没其中，残害生灵。提修斯首先遭遇了铁槌巨匪佩里菲忒斯，此匪乃火神赫斐斯托斯之子，虽然跟他父亲一样也是个瘸子，但身躯庞大，其双手更是像所有铁匠的手一样，力大无比。所有经过佩里菲忒斯盘踞的这片山林的行人都无一例外地被他用手中的铁槌打死。面对这个人称"铁槌大王"的十恶不赦的匪徒，提修斯毫不示弱，他没有费多大工夫就击杀了铁槌巨匪，为民除了一害。而且他夺取的铁槌也成为他旗开得胜第一战的纪念物；接着，提修斯在伊斯特摩斯的松林里遭遇了拦路抢劫的"扳松匪"西尼斯（Sinis）。这个著名的强盗将路人捉住后，就将其双腿分别捆在两棵拉到一起的松树的树梢上，然后猛然松开，将人残暴地撕裂开来。身手敏捷的提修斯把"扳松匪"打翻在地，然后捆起来，用其人之道还治其人之身，如

221

法炮制地处死了凶徒,使通往前方的道路从此畅通无阻。相传为了纪念此次除害战斗的胜利,提修斯后来创建了伊斯特摩斯竞技会,它后来成为全希腊的比赛大会,每两年进行一次,举行的活动有拳击、赛跑、摔跤、投掷铁饼和标枪,等等;接着,在科林斯附近的克罗米翁地区,受当地居民的请求,提修斯用利剑杀死了提丰与厄喀德娜所生的野猪斐亚(Phaea),为当地百姓除了一害;接着在一座险峻的山岩上,提修斯遇到了阴险的强盗斯基戎(Sciron)。这个强盗住在高大的岩洞之中,把过往路人抓住后,往往强迫其给他洗脚,正当别人弯下腰为他洗脚之际,强盗便猛然用脚将其踢下悬崖,让他被汹涌的海浪淹没,或者被可怕的海龟吞噬掉。这次强盗斯基戎遇到了提修斯,他故技重施,正要抬腿把提修斯踢下悬崖时,却被提修斯一把抓住双腿,轰隆一下便被扔进了大海的怒涛之中;再往前走,提修斯遭遇了凶悍的强盗刻尔西翁(Cercyon),此人每每强迫路人与他进行摔跤比赛,只要对方输了,就要被他杀死。提修斯接受了他的挑战,把他摔倒在地,然后结果了他的性命,除了一害。尤其值得称道的是提修斯惩治凶残暴虐的普罗克拉斯忒斯(Procrustes)的故事。恶名昭著的普罗克拉斯忒斯也叫达玛斯忒斯(Damastes),专在靠近阿提卡的克菲索斯河谷地带拦路抢劫,作恶多端。他先是拦劫过往行人,把人抓住之后带回家中,捆在一张特制的床上(另一说法是他准备了两张床,一张床很长,一张床很短,所以来者无论高矮,都将被置于死地),个子矮小的被他用力拉长,个子高大的则被他锯去头颅,因此被抓之人必定死于非命,无一幸免。提修斯假扮普通过往行人,跟随歹徒回到其家中,然后赶在强盗动手之前一把将他抓住,就以此床为工具,用利剑"帮助"普罗克鲁斯特安睡其中,消灭了这个恶毒的惯匪。后来,"普罗克拉斯忒斯的床"(the procrustean bed)成为一个成语典故(意为"强求一致"或"强迫就范"),时常为人所引用。到达雅典之后,经过一番波折,同时也出于提修斯的机智行为,国王埃勾斯认出了自己的亲生儿子,年满十六岁的少年英雄。不久,少年提修斯再度出手,制服了在阿提卡一带猖獗活动,严重危害着在田野劳作的农夫们的马拉敦野牛,将其捆绑起来,送往雅典。当然,提修斯最有名的功绩是前往克里特岛,在弥诺斯国王的地下迷宫里杀死牛怪米诺陶洛斯,使雅典人终于免除了每年向它进贡七对童男童女的灾难。多年前,雅典城里举行敬神和比武盛会,克里特国王弥诺斯好胜心很强,特意把他的王子派来参加比武。这克里特王子武艺高强,大获全胜,把雅典的武士们打得一败涂地,夺取了比武盛会的冠军。国王埃勾斯的那五十个侄子出于忌恨,密谋安排了刀斧手乘其不备而将克里特王子杀害。国王弥诺斯闻讯后大为震怒，亲率大军前来雅典问罪。雅典国内兵力薄弱，难以抵挡强敌，国王埃勾斯为了保全城邦生灵，只得与城下之敌订立和约，答应弥诺斯提出的苛刻条件：雅典人必须在每年蔷薇花开的时节向克里特国王献上七名童男和七名童女。这时正值弥诺斯第三次派使者来索要作为贡赋的童男童女，提修斯自告奋勇，加入了献祭牺牲者的行列，乘船前往克里特岛。在克里特，弥诺斯国王的女儿阿里阿德涅爱上了英武少年提修斯，送给他一只线团和一把利剑，线团使提修斯得以走出错综复杂的迷宫，利剑使提修斯消灭了凶狠的牛怪。此次行动大获成功，提修斯带着被解救的雅典少男和少女返回了自己的家园。然而，少年毕竟是少年，本来在出发之前，国王埃勾斯提出要求，如果他们顺利返航就把船上的黑帆换成白帆——但粗心的少年忘记了这一嘱咐，雅典已经在望，船上黑帆依旧，岸边的埃勾斯误以为提修斯此去送了性命，绝望之中从高岩上跳入大海，顷刻被海水淹没了，从此这片海域便以埃勾斯的名字命名，汉语音译为"爱琴海"（Aegean Sea）。

在提修斯之前出现的著名英雄柏修斯（Perseus）是众神之王宙斯与人间女子达那厄（Danae）的儿子，具有神的血统。他的业绩更富于神奇性，为人称道。有一则神谕昭示，阿戈斯国王阿克里西俄斯（Acrisius）将死于他女儿达那厄所生之子。为了避免这个可怕的结局，阿克里西俄斯在王宫里建造了一座铜塔，将女儿紧锁在里面，并将开启铜塔门的钥匙销毁了——以此确保女儿不与任何男人接触。然而众神之王宙斯爱上了美貌的达那厄，他化为一阵金雨进入铜塔，飘落在达那厄身上，使她怀孕，九月之后生下柏修斯。惊恐不已的阿克里西俄斯下令将这母子二人装在木箱里，扔到万顷波涛的大海之中。这木箱载着母子二人在茫茫大洋中随波逐流，最后漂流到一个叫作塞里福斯（Seriphos）的岛上，被打鱼人狄克堤斯救上岸来。狄克堤斯有个哥哥，叫波吕得克忒斯，是统治该岛的国王，他听说此事后很觉诧异，便收养了这母子俩。后来国王向达那厄求爱遭到拒绝，心怀不满，又感觉已经长大的柏修斯成为他的一个障碍。为了摆脱柏修斯，波吕德克忒斯让他去获取女妖美杜莎的头颅。这美杜莎属于戈耳工（Gorgon，希腊语意思是"可怕的"）一族，本是一位秀发披肩，亭亭玉立的美少女，只因心高气傲，要与智慧女神雅典娜比美，受到女神的惩罚，被变成一个面目狰狞的丑女妖，一头秀发变成了无数盘桓的毒蛇。最可怕的是，这个丑到极点的女妖两眼闪烁着骇人的光芒，任何人只要看她一眼，就会当场变成没有生命的石头。另一种说法是，海神波塞冬看上了美杜莎，与她在月亮女神阿特弥丝的庙宇中做爱，愤怒的月亮女神不仅剥夺了美杜莎的美貌容颜，而且永远剥夺了她的神性，使

223

她成为凡间的丑陋女怪。当然，从神话和童话思维去看，无论进攻还是防守，美杜莎那致命的目光堪称最厉害的杀手锏。受到惩罚的美杜莎与另外两个戈耳工女妖结为一体，其中只有美杜莎是肉体凡身，那两个女妖是无法杀死的神胎。在智慧女神雅典娜和众神使者赫耳墨斯的指点下，柏修斯首先找到海神福耳库斯（Phorcys，众怪之父）的三个女儿格赖埃（Graeae），这三女妖生下来就满头白发，更奇特的是，她们三人共用一只眼睛，一颗牙齿。这在童话故事里就是邪恶古怪的老女巫形象。通过一番斗智斗勇，柏修斯制服了她们，并通过其提供的信息从女仙那里获得三件宝物（这大概就应了人们所说的"如有神助"）：一双带翼的飞行鞋，一顶来自冥王哈得斯的隐身帽和一只可随意变大变小的皮囊。此外，雅典娜还交给他一副闪闪发亮的铜盾（以避免直视美杜莎），赫耳墨斯则交给他一把锋利无比的弯刀。经过如此准备的柏修斯向着美杜莎生活的地方赶去，找到了三个正在熟睡中的戈耳工女妖。趁着夜色，柏修斯从背后靠上去，借助青铜盾折射的影像确定了美杜莎的位置，遂疾步上前，手起刀落，砍下了蛇发美杜莎的头，将其装进皮囊，然后赶紧飞到天上。与此同时，和美杜莎结为一体的那两个女妖被惊醒了，她们怒气冲冲地腾空而起，追赶上来。靠着隐身帽和飞行鞋的帮助，柏修斯躲过了戈耳工女妖的追杀。就在柏修斯砍下美杜莎的头颅之时，从她的躯体中跳出了长有双翼的飞马佩伽索斯（Pegasus）和巨人克律萨俄耳（Chrysaor）——这又预示了新的神奇故事的发生，如飞马在经过赫利孔山时，马蹄飞扬，一脚踩出了希波克里尼灵感泉，相传诗人饮之即可获得创作灵感；当然还有伯罗洛丰骑着佩伽索斯射杀喷火女怪喀迈拉的故事。

柏修斯在归途中也经历了不平凡的历程。他经过了阿特拉斯的王国，这个巨人阿特拉斯害怕柏修斯会抢劫其盛产金苹果的果园（有个神谕说，宙斯之子将偷窃他的金苹果），于是粗暴地拒绝了柏修斯提出的在他的王国稍事休息的请求，而且予以责骂。深感屈辱和愤怒的柏修斯向他展露了美杜莎的头颅，阿特拉斯当即变成了石山，他的须发变成了茂密的森林，四肢变成了高耸的岩石，头颅变成了插入云端的山峰。相传他的躯体就是今天位于北非的阿特拉斯山脉。此外，柏修斯在穿越大洋边上的埃塞俄比亚的刻甫斯王国时，发现海岸边的岩石上有一个被铁链缚住的少女。她就是国王刻甫斯的女儿安德洛墨达，只因她的母亲卡西俄珀亚王后曾夸口说自己的女儿比所有的海洋女神都漂亮，海王波塞冬在众女神的要求下对其进行惩罚。波塞冬除了掀起滔滔洪水去淹没埃塞俄比亚的土地，还派出海怪进行骚扰。而神谕昭示，只有把安德洛墨达献给海怪吞噬，灾难才能平息。正当海怪从海中跃起，张开

第十五章 希腊罗马神话对童话文学的影响

血盆大口扑向其牺牲品时，英雄柏修斯飞身而下，与海怪展开了激烈的"海空大战"。一番惊心动魄的厮杀之后，海怪被杀死了，人们欢呼英雄救美的胜利，随后将欢庆柏修斯与安德洛墨达的婚礼。然而就在喜庆的婚礼进行当中，安德洛墨达的第一个求婚者菲尼士（也是她的亲叔叔）带着大队士兵冲进王宫。狂暴的菲尼士向柏修斯投出长矛，率众发起致命的攻击。在寡不敌众，万分危急的时刻，柏修斯高声招呼他的朋友们把头转过去，随即从皮囊中拿出美杜莎的头颅，高举着对准潮水般涌来的疯狂敌人——顷刻间他们变成了形形色色的石头雕塑，领头的菲尼士也不例外。这场残酷的战斗结束之后，柏修斯带着妻子安德洛墨达回到了他母亲达那厄生活的塞里福斯岛。国王波吕得克忒斯压根不相信柏修斯能够完成斩杀美杜莎之头的伟大功勋，因此柏修斯将美杜莎的头拿出来让他"眼见为实"，结果波吕得克忒斯变成了石头。英雄柏修斯将塞里福斯交给波吕得克忒斯的弟弟——善良的狄克堤斯治理，而他则带着母亲和妻子前往故国阿戈斯。国王阿克里西俄斯听说他的女儿和外孙就要回来，想起了当年的神谕，连忙逃避到拉里萨去了。王位空缺，柏修斯成为阿戈斯的统治者。他把那些宝物交还给了原来的主人，把美杜莎的头颅献给了雅典娜。

　　从总体上看，英雄柏修斯的业绩具有很强的故事性，而且他的命运结局是浪漫主义的。整个故事体现了成长的历程和成长的因素，也出现了许多童话般的神奇因素。作为宙斯之子，柏修斯可谓出生高贵，但从降临人世起，他就被抛入大海，饱经磨难，童年时又随着母亲寄人篱下，受人欺负。长成少年之后，柏修斯勇敢地面对挑战，承担了艰难的使命，命运的转折点也随之出现。在行动的过程中，他使用了计谋（欺骗三个共用一只眼睛和一颗牙齿的白发女妖，获得信息后为防备她们捣乱而把其眼睛扔进湖中）；使用了神授的宝物斩杀美杜莎；在归途中及返回后果断地使用了神奇的杀手锏（用美杜莎的头颅将阿特拉斯变成巨石；将率众大闹婚礼、欲把柏修斯等人置于死地的菲尼士及其帮凶变成石头；以及将居心不良的波吕得克忒斯国王变成石头）；拯救了危难之中的公主（童话中常见的情节），赢得了爱情，组建了家庭，培养了同情心和责任心（保护朋友和亲人，在最后关头才使用杀手锏）；大功告成后，柏修斯交还了那些助他成功的宝物（在托尔金的《魔戒传奇》中，霍比特人毕尔博实在割舍不下他的魔力指环），使它们各归其主，并将美杜沙的头颅献给雅典娜，雅典娜将此头嵌在闪闪发亮的宙斯的神盾伊吉斯（Aegis）的中央。柏修斯还放弃了他本可继承的王国，在新的地方创建自己的王国。这一切都表明柏修斯的人格也在战胜对手（包括战胜自我心中的恶

225

魔），改变命运的过程中趋于成熟。

　　希腊神话中最著名的英雄自然是赫拉克勒斯（Heracles），他同样具有神的血统，是宙斯与阿尔克墨涅所生儿子，而这个阿尔克墨涅正是英雄柏修斯的孙女（试比较哈利·波特的非凡身世）。在婴儿时期，赫拉克勒斯因吮吸了天后赫拉的几滴神奶而获得神勇之力。满怀嫉恨的赫拉没想到自己的乳汁反倒滋养了情敌的儿子，于是在夜里派出两条可怕的巨蛇爬进卧室去害死婴孩。不料这个非凡的婴孩发出大声尖叫，居然一手抓住一条巨蛇，把它们全掐死了。长到18岁的赫拉克勒斯成为希腊最英俊、最强壮的英雄。但他为什么必须完成十二件由别人规定的艰巨任务呢？这里还涉及神话以及后来在民间童话中常见的篡位者的母题。早在赫拉克勒斯出世之前，宙斯曾对众神宣布，柏修斯第一个出生的孙子将成为这一家族后裔的主宰，其本意是把这份荣誉送给赫拉克勒斯，但心怀不满的赫拉施展诡计，使柏修斯的另一位孙子欧律斯透斯通过早产而先行出世，结果欧律斯透斯成了迈锡尼的国王。为了摆脱或除掉赫拉克勒斯，他要赫拉克勒斯去完成十项艰难的任务。赫拉克勒斯完成了这十项任务后，卑鄙的国王又不承认其中的两项，所以赫拉克勒斯不得不完成另外两项任务，所以一共为十二件任务。后来他终于在历尽人生的豪迈和艰辛、成功与痛苦等百般滋味之后脱离凡世，加入了神的行列。

　　赫拉克勒斯不得不听命于卑劣的欧律斯透斯，这涉及篡位者的母题，或换言之，这就是神话中的"灰姑娘"故事。本来迈锡尼的王位理应由英雄赫拉克勒斯担任的，那早产的欧律斯透斯身体虚弱，各方面毫不出众，全然没有一点英雄气概，但他却成了国王，而赫拉克勒斯则沦为这个庸人的臣属，必须听命于他，去完成交给他的十项艰难任务（试比较哈利·波特在姨父家里遭受鄙劣的表哥达力的欺压）。从象征意义上看，赫拉克勒斯完成十二件艰巨的任务就是童话中灰姑娘每天操持的苦役。此外，赫拉克勒斯完成十二件大功的历程体现了神话故事的虚实相间特点。赫拉克勒斯的经历都与人间的事情有关，除恶灭怪，铲除为害一方的恶势力，如尼密阿猛狮、九头蛇怪许德拉、厄律曼托斯野猪、斯廷法罗斯湖的怪鸟等，这些都是人间故事的映象。所谓"虚"就是奇特的想象和奇异的幻化成分，出现各种各样的怪物、怪兽、怪鸟、怪人，发生各种各样的怪事、奇事、惊险事。赫拉克勒斯的历险经历与《西游记》孙悟空在取经路上的经历之间具有许多相似之处。赫拉克勒斯完成十二大功主要靠自己的强悍体魄和神勇之力，但有时也离不开神灵的帮助。孙悟空一路上也是靠着自己的神通广大（如七十二变，火眼金睛）和武艺高强去护卫唐僧、扫除妖精的，但有时妖精的法宝过于厉害，孙悟空也不

<<< 第十五章　希腊罗马神话对童话文学的影响

得不去寻求菩萨、观音或玉帝等神仙的帮助。从故事叙述的角度看，赫拉克勒斯必须完成十二项艰巨的任务，这是一个大的故事构架，在完成每一个艰难任务的历程中都要穿插一些小的事件，完成一些别的业绩。在《西游记》中，取经历程是故事的总框架，而取经途中唐僧遭遇的九九八十一难中的每一难都是一个独立的故事，各个故事相对独立，又相互连接。

　　赫拉克勒斯在完成十二件大功的历程中①表现出少年壮士的大无畏精神和英雄主义气概。欧律斯透斯交给他的第一个任务是把尼密阿猛狮（the Nemean Lion）的皮剥下带回来。尼密阿猛狮生活在伯罗奔尼撒半岛阿尔葛利斯地区的森林之中，它的皮坚硬无比，人类的武器根本无法伤害它。赫拉克勒斯带着自己的弓箭，还带了一根连根拔起的橄榄树做成的大棒去击杀狮子。他对准巨狮连射了几箭但丝毫没有作用。狮子发现了他，向他猛扑过来。赫拉克勒斯挥舞大棒把狮子击倒在地，然后用双臂抱住狮子的脖子，将它勒死。杀死尼密阿猛狮之后，赫拉克勒斯用狮子的爪子才剥下了狮皮。他用坚实无比的狮皮做自己的披挂，用狮头做头盔，把自己武装起来。所以他后来的形象通常是身披巨狮的毛皮。他的第二个任务是搏杀九头蛇怪许德拉（the Hydra of Lerna）。许德拉是巨人堤丰和女巫厄喀德娜的女儿，生活在阿耳哥利斯地区的沼泽地里，经常出来吃羊群，毁庄稼，危害四方百姓。蛇怪硕大无比，而且长了九个脑袋，其中八个属于凡间脑袋，但长在中间的第九个头却是杀不死的。要是一个蛇头被打碎，旁边又会长出两个蛇头来。许德拉是一条巨大的蛇精，而且还有个巨大的螃蟹做帮凶。在侄子伊俄拉俄斯的火攻掩护下，赫拉克勒斯把许德拉那颗仙胎之头打落下来，埋在路旁，上面压着一块沉重的石头。许德拉的蛇血剧毒无比，赫拉克勒斯把蛇身劈作两段，然后把自己的箭镞放进蛇血里浸泡一阵，从此他的箭镞成为致命的利器，造成的箭伤再也无法医治（但他自己后来也为蛇毒所害）。接下来任务是生擒刻律涅亚山上的牡鹿（the Hind of Ceryneia）。这只牡鹿是一头神奇漂亮的动物，长有金色的角和古铜色的蹄子，是狩猎神阿耳忒弥斯在第一次狩猎时捕获的五头母鹿中唯一被放生的那一头。它自由地生活在亚加迪亚的山坡上，精力特别旺盛，赫拉克勒斯为捕获它整整追了一年之久，曾经追到伊斯特河的发源地，累得疲惫不堪。最后赫拉克勒斯把它射伤以后才在安诺埃城附近的拉冬河畔把它

---

① 本节对赫拉克勒斯英雄业绩的概述是根据库恩的《古希腊的传说和神话》（秋枫，佩芳译，生活·读书·新知三联书店，2002）和施瓦布的《希腊古典神话》（曹乃云译译，林出版社 1996）有关赫拉克勒斯的十二件业绩部分概括的。

227

捕获。

　　赫拉克勒斯的第四个任务是捕捉频频在厄律曼托斯山区作恶的厄律曼托斯野猪（the Boar of Erymanthus）；第五个任务是在一天之内清扫干净奥革阿斯的牛圈（The Augean Stables）。完成这一任务后，欧律斯透斯却不认账，他马上让赫拉克勒斯去驱赶斯廷法罗斯湖的怪鸟（The Birds of Stymphalus）。这种怪鸟是一种体形巨大的猛禽，长有铁翼，铁嘴，铁爪，十分了得，它们的铁嘴能够啄破铁的盔甲，它们抖落的羽毛锋利得像射出的飞箭，投掷的梭镖。它们不仅给当地的人畜造成极大的危害，而且还曾经给途经此地去夺取金羊毛的阿耳戈英雄们造成困难。这对于赫拉克勒斯是个非常棘手的任务。这时雅典娜出现了，给他两个巨大的铜钹，并教他如何来对付怪鸟。铜钹发出刺耳的噪音，把怪鸟从树丛里惊吓出来，赫拉克勒斯当即用弓箭射杀它们。怪鸟终于被赶走了，再也没有回来危害地方。

　　驯服克里特岛上的公牛（Cretan Bull）是赫拉克勒斯的第七个任务。克里特国王给海神波塞冬许了一个诺，要把从深海里出现的第一个东西祭献给他。波塞冬从海里送出一头美丽的公牛。国王非常喜欢这头公牛，便把它隐藏起来，另找了一头牛作为替换。波塞冬被激怒了，他使魔法让公牛发了疯，给克里特岛带来很大麻烦。赫拉克勒斯驯服了这头狂暴的公牛，骑着它回到伯罗奔尼撒半岛。接下来的第八个任务是带回狄俄墨得斯的食人烈马（The Horses of Diomedes）。这些怪马野性十足，不愿吃麦子，而喜好吃人。外地人如果不幸进入皮斯托纳国，残忍的国王狄俄墨得斯就会把他们捉起来扔进马槽，让食人马把他们活生生地吃掉。赫拉克勒斯来到皮斯托纳后，首先惩罚了国王，然后制服了食人马，把它们带回去交给欧律斯透斯。在完成这件任务之后，赫拉克勒斯加入了阿耳戈英雄的行列前往科尔基斯夺取金羊毛。凯旋之后，他又前往亚马孙地区去完成第九个任务，征服亚马孙女武士，获取女王希波吕忒的腰带，一根由战神赠送的剑带（the War–like Amazons or the Girdle of Hippolyte）。这是一个女儿国，但却是一个尚武好战的民族。由于天后赫拉的挑动，亚马孙女人向赫拉克勒斯及其随行人员发起攻击，经过一场激烈的战斗，赫拉克勒斯他们击败了凶狠的亚马孙女人，获得了女王献出的腰带。在返途中赫拉克勒斯还杀死了海怪，解救了特洛伊国王拉俄墨冬的女儿。波塞冬为拉俄墨冬建造了高大的特洛伊城墙，但国王却没有实现他的许诺，向海神敬献祭品。愤怒的波塞冬派出一个海怪到特洛伊作恶。国王只得同意把女儿交给海怪吃掉。就在紧急关头，赫拉克勒斯跳进海怪的嘴里，钻进它的肚子，用刀切碎了海怪的内脏，然后奇迹般地从海怪的后背跳了出来。

<<< 第十五章 希腊罗马神话对童话文学的影响

赫拉克勒斯把亚马孙女王希波吕忒的腰带交给欧律斯透斯后，国王没有给他休息时间，又让他去承担另一个任务：带回巨人革律翁的牛群（The Oxen of Geryon）。革律翁的父亲是意卑利亚的国王，人称"金剑王"的克律萨俄斯，除了革律翁以外，他还有另外三个高大威猛的儿子，分别统率着三支强大好战的军队。革律翁是一个身高如山的巨人，他有三个身体，六条腿，长有三头六臂。对这样一位人见人怕的巨人，世上没有一个人敢走近他的身旁。此外他还有另一个巨人和一条双头猎犬替他守护着这些棕里透红的牛群。在行进途中，赫拉克勒斯干掉了巨人安泰，还把利比亚从凶猛的动物危害中解救出来。他在一个河流纵横的富庶之地建立了一座"百门之城"。他还在大西洋岸边竖立了两根有名的"赫拉克勒斯大柱"。在这场夺取巨人之牛的激战中赫拉克勒斯的英雄气概很好地表现出来。在路上由于骄阳似火，酷热难当，赫拉克勒斯盘弓向天，要把太阳神射落下来！太阳神惊异于他的勇敢，借给他一个金杯。那是太阳神的宝贝，是从太阳落山到太阳在东方升起之间太阳神坐在里面走夜路的宝物。于是赫拉克勒斯乘着金杯直奔意卑利亚。最后在革律翁放牧牛群的厄里茨阿岛，赫拉克勒斯与巨人革律翁展开一场激烈的恶战。他用棒子打死了双头猎狗和革律翁的巨人帮手。正与革律翁酣战之时，天后赫拉亲自出马为革律翁助战，赫拉克勒斯毫不客气地向赫拉射去一箭，正中她的胸部，使她负痛逃走。这无疑是人间英雄藐视一切的大无畏气概的最生动体现。赫拉克勒斯又弯弓射杀了革律翁。大获全胜的英雄在赶着牛群返回的途中还遭遇了来偷牛的喷火巨人卡科斯，此人的头部和身子像人，却长着两只羊腿，常常埋伏在洞中偷袭过往行人，是当地一大祸害。喷火巨怪利用赫拉克勒斯睡觉的时机从牛群中偷走了两头漂亮壮实的牛，而且他很狡猾，拉着牛尾巴让牛倒着行走，直到逃回他的洞穴，以免暴露踪迹。但赫拉克勒斯寻着牛的叫声追到巨怪的洞穴，消灭了巨怪。至此，赫拉克勒斯完成了国王交给他的十项任务。但欧律斯透斯不承认其中的两项，所以他又不得不去进行另外的两次历险，就像《西游记》中的取经人在经历了八十难之后还要再经历一次磨难一样。

欧律斯透斯首先要他获取赫斯珀里得斯的金苹果（The Apples of the Hesperides）。这种金苹果来历不小。当年宙斯与赫拉结婚时，大地之母盖娅就专门从大洋西岸送去一棵结满金苹果的大树作为礼物。看守苹果园的是黑夜之神的四个女儿，名字都叫赫斯珀里得斯。金苹果树旁还守着一条可怕的百头巨龙，这百头百眼的恶龙时刻保持警醒状态，从来也不睡觉。由于恶龙的每一个喉咙都会发出一种不同的响声，所以它走动的时候会发出震耳欲聋的声

229

音。赫拉克勒斯必须从怪龙身边摘下金苹果。赫拉克勒斯踏上了漫长的艰险旅程，他还不知道这个果园在什么地方。他一路上历险重重，首先遇见巨人忒耳默罗斯——所有从他这里经过的路人都会被他那硬如岩石的额头碰死——但赫拉克勒斯用自己的头碰碎了巨人的头。他又制服了善于变幻的河神涅柔斯，打听到赫斯珀里得斯苹果园在什么地方。在经历了许多其他冒险行动之后，他又在高加索山上解救了被缚的普罗米修斯，后者建议他通过阿特拉斯去取金苹果。到了阿特拉斯用双肩扛着天空的地方，赫拉克勒斯让阿特拉斯到附近的赫斯珀里得斯苹果园去摘金苹果，自己先替他扛一会天空。阿特拉斯果然成功地摘到了金苹果，但他再不愿继续承担肩扛苍穹的重担了，他要与赫拉克勒斯交换任务，自己去送金苹果。赫拉克勒斯当即表示同意，说自己要放一个垫子在肩上，请阿特拉斯暂时扛一下。阿特拉斯觉得这个请求合情合理，便不假思索地把担子接过来，赫拉克勒斯马上拿起地上的金苹果，拔腿就跑开了。

　　欧律斯透斯不仅没有除掉心腹大患，反而使赫拉克勒斯获得了很高的荣誉，他所表现出来的力量、勇气、智慧和正义感赢得了神灵和凡人的极大尊敬。狡猾的欧律斯透斯实在不甘心，他认为最后一个任务一定要把赫拉克勒斯送往一个无论他多么勇敢强悍也无济于事的地方。于是赫拉克勒斯要完成的最后一个艰巨任务是牵回地狱的看门恶狗刻耳柏洛斯。为了完成这个艰巨的任务，赫拉克勒斯做了很多准备。在黄泉指引使者赫耳墨斯的带领下，他进入了地狱的底部。那刻耳柏洛斯长着三个狗头，狗嘴里滴出剧毒的毒液。它的狗头和狗背上盘绕着许多毒蛇，还长有一条龙尾。在赫拉克勒斯动手抓恶狗之前，冥王哈得斯想把他拦住，这人间英雄在冥府也表现出豪迈的英雄本质，他朝着冥王嗖地射去一箭，正中其肩胛，痛得他像凡人一样乱叫乱跳。冥王只得同意让赫拉克勒斯带走三头狗，条件是不能使用任何武器。赫拉克勒斯穿上胸甲，披好狮皮，制服了凶狗，把它带到阳间世界。三头恶狗一见到阳光就流出了毒液，地上也长出了一种叫乌头草的毒草。当然赫拉克勒斯完成使命后又把三头狗送回地府，交还它的主人。叱咤风云的大英雄赫拉克勒斯经过种种非凡的努力，排除了无数艰难险阻，完成了国王欧律斯透斯交与他的十二项任务，终于免除了国王对他的奴役，回到了底比斯。希腊神话中的这些英俊神勇的少年英雄不正映射出早期童话的超人体形象吗？

八、奇异的变形组合形象：怪魔、怪兽、怪物

在神话产生的初始阶段，先民们往往根据他们的原始思维和想象采用动物造型或者怪物形体来塑造心目中的神祇和奇异动物。尽管希腊神话中诸神的动物外形消退了，但在许多神祇的"变形"故事里，动物的因素仍然显得非常鲜明，令人难忘。而且希腊神话里还出现了一系列人性、兽性、物性混合的奇异的怪兽、怪魔、女妖等，令人眼花缭乱。"奇"而不失"真""奇"而更显"真"。似龙而非龙者才是儿童心目中理想的审美意象，象外之象。根据赫西俄德的《神谱》，提丰是地母盖娅和塔塔罗斯所生，乃是一条可怕的龙。这个提丰长有一百个蛇头，个个口吐蛇信，还可以从双眉间喷火。他的身体上部为人躯，下部则为蛇体。浑身长满绒毛，浓发长须，可发出牛、狮、狗等各种动物的叫声。提丰曾与宙斯进行殊死搏斗，并一度占据上风。后来宙斯将意大利沿海的一座岛屿压在提丰身上，提丰愤愤不平，从岛上喷出常年不息的火焰，这就是西西里岛。提丰与半人半蛇的女怪厄咯德娜还生有许多人兽混形，古怪而可怕的后代，如看守地狱的三头恶狗刻耳柏洛斯，九头蛇怪许德拉，喷火女妖喀迈拉，以及著名的带翼的狮身人面怪兽斯芬克斯等，形象鲜明，令人难忘。斯芬克斯既不是人，也不是狮子，而是糅合了人的智慧和狮子的力量的组合物。从前面看她像一个亭亭玉立的少女，从后面看，她又像一头虎虎生威的雄狮。她生有狮爪、鹰翼、蛇尾，会讲人话。在希腊神话传说中，底比斯人亵渎了婚姻女神赫拉，赫拉一怒之下将狮身人面兽派往底比斯为害其民。女怪栖身在城外不远处的山中拦阻路人，逼令其猜她提出的谜语，猜错者皆被害死。在卡罗尔的《爱丽丝奇境漫游记》中就有一个令人难忘的狮身鹰面怪兽（Gryphon）。而在当代英国长篇童话小说《哈利·波特》系列里，哈利所在的魔法学院叫格兰芬多（Gryffindor），这个词在法语中就是"金色的狮身鹰面兽"。在希腊，狮身鹰面兽象征着警觉的力量，狮子和鹰都分别与太阳有着密切的联系，而狮身鹰面兽可以同时主宰大地和天空。长期以来，狮身鹰面兽一直是西方家庭饰章上最受喜爱的图案之一，因为人们认为，它最值得称道的美德包括警觉、勇气和力量，这正是格兰芬多学院的学生们所体现的品质。至于喷火女妖喀迈拉也很离奇，她长有一个龙头，一个狮子头和一个山羊头，她后来被骑着飞马佩加索斯的英雄柏勒罗丰杀死。但自负的柏勒罗丰后来骑着飞马试图登上诸神居住的奥林波斯山时受到宙斯的惩罚，从马上跌下来，成了残废。《哈利·波特》的作者J·K·罗琳在《神奇的动物》中用随意的笔调戏说了这个古希腊神话：一个巫师曾经成功地

屠杀过一头喀迈拉,但不幸的巫师因用力过度,筋疲力尽,从他胯下的那匹飞马身上坠落尘埃,一命呜呼。三头恶狗刻耳柏洛斯长着狮子头,狼头和狗头,尾巴像蛇,后颈有一排毒牙。他看守着地狱之门,阻止生灵进入,吞噬所有试图从冥界逃出的亡灵。英雄赫拉克勒斯曾用他的神勇之力制服过这头恶狗。而另一个征服三头恶狗的则是音乐家俄耳甫斯,他用竖琴弹出的绝美音乐驯服了恶狗,使他得以进入冥界去救亡妻欧律狄刻。那么在罗琳的《哈利·波特》故事里,巫师尼可·勒梅的魔法石从古灵阁银行转移到霍格沃兹魔法学校后就由一只叫"路威"的三头狗看守着,"这条狗大得填满了从天花板到地板的所有空间。它有三个脑袋,三双滴溜溜转动的凶恶的眼睛,三个鼻子……,还有三个流着口水的嘴巴,口水像黏糊糊的绳子,从泛黄的狗牙上挂落下来。"[1]这条狗是海格是从一个希腊佬那里买来的,而且海格从他那里得知,音乐能够驯服路威。

希腊神话中那个克里特岛的牛首人身怪物弥诺陶洛斯也是任意结合的怪物形象,他是人(克里特国王弥诺斯之妻)与动物(公牛)结合所生,形象怪异,而且是牛头人身,与其他如人面狮身的斯芬克斯,人面鹰身的美女鸟哈耳皮埃(Harpies)不同,情趣各异。弥诺陶洛斯性情古怪,弄得克里特日渐贫困,国王弥诺斯无奈只得命工匠代达罗斯建造一座迷宫将其囚禁起来。而雅典人必须每年送七对童男童女供其食用。后来少年英雄提修斯在弥诺斯之女阿里阿德涅公主的帮助下进入迷宫将牛怪杀死。牛怪的形象总与巧匠代达罗斯及其迷宫,与波塞冬、弥诺斯、提修斯等联系在一起,情趣悠长。而人首马身的肯陶洛斯人(Centaur)或半人半马的马人(hippocentaur)来自希腊山区,他们是拉庇泰国王伊克西翁与宙斯用来冒充赫拉的乌云所勾合后生下来的,所以自称为云朵的子女。这些马人性格粗野,喜欢喝酒,动不动就发火,而且十分好色。正因为这样他们与人类发生了无数次冲突,其中最著名的一次冲突发生在拉皮特氏族首领庇里托俄斯的婚礼上,当时提修斯也在场。战斗进行得异常激烈,最后肯陶洛斯人被彻底打败,伤亡惨重。难怪罗琳在《神奇的动物》中这样说道马人:"他们愿意独处,既避开巫师,也远离麻瓜。"不过希腊神话中有些马人,如喀戎(Chiron)是很高贵很聪明的,太阳神阿波罗和月神兼狩猎神阿耳特弥斯都向他传授过医学和狩猎等学问。他曾教导过许多少年英雄,包括阿喀琉斯,伊阿宋,奥德修斯等。在罗琳的《哈利·波特》故事里,霍格沃兹附近有一

---

[1] J. K. 罗琳《哈利·波特和魔法石》,苏农译,北京:人民文学出版社,2000,97页。

片幽暗茂密的禁林，里面是一个危险的地方，但也生活着一些远离人类的善良的马人，他们眼睛像淡淡的蓝宝石，"腰部以上是人，红色的头发和胡子，但腰部以下却是棕红色的发亮的马身，后面还拖着一条长长的红尾巴"。[1]这些马人是狩猎场看守海格的朋友，也为哈利·波特提供帮助，其原型应是善良睿智的马人喀戎。

希腊神话中令人难忘的奇异怪物还有很多很多，比如长有三怪头的女妖美杜莎，头发为蛇，眼睛太丑，太迷，太直，能把看它们的人变成石头；长有六头的斯库拉原来也是人，后来被情敌变成丑陋的女妖。她有三排牙齿，十二只脚，专门在墨西那海峡抓食过往水手；巨人革律翁有三个身躯，三头、六手、六腿。他拿三个盾牌作掩护，还可以向敌人同时投出三枝巨大的长矛；帮助赫斯珀里得斯姐妹在圣园看守金苹果的那条从来也不睡觉的百头怪龙，它那一百个头里的每一个喉咙都能发出一种不同的响声，所以它走动的时候从一百个喉咙里发出震耳欲聋的声音；百眼怪人阿尔戈斯是阿利斯多的儿子，他浑身上下长有一百只眼睛，他睡觉的时候只闭上一双眼睛就行，其余眼睛都圆睁着，就像天上的星星一样闪着光，所以赫拉派他来看守宙斯的情人，被变成小母牛的伊俄。百眼怪阿尔戈斯被神使赫耳墨斯用计杀死后，赫拉把他的众多眼睛安放在她心爱的宠物孔雀的尾巴上，于是"阿尔戈斯"成为一种雉鸡的名字。如今还有一种毛茛属植物被命名为"阿尔戈斯花"，它的花朵在盛开时酷似一只只睁大的眼睛……这类奇异的组合通过视觉形象的怪异性拼接能够产生独特的审美效果，无论古今中外，对于儿童都无不具有莫大的吸引力。就人类的童心而言，正所谓"文不幻不美，幻不极不真"。奇异的幻想或想象可以使怪诞荒谬的内容获得强烈的艺术感染力。充满奇趣的荒诞因素对儿童心理具有强大的吸引力，因为儿童的心理中就包含着许多任意联想的荒诞基因。童话世界正是因为有了拟人化的怪异组合形象而变得更加丰富多彩。

童话在漫长的自然演进过程中渐离神话，渐近小说，成为一种吸纳了神话特点与小说特点的独特文类。它不但从神话中获得神思妙想，海阔天空，继承了荷马史诗式的亦真亦幻的叙述艺术，而且从小说艺术中吸取了叙述现代故事的手段，因而能够历久弥新，不断发展。正如托尔金阐述的神话所能开启的奇境魔法："神话是人类想象中更深邃的活动。当人的头脑里想到轻巧，沉重，灰色，黄色，宁静，快速时，还会想到某种魔法能够使沉重的东

---

[1] J. K. 罗琳《哈利·波特和魔法石》，苏农译，北京：人民文学出版社，2000，155页。

西变得轻巧，飞上天空，使灰色的铅变成黄色的金子，使宁静的岩石变成快速流动的河水……在这样的奇思异想中，一种新的东西出现了，奇境魔法开启了。"① 神话想象无疑是童话创作重要的源头活水，也是童话神奇艺术的底蕴所在。

---

① J. R. R. Tolkien, *The Tolkien Reader*. New York: Ballantine, 1966, p.48.

附录一　神话中的男性神祇

早期神祇

乌拉诺斯（Uranus 或 Ouranos）：天空之神，与他的母亲——大地之神盖亚结合，生下第一代真正意义上的提坦诸神。由于担心这些后代（提坦巨人、强大的独眼巨人与百手巨人们）有朝一日会推翻他，夺取他的统治地位，他把他们全都关押在塔尔塔罗斯深渊之中。盖亚对此愤恨不已，继而鼓动其子女起来反抗他们的暴君之父。在母亲的谋划下，小儿子克罗诺斯用暴力推翻了父亲乌拉诺斯的统治，成为新的神界统治者，同时也遭到乌拉诺斯的诅咒，为他将来被后代所推翻埋下伏笔。

克罗诺斯（Cronus）：盖亚与乌拉诺斯所生的十二个提坦儿女中最年幼者，同时也是最勇敢和多谋者。他与瑞亚结合生育了后来的奥林波斯诸神。在母亲盖亚的鼓动下，克罗诺斯推翻了父亲乌拉诺斯，后被自己的小儿子宙斯推翻。克罗诺斯最初是一种与收成有关的神祇，后来也被称为"时间老人"（或许与他吞噬自己的众多子女有关），罗马人将克罗诺斯与他们本民族的萨图恩（Saturn）融合在一起。

俄刻阿诺斯（Oceanus）：盖亚和乌拉诺斯所生十二提坦巨神中最年长的一位神祇，代表江湖海洋之水，荷马将他描述为一条环绕世界的浩瀚长河。此神生育了地球上所有的河流及三千海洋女仙。也有说俄刻阿诺斯和妻子忒堤斯（丰产之海洋的代称）生育了所有河流众神。起初希腊人将所有的大洋统称为俄刻阿诺斯，但后来仅限于大西洋（赫拉克勒斯神柱所在的地域），有些诗人称俄刻阿诺斯居住在地球的最西端。

许佩里翁（Hyperion）：盖亚和乌拉诺斯所生十二提坦巨神之一，太阳和光明之神，太阳神赫利俄德之父，也是月亮和黎明之父。单数的提坦（Titan）

即指许佩里翁。

赫利俄斯（Helios，Helius）：阿波罗之前的太阳神。提坦巨人许佩里翁与忒伊亚之子，月亮女神塞勒涅（Selene）与曙光女神埃俄斯（Eos）的兄长。拉丁语的太阳神叫"Sol"。在诗人笔下出现的赫利俄斯形象是一位双眼炯炯有神的美少年，头上是金光闪闪的卷发，戴着金色的头盔。每天清晨，当曙光女神埃俄斯将他唤醒，赫利俄斯便乘坐太阳金车巡游天空，从东部的埃塞俄比亚海上升起，在天穹完成当天的行程，从而给众神与人类带来白昼的转换。赫利俄斯在遥远的西方有一座金碧辉煌的宫殿。此外，他还有一群神牛，由巨人革律翁看管着。赫利俄斯的妻子佩尔泽是俄刻阿诺斯的女儿，夫妻俩生育了埃厄特斯（阿耳戈英雄夺取金羊毛就发生在他统治下的科尔基斯）和女巫瑟西。赫利俄斯还生有一个叫法埃同的儿子，他要求父亲满足他一个愿望，结果在驾驭太阳神的金马车升空后，无法控制几匹神马而酿成大祸，被宙斯用雷霆击落海中。

伊阿珀托斯（Iapetus）：盖亚和乌拉诺斯所生十二提坦巨神之一。他是普罗米修斯，厄庇米修斯和阿特拉斯的父亲。

克瑞斯（Crius）：盖亚和乌拉诺斯所生十二提坦巨神之一，生长之神。

科厄斯（Coeus）：盖亚和乌拉诺斯所生十二提坦巨神之一，智力之神。娶福柏（Phoebe）为妻，是提坦女神勒托（Leto）的父亲。

普罗米修斯（Prometheus）：提坦巨神伊阿珀托斯之子。最有智慧的神祇之一，被称为"先知"。人类的创造者和保护者，最著名的事迹是为人类盗取火种。因触怒宙斯被锁在高加索山上，每日由秃鹰啄食其肝脏，被食之后又生长如此，周而复始。后被希腊英雄赫拉克勒斯救出。

厄庇米修斯（Epimetheus）：伊阿珀托斯的儿子，普罗米修斯的兄弟。最愚钝的神祇之一，其名字的含义是"后知者，事后觉悟者"。他接收了宙斯的礼物——潘多拉，并娶她为妻，结果从"潘多拉的盒子"里飞出了疾病、罪恶等各种灾难，使食用五谷的人类遭受各种祸害的折磨。

阿特拉斯（Atlas）：普罗米修斯的另一个兄弟，最高大强壮的巨神之一，因反抗宙斯失败而被罚肩扛天穹。阿特拉斯是伊阿柏托斯和克吕墨涅所生，他的力量远远大于擎天的力量，他是赫斯柏里得斯姐妹、许阿得斯和普勒阿得斯的父亲，有传说认为他是亚特兰岛的国王，该岛之名称即由他而来。阿特拉斯的名字有双重含义，一方面是胆大者、受难者、负重者；另一方面是忍受者。相传，希腊英雄赫拉克勒斯奉命前往圣园偷金苹果时，曾与阿特拉斯约定临时互换一下任务，赫拉克勒斯替阿特拉斯暂时扛住天穹，阿特拉斯前往其女儿看守的圣园摘取金苹果。阿特拉斯得手后不愿继续进行扛天的苦役，赫拉克勒斯只好用计脱身。

奥林波斯神祇

宙斯（Zeus）：希腊神话中的雷电之神，克罗诺斯和瑞亚所生的最小的儿子；他推翻了父亲克罗诺斯，在奥林波斯山建立了新的神界秩序，成为世界的主宰，掌管天空和大地；"宙斯"的意思是"明亮的天空"，罗马人称他为朱庇特（Jupiter 或 Jove）。

波塞冬（Poseidon）：克罗诺斯与瑞亚的儿子，宙斯的兄长；负责掌管大海的海神；性格特征是脾气暴躁，贪婪。在爱琴岛附近，他与妻子安菲特律忒有一座金碧辉煌的宫殿。当他用三叉戟（海域统治地位的标志）在大海中搅动时，便会掀起巨浪，击碎船只，甚至淹没大片田地；他还是地震之神，能引发地震，使山崖倒塌和海底深处的岛屿露出地面（这一观念可能与古希腊人认为地震由大洋海水引发有关），所以波塞冬又被称作"大地的震撼者"。相传波塞冬最喜爱的动物是马，据说正是波塞冬创造出世界上的第一匹骏马（与雅典娜争夺雅典城的命名权时产生的结果）。人们认为之所以会产生这样的想象或者联想，可能是因为海中波浪起伏的场面使人联想到马的奔腾跳跃。传说中著名的飞马佩加索斯是波塞冬的后代，是他与美杜萨结合所孕育的。总之波塞冬与马有着密切的关联，据说在赛马场设有他的祭坛，参加马车比赛的人在比赛之前都要向他祷告，给他呈上祭品。此外，波塞冬喜爱的动物还有海豚，这可能与海豚帮助他娶到安菲特律忒有关。波塞冬喜爱的植物是杉木，这可能与杉木是造船的主要原料有关。罗马人把希腊人的波塞冬称作"尼普顿"（Neptune）。

哈得斯（Hades）：克罗诺斯与瑞亚之子，宙斯的兄长；掌管冥府的冥王，同时也是财富之神和植物生长之神。哈得斯的形象尽管从早期想象中的阴森可怕和残暴无情过渡到后期想象中有所改善，但哈得斯在希腊人的心目中仍然是令人毛骨悚然的，因此除了他抢走珀尔塞福涅的故事传说外，似乎再没有别的生动故事了。后来"哈得斯的府邸"简称为"哈得斯"，成了冥府的代名词。哈得斯有一顶可以隐身的帽子，于是后人就把隐身帽称作"the Cap of Hades"。为了避免冒犯，人们用委婉语"普路托"（Pluto）来称呼冥王哈得斯，于是"普路托"就成为罗马神话中冥王的称呼了。

阿瑞斯（Ares）：宙斯与赫拉之子，希腊神话中的战神及复仇之神。从总体上看，作为战神的阿瑞斯徒有虚名。他愤怒时缺乏节制，动武时缺少控制，崇尚暴力而缺少智力，虽粗暴而嗜血，但远不是善于克敌制胜的战争之神。据荷马所述，阿瑞斯的家乡是荒凉贫瘠的色雷斯，虽然那些好战的色雷斯人非常崇拜阿瑞斯，但在希腊本土，人们对他的崇拜远不如雅典娜或阿波罗。阿瑞斯最著名的事迹是他与爱神阿佛洛狄忒偷情，被后者的丈夫赫斐斯托斯用金网罩住，展示于众神之前。也有故事讲述阿瑞斯的妻子乃是阿佛洛狄忒，当阿瑞斯与雅典娜展开激烈战斗时，阿佛洛狄忒前来为丈夫助阵，但夫妻俩仍然被雅典娜打得狼狈不堪。虽然希腊人的战神阿瑞斯后来与罗马人的战神玛尔斯（Mars）等同起来，但两者的性格特征是截然不同的。在罗马神话中，玛尔斯是天后朱诺（赫拉）之子，是她用手触摸春天开放的一种奇异花朵后怀孕所生。玛尔斯最初是农业与丰产之神，后逐渐演变为战争之神。罗马人在每年三月祭祀玛尔斯，因此拉丁文的三月被称为"玛尔斯月"，这就是"三月"（March）的由来。

阿波罗（Apollo）：希腊神话中的太阳神，宙斯和勒托之子，与阿耳忒弥斯是孪生兄妹，与赫耳墨斯是同父异母兄弟，是神医阿斯克勒庇俄斯的父亲；他的全名为福玻斯·阿波罗（Phoebus Apollo）。阿波罗最初是牧神，后逐渐被赋予更多的能力和功能，成为掌管音乐、诗歌、射箭、预言、医术、青春之美、法律、哲学的神祇，他还经常代表主神宙斯宣诏神旨。阿波罗在德尔斐受到人们的崇拜，而他正是在那里射杀了曾经迫害他和母亲的巨蟒皮通，建立了自己的神殿。这被看作母系社会之女性家长统治为新兴的奥林波斯父权统治所取代的一个表现。相传阿波罗的母亲勒托在生下阿波罗之前受到赫拉的追逐，到处漂泊，居无定所，没有一个地方愿意收留她。勒托最后躲藏到在波涛汹涌的大海中随波漂浮的得洛斯岛（Delos）上，相传波塞冬当即在海中用四根柱子将该岛固定住，使勒托最终有了一个临时避难的栖身之处。阿波罗和阿耳忒弥斯就诞生在这个荒岛之上。赫拉闻讯派了一条巨蟒去吞噬勒托。出生才四天的阿波罗向火神赫斐斯托斯讨要了一张弓和一束箭矢，在德尔斐附近的一个洞穴里射杀了巨蟒，阿波罗也由此获得了预言的本领（在此之前，只有大地之母盖亚能够预言未来，而巨蟒皮通正是盖亚的一个仆从）。后来建立在德尔斐的阿波罗神殿所发出的神谕虽然有些模糊，但总是准确的。长着金黄色卷发的太阳神被看作青春美少年的化身。对于那些拒绝其追求的女人（如特洛伊公主卡桑德拉和意大利少女西比尔），阿波罗则表现出极为冷酷无情的一面。阿波罗曾与海神波塞冬一道参与天后赫拉策划的推翻宙斯的行动，失败后被罚到凡间为特洛伊国王拉俄墨冬服一年苦役。这一经历使他长了不少见识。于是，对于许多前来德尔斐阿波罗神殿祈求神谕的问询者，他发出的忠告是"认识你自己"和"万事求平和"。阿波罗喜爱的植物是月桂树。

赫耳墨斯（Hermes）：宙斯和迈亚（阿特拉斯之女）所生之子；相传赫耳墨斯于黎明时分出生在阿卡迪亚库勒涅山的一个山洞里，所以也被称作"库勒涅"。刚出生的赫耳墨斯就显得与众不同，具有不可思议的狡猾和敏捷特点。他出生四小时后就到处跑动了；到中午时分，他从母亲的怀抱里挣脱出来，开始探索世界了。他发现一个乌龟壳，便把三根羊肠（一说是草绳）制作的琴弦绷在掏空的乌龟壳上，从而发明了里拉琴。母亲迈亚责怪他到处乱跑，他便拨动里拉琴的琴弦，奏出优美的音乐，使得迈亚转怒为喜。当天晚上，赫耳墨斯又打起了他的同父异母的兄长阿波罗的主意。夜色降临后，赫耳墨斯便从母亲的眼皮下溜走，跑到阿波罗放牧神牛的牧场，巧妙地偷走了五十头最健壮的肥牛，并把它们藏在一个山洞里。他宰杀了两头最好的牛，将牛肉祭献给众神，自己则保留了牛皮和牛肠，为的是制作里拉琴的琴弦。第二天早晨，阿波罗发现神牛被盗，而且没有明显的踪迹。他断定只有与众不同的小鬼赫耳墨斯才能干出这样的事情，于是怒气冲冲地赶过去问罪。阿波罗找到躺在摇篮里睡觉的赫耳墨斯，也找到了藏在山洞里的牛群，于是带着赫耳墨斯上奥林波斯山向天父宙斯告状。在圣山上，赫耳墨斯就像孙悟空来到玉皇大帝的天庭上，机敏活泼，说话间溜到阿波罗的身后，偷走了他的弓和箭，惹得宙斯和众神乐不可支，阿波罗本人也忍俊不禁。在宙斯的调解下，两兄弟和解了，赫耳墨斯将里拉琴送给阿波罗作为赔偿，并教给他弹奏的方法；而阿波罗则让赫耳墨斯作为他放牧神牛之地的保护者，并且赋予他雄辩和善辩的能力以及放牧的本领，还传授他预测未来的方法。这样，赫耳墨斯又成了畜牧神，而阿波罗对里拉琴非常喜爱，从此满腔热情地致力探究音乐艺术。阿波罗还把自己的金魔杖送给了弟弟赫耳墨斯，用这根魔杖可以将幸福与好运赐给他人，也可以使人进入睡眠状态，或者唤醒入睡的人。后来，赫耳墨斯的手里总是拿着这根魔杖，它有三个支杈，其中两根呈叉形分支，在末端又交合在一起。随着时间的流逝，人们用两条蛇代替了这两根枝杈，于是赫耳墨斯便经常以手持一根绕着两条蛇的魔杖、戴一顶有双翼的帽子、脚穿一双草鞋的形象出现。行动敏捷、智力超凡的赫耳墨斯长大后成了众神的使者，而且直接受宙斯的调遣，传达他的旨意，执行特定的任务。作为古希腊的"神行太保"，众神中速度最快者，赫耳墨斯还有一双带双翼的金质飞行鞋，可以使他迅疾地飞越陆地与大海，转达宙斯及其他奥林波斯诸神的旨意。此外，赫耳墨斯还掌管盗窃、欺诈、商业、交通业和通信业，等等。赫耳墨斯宠爱的动物是公鸡。

赫斐斯托斯（Hephaestus）：宙斯与赫拉之子（在荷马之后的神话传说里赫斐斯托斯只是赫拉一人的儿子）；火神，匠神和锻造之神，为众神制造武器和铠甲；还是铁匠和织布工的保护神。相传赫斐斯托斯出生时是个瘸腿的丑小孩，赫拉一看非常生气，一把抓起婴儿便扔下了奥林波斯山。可怜的婴儿落进了波涛汹涌的大海之中，俄克阿诺斯的女儿欧律诺墨和老海神涅柔斯的女儿忒提斯从海水中救起赫斐斯托斯，在海底深处的洞穴里将他养大。成年后的赫斐斯托斯非常健壮，浑身肌肉结实，胸部宽厚，双手极其有力（正如现实中的壮实铁匠），而且锻冶技艺出神入化。为了报答欧律诺墨和忒提斯，他用黄金和纯银为她们打造了许多精美首饰。回到奥林波斯山之后，他为众神修建了巍峨雄壮，富丽堂皇的黄金宫殿，也为自己修建了一座宫殿，里面设有装备精良的冶炼作坊，各种设备俱全，有巨大的铁砧，炉火通红的冶炼炉和风声隆隆的自动风箱，等等。在诗人艺术家的作品中，赫斐斯托斯打造的物品还包括宙斯的神盾和权杖、波塞冬的三叉戟、赫拉克勒斯的盾牌、阿伽门农的权杖与阿喀琉斯的铠甲和盾牌，等等。相传瘸腿神匠赫斐斯托斯娶了爱神阿佛洛狄忒为妻，这也许是人们的一种愿望：对于艺术创造工程而言，美丽和优雅是不可或缺的条件。冶炼之神赫斐斯托斯代表了人类的非生活性用火的基本力量，这种力量的运用是一种影响深远，值得特别推崇的文明创造活动。罗马人将赫斐斯托斯等同于他们的伏尔甘（Vulcan；Volcanus），由此派生出"火山"（Volcano）一词。据说赫斐斯托斯就把他的冶炼工具藏在火山之中。地面上的火山口往往喷发出烟雾腾腾的火舌，人们认为那就是赫斐斯托斯的烟囱和锻造工场。一种说法是，火山附近的葡萄一般长势都非常好，所以赫斐斯托斯与创制葡萄酒的狄俄尼索斯一定有良好的交情。此外，赫斐斯托斯与热爱手工技艺的智慧女神雅典娜也保持着友好的关系，人们认为这象征着文明的创造包括艺术与智慧，艺术与生活，艺术与科学的共同促进。

水域神祇

蓬透斯（Pontus）：意思是"深不可测的海"。盖亚的儿子和情人。

涅柔斯（Nereus）：蓬透斯和盖亚的大儿子，外号"海中老人"。是一位知识渊博，真诚善良的海神。涅柔斯代表了大海友好、优雅的一面，因此他被想象为一位善良、和蔼的海中老人。他与他可爱的50个女儿居住在爱琴海的深处。涅柔斯与其他水神一样有预知未来的天赋。赫拉克勒斯曾在前往赫斯珀里得斯金苹果园的路上寻访涅柔斯，向他打听怎样才能成功地获得金苹果。为了逃避赫拉克勒斯的追寻，涅柔斯变成各种各样的形态，但最终还是无法摆脱赫拉克勒斯，只得告诉赫拉克勒斯有关的信息。相反，涅柔斯却自愿为特洛伊王子帕里斯指明他未来的命运。

塔乌玛斯：蓬托斯的第二个儿子，代表大海最丰富多彩、最壮观的神奇现象。他与奥克阿诺斯的女儿埃勒克特拉生育了众神敏捷的女信使伊利斯与风暴的化身哈耳皮埃鸟怪。

福尔库斯：塔乌玛斯的兄弟，代表了大海恐怖的一面。他与他的妹妹克托结合生育了令人恐怖的蛇发女怪戈耳工、格莱埃以及赫斯珀里得斯姐妹用来看管金苹果圣园的巨龙。这兄妹二人是大海一切恐怖与危险的化身。

特里同（Triton）：波塞冬与海仙安菲特律忒所生的唯一儿子；海中的吹鼓手，所用的乐器是个大海螺；他名字的意思是"咆哮者"。尽管特里同有着高贵的身份，但他并没有赢得人们对他的崇拜，逐渐沦为巨形海怪。在罗得岛诗人阿波罗尼奥斯的描述中，特里同的形象上半身为人，从腹部以下则是长有两片鳍的鱼尾。不久以后，诗人和艺术家就构想出一个相同外形的特里同家族，这个家族成员的特征是放纵和滑稽，与陆地山林中的半人半羊的萨蒂尔精灵相类似。

阿刻罗俄斯（Achelous）：河神，俄刻阿诺斯和忒提丝的三千儿子中最年长者。海妖塞壬之父。

普洛透斯（Proteus）：普洛透斯是一个以变化多端而著称的海神，他为波塞冬照看和保护海洋生物，所以波塞冬赋予他预知未来的能力。普洛透斯居住在一个巨大的洞穴里，每到中午时分便开始清点他照料的海牛，然后就去睡觉。要向他打听有关未来的预言就必须在他酣睡时突然抓住他，否则他就会变形逃遁。他也是一个著名的海上老人。他通常居住在法鲁斯岛，落难的墨涅拉俄斯从特洛伊返回埃及的途中曾向这位"可靠的海上老人"询问自己的未来。

斯卡曼德洛斯（Scamander）：既是河名，也是河神的名字；又叫珊克托斯（Xanthus）。

在地上活动的神祇

狄俄尼索斯（Dionysus）：希腊神话中的酒神，罗马人将其等同于自己的酒神巴克斯（Bacchus）。希腊人的"狄俄尼索斯"（Dionysus）意思是"瘸腿的神祇"，而罗马人的"巴克斯"（Bacchus）意思是"狂怒不已"。作为宙斯与凡间女子塞墨勒所生之子，狄俄尼索斯是唯一具有凡人血统的正式神祇；他既是酒神，又是蔬菜和植物之神、狂欢之神和生命活力之神；相传他创制了葡萄酒，并推广了葡萄的种植。狄俄尼索斯刚出现时被表现为满脸胡须的样子，后来转变成一个披着长发的黑眼睛的俊美青年。他还是艺术的保护神，尤其对于艺术中的狂欢性、神秘性和非理性的倾向特别看重，难怪文学艺术作品中有关狄俄尼索斯题材的创作是很多的。传说中狄俄尼索斯的出生过程是很惊险的。他的母亲是卡德摩斯之女塞墨勒，宙斯爱上了她，所以天后赫拉对塞墨勒非常嫉恨（像对待宙斯所有的情人一样，但采取的对策各不相同）。赫拉摇身一变，然后去接近已怀有身孕的塞墨勒，并设法使塞墨勒对宙斯的真实性产生怀疑。于是急迫的塞墨勒让宙斯发誓，答应满足她的一切要求，然后请求他以最荣耀的天神形象出现。宙斯大惊失色，力劝塞墨勒收回自己的愚蠢请求，但她却毫不退让，一定要宙斯满足这一愿望。宙斯无奈只好现出真身，刹那间在雷鸣闪电之中，塞墨勒被炽热的高温烧死——宙斯急忙将还未出生的孩子（狄俄尼索斯）从死神之手夺回来。由于婴儿还未发育成熟，宙斯便把他放入自己的大腿中，让他在里面生长，直至成熟。相传宙斯后来从腿中取出孩子后，让赫耳墨斯把孩子送交尼萨山上的山林女神抚养（在后来的传说中，狄俄尼索斯的第一个养母是塞墨勒的妹妹伊诺）。关于酒神狄俄尼索斯有许多神奇的传说，其中最为人熟知的是他惩治迪勒尼安海的海盗的故事。狄俄尼索斯从伊卡里亚岛前往纳克索斯岛（Naxos），在航行途中，他被海盗们捆绑起来，勒索钱财。海盗们没有得到财物，于是准备先揍他一顿，再把他运到意大利变卖为奴。但年轻俊美的狄俄尼索斯无所畏惧，只见绳索自动地从他身上脱落，俊美的年轻人变成了一头狮子！常春藤开始盘绕船桅，葡萄藤也缠住了风帆，这一来，船只无法航行被迫停了下来。海水也变成了葡萄酒的颜色。此时山林中的女神也开始歌唱。海盗们不知道自己是遇到鬼还是遇到神了，惊恐万状之下纷纷跳入大海，变成了海豚。如今在雅典利西克拉特斯纪念碑上还篆刻着对这个故事的出色描述。纳克索斯岛是酒神的一个主要崇拜地，它也与一个著名的传说有关。当年克里特公主阿里阿德涅爱上雅典英雄提修斯，帮助他杀死迷宫中的吃人牛怪并且安全逃出。但在提修斯带着她返回雅典的途中，她却被遗弃在纳克索斯岛上。幸亏狄俄尼索斯正好路过此处，听见哭声找到了孤身一人的阿里阿德涅，两人遂结为夫妻。相传除了发明酿造葡萄酒的技艺，狄俄尼索斯还指点凡人如何通过养蜜蜂来获得蜂蜜。如果说德墨忒尔赐给人类粮食和所有的农作物，那么狄俄尼索斯则给人类带来水果和植物，尤其是葡萄。他通过种植葡萄和树木给人类带来文明的重要果实，所以他与谷物女神德墨忒尔是相互补充的。正因如此，他与德墨忒尔在希腊和罗马有许多共同的神庙和节日。

潘神（Pan）：山林之神，畜牧之神；其原型可能是埃及神话中古老而强大的繁殖神，通常在仪式和艺术形式中以山羊的形象出现。潘（Pan）这个词可能源于拉丁词"pascere"，意思是"放牧牛羊"。希腊人将其描述为半人半羊的山林牧神，腰部以上为人，但头上长有山羊的耳朵和一对羊角；腰部以下为山羊身体，全身毛发浓密，双脚是一对羊蹄。潘不仅是畜牧之神，捕鱼业和养蜂业也在他的庇护之下。潘最突出的性格特征为嗜酒如命，极度好色，情欲旺盛。关于潘的出生有多种说法。一说他是宙斯（或赫耳墨斯）与仙女卡莉丝托（Callisto）所生之子，一说他是赫耳墨斯与珀涅罗珀（奥德修斯的妻子）所生之子，一说他是赫耳墨斯与山林水泽女仙珀涅罗珀（德律奥佩斯的女儿）所生之子，等等，但无论何种说法，大多认为他是赫耳墨斯之子。相传当潘的母亲看到刚生下的婴儿时，就对其怪异相貌感到惊恐不已，因为他的头上长着犄角，全身覆盖着浓密的毛发，还有一双山羊的脚。他的父亲用兔子皮把他裹起来，带到奥林波斯山上，众神却对这个相貌奇特的森林小精灵非常欣赏。于是众神为新生儿取名为"潘"，意思是"受众人喜爱者"。潘一直生活在山林间和草场湿地里，领着一群半人半羊的山林精灵萨蒂尔（Satyr）嬉戏打闹。作为快乐和顽皮的山林之神，潘还是个出色的笛子演奏家，经常和山林中的女仙们一起跳舞玩耍。然而，由于那吓人的山羊形态的外表，潘总是在追求异性的过程中屡屡受挫。有一次潘看上了一位阿卡迪亚地区的山林女仙西琳克斯，便疯狂地追逐她。西琳克斯吓得拼命奔逃，而潘在后面穷追不舍，一直追到拉冬河边。眼见逃脱无望，即将落入潘的手中，西琳克斯赶紧向河流女神呼救，结果被变成一丛芦苇；另说她在绝望中祈求大地之母盖亚的帮助，盖亚当即把她变成了芦苇。伤心的潘用这些芦苇编制了一种有七个声管的乐器，并用"西琳克斯"（syrinx）来命名自己发明的芦笛或排箫。荷马颂歌中讲述道，傍晚打猎归来之后，潘用自己发明的排箫奏出优美的音乐，山林中的女仙们都随着他的音乐而唱起颂扬众神的歌曲，翩翩起舞。而潘在跳舞的时候往往引发众人的哈哈大笑，因为他的山羊蹄子随着舞曲一蹦一跳，十分滑稽可爱。但如果潘在休息的时候受到打扰，他会大发脾气，后果严重：他会让打扰他清梦的人做噩梦，也可能让他产生莫名其妙的恐惧感而拼命奔逃。有时候，潘会突然出现，把人吓得魂飞魄散。也许这是由于孤独的行人在荒凉山区或茂密的原始森林中行走时很容易产生恐怖的感觉，因此把突然产生的和无法解释的恐惧归于潘的名下，所以有形容词"潘的恐慌"（panic）。据传潘喜欢用各种怪异的声音恐吓行人。由于潘能够用乐器发出巨大的声响，所以有这样一个传说：在宙斯与提坦神之间进行的激烈大战中，潘突然用贝壳做的小号吹出尖利刺耳的声音，使提坦神感到巨大的恐惧。此外，有关潘与阿波罗进行音乐比赛的故事也是流传甚广的。

其他巨神

塔罗斯（Talos）：青铜时代最后一个巨人，守卫着克里特岛。

阿尔库俄纽斯（Alcyoneus）：相传是天与地之子，色雷斯巨人中最年长者，一出生就全身盔甲，手执长矛。他曾参与提坦巨人反抗奥林波斯神祇的战争，据传只要在他的家乡帕伦尼（Pallene）作战，他就是永远打不败的（就像巨人安泰，只要不离开地面就会获得源源不断的力量）。当希腊英雄赫拉克勒斯夺取巨人克律翁的牛群时，阿尔库俄纽斯正占据着科林斯地峡，他向赫拉克勒斯发起攻击，用一块巨大的石头砸倒了赫拉克勒斯带领的众多人马。赫拉克勒斯用利箭将他射倒，但他不一会儿就从地上站起来，勇猛如初。赫拉克勒斯最终按照智慧女神雅典娜的指点，将阿尔库俄纽斯拖出其家乡帕伦尼，使其脱离了家乡的土地，然后将其击毙。

地下的神祇

塔那托斯（Thanatos）：死神；黑夜女神之子，资格最古老的神之一，与睡神许普诺斯是孪生兄弟；冥王哈得斯的首席武士。

弥诺斯（Minos）：克里特国王；以严密的法治而闻名，因此死后成为冥府的判官之一；宙斯和欧罗巴的儿子。

埃阿科斯（Aeacus）：冥府三判官之一，宙斯和埃葵娜的儿子，阿喀琉斯的祖父。

拉达曼达斯（Rhadamanthys）：弥诺斯的兄弟，亦是冥府判官之一。

墨诺提俄斯（Menoetius）：冥王的牧人。

神祇的随从

厄洛斯（Eros）：希腊神话中的爱神，与此对应的罗马神话的爱神是丘比特（Cupido，Cupid）。爱神一般以蒙着眼睛的形象出现，因为人们认为爱情总是盲目的。爱神的"武器"是他的弓箭，包括金箭和铅箭，凡被金箭射中的人（无论是人、神、动物等）会对其看见的第一个异性产生不可抑制的爱恋之情。而被铅箭射中的人正好相反，会对其看见的异性产生极大反感。一般认为厄洛斯是战神阿瑞斯和女爱神阿佛洛狄忒所生之子。他从母亲那里继承了不可抗拒的魅力，从父亲那里继承了调皮捣蛋，制造麻烦的冲动。如果说赫耳墨斯是他父亲宙斯的使者，那么厄洛斯就是他母亲阿佛洛狄忒的使者，阿佛洛狄忒的许多愿望都是由厄洛斯去执行的。不过厄洛斯与少女普赛克的相爱由她而起，但却违背了她的最初愿望（作为一种惩罚，让普赛克爱上一个最丑陋的男人）。从艺术形象看，厄洛斯是神界中少有的儿童之一，是一个带双翼的小天使。在神话想象中，他是永远长不大的青春美少年，但性情善变、喜怒无常。由于小爱神拥有威力无比，谁也无法抗拒的爱与恨的神奇弓箭，包括主神宙斯在内的神祇们都对他畏惧三分（有些神祇也时常贿赂他，利用他的弓箭来达到特定的目的）。这表明人们如何用艺术形象来阐释爱情或者失恋是最强大、最可怕的自然力量。爱情是甜蜜的，爱与恨又是相互转化的，能够为当事人带来巨大的痛苦和煎熬。相传宙斯想方设法使厄洛斯不可救药地爱上了少女普赛克，就像被他自己的神箭射中一样。最后在厄洛斯保证不再用他的弓箭对付天神时，宙斯答应让他娶普赛克为妻。在阿佛洛狄忒的随从中，厄洛斯是唯一被人们当作真正的神来崇拜的。神话中被人敬畏和称颂的厄洛斯不仅是点燃男女之爱的神，而且还是青少年与成年男子之间友谊与爱的建立者。因此，在学校里，他的塑像经常被安放在神使赫耳墨斯与英雄赫拉克勒斯之间；斯巴达人在出征之前都要举行仪式祭拜他，以促使他们更加忠诚坚定地团结在一起，在危险的时刻互相保护。

比亚（Bio）：暴力与凶猛的化身，帕拉斯与斯堤克斯所生之子，也是胜利女神尼克（胜利）、克拉托斯（强力）和泽洛斯（热诚）的兄弟。他与克拉托斯是宙斯意志的执行者，宙斯的仆从之神。

克拉托斯（Cratos）：强力的化身，帕拉斯与斯堤克斯所生之子，是"凶猛"之神的兄弟。

附录二　神话中的女性形象

女神

盖亚（Gaea 或 Gaia）：产生于混沌卡俄斯胸怀之中的大地女神，生育了天空、群山和海洋。与乌拉诺斯结合又生育了提坦巨神以及百手怪物和独眼巨人库克罗普斯。她曾极力保护她所有的孩子们。一般认为她就是早期的众神之母。

瑞亚（Rhea）：众神之母，乌拉诺斯与盖亚所生，克罗诺斯的姐姐。与克罗诺斯结合生下包括宙斯在内的奥林波斯神祇。她用巧计解救了宙斯及其他被克罗诺斯吞食的子女。也有人称她为库柏勒。

忒堤斯（Tethys）：提坦女神，乌拉诺斯与盖亚所生，她和俄刻阿诺斯主管金星和每周的第六日。一些神话称人类及众神皆生于俄刻阿诺斯和忒堤斯。在古典神话中，提坦神忒堤斯是海神俄刻阿诺斯的妻子，生有 3000 个海洋女仙俄刻阿尼得斯和所有的河神。她是海洋女神，但后来让位于安菲特律忒。忒堤斯是瑞亚的教母，在众神和提坦神大战期间曾抚养过她。忒堤斯意思是"决定者"。

忒伊亚（Theia）：七位提坦女神之一，许佩里翁的妻子。他们共同掌管太阳和每周的第一天。人们经常把她和光以及天空联系在一起。她是最古老的光芒女神。她生有赫利俄斯、塞勒涅和厄俄斯。忒伊亚意思是"神圣的""母牛眼似的光芒"。

福柏（Phoebe）：提坦女神，乌拉诺斯与盖亚之女。她和提坦神阿特拉斯共同掌管月亮。因此，福柏还是一个月亮女神，"福柏"的含义就是明亮的月亮。她与他的提坦神兄弟科俄斯生有勒托和阿斯特亚。

塞勒涅（Selene）：月亮女神。许佩里翁和忒伊亚（Theia）的女儿，她和一个俊美的牧羊人恩得米翁结婚,生了50个女儿。希腊神话中的塞勒涅大致与罗马神话中的狄安娜等同。塞勒涅通常以这样的形象出现:戴一个花冠,肩上有一对翅膀,驾驭着一辆由两匹白马拉着的双轮战车;而狄安娜的形象则表现为手持一把弓箭,追赶着一只牡鹿。

赫拉(Hera):天后,主神宙斯的妻子。是克罗诺斯和瑞亚最小的女儿。她钟爱的禽鸟是孔雀。在所有关于赫拉的神话叙事中,强烈的嫉妒心是她的主要性格特征之一。赫拉还是生育和婚姻的保护神。

赫斯提(Hestia):奥林波斯山的12位主要神祇之一。瑞亚和克罗诺斯最年长的女儿,性情温和,不慕荣利。当狄俄尼索斯成为神祇时,赫斯提自愿让位给他。她成为灶神和家事女神。她还是三位纯洁的处女神之一。在人间,家家户户都供奉她。凡家里有孩子出生,父母都抱着孩子在神像前拜祭,表明该户人家添有子嗣。

伊利提亚(Itythia):分娩女神。她的事迹与阿波罗和阿耳忒弥斯的出生有关。当年怀有身孕的勒托在小岛得洛斯避难时,正是她前去照看勒托的。天后赫拉忌恨勒托,严禁她前往得洛斯岛。由于众神都很同情勒托的遭遇,火神赫斐斯托斯还打造了一条精美的项链送给赫拉使她消气,这样她才允许伊利提亚前往得洛斯岛。

缪斯(Muses):宙斯和记忆女神摩涅墨绪涅所生的九位女儿。她们在奥林波斯山上吹奏音乐侍奉众神。缪斯女神能激发人的创造力。她们分别是埃拉托(Erato),主管抒情诗;欧忒耳珀(Euterpe),主管音乐;塔利亚(Thalia),主管喜剧;墨尔波墨涅(Melpomene),主管悲剧;忒耳西科斯(Terpsichore),主管舞蹈;乌拉尼亚(Urania),主管天文;克利俄(Clio),主管历史;波吕许尼亚(Polyhymnia),主管颂歌;卡利俄珀(Calliope),主管史诗。其中卡利俄珀和俄阿戈斯王生育了音乐家俄耳甫斯,克利俄将字母表引进了希腊语。

阿佛洛狄忒(Aphrodite):爱与美之女神。据荷马《奥德赛》所述,她是宙斯和狄俄涅的女儿。另有传说称,当年克罗诺斯用镰刀阉割其父乌拉诺斯时,从乌拉诺斯肢体喷出的精血流进海洋的泡沫中,阿佛洛狄忒就是从中诞生的。相传她嫁给瘸腿火神赫斐斯托斯为妻,但与战神阿瑞斯有私情。她也是妓女的保护神。希腊神话中的阿佛洛狄忒后来与罗马人的女神维纳斯等同起来。

阿耳忒弥斯(Artemis):月神和狩猎女神,宙斯和勒托的女儿,与阿波罗是孪生兄妹。她拥有50只猎犬和50位女仙。阿波罗时常背着装满金箭的箭囊，而阿耳忒弥斯则背着一个装满银箭的箭囊。她虽然美艳绝伦，但发誓永不结婚，是处女之神。她对待野兽和对待胆敢闯进其活动范围的男人一样，非常冷酷和残忍。

德墨忒尔（Demeter）：克罗诺斯和瑞亚的女儿，谷物丰收之女神。人们像崇敬宙斯那样尊崇她，因为她的心情直接影响到大地万物的生长。几个世纪以前，希腊人通过吃面包来纪念德墨忒尔，通过痛饮葡萄美酒来纪念狄俄尼索斯。

珀尔塞福涅（Persephone 或 Kore）：德墨忒尔的女儿，春天女仙，她所到之处芳草鲜美，百花怒放。不幸的是，冥王哈得斯把她劫走，强娶为后。她本来有希望返回原先的生活状态，但她在不知情的情形下食用了地府的石榴籽，所以必须有一半的时间留在哈得斯身旁。她被看作连接冥界和人间的一束光亮。

雅典娜（Athena）：雅典城的保护神（雅典城因她而得名），智慧，纺织等女神，也是希腊人的城市保护神，以及在这些城市中兴起的各种技艺的保护神。与战神阿瑞斯相比，雅典娜更英勇善战，更勇猛顽强。在传统的神话记述中，雅典娜是宙斯与他的第一任妻子智慧女神墨提斯（Metis）所生，因有预言说墨提斯所生之子会推翻宙斯，宙斯遂将墨提斯吞入腹中。谁知宙斯的头开始疼痛不已，在忍无可忍的情况下他召来赫斐斯托斯，用斧头劈开自己的头颅，结果从宙斯的脑袋里跳出来一个全身甲胄，手执金矛的女神，她就是雅典娜。雅典娜之所以被尊为智慧女神，部分原因是她传授希腊人纺纱、织布、造船、冶金和炼铁等各种技能，她还发明了犁耙，驯服了牛羊，因此她也是农业与园艺的保护神。雅典娜在希腊神话中就代表智慧、理性和纯洁，甚至她的猫头鹰也代表智慧之鸟。罗马人将雅典娜等同于他们自己的女神密涅瓦（Minerva）。

美惠三女神（Charites）：希腊神话中代表美丽、妩媚、优雅、自然以及人类的创造力和丰富性的三位女神的总称。相传为宙斯和欧律诺涅（Eurynome）的女儿，也有说她们是酒神狄俄尼索斯和爱神阿佛洛狄忒的女儿。据荷马所述，她们是追随在爱神阿佛洛狄忒身旁的侍女。她们分别取名为阿格拉依亚（Aglaia），意为"美丽"；欧弗洛绪涅（Euphrosyne），意为"欢乐"；塔里亚（Thalia），意为"舒畅快意"。爱神阿佛洛狄忒被东风吹到海岸时，迎接她的就是美惠三女神。这三女神驾着由白天鹅拉动的两轮战车赶路。人们往往把美惠三女神与地下的冥府以及神秘的极乐世界联系起来。在罗马神话中，她们被称为"优雅三女神"（the Gratiae, the Graces）。

命运女神（The Fates）：又称帕耳西（Parcae），她们分别是克洛索（Clotho），纺织生命线的少女，意思是"纺织者"；拉刻西斯（Lachesis）。决定生命线长短（即为人安排命运）的少妇，名字意为"掷圈者"；阿特洛波斯（Atropos），负责切断生命之线的老妇，含义为"暴戾者"，虽然她是三姐妹中最矮小的，但也是最恐怖的。她们被合称为"摩伊娜"，据说是黑夜之神的女儿，也有说她们是宙斯和忒弥斯的女儿。一般认为，命运女神象征着不可抗拒的时间车轮，主神宙斯也不能干涉她们做出的决定，而且若涉及宙斯本人，他也得服从。

厄里尼厄斯（The Erinnyes）：复仇三女神，是三位可怕的女神。乌拉诺斯的鲜血溅到大地之母盖亚身上，于是诞生了这复仇三女神。因此，她们是较早的奥林波斯神祇。她们长着狗的头颅，滴血的双眼，漆黑的身体，蝙蝠的翅膀，以及由毒蛇盘结而成的头发。复仇女神们手执嵌着黄铜的火炬，要驱使犯罪的人在痛苦中死去。她们分别是提西福涅（Tisiphone），复仇者；麦格拉（Megara），嫉妒者；阿勒克托（Alecto），战争和瘟疫的化身。无论有罪者是在人间还是在冥府犯下罪行，都难逃她们的复仇，只要被复仇三女神中的任何一人看一眼，有罪孽者就会发疯，直至自杀身亡。起初，她们只惩罚那些弑父、弑母及违背誓约者，但后来一切罪行都在她们的惩治范围之内。

斯提克斯（Styx）：冥河女神，斯提克斯河可以被看作仇恨之河，或"恨水"，这可能源于所有死亡者必经她主管的这条河流。这条冥河神圣不可亵渎，在此处向神明宣立的誓言不可更改。

仙女

忒提斯（Thetis）：海中女仙，海神涅柔斯的女儿。当年火神赫斐斯托斯被扔下奥林波斯山时，被她捡回抚养直至恢复健康。宙斯曾向她示爱，但被她拒绝。后来，忒弥斯女神预言忒提斯所生之子要比他的父亲更加强大。为此，宙斯打消了追求忒提斯的念头，宣称她只能与凡人结合。后来，她嫁给了希腊人珀琉斯，生下了英雄阿喀琉斯，忒提斯曾想尽办法让阿喀琉斯成为不朽的神，并且想方设法使他避免参加特洛伊战争。

安菲特律忒（Amphitrite）：海中仙女，"海上老人"涅柔斯的女儿，被海神波塞冬看中，穷追不舍。到处躲避的安菲特律忒被一只海豚发现，只得嫁与波塞冬为妻。她是人们所赞许的海中仙女之一，以宽容大度的海神之妻的身份赢得了尊重。她的象征物是海豚——这与海神追求并通过海豚赢得她的神话有关。据说她生育了许多海洋动物。在神话里，尽管海神波塞冬到处闲游乱逛，也有寻花追欢之行为，但她却与天后赫拉不同，十分宽容，而不是妒火中烧。相传她生育的后代包括普洛透斯（Proteus）、特里同（Triton，人身鱼尾的海神）、阿耳比恩（Albion）、卡律布狄斯（Charybdis，后成为一个制造海底旋涡的怪物）、罗德（Rhode）等。

德拉爱狄斯（Draidas）：森林女仙，她们与住在橡树林中的、与橡树拥有相同寿命的女仙哈玛德拉阿狄斯不同，她们是不朽的女神。她们都是阿耳忒弥斯的狩猎伙伴。

西琳克斯（Syrinx）：山林女仙，被潘神爱上，穷追不舍。无奈之下，她向河神呼救，结果被变成一丛芦苇。潘见状，遂按阿波罗将达芙妮变成月桂树的启示，将芦苇采下做成排箫来纪念自己心仪的仙女，并以她的名字来命名这种乐器。

涅瑞伊得斯（Nereides）：涅柔斯的五十个女儿，都是海中仙女。其中一位就是安菲特律忒。她们在那克索岛翩翩起舞时被波塞冬发现，波塞冬当即对安菲特律忒一见钟情，决心娶安菲特律忒为妻。

俄刻阿尼得斯（Oceanids）：海洋女仙，一共有三千人之多，她们的母亲是提坦女神忒堤斯，父亲是提坦神俄刻阿诺斯。

卡吕普索（Calypso）：提坦巨神阿特拉斯的女儿，居住在俄古奎亚岛上。奥德修斯经过漫长的海上漂泊后在此落脚停歇，卡吕普索爱上了这个历尽磨难的漂泊者，要和他结为夫妇，承诺让他长生不老。但奥德修斯拒绝了她的要求。奥德修斯在岛上与卡吕普索虽然保持着情人关系，但始终没有改变离岛返家、与妻子团圆的决心。七年后，雅典娜向宙斯叙说了奥德修斯的事情，宙斯就派赫耳墨斯赶到俄古奎亚岛，要卡吕普索为奥德修斯放行，她只好听命，并帮奥德修斯准备了小船，备足了粮食，送他出岛。

厄科（Echo）：著名的山林水泉仙女，她的名字和故事都与回声有关，一直"回响"到现在。相传她掩护了宙斯寻美追欢的行为，遭到赫拉的报复，失去了说话的能力，只能发出回声。后来她徒劳无益地恋上美少年纳西索斯，郁郁而终。

欧律狄刻（Eurydice）：林中仙女，著名音乐家俄耳甫斯的妻子。两人相亲相爱，幸福美满。但俄耳甫斯的堂弟阿里斯塔俄斯偶然碰见了她，色迷心窍，猛追上去；为了躲避阿里斯塔俄斯的追赶，欧律狄刻在奔逃中慌不择路，踩到了一只毒蛇而被咬死。俄耳甫斯悲愤欲绝，他一路弹着琴，唱着歌来到冥府。冥后珀尔塞福涅和冥王哈得斯都被俄耳甫斯的美妙音乐打动了，同意让他带走欧律狄刻，但必须接受一个条件：在走出冥界，抵达大地之前，俄耳甫斯不得回头看欧律狄刻哪怕一眼。最后，就在即将到达地面的时刻，俄耳甫斯实在忍不住回头看了一眼（因为担心冥王骗他），只见亡灵的接引神赫耳墨斯又毫不留情地将欧律狄刻带回冥府了。

那伊阿得斯（Naiades）：湖泊、山泉及水溪之仙女，她们经常追随女神阿耳忒弥斯狩猎。她们都是河神的女儿。那伊阿得斯仙女虽然享有很长的寿命，但却不是永生不朽的。这些仙女分为五类：春天女神，派各埃（Pegaiai）；泉水女神，克利纳亚（Krinaia）；河水溪流女神，波塔美狄斯（Potameides）；湖水女神，利姆纳德斯（Limnades）；沼泽女神，埃勒诺迈（Eleionomai）；这些水泊仙女喜欢和凡人结合，海勒斯就是其中一例。

七仙女（The Pleiades）：阿特拉斯的七个如花似玉的女儿，分别是伊莱克忒拉（Electra），迈亚（Maia），塔吉忒（Taygete），阿耳刻悠妮（Alcyone），美罗珀（Merope），塞莱诺（Celaeno），丝黛罗普（Sterope）。其中迈亚是神使赫耳墨斯的母亲。她们后来都成为天空的星座，其中美罗珀是看不见的，相传这是因为她与凡人结合，所以感到羞愧。另一说法是，伊莱克忒拉为特洛伊的毁灭感到痛心，所以隐藏起来。

著名女巫

瑟西（Circe）：希腊神话中的女巫，精通魔法巫术，邪恶诡诈，集女巫和女仙的形象于一身。相传她是太阳神赫利俄斯和黑魔法之神赫卡忒的女儿，而且还是美狄亚的姑母，居住在埃阿亚岛上。她承袭了父亲赫利俄斯的俊美外貌，又继承了母亲赫卡忒的黑魔法。她曾向意大利王子皮卡斯示爱，遭拒后将其变为一只啄木鸟。她后来与科尔基斯的一位王子结婚，但又不愿生活在他的后宫之中，于是将其杀害以继承王位。这一行为激起了科尔基斯臣民的愤怒，准备用乱石将她砸死。危急时刻赫利俄斯将她救走，并将一个漂浮的海岛作为她独自统治的领地（这个领地上的"臣民"大多是过往这里的航海者，结果被她变成了动物，被关在猪圈，羊圈里）。在荷马史诗《奥德赛》中，她把奥德修斯派到她岛上探察情况的水手们请进她的宫殿，用奶油、麦粉、蜂蜜和美酒来招待他们。但她在酒食中偷偷加入了一种迷药，当迷药发作后，瑟西就用神杖点击他们，用这种魔法把他们都变成了全身长毛的猪猡。

奥德修斯由于得到神使赫耳墨斯的"莫莉"神草(意为"野大蒜")而免遭变形。奥德修斯拔出利剑,威逼瑟西放弃其邪恶的企图。瑟西并不怕凡间的刀剑,但她知道奥德修斯必有神祇护佑,于是解除魔法,恢复了被变成猪的水手们的人形。此时的瑟西又变成了温柔美丽的女神,殷勤地挽留奥德修斯和他的水手们在埃亚岛上梦幻般地住了一年。在荷马传统之外的传说中,瑟西和奥德修斯在岛上生活期间生了三个儿子,其中包括忒勒戈诺斯(Telegonus)。多年后,瑟西让忒勒戈诺斯去寻找父亲奥德修斯,他碰巧到了伊塔卡,被误认为海盗,结果在冲突中杀死了从来没有见过面的父亲奥德修斯。在荷马的《奥德赛》中,瑟西为羁留了一年的奥德修斯放行,并且告知,他必须在继续返程之前,赶往地下的冥界去会见特洛伊战争中以及战后死去的将士们的灵魂,以获取对于自己未来命运的昭示。人们认为,神话想象中的女巫形象一般不是独立的,清晰的,往往将会魔法的仙女和能够预言未来的女祭司混在一起。"瑟西"名字的含义是"猎鹰"(falcon),这很符合她的性格特征。

美狄亚(Medea):希腊神话中著名的女巫,科尔基斯国王埃厄忒斯和海洋女神伊底亚的女儿。相传她是女巫瑟西的侄女,还是黑夜女神和巫术女神赫卡忒神庙的女祭司,所以精通各种魔法和巫术。在阿耳戈英雄伊阿宋答应与她结婚的前提下,美狄亚帮助伊阿宋完成了其父埃厄忒斯要求伊阿宋完成的几个无比艰险的任务。然后她又在阿瑞斯圣林里制服了看守金羊毛的喷火巨龙,从而使伊阿宋拿到了金羊毛。当阿耳戈英雄们带着金羊毛回到伊俄尔科斯之后,美狄亚帮助伊阿宋向篡权者珀利阿斯(伊阿宋的叔父)复仇,将其置于死地。珀利阿斯的儿子将伊阿宋和美狄亚驱除出境,他们便来到科林斯避难。在科林斯,伊阿宋变了心,要另娶国王克瑞翁的女儿格劳刻为妻。愤怒的美狄亚决定对背信弃义的伊阿宋进行残酷报复。她假意顺从,然后给即将做新娘的格劳刻送去染有剧毒的新衣和金冠,格劳刻不知是计,一穿戴上新衣和金冠就被痛苦地烧灼而死。国王克瑞翁见状急忙抱住女儿,结果也染毒身亡。美狄亚还不罢休,又亲手杀死了自己与伊阿宋所生的两个孩子。此后,美狄亚逃往雅典,由雅典国王给了她一个避难之所。至于伊阿宋,他必定为自己见异思迁的背叛付出沉重的代价,他的余生也是悲惨凄凉的,他无处栖身,四处漂泊。有一天他正好路过伊斯特摩斯,这是当年阿耳戈英雄们将"阿耳戈号"航船拖上岸献给海神波塞冬的地方。已筋疲力尽的伊阿宋到此触景生情,不禁感慨万千。他躺在航船船尾休息,不知不觉睡着了。不知是否天意使然,"阿耳戈号"航船的船尾由于多年的风雨侵蚀已经腐朽,一时坍塌下来，把睡梦中的阿耳戈英雄伊阿宋砸死了。从总体上看，神话中的女巫美狄亚具有复杂的性格特征，她既是神祇（赫利俄斯）的后裔，又是精通巫术魔法的人间公主；她既帮助英雄伊阿宋夺取金羊毛，又对无辜之人大开杀戒：她残忍地杀死了自己的兄弟（在随同伊阿宋乘船逃走时，为阻碍追兵而将其兄弟砍成碎块抛进海里，其父不得不忙于收尸而未能追上他们），而且亲手杀死了自己的两个儿子作为报复伊阿宋的手段。从总体上看，美狄亚的形象是复杂的，而非单一的和固定不变的，人们认为她在仙女、祭司、公主、女巫、复仇者这几者之间变换着，是文化想象中的早期女巫形象。

人类

阿里阿德涅（Ariadne）：克里特国王弥诺斯和王后帕西淮的女儿。当雅典少年英雄提修斯前来克里特挑战牛怪弥诺陶洛斯时，她交给提修斯一个线团和一把利刃，使提修斯能够杀死牛怪并逃出迷宫。两人相爱了。但在返回雅典的路上，阿里阿德涅被提修斯遗弃在荒岛之上，而后酒神狄俄尼索斯发现并娶了她。在她去世后，狄俄尼索斯送给她的冠冕升上天空成为北冕座。

阿塔兰忒（Atalanta）：性格孤僻，刚生下来就被歧视女婴的父亲抛弃，由山林中的母熊哺乳长大，后成为速度和力量惊人的女猎人。阿塔兰忒曾发誓永不结婚，但后来在赛跑竞赛中输给青年希波墨尼斯后嫁给他为妻。

安德洛墨达（Andromeda）：安德洛墨达是一个不幸的妙龄少女。她是刻甫斯国王和卡西俄珀亚王后之女，因为王后扬言安德洛墨达的美貌胜过众海神，海中众女神大怒，于是海神波塞冬派来一只海中怪兽去祸害这个国家的百姓。为了结束这一灾难，国王只好牺牲安德洛墨达，用铁索将她捆绑在石崖上去喂怪兽。幸运的是，在最危急的时刻，穿着飞行靴的年轻勇士柏修斯从空中俯冲下来击杀了怪兽，救了年轻的姑娘。还有一种说法是，柏修斯想娶安德洛墨达为妻，但遭到国王与王后的反悔。为此柏修斯拿出女妖美杜萨的头，把他们变成了石头。安德洛墨达与柏修斯结婚后，生有六个儿子一个女儿。安德洛墨达死后，被神祇升上天空成为一个星座。

安提戈涅（Antigone）：俄狄浦斯与母亲伊娥卡斯忒所生的大女儿，伊斯墨涅（Ismene）的姐姐，她还有两个弟弟忒俄克勒斯和波吕尼克斯。在索福克勒斯的悲剧《俄狄浦斯在科洛诺斯》中，她和妹妹伊斯墨涅陪伴着流亡到科洛诺斯的父亲。在"七雄攻忒拜"的战斗中，忒俄克勒斯和波吕尼克斯两兄弟互相残杀身亡，底比斯国王克瑞翁（Creon）下令不许掩埋叛国的波吕尼克斯，安提戈涅公然反抗克瑞翁的命令，动手掩埋了她的弟弟波吕尼刻斯。克瑞翁判她有罪并且要把她活埋。当时她被关在洞穴里，还没等到恋人海蒙（克瑞翁的儿子）前来营救，她就在洞穴里自杀身亡了。

克吕泰涅斯特拉（Clytemnestra）：斯巴达王廷达柔斯和勒达的女儿，与卡斯托尔、波吕丢刻斯和海伦为同母异父的兄弟姐妹，后嫁给阿伽门农，生有克律索忒弥斯、伊勒克特拉、伊菲格涅亚和俄瑞斯忒斯。阿伽门农率希腊联军参加特洛伊战争时，因无风无法起帆，他狠心牺牲女儿伊菲格涅亚作为祭品，使克吕泰涅斯特拉非常痛恨他。阿伽门农走后，她便和情人埃奎斯托斯同居，后来又谋杀了刚从海外返家的阿伽门农和他带回来的特洛伊公主卡桑德拉。再后来，在姐姐伊勒克特拉的鼓动下，小儿子俄瑞斯忒斯杀死母亲克吕泰涅斯特拉，为父亲报了仇。

达那厄（Danae）：阿尔戈斯王阿克里西俄斯的女儿，英雄柏修斯之母。因神谕昭示达那厄所生之子将会害死其外祖父，于是国王阿克里西俄斯将她囚禁在铜屋里，不让她与任何男人接触。但主神宙斯爱上了达那厄，化作一阵金雨进入禁屋与她结合，结果生出柏修斯。国王得知女儿生子之事，将母子二人装入一只大箱投入海中（如果母子二人死于茫茫大海，那将是波塞冬的过错，与他没有什么关系）。然而，这母子俩非但没死，还经历了不平凡的生活，柏修斯成了大英雄，昭示的神谕最终也实现了。

海伦（Helen）：宙斯和勒达结合所生的美貌绝伦的女儿。海伦和克吕泰涅斯特拉都出生在一个鹅蛋之中，但海伦是不朽的。还在海伦的少女时代，提修斯曾把她抢走，准备将她嫁给自己的朋友为妻，但海伦的兄弟将她救回。后来海伦嫁给了阿伽门农的弟弟墨涅拉俄斯，阿伽门农则娶了海伦的姐姐克吕泰涅斯特拉为妻。海伦与墨涅拉俄斯生有女儿赫耳弥俄涅。后来特洛伊王子帕里斯拐走了海伦，引发了持续十年的特洛伊战争；战争结束后，海伦回到墨涅拉俄斯的身边。

塞墨勒（Semele）：卡德摩斯与哈摩尼亚之女，宙斯爱上了她，以冥河的名义发誓，将满足她提出的任何要求。因天后赫拉嫉恨，化身为凡人向她谎称，她的情人并不是宙斯。于是塞墨勒向宙斯提出，要亲眼看一下宙斯光芒万丈的真面目，结果被现出真身的雷电之神宙斯所携带的烈焰烧死，幸得宙斯把她肚子里的胎儿狄俄尼索斯救了出来，缝在自己的腿部直至其出生。

伊娥（Io）：美丽的阿耳戈公主。不幸被主神宙斯爱上。被赫拉发现后，宙斯为掩盖其偷情之事，将伊娥变成一头小母牛。然而赫拉已经发现了丈夫的把戏，便向宙斯索要这头小母牛，随后交给百眼巨人阿耳戈斯严加看守。宙斯派神使赫耳墨斯去设法杀死阿耳戈斯，但赫拉又派来硕大的牛虻追逐伊娥，使她无处安身。最后她到了埃及，在那里宙斯使她恢复了人形。

勒托（Leto）：提坦女神。福柏和科俄斯的女儿。她是阿耳忒弥斯和阿波罗的母亲，月亮女神。

尼俄柏（Niobe）：底比斯王后，个性傲慢偏执，尤其为自己的孩子们感到骄傲。有一次她竟然嘲笑阿波罗的母亲勒托只生了阿波罗和阿耳忒弥斯这两个孩子。两位神祇闻言大怒，分别射死了尼俄柏的所有子女。她因此整日哭泣，以泪洗面。宙斯把她变成了石像，至今，她的石像还泪流不止。

瑙西卡（Nausicaa）：淮阿喀亚王阿尔喀诺俄斯和王后阿瑞忒俄的女儿。特洛伊战后，奥德修斯在归途中船沉落水，爬上岸来，昏睡过去，不久被瑙西卡看见，得到帮助。善良热情的瑙西卡给奥德修斯换上干净整洁的服装，然后将他带回父王的宫殿。在《奥德赛》中，她是最具魅力的女性人物之一。

帕西淮（Pasiphae）：赫利俄斯的女儿，著名女巫瑟西的同父异母姐妹，克里特王弥诺斯的妻子。有一次弥诺斯冒犯了波塞冬，波塞冬便使帕西淮疯狂地爱上了一头白毛公牛。结果帕西淮找来名匠代达罗斯打造了一个木母牛，使她得以爬进木牛内部，与公牛结合，生出牛头人身的怪物弥诺陶洛斯。她还和丈夫弥诺斯生育了劳科斯，安德洛革俄斯，淮得拉和阿里阿德涅。

潘多拉（Pandora）：众神在奥林波斯山上制作的一个女人，起名潘多拉。众神给她一个盒子嘱咐她不要随意打开，但是，神祇们的嘱咐使她充满了好奇心。来到人间嫁给普罗米修斯的弟弟厄庇米修斯后，她经受不住好奇心的煎熬，终于打开了盒子。当然，盒子里盛着的各种祸患一起飞出，只有希望还留在盒底。

珀涅罗珀（Penelope）：伊塔卡国王奥德修斯的忠贞不二的妻子。奥德修斯远征特洛伊长达二十年，在这期间，人们认为他或者已经阵亡，或者死于航海途中，因此众多王公贵族赶来向珀涅罗珀求婚，并且吃住在宫里。为应对求婚者的逼迫，珀涅罗珀宣称要为奥德修斯的父亲拉厄忒斯编织好寿衣后才会考虑再婚之事。她白天织布，晚上拆掉，尽量拖延时间。她就这样机智地对付众多求婚者，直到奥德修斯归来。

普赛克（Psyche）：人类灵魂的化身，爱神丘比特（厄洛斯）的妻子。普赛克原是西西里岛国王的公主，美貌惊人，求婚者甚众。人们如此追求和崇拜公主，已经超过了对女神维纳斯的敬仰，这使维纳斯感到又恨又妒，于是愤怒的女神派遣儿子丘比特去惩罚普赛克，令他用神箭射她，使她爱上最丑陋的男人。不料丘比特本人却爱上了公主，于是产生了一场风波迭起，让普赛克历尽磨难的爱情悲喜剧。有关丘比特和普赛克的神话故事代表着爱与灵魂的结合。

附录三　神话中的怪物异类

巨蟒怪提丰（Typhon）：又称为堤福俄斯（Typhoeus），据赫西俄德所述，提丰乃大地女神盖亚和塔尔塔罗斯的小儿子，是一个恐怖的巨蟒怪，他长有一百个蛇头，还长有许多无比强壮有力的手脚。他可以模仿端庄悦耳的声音，也可以发出恐怖怪异的吼叫。此外，他不仅能够从眉眼间喷出烈焰，而且力大无穷，用"力拔山兮气盖世"来形容他绝不过分。在试图打垮以宙斯为首的诸神的激战中，他拔起高山向众神投去，砸得对手狼狈逃窜。宙斯用雷霆闪电进行还击，提丰也喷出烈焰还以颜色，这场以火攻火的搏斗实在惊心动魄，大地颤抖，大洋沸腾，天崩地裂，飞沙走石，犹如世界末日之来临。在最后的决战中，提丰提起埃提那山（Mt. Aetna）朝宙斯扔去，宙斯则用雷电还击，使埃提那山垮塌而压在提丰身上。据说时至今日埃提那山仍时有烟雾冒出，住在附近的居民还经常听到提丰发出的怒吼声。也许是由于提丰具体的毁灭性火暴脾气的缘故，"Typhon"在希腊词汇中出现了与"强烈的飓风"相对应的含义，还引申为"热腾腾的蒸气"。但希腊附近海域出现的飓风并不多见，所以"飓风"更多地用于描述在西太平洋和中国海区域出现的这一威力巨大的现象。英文词汇中的"台风"（typhoon）一词即出自这一用法。医学词汇"斑疹伤寒"（typhus）也源自这一出处。在当时的人们看来，这一令人恐惧的疾病就是由怪兽提丰所喷出的毒气造成。据传提丰和他的配偶厄喀德娜生育了许多给希腊英雄们造成极大威胁和挑战的怪物后代。

怪物之母厄喀德娜（Echidna）：半人半蛇的女怪。据赫西俄德所述，厄喀德娜是卡利罗厄（Callirhoe）生于山洞的怪物，半是自然神女（目光炯炯，脸蛋漂亮），半是蟒蛇（庞大可怕，皮肤上斑斑点点）。[①] 她与巨蟒怪提丰结合，生育了众多丑陋凶狠的怪物，包括在赫斯珀里得斯圣园看守金苹果（the Golden Apples of Hesperides）的百首巨龙，在科尔基斯阿瑞斯圣林看守金羊毛

[①] 赫西俄德《工作与时日·神谱》，张竹明，蒋平译，北京：商务印书馆，2006，35页。

的喷火恶龙，九头蛇怪许德拉，喷火女妖喀迈拉（母羊怪），地狱双头狗俄尔托斯（Orthus），看守地狱的三头恶犬刻尔柏洛斯，克罗弥翁尼安母猪（Crommyonian Sow），受宙斯之命去啄食普罗米修斯肝脏的高加索大鹰（the Caucasus Eagle），等等；据传厄喀德娜还与其子俄尔托斯结合生育了狮身人面怪兽斯芬克斯和尼密阿猛狮（the Nemean Lion）等怪物。还有说法认为斯库拉（Scylla）和戈尔贡（the Gorgons）也是厄喀德娜的女儿，但此说存疑。一般认为，厄喀德娜是个半人（女人的身体）半蛇（蛇的尾巴）的可怕怪物，与提丰居住在塞西亚（Scythia）的一个洞穴之中。另有一说是，厄喀德娜乃冥河女神斯堤克斯（Styx）与佩拉斯（Peiras）的女儿，或者是盖亚（Gaia）与塔尔塔罗斯（Tartarus）的女儿。厄喀德娜的字面意思是"蛇蝎一般阴险的女人"（She-Viper）。还有一个传说讲述厄喀德娜窜到伯罗奔尼撒半岛祸害当地民众，后来在熟睡时被百眼巨人阿尔戈斯杀死。

喷火女怪喀迈拉（Chimaera）：关于喀迈拉的出生有多种传说版本。据赫西俄德所述，喀迈拉是厄喀德娜和提丰所生的众多后代之一。而荷马认为它是一个名叫阿弥索达鲁斯（Amisodarus）的巨人所养的怪物。不管怎样，喀迈拉是一个喷火女怪，她长有一个龙头，一个狮子头和一个山羊头，经常在乡间游逛，祸害人畜。后来，英雄伯罗洛丰骑着飞马珀珈索斯与她展开搏斗，结束了她的生命。当时伯罗洛丰骑着飞马居高临下地向她投掷了一个铅矛，刺中了她的三个喉咙之一，愤怒的女妖在喷出烈焰时使铅矛融化，结果铅水灌进了她的腹中，使她丧生。还有一种说法是，伯罗洛丰从远处用利箭射死了喀迈拉。"喀迈拉"一词含有"小母羊"之意。

鸟怪哈耳皮埃（The Harpies）：人面鹰身的女妖，也是一种飞鸟。这种面孔为女人，身体却是老鹰的怪鸟住在克里特岛的岩洞中，是为太阳神赫利俄斯效力的仆从。著名的哈耳皮埃三姐妹贪婪好吃，其名字的含义是"强夺者"（Snatcher），正如荷马史诗《奥德赛》中描写的足以掠走东西，甚至将人掠走的狂风哈耳皮埃。在荷马的讲述中，哈耳皮埃就象征着肆虐的暴风雨。相传她们分别是：埃洛或埃洛普斯（Aello or Aellopus），意为"急风暴雨"（*Whirlwind or Storm foot*）；奥库佩忒（Ocypete），意为"飞翼"（*Swift Wing*）。一种说法是，鸟怪哈耳皮埃为海中仙女伊莱克特拉（Electra）和陶马斯（Thaumas，蓬托斯和盖娅的儿子）所生，她们住在克里特岛（Crete）上的洞穴中。这使她们与彩虹女神伊里斯（Iris）有了姐妹之名分。哈耳皮埃三姐妹总是像贪婪又贪吃的饕餮，永远不知饱足，此外还散发出恶臭。当年阿耳戈英雄们在夺取金羊毛的远征途中曾经替瞎眼的预言家菲尼士驱赶被宙斯派来折磨他的哈耳皮埃鸟怪（她们像风暴一样飞进菲尼士的住所，吃光里面的食物，撒下满屋的鸟粪）。哈耳皮埃鸟怪往往被称为"宙斯（或哈得斯）的猎犬"。她们还会使一个地区出现严重饥荒。不过在此前她们也被看作是雅典娜复仇的化身。

人面狮身怪斯芬克斯（The Sphinx）：相传为厄喀德娜的女儿，是个会出隐谜的狮身人面女妖，要是有人猜不出她的谜语会被当场杀害。出于仇恨，天后赫拉将女妖斯芬克斯遣往忒拜为害一方。她盘踞在城外过往交通要道旁的一座岩石上，每个途经此处的行人都必须回答一个隐谜，一旦回答不上就会被她吃掉。有一天，来自外乡的俄狄浦斯从此经过，女妖问道："什么动物早晨用四条腿走路，中午用两条腿走路，傍晚用三条腿走路？"俄狄浦斯应声答道："这动物就是人啊。"隐谜被解开了，斯芬克斯又气又急，从岩石上跳下来，一头撞死在地上。一般认为斯芬克斯传说来自埃及，但在进入希腊文化后有所变化，从无翼的男性（据信为法老的雕像，由国王的头部安放在狮子身上而形成的组合）变为有双翼的女妖。斯芬克斯的意思是"阻碍者"或者"扼杀者"（Throttler）。

讨厌的牛虻（Brize）：牛虻是一种牛蝇，天后赫拉察觉了宙斯与人间少女伊娥之间的情人关系，赶去问罪。为了掩饰，宙斯赶紧将伊娥变成一头小母牛。赫拉即派出牛蝇去折磨以小母牛形体出现的伊娥。这种牛蝇身体硕大，犹如一种长有巨刺的大蜘蛛，使伊娥痛苦万状。后来宙斯派神使赫耳墨斯去救助这个可怜的姑娘，赫耳墨斯赶去杀死了牛虻。牛虻的意思是"讨厌的人"。

监守者康培（Campe）：康培是地狱深渊塔尔塔罗斯的女狱卒，她负责看守巨人库克罗普斯（Cyclopes）和赫卡托克瑞斯（Hecatoncheires）。康培本身也是变形组合体，臀部以上为女人之身，从胸部到大腿上部则被鱼鳞所覆盖，肩上蹲着一只蝎子。为了战胜凶狠的提坦神族，宙斯杀死了看守者康培，将关在深渊里的库克罗普斯和巨人们释放出来，为他投入战斗。康培的意思是"拐骗，不老实"。

母龙得尔费涅（Delphyne）：得尔费涅是一只母龙，相传是提丰的妹妹。当年提丰向宙斯发起攻击，越战越勇，杀得宙斯及诸神节节败退，狼狈不堪。他一直追杀到埃及和阿拉伯半岛中部岩石地带的边界，然后夺下宙斯手中作为武器的镰刀，割断了宙斯胳膊和小腿上的筋腱，把不能动弹的宙斯扛在肩上，藏到西里西亚的一个洞穴里。提丰又把宙斯的筋腱裹在一张熊皮里交给他的妹妹得尔费涅看守。神使赫耳墨斯（Hermes）和潘神（Pan）窃走了宙斯的筋腱并把它们复原,使宙斯的精力得到了恢复。最后,阿波罗杀死了在德尔斐神殿(Delphi)旁看守泉水的得尔费涅,接管了德尔斐神殿。"得尔费涅"一词含有"发源地"(Womb)的意思。

半人半神的伊雷特(Elate):伊雷特是一个女巨人或者半人半神,是爱洛伊士(Aloeus)与伊菲米迪亚(Iphimedea)结合所生的女儿。她的哥哥是奥托斯(Otus)和埃菲阿尔忒斯(Ephialtes),他们曾试图夺取奥林波斯山。当两个哥哥战败被杀之后,伊雷特悲痛不已,不停地哭泣,神祇出于同情将她变成了一棵云杉树。她的名字从字面上来说就是"杉树"(Fir Tree)的意思。

复仇女妖拉弥娅(Lamia):伯洛斯(Belus)的女儿,波塞冬的孙女,一个美丽的海中仙女。宙斯迷上了她,在位于非洲的一个秘密洞窟修建了一座豪宅,供两人约会时居住。宙斯赋予她一种特殊的能力作为定情礼物:她可以在睡眠时将双眼取出放置在一旁,从而保持高度的警觉。但即使这样的魔力也没有使她逃脱天后赫拉的察觉、追踪与迫害。不过赫拉没有直接对拉弥娅下手,而是将她与宙斯结合所生的众多儿女全都杀死了,只放过了斯库拉一人(因为赫拉预知了她将来会承受的各种难以言状的痛苦)。失去儿女的痛苦使拉弥娅变得疯狂起来,终于从一个美丽娴静的公主变成一个充满复仇欲望的恶魔。她四处游荡,一到夜深人静就穿门入户,吞噬别人的子女,甚至连那些已经长大的子女也不放过。她心中充满对孩子的渴望,往往不由自主地扑在熟睡中的男人身上,与他们发生关系,拼命地吸取他们的活力和生命。"拉弥娅"(Lamia)的原意是"贪婪",这个名字通常还有"淫荡、色情"(Lecherous)的含义。后来拉弥娅被描写成一个人首蛇身的妖怪,上半身是美丽的女人,下半身是蛇。

百怪之父福耳库斯(Phorcys):具有破坏性倾向的海神,彭透斯和盖亚的孩子。号称"百怪之父",生育了很多怪物。

妖女美杜莎(Medusa):美杜莎本来天生丽质,美貌非凡,是戈尔贡三姐妹中唯一拥有凡身的女妖。但这位美丽的少女为何被人夺走美貌,又最终被人斩杀呢?传说美杜莎曾是女神雅典娜的一名女祭司,但她有一次竟然和波塞冬在雅典娜的神殿里偷欢。虽然与她的姐姐阿耳忒弥斯相比,雅典娜并不在乎别人的男女私情,但此事居然发生在她的神殿里,这是无论如何不能容忍的。于是愤怒的雅典娜将美杜莎变成了现在人们所熟知的长着满头蛇发的丑陋无比的女妖模样,而且任何人只要看她一眼就会变成石头。美杜莎后来被柏修斯杀死,当时从她被斩断的躯体中跳出了飞马佩伽索斯和巨人克律萨俄耳,所以她还是这两者的母亲。相传,飞马佩伽索斯在经过赫利孔山上时踩出了希波克里尼灵感之泉，诗人饮之可获得诗意灵感，因此佩伽索斯也被视为文艺和科学女神缪斯的标志。

海妖三姐妹戈尔贡（The Gorgons）：戈尔贡三姐妹是海神福耳库斯（Phorcys）和刻托（Ceto）所生的女儿。她们居住在大洋俄刻阿诺斯的彼岸。她们是永生不死的斯忒诺（Stheno），欧律俄勒（Euryale）和肉体凡胎的美杜莎。三姐妹的名字各有含义：美杜莎（Medusa）的含义是支配者（Ruler）；斯忒诺（Stheno）的含义是拥有强大力量者（Forceful）；欧律俄勒（Euryale）的含义是游荡者（Far-Roaming）。她们身上披着金色的羽翼，头发则是不停蠕动的毒蛇群。她们的姐妹格赖埃（the Graiae）在海的另一边守卫着她们的家。

灰发的格赖埃（Graeae）：格赖埃姐妹是刻托与福耳库斯结合所生的灰发三姐妹，面孔迷人，据称有"天鹅一般的白嫩面容"。这三姐妹生下来就白发苍苍，而且三人轮流使用一只眼睛和一只手。后来英雄柏修斯将她们的独眼和眼镜扔进了湖里。她们分别是狄诺（Deino，意思是"恐怖"）；厄尼俄（Enyo，意思是"女战神"）；彭菲瑞多（Pemphredo，意思是"暴躁"）。

马女希波（Hippe）：希波是半人半马的贤者喀戎的女儿，她被风神埃俄洛斯（Aeolus）所引诱（也有说是被风神所强暴）。希波想离开埃俄洛斯，独自生下孩子，但埃俄洛斯一直紧跟着她。于是希波向众神求助，希望能让她秘密地把孩子生下来。结果众神将她升上天空，化成一个马形的星座。在希腊语中，"hippe"（hippos）就是马的意思。希波生下的女儿名叫墨拉尼佩（Melanippe）。"女性马人"在英语里就是"Centaur Woman"。

吸血怪茉墨（Mormo）：相传茉墨是黑夜和巫术女神赫卡忒（Hecate）的侍女。她与拉弥娅一样，是一个具有超人力量的女妖。在传说中，茉墨是一个精灵，专咬坏小孩，于是人们常拿她来吓唬小孩。茉墨经常化身为美丽的女子引诱男人，然后吸他们的血。这个名字在给儿童讲述的故事中被用来表述一个女吸血鬼怪物，用以警告儿童，不要调皮捣蛋。这一用法主要出现在古希腊剧作家阿里斯托芬的作品里。

猪怪斐亚（Phaea）：相传斐娅是提丰与厄喀德娜所生的体型庞大的母猪怪，非常凶恶，在科林斯附近的克罗米翁地区活动，危害当地民众，后来被雅典少年英雄提修斯所杀。还有一种出自希腊历史学家的说法，认为斐亚是一个非常残暴和淫荡的女强盗，在克罗米翁一带活动，不仅性格冷酷，而且生活在恶臭污秽的环境中，所以得到"母猪"这一绰号。

锡西厄怪物（Scythian Monster）：半人半蛇的女怪，身体一半是少女一半是毒蛇。她拒绝将巨人格律翁（Geryon）的牛群交给赫拉克勒斯，但如果他愿意与她交欢则另当别论。结果，她怀上了小阿伽杜尔索斯（Agathyrsus），后来又生了阿尔凯奥斯（Alcaeus）、格隆布斯（Gelonus）和锡西斯（Scythes），他成为锡西厄的第一位国王。

斯廷法罗斯湖怪鸟（Stymphalian Birds）：这些食人怪鸟栖息在斯廷法罗斯湖畔（Stymphalos）为非作歹，后来英雄赫拉克勒斯来到这里，用神匠赫斐斯托斯制造的大铜钹惊起怪鸟，然后将它们除掉。

三头恶犬刻耳柏洛斯（Cerberus）：提丰和厄喀德娜的后代，把守冥界地狱大门的三首恶狗（在赫西俄德的《神谱》中，刻耳柏洛斯有五十个头，后人为雕刻方便而减为三头）。刻耳柏洛斯形象丑陋，狗嘴里滴出毒涎，下身长着一条龙尾，头上和背上的厚毛乃是盘卷着的一条条毒蛇。希腊英雄赫拉克勒斯的任务之一就是将它从地狱里捕捉回来。除赫拉克勒斯外，太阳神阿波罗之子俄耳甫斯也曾挫败过刻耳柏洛斯。相传俄耳甫斯善弹竖琴，其琴声感天动地，遑论世间的草木、顽石和禽兽。为了从冥界救出亡妻欧瑞狄克，俄耳甫斯赶往地府并用琴声使刻耳柏洛斯昏昏睡去。根据维吉尔的叙述，刻耳柏洛斯有三个喉咙，而奥维德将它的叫声描述为三重奏，布特勒则把它比作主教的三重冠冕（主教是天堂的看门人，刻耳柏洛斯则是地狱的看门犬）。北欧神话里也有一群名为嘉尔姆（Garm）的地狱犬，它们长着四只被鲜血染红的眼睛，性情十分凶残，与刻耳柏洛斯一样看守着通往地狱的大门。

巨龙拉冬（Ladon）：看守金苹果圣园的百首巨龙，相传是大地之女克托和百怪之父福耳库斯所生。国王欧律斯透斯交由赫拉克勒斯完成的十二个艰巨任务之一就是到金苹果圣园里去偷取金苹果。这棵金苹果树被宙斯放置于天涯之角的果园，由夜神的女儿赫斯珀里得斯姐妹看守，而协助她们看守圣园的就是这条巨龙拉冬。巨龙有一百个头，众多眼睛可以轮流休息，所以它总是保持着清醒的状态，忠于监守之职。在某些传说中，看守金苹果圣园的巨龙拉冬与看守金羊毛圣林的巨龙相互混同。在阿耳戈英雄夺取金羊毛的传说中，伊阿宋在科尔基斯的阿瑞斯圣林里也要对付一条从不睡觉的巨龙才能获取金羊毛。这条巨龙时刻警惕地看守着悬挂在圣林中的金羊毛，有任何响动它都会伸长脖子，发出阵阵尖利的可怕吼叫；要是窃贼还要图谋不轨，巨龙会喷出烈焰将其烧死。伊阿宋是在会巫术的科尔基斯公主美狄亚的帮助下取得金羊毛的。

牛怪弥诺陶洛斯（Minotaur）：克里特岛上的牛头人身怪物，喜食人肉，尤其是童男童女。相传弥诺斯是宙斯和欧罗巴之子，由于宙斯不能长期陪伴欧罗巴，克里特岛国王娶了欧罗巴为妻，也收养了弥诺斯和他的兄弟拉达曼达斯。在老国王去世后，弥诺斯希望众神支持他继承王位，为此他向波塞冬祈求，请海神为他从大洋中遣送一个动物作为明示。波塞冬果真派来的一头牡牛——但条件是弥诺斯必须尽快将此牛祭献给波塞冬。弥诺斯做了国王以后并没有实现他的诺言，因为他太喜欢这头漂亮的公牛了。波塞冬怒不可遏，当即采取报复行动。他先让公牛发疯，祸害地方，然后又使得弥诺斯的妻子帕西淮不可救药地迷上了公牛。王后帕西淮欲火中烧，难以自持，不得已求助于神匠代达罗斯，后者替她打造了一个体态丰满的木制母牛，让王后爬进去引诱公牛。王后在木牛内部发出母牛求偶的温情叫声，公牛闻声奔来，与之结合，使王后怀了孕，生下一头牛怪（这计谋也许可称作代达罗斯的"木牛计"）。波塞冬的报复计谋实现了。这牛头人身的怪物被称作"弥诺陶洛斯"，即"弥诺斯的公牛"。被蒙在鼓里的国王弥诺斯令代达罗斯设计建造了一个迷宫，将牛怪隐藏在里面。与此同时，弥诺斯的儿子安德洛革俄斯在阿提卡参加竞技会时大展身手，引起嫉妒而被当地人杀害，弥诺斯当即亲率大军征讨希腊城邦雅典，为儿子报仇。弥诺斯的军队一路追杀希腊人，一直攻到雅典城下。为了平息弥诺斯的怒火，使雅典免受战争劫难，雅典人向弥诺斯求和，答应每年送七对童男童女到克里特岛作为进贡。弥诺斯这才罢战休兵。每当雅典将童男童女送来后，弥诺斯都残忍地将他们关进牛怪弥诺陶洛斯栖身的迷宫里，由牛怪把他们杀死吞食。当雅典人第三次进贡童男童女时，少年英雄提修斯自愿加入被进贡者行列，来到克里特。在克里特公主阿里阿德涅的帮助下（公主和她的母亲一样也求助于代达罗斯，得到一个可以引导进入者进出迷宫的线团），提修斯进入迷宫，并用公主交给他的一把利剑斩杀了牛怪弥诺陶洛斯。

　　人身蛇尾的刻克洛普斯（Cecrops）：相传为雅典的第一位国王，拥有人的身体，蛇的尾巴。刻克洛普斯是雅典娜与波塞冬之间矛盾的裁决者。因他判雅典娜获胜，所以为纪念他而建成的首府取名为刻克洛普斯匹亚。

　　变化多端的两栖海怪忒尔喀涅斯（The Telchines）：忒尔喀涅斯姐妹是九个由大海孕育的儿女，也是最早和最变化多端的海中妖灵。她们还是最早出现的两栖海洋生物，既能在水里呼吸，也能在陆地上呼吸。忒尔喀涅斯海妖的头是狗头形状，上肢则像海狮一样是鳍状的。当她们愤怒时，可以从眼睛里喷出有毒的气雾，将接触到的任何动物或凡人置于死地。她们也是能工巧匠，相传正是她们打造了那把克罗诺斯用来砍杀乌拉诺斯的镰刀。忒尔喀涅斯海妖最初居住在罗得岛（Rhodes），也有居住在克里特的说法。和许多早期神灵一样，忒尔喀涅斯对于奥林波斯诸神是蔑视的。阿佛洛狄忒在造访罗得岛时受到她们的羞辱，愤怒的阿佛洛狄忒决定报复，使她们变得疯狂起来。波塞冬（一说是宙斯）掀起了一场洪水，想把她们彻底清除掉，结果她们四散而逃，流窜到世界各地。她们在海中攻击航行的水手；在陆地上她们以各种形态出现，掀起动乱。相传她们变身为猎犬，引导了围追和撕咬猎人亚克托安（Actaeon）的行动。相传宙斯在陶弥索斯（Teumessus）杀死了那些逃至此处的忒尔喀涅斯，而化身为狼的阿波罗杀死了逃至利西亚（Lycian）的忒尔喀涅斯。还有一些忒尔喀涅斯则居住在锡西翁地区（Sicyon）。早期的希腊、克利特岛、吕底亚和爱琴海岛屿的母系氏族的人们都崇拜忒尔喀涅斯。据传忒尔喀涅斯具有调遣冥河之水的法力。她们的名字"忒尔喀涅斯"本身的含义是"迷人者"（enchanters）。

托萨（Thoosa）：托萨为福耳库斯之女，生有很多奇形怪状的孩子。她有时化身为大海的柔波，不过海神波塞冬并不为此而忧心，因为他已让托萨怀上了独眼巨人波吕斐摩斯（Polyphemus），即独眼巨人族库克罗普斯之一员，他差点吃掉闯进他洞穴的奥德修斯，但还是被后者用计刺瞎了独眼。为此他祈求父亲波塞冬严惩在海上航行的奥德修斯。

九头蛇怪许德拉（Hydra）：提丰和厄喀德娜所生的九头蛇怪，身躯硕大，性情凶残。在她的九个脑袋中，有八个头是凡胎，可以杀死，而第九个头，即中间直立的一个却是杀不死的。由于许德拉住在阿耳哥利斯得勒那沼泽地里，所以又称阿耳哥利斯得勒那大蛇。许德拉常常窜到田野里，糟蹋庄稼，危害牲畜。希腊英雄赫拉克勒斯接受的第二个任务就是杀死这九头蛇怪。据传许德拉长着狗的身体，她的气息中也含有剧毒，甚至只要谁吸一口气就足以使他送命。

水怪格劳库斯（Glaucus）：相传，格劳库斯最初只是安泰东附近的一名普通渔夫，靠打鱼为生。有一天，他打了一网鱼，将船靠在一个美丽的河心小洲旁，然后在岸边的草地上将已经半死不活的鱼儿倾倒出来。突然，那些倒在草丛里的鱼儿全都焕发了活力，精力大增，拍着鳍，蹦跳着跃进了海水之中。这令人难以置信的情形使格劳库斯惊讶不已。是神灵的驱使呢？还是地上的青草具有神秘的魔力？渔夫在惊讶之余也将地上的青草拔起来放进嘴里尝一尝。突然间他感觉全身发热，通体舒畅，再也无法抑制心中跳跃的冲动，于是纵身跳进大海。河里的水神殷勤地接待了他，海洋大神俄克阿诺斯和忒西斯决定用百川之清流洗去他的凡胎俗气，使之成为不朽之躯。顿时只见上百条河流向他冲刷过来，他一下昏迷过去。当他苏醒过来时，他发现自己从形体到精神都彻底改变了。他的头发变成海水般的绿色，在身后流动；他的肩变宽了；他的股和腿变成了鱼尾的形状。作为一个"半路出家的水神"，格劳库斯虽然改变了形体，但还想象自己仍然具有过去俊美的人形。一天，格劳库斯看见了美丽的山泽少女斯库拉，她正在岸上随意漫步。格劳库斯对她一见钟情，深深地爱上了她。他向她游去，对她吐露心曲。然而少女猛然见到这样一个怪物，吓得拔腿就跑。格劳库斯半露出水面，靠着岩礁说："美丽的女郎！我不是怪物，而是一个水神；过去我也是凡人，可是现在我的身心已完全属于大海了。"然后他把自己变形的故事告诉了她，对她说："如果我不能打动你的芳心，那么这一切对我又有什么意义呢？"可是，斯库拉却掉头跑开了。格劳库斯失望之极，就去向女巫瑟西求助。他来到女巫住的岛屿，祈求她用魔法或神异的药草让斯库拉爱上他。然而，瑟西本人却迷上了格劳库斯，于是让他忘掉斯库拉，去接受一个爱他的对象，并暗示了自己的爱慕之意。谁知格劳库斯却说自己除了斯库拉，谁也不爱。瑟西听了非常生气，于是把全部怒气转到可怜的斯库拉身上。除了安泰东地区，希腊的许多岛屿和沿海地区都把格劳库斯看作是一位友好、温和的神而崇拜他，他也乐于向那些遭遇海难的人们和那些被风暴侵袭的人们提供帮助。

凶险的斯库拉（Scylla）：斯库拉原是美丽的山林水泽仙女，是福耳库斯与刻托之女。有一天斯库拉在水边散步时被水神格劳库斯看见，格劳库斯从此深深地迷上了她，可她却吓得转身逃走了。嫉妒的女巫瑟西爱上了格劳库斯。这个曾将奥德修斯的水手们变成猪猡的女巫对斯库拉感到极度嫉恨，她选取了几种具有强烈毒效的药草，把它们混合起来，然后拿着魔草，来到斯库拉所在的西西里海岸。那里的海边有个小海湾，斯库拉在天气炎热的时候常到那里散步，然后在海水里洗浴一番。瑟西把具有混合魔力的草药丢入水中，再念了一些魔法咒语。不知情的斯库拉又像往常一样来此洗浴，然而当她没入水中时，她感觉多么惊怖啊：一群毒蛇和张嘴咧牙的怪兽围绕着她，纠缠着她。最初，她无法想象它们就是她身体的一部分，因而拼命爬上岸来拔腿狂奔。可在她跑动的时候这些毒蛇和怪兽仍然与她贴在一起，而当她触摸自己的脸部时，她摸到的竟是张开大口的怪兽的两颚。如此剧烈的变化使她悲愤欲狂，却又无可奈何。于是，她的性情变得和她的形体一样乖戾。可怜的斯库拉把自己的不幸都发泄到过往的水手身上，她整日坐在意大利一侧的墨西拿海峡的岩石上，吞噬过往船只上的水手，以此作为自己的赏心乐事。在《奥德赛》中，奥德赛设法躲过了卡律布狄斯旋涡，却被斯库拉吞噬了六个水手。她还想毁坏埃涅阿斯的船只。最后，斯库拉虽然化为一块岩礁，但对来往船只上的水手们始终是一个威慑。现实中的斯库拉是位于墨西拿海峡（意大利半岛和西西里岛之间的海峡）一侧的一块危险的巨岩，它的对面是著名的卡律布狄斯大漩涡。人们认为，希腊神话中关于斯库拉、卡律布狄斯和塞壬的传说很可能受到墨西拿海峡的那些极易使航行船只搁浅、遇难的礁石、激流与漩涡的影响和启发。斯库拉的意思是"撕裂者"（She who rends）。

制造漩涡的卡律布狄斯（Charybdis）：卡律布狄斯本是山林水泽的一个仙女，是波塞冬和盖亚的女儿。她曾在大地上掀起了一场洪水，以使之汇入她父亲波塞冬治理的水中王国，结果宙斯一怒之下把她变成了一个怪物（一说是卡律布狄斯偷走了赫拉克勒斯的绵羊，并将它们吞食——实际上，那些羊是赫拉克勒斯从巨人革律翁那里夺走的——所以受到惩罚），罚她每天吞吐海水三次，每次都会掀起巨大的漩涡。卡律布狄斯居住在墨西拿海峡一侧的西西里岛上的一个大岩洞里，而女海怪斯库拉则盘踞在对面的岩礁上，所以她们都对过往船只的安全造成了巨大威胁。在《奥德赛》中，奥德修斯和他的船员们曾设法避开卡律布狄斯的漩涡，但却遭到来自对面的斯库拉的突然袭击。卡律布狄斯的意思是"吸入"（sucker down）。

海妖塞壬（The Sirens）：希腊神话中半人半鱼的女海妖，相传是福耳库斯与刻托所生的漂亮女儿。她们栖息在海中的礁石上，拥有美丽动人的歌喉，往往用充满奇妙魅力的歌声诱惑过往的航海者而使其航船触礁沉没。无论任何人只要听到她们的歌声都会不顾一切地跳入水中，朝她们游去，结果他们都无一幸免地死于大海的怒涛之中。早期的塞壬数量很少，就两三个而已，后来她们的数量逐渐增加。关于塞壬的广为流传的故事出现在荷马的《奥德赛》中。在这个故事中，帕尔忒诺珀、丽姬亚和琉科泰娅对着奥德修斯和他的水手们歌唱，但奥德修斯事先令水手们用蜡将各自的耳朵封住，听不见任何声音，然后让水手们将他本人紧紧地绑在桅杆上，方才安然度过（奥德修斯虽然被绑在桅杆上，但却可以享受那美妙的歌声）。后来，在阿耳戈英雄夺取金羊毛的远征中，音乐家俄耳甫斯用自己的竖琴声压倒了塞壬的歌声，拯救了全体船员。一说塞壬是河神埃克罗厄斯的女儿们，是从他的血液中诞生的。她们与缪斯进行音乐比赛而落败，结果被缪斯拔去翅膀，从而再也无法飞翔。缪斯还用塞壬美丽的翅膀为自己编扎了一顶冕冠，作为胜利的标志。失去翅膀后的塞壬只好在海岸附近游弋，有时会变幻为美人鱼，用自己的音乐天赋吸引过往的水手。她们居住的小岛就在墨西拿海峡附近。塞壬的意思是"攫取者"（those who bind）。

主要参考书目

Adam Roberts. *The History of Science Fiction.* Palgrave. Macmillan, 2005.

Aldiss, B. with Wingrove, D. *Trillion Year Spree: The History of Science Fiction.* London: The House of Stratus, 2001.

Bulfinch, T. *The Age of Fable.* New York: Airmont Publishing Company, Inc. 1965.

Carpenter, Humphrey and Mari Prichard. *The Oxford Companion to Children's Literature.* Oxford: Oxford University Press, 1991.

Clute, John and John Grant. *The Encyclopedia of Fantasy.* New York: St. Martin's Griffin; Updated edition, 1997.

Dahl, Roald. *James and the Giant Peach.* Puffin Books, 1973.

Davies, Stan Gebler. *James Joyce: A Portrait of the Artist.* London: Davis-poynter Ltd. 1975.

Gardner, Martin. *The Annotated Alice: Alice's Adventures in Wonderland and Through the Looking-Glass by Lewis Carroll.* Penguin Books, 1965.

Lattimore, R. (trans.) *The Odyssey of Homer: A Modern Translation.* New York: Harper & Row Publishers Inc. 1961.

Lattimore, R. (trans.) *The Iliad of Homer.* Chicago: The University of Chicago Press. 1965.

Macrone, Michael. *Brush Up Your Mythology!.* New York: Gramercy Books. 1999.

Macrone, Michael. *Brush Up Your Classics!* New York: Gramercy Books. 1999.

McLeish, Kenneth. *Myths and Legends of the World Explored.* London: Bloomsbury Publishing plc, 1996.

Ovid. *The Metamorphoses.* Trans. Mary M. Innes, Penguin Books,

1955,1981.

Roberts, Adam. *The History of Science Fiction* Palgrave. Macmillan, 2005.

Sophocles*Antigone* in X. J. Kennedy and Dana Gioia *Literature* tans. Dudley Fitts and Robert Fitzerald, New York: Harper Collins College Publishers 1995.

Stanford, W. B. *The Ulysses Theme: A Study in the Adaptability of a Traditional Hero.* Oxford: Basil Blackwell, 1954.

Tolkien, J. R. R. *The Tolkien Reader.* New York: Ballantine, 1966

Zipes, Jack. *Fairy Tale as Myth / Myth as Fairy Tale.* Lexington: University Press of Kentucky, 1994.

Zipes, Jack. *Breaking the Magic Spell: Radical Theories of Folk and Fairy Tales.* Revised and expanded edition. Lexington: University Press of Kentucky. 2002.

荷马:《奥德赛》,陈中梅译,南京:译林出版社,2003。

荷马:《奥德赛》,王焕生译,北京:人民文学出版社,1997。

赫西俄德:《工作与时日·神谱》,张竹明,蒋平译,北京:商务印书馆,2006。

亚里斯多德:《诗学》,罗念生译,北京:人民文学出版社,1982。

斯威布:《希腊的神话和传说》,楚图南译,北京:人民文学出版社,1958,1978。

施瓦布:《希腊古典神话》,曹乃云译,南京:译林出版社,1996。

库恩:《古希腊的传说和神话》,秋枫,佩芳译,北京:生活·读书·新知三联书店 2002。

查尔斯·米·盖雷:《英美文学和艺术中的古典神话》,北塔译,上海:上海人民出版社,2005。

外国神话传说大词典编写组:《外国神话传说大词典》,北京:中国国际广播出版社,1989。

吉尔伯特·默雷:《古希腊文学史》,孙席珍 等译,上海:上海译文出版社,2007。

王焕生:《古罗马文学史》,北京:中央编译出版社,2008。

维科:《新科学》,朱光潜译,北京:人民文学出版社,1986。

朱一玄,刘毓忱编:《西游记资料汇编》,天津:南开大学出版社,2002。

格林兄弟: 《格林童话全集》,杨武能,杨悦译,南京:译林出版社,1993。

冯梦龙，蔡元放编：《东周列国志·上》，北京：人民文学出版社，1979。

林汉达编写：《东周列国故事新编·上》，北京：中华书局，1979。

斯威夫特：《格列佛游记》，杨昊成译，南京：译林出版社，1995。

塞里玛·拉格洛芙：《尼尔斯骑鹅历险记》，石琴娥译，北京：北京燕山出版社，2002。

包利民：《生命与逻各斯 希腊伦理思想史论》，北京：东方出版社，1996。

顾銮斋，徐善伟：《如歌岁月：古希腊文明探秘》，昆明：云南人民出版社，1999。

李赋宁 总主编：《欧洲文学史》，一卷，二卷，三卷，北京：商务印书馆，1999。

伯纳德特：《弓弦与竖琴：从柏拉图解读〈奥德赛〉》，程志敏译，北京：华夏出版社，2003。

约瑟夫·坎贝尔：《千面英雄》，张承谟译，上海：上海文艺出版社，2000。

Robert A. Segal：《神话理论》，刘象愚译，北京：外语教学与研究出版社，2008。

陈中梅：《神圣的荷马：荷马史诗研究》，北京：北京大学出版社，2008。

舒伟：《中西童话研究》，长春：吉林大学出版社，2006。

陆谷孙 主编：《英汉大词典》，上海：上海译文出版社，1993。

新牛津英汉双解大词典编译出版委员会：《新牛津英汉双解大词典》，上海：上海外语教育出版社，2007。

后 记

本书的写作缘起于作者为本校本科生开设全校公选课"希腊罗马神话的文化鉴赏",其中的许多内容和思考形成于为英语语言文学专业方向和文学翻译硕士方向研究生开设"西方文学名著鉴赏"课程期间。历史上,希腊罗马神话对于英语文化和文学产生了深刻影响。长期以来,随着神话叙事和神话幻想奇迹的世俗化进程,大量的神祇,包括男神和女神,还有做出非凡业绩的众多英雄,以及各种怪物异类,乃至神话的人物、地点、事物、典故、成语等通过泛化等多种形式,尤其通过文学作品进入英语社会文化的各个领域,成为英语民族语言文化的组成部分。这一历程不但极大地扩充了英语的词汇量,增强了英语语言的表现力,而且对于从乔叟到莎士比亚以来的英国文学产生了深远的影响。就此而言,理解和把握希腊罗马神话对于英语学习无疑具有积极的文化意义和文学价值。本书的出发点是力求从当代文化视野,从中国学人的视阈对希腊罗马神话的重要文化母题及重要叙事题材等进行提炼和探讨,以揭示希腊罗马神话的基本面貌、讲述范式和艺术特色,帮助读者认识希腊罗马神话,增强文化修养,培养审美的敏感性和鉴赏力。在形成本书文字的过程中,作者希望尽可能体现资料性、学术性和通俗性、可读性的结合。

天津理工大学外国语学院黄秀敏教授负责本书第四至八章初稿内容的撰写。由我指导的文学硕士研究生齐英伟和梁冰参加了初期的专题讨论和部分文稿文字的录入。齐英伟参加了有关阿伽门农家族悲剧初稿的撰写；梁冰参加了附录部分诸神及异类资料初稿的辑录和编写。

　　本书曾出版过，特别高兴此次能够通过再版与更多读者朋友分享这一走进希腊罗马神话的文化之旅。需要说明的是，此次再版为全书增加了导言部分。

　　希腊罗马神话深邃恒久，广博浩瀚；限于学识和水平，本书的疏漏、不妥、不足在所难免，祈望方家学者不吝指正！